HISTOIRE

DES

THÉATRES DE ROUEN

DEPUIS LEUR FONDATION JUSQU'A NOS JOURS.

HISTOIRE
COMPLÈTE ET MÉTHODIQUE
DES
THÉATRES
DE ROUEN
PAR J.-E. B. (DE ROUEN)

TOME QUATRIÈME.

THÉATRE DES ARTS, 1833-1876. THÉATRE-FRANÇAIS, 1792-1876.
THÉATRE DU CIRQUE

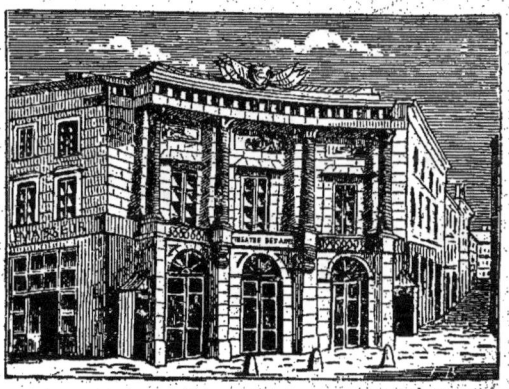

ROUEN,
C. MÉTÉRIE, LIBRAIRE-ÉDITEUR,
Rue Jeanne-Darc, 11.
1880

HISTOIRE
DU
THÉATRE-DES-ARTS.

Année théâtrale 1833-1834 (1)

Les vacances ont été employées à mettre du papier neuf au fond du premier rang des premières loges et à améliorer les trucs de la scène. Depuis la construction de la salle, le plancher de la scène n'avait pas été retouché, non plus que ses étais. En travaillant pour machiner le théâtre et faciliter les changements à vue, on s'est aperçu que la nature du terrain devenait un obstacle. On n'a pu creuser que de deux ou trois pieds ; plus profondément, on eût été envahi par les eaux, lors des crues d'hiver.

---

(1) Deuxième de la direction Louis Walter.

L'année théâtrale a été inaugurée le vendredi 3 mai 1833, par ce spectacle :

1° Le *Manteau*, comédie ;
2° *Mazaniello*, opéra.

Les débuts, commencés ce jour-là même, ont été faits :

Pour l'opéra, dans : *Mazaniello*, le *Comte Ory*, la *Dame Blanche*, *Jean de Paris*, *Ma Tante Aurore*, le *Nouveau Seigneur du Village*, la *Lettre de change* et les *Voitures versées*.

Pour la comédie, le vaudeville, etc., etc., dans : *Philippe*, les *Deux Frères*, les *Jeux de l'Amour et du Hasard*, les *Premières Amours*, la *Tour de Nesle*, *Tartufe*, *Tony*, *Théobald*, la *Vengeance italienne*, le *Tyran domestique*, *Un Duel sous le cardinal Richelieu*, la *Marraine* et *Simple histoire*.

Par suite des rentrées et des débuts qui, par parenthèse, ont suscité bien des orages, la troupe s'est trouvée constituée ainsi :

Comédie :

Alexandre, premier rôle (1).
Ernest, jeune premier.
Borssat, premier amoureux.
Félix, amoureux de vaudeville.
Alfred, troisième amoureux de vaudeville.
Charles, troisième rôle.
Bougnol et Lemaire, rôles annexés.
Mellingue, grande utilité en tous genres.

---

(1) Après l'échec de Valmore à une double rentrée et celui de Saint-Edme à ses débuts. Alexandre avait déjà été premier rôle à Rouen ; il n'a fait qu'une rentrée. (V. tome III, page 482).

Massin, père noble.
Louis, financier.
Tiste, premier comique.
Mouchot, deuxième comique (1).

Mme Simonnet, premier rôle.
Mlle Dematty, jeune première.
Mlle Chevalier, première amoureuse de vaudeville (2).
Mme Doligny, id.
Mlle Laignelet, ingénuité.
Mlle Brochard, deuxième et troisième amoureuse.
Mme Louis-Fabre, mère noble, caractères (3).
Mlle Antheaume, première soubrette.

    Opéra :
Adolphe Dumas, premier ténor.
Fouchet, Philippe et deuxième ténor.
Joseph, id.
J. Morazain, Colin.
Dabadie, Martin (4).
Renault, première basse.
Leclère, seconde basse.
Lemaire, troisième basse (5).

---

(1) Surnommé l'honnête Mouchot.
(2) Après l'échec de Mme Josse-Ernest.
(3) A débuté pour cet emploi, nouveau pour elle, dans *Tartufe* et les *Deux Frères*.
(4) N'a fait qu'une rentrée malgré deux années d'absence.
(5) Rentré dans cet emploi après l'échec de Palianti, Lemaire avait tenté, mais en vain, de se refaire admettre comme laruette.

Bougnol, laruette.
Jouanno, trial.
Mlle Berthault, première chanteuse à roulades.
Mlle Langle, première chanteuse sans roulades.
Mme Morin-Lebrun, première dugazon (1).
Mme Certain, première dugazon marquée.
Mlle Chevalier, deuxième dugazon.
Mlle Brochard, amoureuse.
Mlle Adèle Berthault, amoureuse (2).
Mlle Lemesle, mère dugazon.
N..., duègne.

Ballet : voir plus loin.

Schaffner, chef d'orchestre.
Charpau, premier violon.
Bony ou Bauny, premier violon solo.
Monneret, contrôleur.
Dumée, décorateur.

Quelques artistes de la liste qui précède méritent une mention spéciale.

Et d'abord, Adolphe Dumas, premier ténor, qui avait une voix juste et franche, beaucoup de goût et de méthode, un fausset très-agréable, qui attaquait la note avec netteté, mais qui était faible dans les passages exigeant de l'énergie et manquait un peu de chaleur. Certains habitués, qui mettaient avant tout autre avan-

---

(1) Fille de Lebrun, l'auteur de la musique du *Rossignol*, reçue après l'échec de Mme Josse-Ernest.

(2) Après avoir échoué comme deuxième dugazon. Elle était sœur de la première chanteuse.

tage une grande vigueur de poumons, lui firent une rude opposition ; il crut devoir écrire une lettre justificative. En voici l'analyse : « On a répandu à tort, dit-il, le bruit que je n'ai jamais joué que les deuxièmes ténors et que j'ai été engagé à Rouen seulement parce que je me suis contenté de 6,000 fr. En sortant de l'école royale de musique, j'ai été engagé à Liége, La Haye, Marseille, Toulouse et Lyon pour l'emploi de premier ténor en chef dans le grand-opéra, traductions et opéra-comique, aux conditions de 10,000, 12,000 et 13,000 fr. ; à Rouen, actuellement, j'ai 14,000 fr. »

Adolphe Dumas a débuté dans *Mazaniello*, le *Comte Ory* et la *Dame Blanche*.

Félix aussi a laissé à Rouen d'excellents souvenirs. Il a débuté avec succès dans *Philippe*, *Théobald* et la *Vengeance italienne*.

LA RELIGION ET LE THÉATRE. — Mme Duversin, qui pendant de longues années avait tenu, comme l'on sait, avec la plus grande distinction l'emploi des *caractères*, est morte le 1er mai 1833, pendant les vacances théâtrales. Ses obsèques ont eu lieu le 2. Le clergé de la cathédrale a refusé son ministère, et quand le convoi s'est présenté à la porte de l'église, il l'a trouvée fermée. Cependant, sur l'insistance des personnes qui formaient ce convoi, la porte a été ouverte et le corps a été introduit dans l'église, où les prières des morts ont été récitées, mais sans l'intervention d'aucun prêtre.

Un pareil fait n'a pas besoin de commentaires.

LA POLITIQUE AU THÉATRE. — En juin 1833, Arnal jouait le

Bal d'Ouvriers. La pièce a été écoutée froidement, mais un des couplets du vaudeville final dont le refrain est :

> Fi ! d'la couleur blanche,
> C'est l'juste milieu,

a été cause d'un débat entre le parterre qui l'applaudissait et voulait le faire répéter et le parquet qui le chuta d'abord et a fini par le siffler. Ce couplet a été bissé, mais le tapage des partis contraires n'a pas permis de l'entendre.

Nous arrivons à la célébration des anniversaires de juillet. Le 27, il y a eu relâche ; le 28, on a donné *Napoléon à Schœnbrunn*, drame historique en neuf tableaux, et *Vive le Divorce*, vaudeville ; le 29, *Tony*, vaudeville, avec *Anvers ou les Français en Belgique*. A la fin du drame historique a été simulée l'inauguration de la statue de l'Empereur sur la colonne. Au moment où la statue, fort bien exécutée par M. Bellangé, a paru sur son piédestal, cela a été dans la salle un enthousiasme difficile à dépeindre. Puis sont venus les chants patriotiques. La *Marseillaise*, ensuite la *Parisienne*, ont excité les bravos. Il faut dire que Dumas chantant la *Parisienne* a tenté deux fois de dire le couplet *Soldat du drapeau tricolore* et que deux fois on l'en a empêché. Ce couplet a été accueilli par des sifflets, des huées et les cris : *passez !*

Le lendemain, pendant la représentation d'*Anvers*, les mêmes chants ont été demandés, mais la strophe scabreuse de la *Parisienne* a été non-seulement chantée, mais chantée trois fois, à la demande de la majorité. Quelques opposants ont été brutalement arrêtés par des agents de police. La foule s'est portée derrière le théâtre et a réclamé les prisonniers. La garde nationale et la troupe de ligne ont dû protéger la porte. Les prisonniers ont été emmenés par un autre côté; l'émeute n'a pas eu d'autre suite, grâce à la modération de la garde nationale et de la garnison. Un rassemblement s'est rendu sous les croisées du maire de Rouen pour réclamer les prisonniers, et quelques pierres ont été lancées dans les vitres. Quelques autres arrestations ont été faites là.

Le 30, on devait donner une deuxième représentation de *Napoléon à Schœnbrunn*, mais on y a substitué le *Maçon*. Malgré cela, des piquets de troupe de ligne, de la garde nationale à pied et à cheval ont été placés en réserve place Saint-Ouen. Mais il n'y a pas eu de troubles.

Il est vrai de dire que ce même jour, le 30, les huit jeunes gens arrêtés avaient été mis en liberté, les uns purement et simplement et les autres sous caution.

Le 4 août, pendant la représentation de la *Ferme de Bondy*, on a demandé la *Marseillaise*. Joseph l'a chantée et a été couvert d'applaudissements frénétiques. Tout le monde répétait le refrain. On a demandé aussi la *Parisienne*, mais la majorité en a refusé l'audition. Le spectacle a donc continué.

En octobre 1833, on a représenté, pour la première fois, un vaudeville, le *Camarade de lit*, dans lequel le roi Bernadotte, après avoir bu trop de vin de France, redevient le républicain de 1792 et signe une foule de décrets très-libéraux. Les paysans accueillent ces réformes par les cris de *vive le roi*. Sur ce, le parterre de Rouen, moins endormi que trente ans plus tard, s'est mis à siffler. Ces marques de désapprobation pouvaient, du reste, s'interpréter de plusieurs façons. Quoi qu'il en soit, c'était une manifestation de l'esprit public, alors qu'il existait en France un esprit public.

A la troisème représentation du *Camarade de lit*, certains opposants, mal inspirés, ont sifflé cette phrase : « De-
« puis 1814 s'est élevée une génération qui n'a pas vu
« l'étranger et ne serait pas d'humeur à le laisser re-
« venir. » Mais le parterre a fait répéter ce mot et il a bien fait.

Le roi et la reine, les deux princesses Clémentine et Marie, les ducs de Nemours, de Joinville, d'Aumale et de Montpensier, Mme Adélaïde et les maréchaux Gérard et Soult, devant assister, le 9 septembre 1833, au spectacle, on y a déployé une grande pompe. Le parterre et les galeries ont été disposés en stalles ; au luminaire ordinaire on a ajouté six lustres chargés de bougies et huit girandoles appliquées aux colonnes de l'avant-scène. La loge du roi et de la famille royale se composait de la loge du général et de deux loges voisines, surmontées d'un dais en velours rouge et ornées, par devant, de draperies semblables.

Les prix des places n'ont pas été augmentés ; dès trois heures on faisait queue ; à sept heures la salle était remplie, quoique le spectacle ne dût commencer qu'à huit heures et demie. Le spectacle — par ordre — se composait de *Fra Diavolo*, opéra, et d'une *Symphonie* à grand orchestre, de la composition de Schaffner, après le premier acte.

La famille royale est arrivée à neuf heures et demie.

A l'entrée du roi, l'orchestre a joué la *Marseillaise*, aux cris répétés de *Vive le roi*.

Puis on a exécuté l'ouverture de *Fra Diavolo*.

Le roi et sa famille se sont retirés après le deuxième acte au milieu des acclamations.

Le surlendemain 11, l'éclairage extraordinaire a été maintenu pour une représentation des plus ordinaires.

Le vaudeville le *Bal d'Ouvriers* a été joué de nouveau en janvier 1834 ; après les couplets sur les insurrections de la Pologne, de la Romagne et de la Savoie, qui n'étaient plus de circonstance, on a chanté le couplet où l'on tourne en ridicule la couleur blanche, c'est-à-dire le juste-milieu. Le public s'est mis à applaudir en masse ; ce couplet a été bissé, tant le juste-milieu était alors en baisse.

REPRÉSENTATIONS EXTRAORDINAIRES. — La première a eu lieu à la fin de mai 1833, et a inauguré une série de quatre soirées consacrées à entendre Ponchard, de l'Opéra-Comique. Il a chanté pendant ce séjour dans

La *Dame Blanche*.   *Jean de Paris*.
Les *Visitandines*.   Le *Tableau parlant*.
Picaros et Diégo.   La *Fête au Village voisin*.
Joconde.

En juin, H. Monnier, du Vaudeville, a paru dans trois représentations, et a joué la *Famille improvisée* et *Mme Gibou et Mme Pochet*.

Dans le même mois, Arnal, du Vaudeville, a donné sept représentations, composées de :

Une Passsion.   *L'Humoriste*.
Heur et Malheur.   *Mme Grégoire*.

La *Fête de ma Femme*.   Le *Bal d'Ouvriers*.
Les *Cabinets particuliers*.   Mlle *Marguerite*.
Un de plus.

La fête de la Saint-Pierre a été célébrée, mais d'une façon différente de l'usage établi. En effet, le 29 juin 1835, le spectacle se composait ainsi :

1º Une ouverture à grand orchestre, de la composition de Orlowski.

2º Le *Mari et l'Amant*, comédie.

3º La première représentation de Mme *Grégoire*, chanson en deux actes, avec le concours d'Arnal, du Vaudeville.

4º La première représentation de Mlle *Marguerite*, vaudeville en un acte, avec Arnal.

5º Le couronnement du buste de Pierre Corneille, avec des vers, lus les uns par Charles, les autres par Borssat, et avec une cantate, chantée par Mme Morin-Lebrun. Les acteurs de la comédie et de l'opéra ont assisté à ce couronnement.

La pièce lue par Charles était intitulée *Corneille*, et avait été composée par Adolphe Dumas, le premier ténor de la troupe. Elle a dû être imprimée.

Au commencement de juillet, ont marché concurremment les représentations de Mlle Verneuil, ex-sociétaire du Théâtre-Français, ex-artiste de l'Odéon et du grand théâtre de Bruxelles, et celles de Bosco, prestidigitateur.

Commençons par Mlle Verneuil, jeune première ; elle a joué deux fois ; cela a été dans :

Valérie.   Les *Jeux de l'Amour et
Le *Misanthrope*.   du Hasard*.

Mlle Verneuil avait l'intention de jouer *Il y a seize ans*, de V. Ducange, mais connaissant, au sujet de cette pièce, les idées du public rouennais, le directeur a voulu imposer à cette artiste des coupures auxquelles elle s'est refusée, et on n'a pas eu *Il y a seize ans*.

Quant à Bosco, il a donné trois séances. Il annonçait surtout sa *Magie égyptienne*, les *Boules invisibles*, le *Repas interrompu ou la Cuisine des Bohémiens*, une *Grande Manœuvre militaire ou le Courage de Napoléon*, une scène comique, intitulée les *Morts sont rappelés à la vie*.

La première moitié d'août 1833 a été consacrée à Mlle Déjazet. Elle a joué dix fois, dont une à son bénéfice, et a choisi :

Le *Mariage impossible*.	*Vert-Vert*.
La *Ferme de Bondy*.	Le *Cadet de famille*.
Sophie Arnoult.	La *Fille de Dominique*.
Sous clé.	Le *Follet ou le Sylphe*.
Bonaparte à Brienne.	Le *Tailleur et la Fée*.

Après Déjazet, dans le même mois, est venue Mme Allan-Dorval, premier sujet du théâtre de la Porte-Saint-Martin, qui a enlevé tous les suffrages dans :

Antony.	Les *Enfants d'Edouard*.
Trente ans.	*Clotilde*.
La *Fausse Agnès*.	La *Jeune Femme colère*.
Jeanne Vaubernier.	

Mme Dorval a donné douze représentations, et dès la première, elle avait réconcilié les Rouennais avec le drame romantique.

Mme Pradher, de l'Opéra-Comique, que Rouen avait

possédée sous le nom de Mlle More, comme nous l'avons dit en temps et lieu, a donné cinq représentations et a paru dans :

La *Fiancée*.
Fiorella.
La *Vieille*.
La *Seconde année*, vaudeville.
Le *Mariage de raison*, vaudeville.
Ludovic.
Léocadie.
Le *Petit Chaperon rouge*.

Un grand événement était réservé aux amateurs de théâtre, pour le mois d'octobre. Frédérick-Lemaître, l'illustre Frédérick-Lemaître, est venu à Rouen et a joué au Théâtre-des-Arts et au Théâtre-Français. Pour le Théâtre-des-Arts il a choisi le répertoire suivant :

Richard d'Arlington.
La *Mère et la Fille*.
Othello.
La *Tour de Nesle*.
L'*Auberge des Adrets*.

Frédérick-Lemaître est resté jusqu'au milieu du mois de novembre, et a donné neuf représentations.

Pendant le mois de décembre 1833, Lepeintre aîné, du Palais-Royal, a donné à son tour sept représentations, dans lesquelles on a vu :

Rabelais.
Le *Tailleur et la Fée*.
Le *Conseil de révision*.
Les *Cancans*.
Le *Hussard de Felsheim*.
L'*Auberge du grand Frédéric*.
M. Botte.
Maître Job ou le Précepteur dans l'embarras.
Philippe.
Une *Affaire d'honneur*.
Le *Bénéficiaire*.
Un *Matelot*.

Lepeintre aîné a, dans le même mois, sans interruption, été remplacé par Mme Allan-Dorval, qui a paru cette fois dans :

Clotilde.	*Trente ans.*
La *Tour de Nesle.*	*L'Incendiaire.*
Henri III et sa Cour.	*Antony.*

Mme Allan-Dorval est restée jusqu'au milieu de janvier et a pu fournir ainsi dix représentations.

A ce deuxième voyage, Mme Dorval a conquis de plus en plus la faveur publique. Elle a reçu une couronne avec ces vers :

> Un ange te dit-il, Dorval, avec sa voix :
> Que ton parler est doux et sublime à la fois ;
> Que tes tourments amers en nos cœurs retentissent ;
> Qu'avec ton sein qui bat nos seins émus bondissent ?
> Ah ! te dit-il encor que tu sembles, aux yeux,
> Un ange descendu de la voute des cieux ?
> Entends-tu nos bravos, vois-tu ces jeunes filles,
> Vois-tu battre leur cœur sous leurs blanches mantilles ?
> Mais tu ne dois rien voir, rien entendre, est-ce pas ?
> Car si, dans ces moments, ton corps est ici-bas,
> Ta belle âme, de Dieu lumineuse étincelle,
> Doit planer libre et pure à la voute éternelle !

Heureusement cela finissait mieux que cela ne commençait.

L'anniversaire de la naissance de Molière a été célébré le 14 janvier 1834. On a donné ce jour-là :

1° Le *Dernier chapitre*, vaudeville en un acte ;

2° La première représentation de la *Vie de Molière*, comédie historique en trois actes, par Arago et Dupeuty ;

3° *Tartufe*, comédie ;

4° Le couronnement du buste de Molière.

La comédie historique a été jouée de nouveau, à deux reprises, dans les jours suivants.

Eugène Vignerot, né à Rouen, désirant se faire connaître, a chanté, en février 1834, les rôles d'Edmond et de Frontin dans les *Maris Garçons* et dans le *Nouveau Seigneur du Village*.

En avril 1834, Adolphe Nourrit a chanté trois fois, une fois le *Comte Ory*, deux fois *Robert-le-Diable*. Prix des places augmenté. Succès éclatant.

Dans le même mois, les artistes du Théâtre-Français ont donné au Théâtre-des-Arts une représentation extraordinaire, pendant que les artistes de celui-ci en donnaient une au Théâtre-Français. On a donc joué au Théâtre-des-Arts :

1° *Chabert*, drame en deux actes ;

2° *Louis XI et son Barbier*, chronique en un acte ;

3° Les *Malheurs d'un joli Garçon*, vaudeville en un acte ;

4° *Gustave I, II, III*, imitation en cinq actes, avec le galop populaire.

BÉNÉFICE DES HÔPITAUX. — La première représentation pour les hôpitaux a été donnée le mercredi 11 décembre 1833, et a été ainsi composée :

Le *Manteau*, comédie.

Pourquoi, comédie-vaudeville.

La *Muette de Portici*, opéra, avec danses aux premier et troisième actes.

Produit : 2,910 fr. 75 c.

Frais : 351 fr. 75 c.; entr'autres :

Luminaire, 100 fr.

Le mont Vésuve, 36 fr.

Pompiers, 8 fr.

Que le mont Vésuve est petit quand on contemple les pompiers ! !

Le lundi 3 mars 1834 (par ordre, vu le refus du directeur), a eu lieu, au bénéfice des hospices de Rouen, la quatorzième représentation de *Gustave III ou le Bal masqué*, opéra historique en cinq actes, avec tous ses décors, costumes et accessoires ordinaires, danses aux premier et cinquième actes, galop général. L'administration des hospices a voulu avancer un peu l'époque de cette seconde représentation, parce que *Gustave III* était encore dans sa première vogue. De là, résistance du directeur. (Il paraît, d'autre part, que l'administration des bureaux de bienfaisance avait aussi la prétention de toucher le quart de la recette du bal du jeudi 27 février, dont nous parlerons plus loin, malgré l'abonnement annuel que le directeur payait pour les pauvres.)

Les mots *par ordre* veulent dire ici par ordre de l'autorité municipale, mais celle-ci avait consulté le préfet, qui avait soutenu l'administration des hospices.

Plusieurs lettres très-longues ont été échangées dans les journaux relativement à cet incident. Nous y renvoyons.

Il faut lire l'*Écho de Rouen* des 2, 3 et 4 mars 1834, et le *Journal de Rouen* du 2 mars. On y verra que MM. les administrateurs des hospices ont répondu aux observations du directeur par un acte de justice *à la turque* en lui faisant intimer un ordre de l'autorité supérieure par lequel il lui était enjoint de donner *Gustave III*, à peine de fermeture du théâtre.

Quoi qu'il en soit, le produit de cette représentation du 5 mars 1834 a été brut de 3,310 fr. 30 c., net de 2,919 fr.

Pour les frais, nous ne noterons que deux détails :

Luminaire ordinaire, 88 fr.

Luminaire pour le bal de *Gustave III*, 150 fr.

BÉNÉFICES DES ARTISTES.—Mlle Langle, retenue loin de la scène par une maladie longue et cruelle, a obtenu une représentation à son bénéfice le 22 mars 1834. Les artistes des deux théâtres y ont concouru et ont joué :

1° *Brueys et Palaprat*, comédie ;

2° La *Courte-Paille*, vaudeville, par les artistes du Théâtre-Français ;

3° La deuxième représentation de la *Chanoinesse*, comédie-vaudeville ;

4° Un concert dans lequel on a entendu Dumas et Renault, et Mlle Berthault dans l'air de la *Folle* ;

5° Le cinquième acte de *Gustave III*, avec le galop, par les artistes des deux théâtres.

Quelques jours avant la clôture de l'année théâtrale, il y a eu un bénéfice pour Mlle Angélique Martin, avec ce spectacle :

1° *Michel et Christine*, comédie-vaudeville ;

2° Le premier acte de la *Somnambule villageoise*, ballet ;

3° La deuxième représentation de *Michel Perrin*, comédie-vaudeville ;

4° La première représentation du *Retour de Zéphir*, ballet-divertissement en un acte.

Il paraît que cette demoiselle A. Martin faisait exception au théâtre, et qu'on pouvait lui appliquer ce vers de C. Delavigne :

Dix-sept ans, de beaux yeux et pas un cachemire !

RÉPERTOIRE. — Il a été très-brillant et composé d'un grand nombre d'ouvrages; les nouveaux forment déjà un beau contingent.

TRAGÉDIE. — La qualité rachète le nombre :

Les *Enfants d'Édouard*, tragédie en trois actes, par C. Delavigne. Première représentation le 12 août 1833. On y a remarqué Mlle Laignelet.

DRAME ET MÉLODRAME. — Six nouveautés

Angèle, drame en cinq actes, par Alexandre Dumas. Première représentation le 24 mars 1834. Alexandre, Ernest, Mlle Laignelet, Mme Simonnet.

L'*Auberge des Adrets*, mélodrame en trois actes, par Autier et Adrien. A la première représentation, au Théâtre-des-Arts, en novembre 1833, Frédérick-Lemaître a joué le rôle de Robert Macaire, et André (André Hoffmann), du Théâtre-Français de Rouen, celui de Bertrand. Mlle Laignelet y dansait avec Frédérick-Lemaître la valse magnétique de Faust. — Cette parodie du drame avait été précédemment représentée au Théâtre-Français de Rouen; mais on avait supprimé le troisième acte. La dernière fois que Frédérick-Lemaître a paru dans cet ouvrage au Théâtre-des-Arts, on n'a donné également que les deux premiers actes, le deuxième ayant été terminé par la scène des deux gendarmes assassinés.

La *Chambre ardente*, drame en cinq actes et neuf tableaux, par Mélesville et Bayard. A la première représentation, en octobre 1833, le public a sifflé ; à la deuxième, il a exigé qu'il n'y en eût point une troisième.

Henri III et sa Cour, drame en cinq actes, par Alexandre Dumas. A la première représentation, en janvier 1834, Mme Allan-Dorval, de la Porte-Saint-Martin, y a créé le rôle principal.

L'Incendiaire ou la Cure et l'Archevêché, drame en trois actes, par Autier et A. Cambrousse. A la première représentation, en janvier 1834, Mme Allan-Dorval y a créé le rôle principal.

Trente ans ou la Vie d'un Joueur, drame en trois journées et six tableaux, par Victor Ducange et Dinaux. A la première représentation, le 27 août 1833, Mme Allan-Dorval y a créé le principal rôle ; — Citons aussi Alexandre, Charles et la petite Simonette.

COMÉDIE, VAUDEVILLE, ETC. — Trente-huit nouveautés :

Une *Affaire d'honneur*, comédie-vaudeville en un acte, par Mélesville et Naval. A la première représentation, en décembre 1833, Lepeintre aîné a créé le rôle principal.

L'Assassin, folie-vaudeville en un acte, par Lauzanne et Jaime. Première représentation en octobre 1833.

Bertrand et Raton ou l'Art de conspirer, comédie en cinq actes, par E. Scribe. Première représentation en février 1834. Alexandre, Tiste, Mme Louis.

Bonaparte à l'École de Brienne ou le Petit Caporal, souvenirs de 1783, en trois tableaux, par Villeneuve. Première représentation en août 1833, pour les représentations de Mlle Déjazet.

Les *Cabinets Particuliers*, vaudeville en un acte, par Xavier et Duvert. A la première représentation, en juin 1833, Arnal, du Vaudeville, y a créé le principal rôle.

Le *Cadet de Famille*, vaudeville en un acte, par Emile Vanderburgh et Brunswick. A la première représentation, en août 1833, Mlle Déjazet y a créé le principal rôle.

Le *Camarade de lit*, vaudeville en deux actes, par Emile Vanderburgh et Ferdinand Langlée. Première représentation en octobre 1833.

La *Chanoinesse*, comédie-vaudeville en un acte, par Scribe et Francis. Première représentation en mars 1834. — Félix et Mme Doligny.

La *Cheminée de 1748*, vaudeville en un acte, par Mélesville et Brazier. Première représentation en septembre 1833. On a beaucoup applaudi le couplet de M. Richepanse au sujet d'un apothicaire :

Air de la *Colonne*.

« Il a sauvé naguère le royaume
Par des moyens adoucissants.
Oubliez-vous qu'à la place Vendôme
Ses confrères ont, dans un temps,
Joué des rôles importants ?
Monsieur Camus, payant de sa personne,
A de ses mains aspergé l'ennemi,
Et je suis fier d'un ami tel que lui
Quand je regarde la Colonne ! »

La *Consigne*, vaudeville en un acte, par Ancelot et A. de Combrousse. Première représentation en octobre 1833.

Le *Dernier Chapitre*, comédie-vaudeville en un acte, par Mélesville, Dumanoir et Mallian. Première représentation en septembre 1833.

La *Femme du Voisin*, comédie-vaudeville en un acte, par C. Dunoyer. Première représentation en novembre 1833.

Les *Femmes d'Emprunt*, comédie-vaudeville en un acte, par Varin et Desvergers. Première représentation en janvier 1834.

La *Fête de ma Femme*, vaudeville en un acte, par Ancelot et Saintine. Première représentation en juillet 1833, pour les représentations d'Arnal, du Vaudeville.

La *Fille de Dominique*, comédie-vaudeville en un acte, par Villeneuve et Charles ***. Première représentation en août 1833, pour les représentations de Mlle Déjazet.

Le *Follet ou le Sylphe*, vaudeville en deux actes, par Rochefort et Varin. Première représentation en août 1833, pour les représentations de Mlle Déjazet.

Le *Gardien*, comédie-vaudeville en deux actes, par Scribe et Bayard. Première représentation en décembre 1833.

L'*Humoriste*, vaudeville en un acte, par Dupeuty et Henri. A la première représentation, en juin 1833, Arnal, du Vaudeville, y a créé le principal rôle. Dans ce vaudeville, un père propose un mari à sa fille, et le dialogue suivant s'établit :

— Voudrais-tu prendre un diplomate,
Le préfet d'un département ?
— Un tel choix m'honore et me flatte ;
Mais tous ces messieurs maintenant

Sont trop sujets au changement.
— D'un ministre
Le parent ?
— C'est sinistre
Bien souvent.
Cherchons encore, de grâce ;
Oui, cherchons, cherchons bien ;
Pour ces messieurs en place,
Mon cœur ne me dit rien.

L'Incendie, vaudeville en trois actes, par Bayard et Paulin. Première représentation en novembre 1833.

Jeanne Vaubernier ou la Cour de Louis XV, comédie en trois actes, par Rougemont, Laffite et A. Lagrange. Première représentation en septembre 1833, pour les représentations de Mme Dorval.

Jeune et Vieille ou le premier et le dernier Chapitre, comédie-vaudeville en deux actes, par Scribe, Mélesville et Bayard. Première représentation en janvier 1834.

Madame Grégoire, chanson en deux actes, par Rochefort et Dupeuty. Première représentation en juin 1833, pour les représentations d'Arnal, du Vaudeville.

Mademoiselle Marguerite, vaudeville en un acte. Première représentation en juin 1833, pour les représentations d'Arnal.

Un Matelot, comédie-vaudeville en un acte, par Sauvage et Lurieu. A la première représentation, en décembre 1833, Lepeintre ainé a créé le rôle principal.

Monsieur Duroseau, comédie-vaudeville en un acte, par Brazier et Carmouche. Première représentation en juin 1833.

Michel Perrin, vaudeville en deux actes, par Mélesville

et Ch. Duveryer. Première représentation en avril 1834.

Une Passion, vaudeville en un acte, par Varin et Desvergers. A la première représentation, en juin 1833, Arnal, du Vaudeville, a créé le rôle du jeune romantique amoureux du mannequin.

Père et Parrain, comédie-vaudeville en deux actes, par Ancelot et A. Bourgeois. Première représentation en mars 1834.

Pourquoi, comédie-vaudeville en un acte, par Lockroy et Anicet. Première représentation en août 1833. Mlle Laignelet y excellait.

Prosper et Vincent, vaudeville en deux actes, par Duvert et Lauzanne. Première représentation en avril 1834.

Les *Rendez-vous*, comédie en trois actes et en vers, de Alexandre Lemerchez de Longpré. Première représentation en juillet 1833.

Sophie Arnould, comédie-vaudeville en trois actes, par Ad. Leuven, Desforges et Ph. Dumanoir. Première représentation en juin 1833.

Sous clé, comédie-vaudeville en un acte. Première représentation en août 1833, pour les représentations de Mlle Déjazet.

Tirelaine ou le Lieutenant de police, comédie-vaudeville en deux actes, par Dumanoir et Mallian. Première représentation en février 1834.

Un de plus, comédie-vaudeville en trois actes, par Paul de Kock et Dupeuty. A la première représentation, Arnal, du Vaudeville, y a créé le principal rôle (juin 1833).

La *Vengeance italienne ou le Français à Florence*, comédie-vaudeville en deux actes, par Delestre, Scribe et Desnoyers. Première représentation en juin 1833.

La *Vie de Molière*. (Voir aux représentations extraordinaires).

Vive le Divorce, comédie-vaudeville en un acte, par Derville et Laurencin. Première représentation en juillet 1833.

OPÉRA. — Auber, Hérold, Halévy et Caraffa !!! Les nouveautés, comme on le voit, se recommandent bien :

Gustave III ou le Bal masqué, opéra en cinq actes, avec ballet, par Scribe et Auber. Première représentation le 25 janvier 1834. Pour le bal et le galop du cinquième acte, tous les artistes des deux théâtres se sont réunis. On a fort admiré les décors de Dumée. Mlle Berthault y a obtenu un grand succès ; à la danse, les bravos ont été pour Mlle Angélique, Mme Martin et Mlle Laignelet.

Le *Dieu et la Bayadère*, opéra en deux actes, avec pantomime et ballet, par Scribe et Auber. Première représentation en avril 1834.

Ludovic, opéra en deux actes, par de Saint-Georges, musique commencée par Hérold et terminée par Halévy. Première représentation en août 1833.

Le *Valet de Chambre*, opéra en un acte, musique de Caraffa, paroles de Scribe et Mélesville. Première représentation en août 1833.

BALLET. — A partir du 15 novembre 1833, la ville de Rouen, si longtemps privée de ballet, en a possédé un. Il a débuté dans *Guillaume Tell* ; il était composé de :

Lasserre, premier danseur.

Adolphe, deuxième.

Férin, danseur comique.

Mme Martin, première danseuse.

Mlle Angélique Martin, sa fille, première danseuse.

Mme Adolphe, deuxième danseuse.

Trois hommes et trois femmes formaient le corps du ballet.

On a monté :

La *Fille soldat ou Lisbeth*, ballet-pantomime en trois actes, par Blache. Première représentation en décembre 1833.

La *Somnambule villageoise*, ballet-pantomime en trois actes, par Scribe, Aumer et Hérold. Première représentation en mars 1834.

Le *Retour de Zéphir*. (Voir aux bénéfices des artistes).

Le ballet a prêté un nouveau charme, non-seulement à *Guillaume Tell*, mais encore à *Gustave III*, à la *Muette*, le *Pré-aux-Clercs*, *Robert-le-Diable* et le *Siége de Corinthe*. Enfin il a varié les soirées par la *Fille mal gardée*, les *Meûniers*, le *Déserteur*, les *Marchandes de modes*.

En janvier 1834, Carrelle, Eckner et Arenne, premiers danseurs grotesques du théâtre de Vienne et de Munich, ont donné des représentations. Carrelle était d'une force prodigieuse sur les échasses. Ils ont dansé un divertissement en un acte, dans lequel paraissaient Lasserre, Mme Martin, Mlle Angélique et Mme Adolphe.

CONCERTS. — L'un des concerts dont on a dû le plus garder la mémoire, parce qu'il est pour ainsi dire le début d'un musicien devenu célèbre, est le concert donné par M. Amédée Méreaux dans le grand foyer du Théâtre-des-Arts, le dimanche 1er décembre 1833, dans la journée. Parmi les treize morceaux du programme, on remarquera un grand concerto romantique de Weber, exécuté par Am. Méreaux ; de grandes variations pour piano solo, sur le chœur du tournoi de *Robert-le-Diable*, composées et exécutées par A. Méreaux ; grande polonaise pour piano, idem ; une improvisation sur le piano, par A. Méreaux, sur des motifs qui lui ont été donnés ; un air de flûte, par Bidal, un air sur le violon, exécuté par Orlowski ; des morceaux chantés par les principaux artistes du grand théâtre. L'orcheste était dirigé par Schaffner, le piano tenu par Orlowski, la salle éclairée comme pour les représentations du soir et le billet d'entrée était de 5 francs.

Le vendredi saint, 28 mars 1834, il y a eu au Théâtre-des-Arts un grand concert spirituel, vocal et instrumental, donné par Lafont, premier violon. Il y a eu très-peu de monde.

A la date du dimanche 15 avril suivant, se place un deuxième concert donné par M. Amédée Méreaux dans le grand foyer (éclairé), à une heure d'après midi, au prix de 5 francs par personne. Orlowski y a tenu le piano. — A. Méreaux s'y est distingué sur le piano. On y a entendu Elshlep, hautbois ; Ourdot, clarinette ; Corat, cor, et Berty, basson ; Dumas, Renault, Bauny, premier violon, et Mlle Berthault.

INTERMÈDES. — Ils ont été peu remarquables cette année.

Un premier violon solo du Grand-Opéra seria de Naples, Ghys, de passage à Rouen, pour se rendre à Londres, a exécuté un fragment de concerto et un air varié de sa composition (mai 1833).

THÉÂTRE

Le jeune Dancla a exécuté un air varié pour le violon (septembre 1833). Ce jeune Dancla s'était fait entendre quelques jours auparavant à l'Hôtel-de-Ville, dans une séance donnée par M. Sudre, inventeur d'une langue musicale.

Mlle Mayer, artiste sur la flûte, s'est fait entendre (février 1834).

Prosper Schmidt, virtuose allemand, inventeur de la Lyre d'Apollon, a exécuté quatre airs différents sur cet instrument (avril 1834). Deux auditions.

BALS. — Jamais on n'a tant dansé que pendant cette année théâtrale.

Dès le 27 août 1833, a été ouvert à la mairie de Rouen un registre de souscription pour un bal qui a été offert le 10 septembre suivant, au Théâtre-des-Arts, au roi et à la reine des Français et à la famille royale. Le prix du billet d'entrée, pour les premières, était de 10 francs et 5 francs pour les secondes et troisièmes; les billets étaient personnels. Le nombre des demandes de billets a excédé de beaucoup le nombre des places. On a accepté seulement 1,800 souscripteurs, dont 1,500 pour l'enceinte et le surplus pour les deuxièmes et troisième loges (on savait qu'aux bals masqués les plus fréquentés, il n'y avait eu jamais plus de 1,100 personnes). — Les rafraîchissements ont été donnés aux dames et les hommes en ont trouvé, moyennant finance, aux buffets disposés dans le foyer.

Le fameux Tolbecque, de Paris, a conduit l'orchestre ; il avait amené avec lui ses musiciens, quoique ceux de Rouen ne demandassent que 40 et même 30 francs pour la nuit. L'orchestre a coûté 2,500 francs.

La salle a été décorée par un tapissier de Paris nommé Mallet, qui a pris 10,500 francs ; la scène était tendue en bleu avec franges d'argent, l'orchestre y avait été placé au fond ; la loge royale s'ouvrait sur le parterre où l'on arrivait par deux escaliers latéraux.

La salle était éclairée par 2,000 bougies sur 30 lustres, outre le lustre ordinaire. Le même M. Mallet l'avait entrepris moyennant 6,000 fr. (Les fournisseurs de Rouen ont vivement réclamé et une polémique en est résultée entre eux et le commissaire du bal. C'est le premier acte de cette comédie qui va se jouer, entre les fournisseurs rouennais et les membres du comité des fêtes de bienfaisance, de 1858 à 1870, et qui paraît devoir se prolonger.

Le jour de ce bal, le Théâtre-Français a commencé à 5 heures et a fini à 8 heures. C'est à 8 heures en effet qu'ont été ouvertes les portes du bal à l'autre salle. Dès 5 heures 1/4, la queue allait jusqu'à la rue des Carmes, et à 8 heures, elle s'étendait jusqu'à la rue de la Cigogne (dans la rue Beauvoisine). A dix heures, à l'arrivée du roi, les cris : *Vive le roi ! vive la reine !* ont éclaté de toutes parts.

Trois quadrilles ont été formés pour ouvrir le bal ; dans le plus rapproché de la loge du roi, M. Billiet, lieutenant-colonel de la garde nationale, a dansé avec la princesse Marie ; M. Ernest Delamarre, commerçant, avec la princesse Clémentine ; le duc de Nemours et le prince de Joinville avec Mlle Joséphine Teste et Mlle Dupont-Delporte.

La série ordinaire des bals de nuit, parés et masqués, à onze heures, après le spectacle, a commencé dimanche

12 janvier 1834; elle a continué le 19 et le 26 du même mois, le 2 février, le jeudi 6, le mardi 11, le jeudi 13, les dimanches 16 et 23, enfin le jeudi 6 mars (1). Le 13 février, au bal, le *Triomphe de la Folie*, pantomime en un acte, a été exécutée par MM. du ballet. Le papa Mayeux, escamoteur, grimacier et magicien, a donné une séance composée de jeux de physionomie, caricatures de toute espèce, tours de physique et scènes de magie.

Les dimanches 16 et 23 février, à une heure du matin, on a tiré une loterie.

Le samedi 1er février 1834, le bal des artilleurs de la 1re compagnie attira au Théâtre-des-Arts une nombreuse société. Peu de gardes nationaux s'y rendirent; cependant on y remarqua M. le lieutenant-colonel Billiet, M. le chef d'escadron, commandant l'artillerie, Daoust et le major Dranguet. Les autorités civiles, municipales et militaires n'ont pas daigné y assister, mais les dames n'ont pas craint de se compromettre en répondant à l'appel des soldats citoyens et en venant s'amuser au profit des indigents. Deux d'entr'elles ont fait une quête pour les pauvres, conduites par MM. Billiet et Daoust.

Huit jours après, le samedi 8, à 10 heures, a été ouvert, dans la salle du Théâtre-des-Arts également, un bal offert par la compagnie des sapeurs-pompiers au bénéfice des salles d'asile pour l'enfance.

Le prix du billet était de 3 fr. 50; on se les procurait chez tous les membres de cette noble compagnie et au dépôt général des pompes, alors enclave de la Cour royale.

---

(1) Pâques, en 1834, était le 30 mars. Il y a eu concert spirituel le 28, relâche le 29.

Chaque cavalier pouvait amener deux dames. 2,177 fr. 27 c. ont été versés entre les mains du trésorier des salles d'asile, et des remercîments publics ont été adressés à la compagnie par M. Destigny, président du comité de ces salles.

Voici maintenant un bal élégant donné à Rouen, au grand théâtre, à l'imitation des bals du Grand-Opéra de Paris; il a eu lieu le jeudi 27 février 1854. Ce fut un grand bal travesti et masqué; cependant on pouvait entrer avec ou sans costume de caractère, masqué ou non masqué. La salle a été disposée comme au bal offert au roi, lors de son passage. La décoration et l'éclairage ordinaires des bals masqués et l'amphithéâtre de l'orchestre ont été remplacés, ce jour-là, par la décoration et l'éclairage du cinquième acte de *Gustave III*; les tribunes de cette décoration ont été disposées en loges, celles-ci ont formé avec celles des premières, depuis la loge du général jusqu'au fond des magasins du théâtre, une riche galerie.

Un orchestre au grand complet a été dirigé par M. Boni, premier violon solo du théâtre.

A minuit on a tiré une loterie composée d'objets de fantaisie pour dames.

Le prix d'entrée était de 6 fr. par personne, aux troisièmes loges; pour le coup d'œil, 3 francs par personne. Le bal a commencé à 9 heures; entrée du bal par le grand escalier, donnant sur le quai; pas de bureau à l'entrée; entrée des troisièmes par la porte ordinaire, un bureau à l'entrée. — Rafraîchissements au foyer.

Ce jour-là, les abonnés du Théâtre-des-Arts ont eu leur entrée au Théâtre-Français.

Un second bal travesti et masqué a été donné le samedi 8 mars, avec les mêmes dispositions qu'au premier. A la loterie d'objets ouvragés de fantaisie pour dames, il y a eu 20 lots, exposés au foyer jusqu'à minuit, heure du tirage; lot principal : un *Thé* en porcelaine de 125 francs. Prix du bal, 6 fr.; des troisièmes, 2 fr. Un costumier de Paris, Moreau, a fait exprès le voyage de Rouen et s'est installé à l'hôtel de la Pomme-de-Pin, rue Saint-Jean. Ce jour-là, il y a eu néanmoins spectacle au grand théâtre, mais le parquet, les galeries et le parterre étaient supprimés; des bancs ont été placés sur le plancher mobile.

A cette liste déjà longue, il faut ajouter un bal d'artistes par souscription ; fixé d'abord au samedi 1er mars 1834, il a eu lieu le samedi 15. On souscrivait chez Richard, bureau de la *Revue de Rouen*, Borssat, artiste, Morin, Delamare, peintre, Lemaire, Méreaux et Louis Walter, au théâtre. Mais pour souscrire, il fallait justifier de sa qualité d'artiste en quelque genre que ce fût, d'auteur ou d'homme de lettres. Cette fête, que l'on avait d'abord eu l'intention d'organiser dans le foyer principal du grand théâtre, a eu lieu à l'Hôtel-de-Ville.

La clôture a été faite le dimanche 20 avril 1834, par un spectacle varié :

1° *Michel Perrin*.
2° Deuxième acte de *Guillaume Tell*.
3° Deuxième acte du *Dieu et la Bayadère*.
4° Cinquième acte de *Gustave III*.

La représentation n'a offert rien de particulier.

INCIDENTS.

La rentrée de Valmore, en mai 1833, a été très-orageuse. On s'y est même livré à des voies de fait : on a prétendu que le directeur ou Valmore avait distribué des billets gratis pour contrebalancer l'opposition. Ce dernier a démenti le fait par la voie du journal.

Valmore n'en fut pas moins, ainsi que nous l'avons dit, repoussé définitivement et dut être remplacé. Mme Valmore, connue sous le nom de Mme Desbordes-Valmore, qui, on le sait, étant encore Mlle Desbordes, avait fait partie, comme jeune première, de la troupe de comédie de notre première scène (voyez tome II, pages 90 et 120), Mme Valmore, dis-je, ressentit le coup de l'échec de son mari comme si elle l'eût elle-même reçu. A l'exposition de 1833, au musée de Rouen, Hyacinthe Langlois a produit un portrait de Mme Desbordes-Valmore, dessiné à la mine de plomb, remarquable par la mélancolie du regard et la tristesse répandue sur toute cette noble figure ; au bas étaient écrits ces vers :

Si solitaire, hélas ! et puis si peu bruyante,
Tenant si peu de place, on me l'envie encor !
Cette pensée est triste, elle entraîne à la mort,
Et, pour s'en reposer, la tombe est attrayante.
C'est la première fois qu'elle a navré mon sein ;
A tous des flots amers de ma vie écoulée
Cette goutte de fiel ne s'était pas mêlée ;
Personne n'avait dit : *S'en ira-t-elle enfin ?*
(*Les Pleurs*, par Mme Desbordes-Valmore.)

Ces vers, à n'en pas douter, faisaient allusion à la chute de Valmore. Nous croyons en avoir la preuve dans un article en prose du *Journal de Rouen* — 30 juillet 1833 — où l'épouse désolée se plaint amèrement de la sévérité du public à l'égard de son mari.

Dans le même mois, on a placé au musée le buste de Mme Valmore. A ce propos, ses amis ont dit et écrit que l'exil lui a valu cet hommage. Personne n'avait été exilé ; en tout cas, c'eût été le mari, mais la poésie a ses licences.

M. Théodore Lebreton, se disant protégé de Mme Valmore, a fait à cette occasion les vers que voici :

Ange dont notre ciel savoure les accents,
Echo de tous mes pleurs, lumineuse auréole,
Viens recevoir, au sein de notre Capitole,
La palme du génie et notre pur encens.

Si naguère en ces lieux quelques larmes amers
Ont coulé de tes yeux et flétri tes beaux jours,
Ils seront dissipés, tes chagrins éphémères,
En t'éloignant du sol où tu vivras toujours.

Je saisis cette occasion pour publier trois lettres inédites de Mme Valmore, dont M. Louis Leclerc possède l'original et que cet amateur, si riche en autographes curieux, a eu l'obligeance de me communiquer.

« Nous prenons la confiance d'adresser à nos amis, M. et Mme Berthault, des voyageurs italiens que nous avons l'honneur de connaître et d'estimer depuis trois ans. La tristesse et les scènes violentes qui ont épouvanté Lyon donnent à ces frères et jeunes étrangers le désir d'aller fixer leur existence à Toulouse et de l'utiliser en y donnant des leçons de leur langue maternelle. Si vous pouvez seconder leurs courageuses intentions, j'ai pour ma part l'espérance que vous le ferez avec plaisir ; je suis priée de vous le demander par une famille que nous aimons beaucoup et qui voient partir leurs chers Italiens avec la plus tendre sollicitude, n'ayant eu depuis trois ans que des raisons de s'y attacher par leur bonne conduite et leur caractère honnête.

« Comment se trouve Julie et sa chère maman du séjour de la belle Toulouse? On dit que le soleil du Midi convient mieux encore aux rossignols ; je suppose donc à Julie des accents plus doux encore, s'il était possible, et du moins une santé parfaite, ainsi qu'à vous, chère madame Berthault, qui avez souffert, je l'ai su par notre bonne Pelzin, que je vois souvent. Nous avons aussi beaucoup souffert dans cette ville infortunée où j'arrivais juste pour partager avec mon mari tous les dangers de terreur, d'incendie et de mort qui l'ont accablée. J'ai vu de grandes atrocités, ce qui, joint à ma destinée, à moi, m'a rendue comme stupéfaite.

« Je vous embrasse pour Pelzin, pour M. Charton, avec qui nous parlons constamment de vous tous, et au nom de mes petites filles, qui sont sorties saines et sauves de la guerre civile. Valmore vous présente ses amitiés ; je vous prie de croire, chère et bonne, que si la mienne n'est pas *visiteuse*, elle n'en est pas moins franche et sincère.

« Marceline VALMORE.

« Lyon, le 2 juin 1834. »

« J'envoie une romance nouvelle à Julie ; bonne ou mauvaise, elle sera charmante dans sa voix d'oiseau. »

Mlle Julie Berthault, dont il est question dans cette lettre, adressée à M. et Mme Berthault, artistes au théâtre, à Toulouse, est la première chanteuse qui a été tant goûtée à Rouen. Elle est décédée dans cette ville, le 11 septembre 1854, étant devenue Mme Félix Becke.

« Cher monsieur,

« J'ai senti vivement votre souvenir amical, sans être en état d'y répondre ; je ne le suis guère encore, mais le retour à Rouen de mon neveu me donne une occasion trop directe de vous remercier, pour que je n'essaie pas au moins de la saisir.

« Je vous félicite plus que jamais de mener une vie tranquille et honorable en dehors du théâtre, et je vous souhaite, ainsi qu'à votre charmante femme, tout ce qui peut consoler des artistes, quand la raison les éloigne du tumulte bien aride aujourd'hui du théâtre. Toute la France en offre la triste preuve.

« Je n'ai pas besoin de vous dire combien je vous suis obligée du bon vouloir que vous portez à mon neveu. Vous avez dans l'âme tout ce qu'il faut pour sentir que vouloir du bien au fils d'une sœur que j'aime tendrement, c'est m'en faire à moi-même et ajouter à l'affection sincère que je vous porte.

« Votre attachée,

« Marceline VALMORE-DESBORDES.

« 26 Mars 47. »

C'était à M. Morazain, employé supérieur aux octrois (textuel) à Rouen, que Mme Valmore écrivait la lettre qui précède. Ancien Colin au Théâtre-des-Arts, Morazain est décédé à Rouen le 25 octobre 1850, étant contrôleur à l'octroi.

« *A Monsieur Barbet, maire de Rouen.*

« Monsieur le Maire,

« Un nom tel que le vôtre ne pénètre nulle part que comme une bénédiction, et puisqu'il a honoré ma solitude, je m'en fais un appui près de vous-même. Je ne pourrai jamais être mieux protégée pour recommander à votre intérêt un cher et malheureux frère que le plus humble emploi sauverait et mettrait au nombre de tant d'hommes laborieux et contents qui peuvent bien s'appeler votre peuple !

« Je suis, Monsieur le Maire, votre plus humble servante,

« Mme VALMORE-DESBORDES.

« De Paris, mars 47. »

Je n'entreprendrai pas la biographie de Mme Valmore, je préfère renvoyer au *Journal de Rouen* du 27 juillet 1859 et au *Dictionnaire universel des Contemporains.* On lit dans ce dictionnaire : Desbordes-Valmore (Marceline Desbordes, dame), femme de lettres française, est née en 1787, à Douai (Nord) ; il y a là une erreur. Desbordes-Valmore (Marceline-Joséphine-Félicité Desbordes, dame), est née le 20 juin 1785 à Douai ; elle est morte à Paris, le 23 juillet 1859.

Mais revenons au Théâtre-des-Arts.

Pendant les débuts et les rentrées, qui ont amené bon nombre de scènes tumultueuses, s'est reproduite l'éternelle affaire des billets jetés sur la scène et dont le commissaire, en vertu des règlements, a interdit la lecture.

Le scandale prit de telles proportions que l'on afficha dans la ville une ordonnance du maire de Rouen, en date du 14 mai 1833 (*Journal de Rouen* du 16), ce qui n'a pas empêché que le 22 on ait été forcé d'évacuer la salle et que certains forcenés aient cassé à coups de pierre les vitres du théâtre, du côté de l'ancien foyer, au chant de la *Marseillaise* ou du chœur infernal de *Robert-le-Diable*. Arrestation de plusieurs jeunes gens ; deux ont été acquittés par la Chambre du Conseil et mis en liberté ; un troisième a paru en police correctionnelle et a été condamné à 16 francs d'amende, notamment pour avoir crié : *A bas le commissaire de police !*

Adam, le doyen des choristes du théâtre et peut-être de tous les choristes de France, est mort victime d'un suicide ou d'un accident, en juin 1833 ; sa redingote et son chapeau ont été retrouvés au bord de la Seine, à Lescure. Comme il se livrait souvent à la pêche, on peut croire qu'il est tombé à l'eau par accident.

Voici un joli détail : le 24 juin 1833, on s'est plaint de l'éclairage de la salle du Théâtre-des-Arts et on a cru que l'administration avait voulu faire une économie. L. Walter, le directeur, a fait savoir au public que l'ordre était donné par lui chaque jour, à l'allumeur, de forcer les feux du lustre le plus possible. La cause des changements dans l'éclairage ne pouvait provenir, ajoutait-il, que des variations dans l'opération de l'épuration de l'huile. L'accident devait donc être imputé au fournisseur du théâtre, qui aura livré, probablement par mégarde, un baril d'huile de mauvaise qualité.

Les hommages n'ont pas fait défaut, à Rouen, à Mme Dorval ; au contraire, ils lui ont été prodigués. Je ne citerai que cette pièce de vers dont la signature expliquera mon choix :

Adieu, Dorval, adieu !... mais quoi, déjà ! Mon âme,
Pleine d'émotions dont tu sais l'enivrer,
Aime ton éloquence !... éloquence de femme,
Et les transports si vrais que tu fais éprouver.
Comme tu nous peins biens la puissante chimère
D'un amour abreuvé par des larmes de sang !
Comme tu ressens bien les douleurs d'une mère !
C'est la nature ! ah ! oui, j'en reconnais l'accent.
Pour prix de nos bravos, en t'éloignant tu laisses
Des souvenirs de gloire écrits dans bien des cœurs,
D'autres vont t'applaudir, mais songe à tes promesses ;
Pour couronner ton front nous avons d'autres fleurs.
　　　　　　　　　　　　Théodore LEBRETON.

A cette époque, Théodore Lebreton était ouvrier indienneur ; aujourd'hui il est l'un des bibliothécaires adjoints de la ville de Rouen.

Liste des ouvrages dont nous n'avons pas eu occasion de parler et qui cependant ont été représentés pendant l'année 1833-1834.

DRAME, COMÉDIE, ETC. — *L'Acte de Naissance*.
La *Belle-Mère et le Gendre*, le *Bouffon du Prince*, le *Bourgmestre de Saardam*.
Le *Capitaine Belronde*, *Chacun de son Côté*, le *Char*

latanisme, la *Cherchesue d'Esprit*, le *Chevalier à la Mode*, le *Chevreuil*, le *Conscrit*.

Les *Déguisements amoureux*, le *Dépit amoureux*, les *Deux Ménages*.

L'*École des Maris*, l'*Espionne russe*.

Les *Fausses confidences*, les *Fausses infidélités*, les *Folies amoureuses*, les *Fourberies de Scapin*, *France et Savoie*.

La *Gageure imprévue*, les *Garçons et les Gens mariés*, *Guerre ouverte*.

La *Haine d'une Femme*, l'*Hôtel garni*.

Le *Jeune Homme en loterie*, la *Jeunesse de Henri V*, *Une Journée à Versailles*, les *Jours gras sous Charles IX*, *Jocko*.

Ketly.

Le *Légataire universel*, *Louise*, *Lucrèce Borgia*.

Les *Malheurs d'un Amant heureux*, le *Mari à bonnes fortunes*, le *Médecin malgré lui*, les *Mémoires d'un Colonel de Hussards*, *Misanthropie et Repentir*, *Une manomanie*, *Monsieur de Crac*, *Monsieur de Pourceaugnac*.

L'*Oncle mort et vivant ou les Frères à l'épreuve*.

Le *Petit Enfant prodigue*, le *Philtre Champenois*, le *Pied de Mouton*, la *Première Affaire*, les *Projets de Mariage*.

Le *Quaker et la Danseuse*.

Les *Rivaux d'eux-mêmes*, le *Roman d'une Heure*.

Le *Secret du Ménage*, *Shakespeare amoureux*.

Toujours ou l'Avenir d'un Fils, *Turcaret*, *Victorine*, les *Vieux Péchés*.

Werther.

Mil sept cent soixante.

OPÉRA. — *Ambroise,* — le *Barbier de Séville,* — le *Concert à la Cour,* — les *Deux Nuits,* — *Fiorella, Fra-Diavolo,* — *l'Italienne à Alger,* — le *Maçon,* le *Maître de Chapelle* (un acte seulement), *Marie,* — *l'Opéra-Comique,* — le *Petit Matelot,* — *le Philtre,* — la *Pie voleuse,* — les *Rendez-vous Bourgeois,* le *Rossignol,* — *Zampa.*

★

Réparons maintenant deux oublis :

A l'anniversaire de la naissance de Molière, le 14 janvier 1834, Mme Allan-Dorval a joué le rôle d'Elmire de *Tartufe* (voyez page 13).

J'ai dit qu'André Hoffmann, artiste de la troupe de M. Houdard, avait rempli le rôle de Bertrand dans l'*Auberge des Adrets* (voyez page 17); j'ajouterai qu'il s'est encore essayé au Théâtre-des-Arts, à la fin de 1833, dans plusieurs autres pièces. Frédérick-Lemaître avait su deviner ce qu'André serait un jour, et l'avait signalé à L. Walter, absolument comme Mme Allan-Dorval remarqua, presqu'à la même époque, le jeune et beau Mellingue, et *lui fit comprendre* que sa place était à Paris; Mellingue ne se le fit pas dire deux fois.

★

Nous avons donné, page 2, le personnel de la troupe du Théâtre-des-Arts pendant l'année 1833-1834; d'après le résultat de nos recherches, le voici tel que L. Walter l'a envoyé à la préfecture, avec la mention des engagements :

THÉATRE

L. Walter, directeur.

Joseph-André Cannis, dit Eugène, régisseur... Fr.	4,000
Jean-Louis-Joseph Mouchot, deuxième régisseur..	3,300
Leroi, caissier..	2,000
Monneret, contrôleur...................................	1,200
Guillaume, machiniste..................................	1,800
Yacinthe Lelièvre, souffleur..........................	1,000
Andrieu, costumier.......................................	1,200
Samson, accessoiriste...................................	600
Dumée, peintre en chef.................................	3,600
Dumilieu, peintre..	2,000

Comédie :

Louis-Alexandre Manzin, premier rôle en tous genres...	6,000
Pierre Gervaize, dit Ernest, jeune premier rôle..	5,200
Louis-Hippolyte-Victoire Borssat de Laverrière, jeune premier................................	3,000
Jules Morazain, deuxième amoureux...........	3,300
Alfred-Léon Armand, deuxième amoureux..	1,200
Pierre-Paul Massin, père noble.....................	4,500
Auguste-Louis Wavrin, financier..................	5,000
Charles-François, second premier rôle........	5,000
Jean-Marie Tiste, premier comique..............	5,000
Jean-Louis-Joseph Mouchot, deuxième comique.	
Etienne-Marin Mellingue, second financier..	2,000
Jean-Pierre Bertin, grande utilité.................	1,300

DES ARTS.

Mmes
Simonet, premier rôle............... 6,300
Adeline Dematty Ladroy. jeune première.. 4,200
Marie Laignelet, ingénuité............. 3,650
Gabrielle Brochard, deuxième amoureuse.. 2,300
Elisa Sauvat, dit Fouchet, troisième amoureuse.................................. 1,200
Marie-Félicité Louis-Fabre Wavrin, caractère, mère noble....................... 7,000
Louise-Hortense Antheaume, soubrette.... 3,500
Emma Lemesle, second caractère......... 4,000

Opéra :
Charles Dumas, premier ténor...... Fr. 14,000
Etienne-Jean-Marie Fouchet, deuxième ténor, Gavaudan........................ 7,000
Joseph Kahein, deuxième ténor.......... 6,000
Jules Morazain, troisième ténor.........
Jean-Baptiste Renault, première basse... 8,400
Adolphe Leclère, deuxième basse........ 6,000
Auguste-Constant Lemaire, troisième basse 3,500
Julien-Justin Dabadie, baryton et Martin. 12,000
Antoine Bougnol, laruette.............. 4,000
Adolphe Juanno, trial................. 5,000
Etienne-Marin Mellingue, seigneurs et rôles de convenance........................
Félix Célérier, premier amoureux de vaudeville.............................. 3,000

Mmes
Julie Berthault, première chanteuse en tous genres........................... 15,000

THÉATRE

Héloïse Langle, forte chanteuse............	9,000
Adélaïde-Catherine Certain, première dugazon...................................	6,000
Louise-Marie-Caroline Lebrun, femme Morin, dugazon chantante................	5,400
Joséphine-Rose Chevallier, deuxième dugazon......................................	3,300
Gabrielle Brochard, troisième dugazon...	
Emma Lemesle, mère dugazon...........	
Marie-Félicité Louis-Fabre Wavrin, duègne.	
Elisa Sauvat, dit Fouchet, troisième dugazon.	

Choristes :

Jean-Philippe, basse-taille...............	1,500
Honoré Boudin, id.	1,200
Jean-Isaac Lagneau, id.	1,200
Jules-Benjamin Limarre, id...............	900
Pierre-André Goulard, dit Dorval, taille.....	600
Gabrielle-Mathieu Valette, id.............	1,350
Louis-Isidore Fafin, id................	1,000
François-Alexandre Lemoine, id........	800
Louis-Séraphin Ricquier, id...........	1,500
Benjamin-Anatole Hanoë, dit Carré, id....	600
Hazé, id..............................	400
Joseph Bertrand, haut-contre............	1,400
Jean-Pierre Bertin, id.................	
Ursin-Stanislas Lhuillier, id............	1,000
Julien Cheruel, dit Lambert, id..........	1,150

Mmes

Lucie-Pauline Guedon, dite Fritz, premier dessus.................................	1,300

Rose Détain, id.................................... 1,200
Aimée Guiho, id................................... 1,000
Clémence Mouchot, id........................... 600
Camille Borssat, id............................... 1,000
Caroline-Wirmerlin Bertin, id................. 1,000
Coralie Mouchot, id..............................
Berty, second dessus............................ 1,100
Joséphine-Chobert Vincelot, id............. 1,000
Simonette Delamare, id........................ 1,000
Justine Biget, id.................................. 1,000
Elisabeth Cailhol, dit Adèle, id............. 1,100
Jenny Ansoult, id................................. 1,000

   Gagistes :

Lelubois, ouvrier machiniste.................. 1,200
Delaunay, id....................................... 840
Brue, id... 960
Saint-Martin, portier............................. 546
Quintin, coiffeur.................................. 600
Harel.. 560
Bocquet.. 960
Angammard... 500
Bouteiller... 935

   Orchestre :

Schaffner, chef d'orchestre................... 3,900
Manyer, premier violon........................ 1,700
Bony, deuxième chef d'orchestre........... 1,900
Walter, premier violon......................... 1,200
Geoffroy, id....................................... 1,200
Faure neveu, id.................................. 400
Charpeaux, id.................................... 1,200

THÉATRE

Fournier, deuxième violon	1,200
Faure oncle, id	1,000
Rethaller, id	1,300
Waltère père, clarinette	900
Pellerin, deuxième violon	720
Chemin, id	600
Morel, basse	1,200
Paumier, id	900
Bridou, contre-basse	1,400
Rommisch, id	1,200
Choinet, id	1,000
Bonnardot, alto	1,200
Berty, basson	1,300
Lacroix, id	1,000
Eschlep aîné, premier hautbois	1,400
Bidal, première flûte	1,300
Corret fils, second hautbois	500
Eschlep jeune, deuxième flûte	1,200
Ourdeau, première clarinette	1,300
Corret père, premier cor	1,500
Dupont, deuxième cor	1,200
Carlin, premier trombonne	850
Victor Walter, première trompette	900
Thieulan, timballier	700
Eder, harpiste	400
Bellanger, caisse roulante	180
Ange Walter, deuxième violon	900
Madolle, id	400
Glady, basse	1,200

Direction Louis Solomé.

Année théâtrale 1834-1835.

L'administration municipale ayant refusé à Walter l'exonération du droit des pauvres (environ 15,000 francs par an), ce directeur donna sa démission. Cinq concurrents se présentèrent; Solomé fut agréé par l'autorité municipale et par l'autorité supérieure, à la condition qu'il n'aurait pas l'exonération sollicitée en vain par son prédécesseur et qu'il n'aurait pas non plus de subvention.

Solomé avait dirigé le théâtre de Marseille et de Lyon; il avait été directeur de la scène à la Comédie-Française, à l'Opéra-Comique et au Grand-Opéra. Pour venir à Rouen, il quittait la direction de Bordeaux.

L'ouverture de cette campagne a été faite le lundi 5 mai 1834.

Les abonnements sont restés fixés aux conditions des années précédentes; les abonnés avaient droit à leur entrée toutes les fois que la salle était ouverte; étaient exceptés cependant les jours de représentations d'artistes extraordinaires étrangers aux théâtres de France, les bals de nuit, les deux représentations au bénéfice des Hospices et les cas de fermeture par force majeure ou par ordre supérieur. L'administration se réservait de faire les relâches d'usage les samedi, pendant l'été, et en tout temps les jours de répétition générale d'œuvres importantes.

Le prix des abonnements devait être payé moitié comptant et l'autre moitié dans le mois d'octobre.

Le spectacle d'inauguration, avec débuts et rentrées, a été composé de :

1º Le *Nouveau Seigneur du Village*, opéra ;
2º Ouverture de *Guillaume Tell* ;
3º Le *Comte Ory*, opéra.

Après débuts et rentrées, la troupe a été constituée ainsi qu'il suit :

Comédie :

Alexandre, premier rôle.
Jourdain, jeune premier de comédie.
Alexis, jeune premier de vaudeville.
Gaston, jeune amoureux (1).
Charles, troisième rôle.
Heurtel, grande utilité.
Massin, père noble.
Louis, financier.
Tiste, premier comique.
Mouchot, second comique.
André Hoffmann, comique de vaudeville.
Charles Villars, valets comiques, Crispin.
Piatier, utilité, rôles jeune.
Bertin, Bertrand, Valette et Anatole, utilités.
Mme Simonnet, premier rôle.
Mme Alexis-Burry, jeune première.

---

(1) Reçu après l'échec de Vernin.

Mme Clément-Courtès, première amoureuse de vaudeville.
Mlle Laignelet, ingénuité.
Mlle Brochard, deuxième et troisième amoureuse.
Mme Louis-Fabre, mère noble, caractères.
Mlle Antheaume, première soubrette (1).
La petite Simonnette, rôles d'enfants.
Mmes Anna Châteaufort et Fritz, rôles de convenance.

Opéra :

Andrieu, premier ténor (2).
Nicolo-Isouard, Philippe, Gavaudan (3).
Joseph, premier ténor et fort second.
Chateaufort, second ténor.
J. Morazain, Colin.
Grignon, baryton.
Renault, première basse-taille.
Leclerc, deuxième basse-taille.
Sallard, deuxième basse-taille, basse comique.
Heurtel, troisième basse-taille, grande utilité.
          , laruette (4).
Jouanno, trial.
Lematte, utilité.
Mme Lavry, première chanteuse à roulades et sans roulades.
Mlle Dominique, idem.

---

(1) Rentrée après l'échec de Mlle Caroline Melval.
(2) N'a fait qu'une rentrée après un an d'absence.
(3) N'a fait qu'une rentrée après cinq ans d'absence.
(4) Emploi tenu complaisamment par Leclerc, Sallard et Jouanno, après l'échec de Pitrot, Catré et Dominique.

Mme Sallard, première Dugazon et Philis, première chanteuse au besoin.

Mlle Amélie, deuxième Dugazon.

Mlle Brochard, amoureuse.

Mlle Lemesle, mère Dugazon.

Ballet (Voir plus loin).

Schaffner, chef d'orchestre.

Bidal, première flûte.

Monneret, contrôleur.

Dumée, décorateur.

Bertin, régisseur.

Mouchot, deuxième régisseur.

Guillaume, machiniste en chef.

Mentionnons ici que Solomé a prétendu faire de grands changements dans la désignation des emplois et dans la distribution des rôles, ne consultant sur ce dernier point que les aptitudes spéciales de ses artistes.

Dans la troupe qui précède nous devons signaler, parmi les nouveaux pensionnaires, Alexis et surtout Mme Alexis-Burry, André, Grignon, excellent baryton qui nous venait de Bordeaux, Mme Lavry, et, plus particulièrement, Mme Sallard qui arrivait aussi de Bordeaux.

André Hoffmann, plus connu à Rouen sous le nom d'André, était un excellent comique qui plus tard a su briller à Paris. Sans revenir sur ce que nous avons déjà dit de lui, ajoutons qu'il était rouennais, né à Rouen, dans la rue du Perroquet, 6, une de celles qu'a, Dieu merci, fait disparaître l'ouverture de la rue Napoléon III.

Mme Sallard, née Jeanne-Catherine Levasseur, après avoir été une étoile en province, a débuté à Feydau et y a doublé Mme Pradher, pendant environ deux ans. Elle alla ensuite à l'île Maurice ; elle y perdit son mari, notre ancienne basse-taille, lequel, s'étant embarqué un jour pour Pondichéry, disparut dans un naufrage, du moins à ce que l'on suppose. Au bout de quelques années, Mme Sallard revint en France pour y vivre dans la retraite. Elle est morte à Paris, en octobre 1855, à l'âge de 63 ans, laissant une fille, Mme Ferdinand Sallard, attachée alors au grand théâtre de Lyon en qualité de première chanteuse.

LA POLITIQUE AU THÉATRE. — Le 29 juillet 1834, des évolutions militaires ont été exécutées sur le théâtre par les grenadiers du 25me de ligne, sous le commandement de.... Mouchot, deuxième régisseur et deuxième comique. Puis Joseph a chanté la *Marseillaise*, au bruit des plus frénétiques applaudissements. C'est ainsi que l'on a célébré le troisième anniversaire des *Trois Glorieuses*.

A la première représentation de *Pinto ou une Journée de conspiration*, en décembre 1834, l'autorité, craignant quelque manifestation, avait placé sous le pérystile quatre sergents de ville qui n'ont eu qu'à se croiser les bras ; dans la salle, cependant, les allusions ont été saisies chaudement par les spectateurs. Lorsque l'un des personnages de la pièce a dit : « Soupçonner dès qu'on remue, frapper dès qu'on soupçonne, voilà tout l'art du « gouvernement, » les modérés ont applaudi, mais des huées à peu près universelles ont répondu à l'enthousiasme de ces admirateurs du despotisme. Le mot : *A bas le roi !* prononcé par Pinto, a provoqué cinq ou six applaudissements et le double à peine de sifflets. La masse du public est restée calme, mais elle a applaudi beaucoup les belles paroles de Pinto aux conjurés, la peinture faite par lui du dévoûment patriotique triomphant du despotisme, les paroles de grâce et d'oubli après la victoire, enfin, ce mot que prononce Pinto après que chacun s'est fait sa part : « Tous ces gens-là m'adorent aujour-« d'hui, dans quelques jours ils ne me regarderont « plus. » A ces passages s'est révélé l'esprit public qui était alors un esprit de conciliation, de paix et d'union des citoyens dans un seul but : la liberté !

REPRÉSENTATIONS EXTRAORDINAIRES. — La première en date a eu lieu à l'occasion de l'anniversaire de la naissance du grand Corneille (le 6 juin 1834). On l'a célébré par :

1° La *Gageure imprévue*.
2° Une *Ouverture* de Boïeldieu.
3° Le *Menteur*.
4° Une Ouverture de Schaffner.
5° La première représentation de *Rouen en 1834, ou Hommage au grand Corneille*, tableau dramatique et lyrique terminé par le couronnement de la statue de Corneille.

Dans cet à-propos, Alexandre a récité des vers sur la vie et les ouvrages de Corneille. Mme Lavry, Andrieu, Renault et Grignon ont chanté, à grand orchestre, une cantate qu'ils avaient fait entendre quelques heures auparavant, avec accompagnement de piano, à la séance de la Société d'Émulation ; la musique était de Schaffner.

Le panorama de Rouen, pris du milieu du Pont-Neuf, a fait honneur à Dumée.

Pendant l'entr'acte qui a précédé *Rouen en 1834*, le directeur est venu distribuer de beaux bouquets à toutes les dames des premières et de la galerie.

Le lendemain, on a donné, pour la deuxième et dernière fois, *Rouen en 1834*.

Le 29 juin, on a eu un intermède dans lequel a paru toute la troupe et intitulé : *L'Anniversaire de la fête de Pierre Corneille*.

M. et Mme Allan-Despréaux, du Gymnase, sont venus en juillet 1834 et ont donné 10 représentations. Tantôt un ou l'autre, tantôt tous les deux ont paru dans :

Le *Diplomate*.
Valérie.
La *Chanoinesse*.
La *Jeune femme colère*.
Toujours.
La *Seconde année*.
Une bonne fortune.
Louise ou la Réparation.
La Demoiselle à marier.
Le *Mariage à rompre*.
Le Quaker et la Danseuse.
La *Famille Riquebourg*.
La *Fille d'Honneur*.
Le *Chaperon*.
L'*Héritière*.
Malvina.
La *Quarantaine*.
Le *Gardien*.
La *Femme de l'Avoué*.
Les *Mémoires d'un Colonel*.
Une *Faute*.
Le *Manteau*.
Les *Malheurs d'un Amant heureux*.
Camille.

En août, Bocage, qui prenait le titre modeste d'acteur de Paris, est venu à Rouen où il était déjà connu. Lors de son entrée en scène, à la première de ses représentations, dans la *Tour de Nesle*, quelques sifflets se sont fait entendre. Les applaudissements n'ayant pu les faire cesser, Bocage a demandé s'ils s'adressaient à l'ouvrage, à l'acteur ou à l'homme. Au milieu du tumulte, il n'a pas été donné de réponse catégorique à cette question. On a supposé cependant que les sifflets s'adressaient à l'ouvrage ; nonobstant, le drame la *Tour de Nesle* a été joué au milieu du silence et très applaudi. A la fin du cinquième acte, Bocage a été rappelé et très fêté, malgré deux ou trois sifflets. Les classiques encroûtés ont donc complètement eu le dessous.

En dépit des perruques, Bocage a donné neuf représentations dans :

La *Tour de Nesle*.   *Angèle*.
Thérésa.   *Antony*.
L'*Homme du monde*.   L'*Enfant trouvé*.
Falkland ou la Conscience. Les *Deux Ménages*.

Le dimanche 12 octobre 1834, l'affiche annonçait une représentation « *à la mémoire de Boïeldieu, décédé le 9 octobre 1834.* » Elle se composait de :

1° *Guerre ouverte*.
2° La *Chanoinesse*.
3° La *Dame Blanche*.
4° Discours prononcé par Grignon et couronnement du buste du grand compositeur.

Cette solennité a été piteuse et nullement digne de la patrie de Boïeldieu. Pour la *Dame Blanche*, les artistes portaient un crêpe de deuil et les femmes des écharpes noires ; les musiciens de l'orchestre portaient des habits de deuil. A la fin de la cérémonie, deux couronnes ont été jetées de la salle, voilà pour ce qu'on peut approuver. Le piédestal du buste était pauvre, un valet éclairait avec une chandelle le manuscrit de Grignon, les palmes étaient flétries, voilà ce qui a été ridicule.

Pendant les couches de Mme Lavry, Mme Amélia Masi, cantatrice des théâtres royaux de Naples, déjà connue à Rouen, est venue en représentation.

Dans le *Barbier de Séville* elle a chanté, à la scène de la leçon, la *Biondina* et, à la fin, elle a fait entendre la *Suissesse du canton de Lucerne*, le *Charme de la Valse* et l'*Orage*, romances de sa composition.

Elle a fait connaître d'autres romances : Le *Bonheur de se revoir*, *Maman me permet de danser*, la *Folle*, le *Bal*, le *Charme de la voix*, *Chagrin d'amour*, *Matin et soir*, une romance sur la mort de Boïeldieu, et, en outre, une scène d'*Othello* et l'air de *Sémiramide*.

Elle a joué le rôle principal dans :

Le *Barbier de Séville*.   Le *Rossignol*.
Jean de Paris.   Les *Voitures versées*.
Le *Concert à la Cour*.   La *Pie voleuse*.
La *Dame Blanche*.   Le *Pré-aux-Clercs*.

Dans les *Voitures versées*, Mme Masi intercalait *O Patrie*, cavatine de *Tancredi* par Rossini, et, dans le *Concert à la cour*, un thème de Mozart.

En tout 9 représentations.

L'inauguration de la statue de Pierre Corneille, sur le Pont-de-Pierre, a été l'occasion d'une grande solennité au Théâtre-des-Arts, à la date du dimanche 19 octobre 1834. En voici le programme :

1° Ouverture de la *Dame Blanche*.

2° *Cinna*, avec le concours de Joanni, Beauvallé Mme Paradol, sociétaires et premiers sujets de la Comédie-Française (sur la demande qui leur en avait été faite par l'administration).

3° Ouverture de *Beniowski*.

4° Hommage à Pierre Corneille, pièce de vers lue par Beauvallet et que voici :

LA STATUE DE CORNEILLE.

DITHYRAMBE.

> Tout un peuple a voué ce bronze à ta mémoire.
> VICTOR HUGO.

O fatalité du génie !
Ce n'est jamais qu'après sa vie
Que le grand homme obtient le prix de ses travaux.
Ouvrons les fastes de l'histoire,
Partout les lauriers de la gloire
Ne couronnent que des tombeaux.
Sous les haillons de la misère,
De ville en ville humilié,
Contemplez le divin Homère
Mendiant à genoux le pain de la pitié !
Il vit,.... son ingrate patrie
Repousse avec ignominie
L'aveugle et ses chants immortels.
Il meurt,..... et la Grèce éplorée
Prodigue à sa cendre adorée
L'encens des dieux et leurs autels.

Quelle est cette voix délirante,
Au fond de ces cachots déserts ?
La voix du cygne de Sorrente
Expiant ses divins concerts.
Mais aux pleurs succède l'ivresse ;
Ecoutez ces cris d'allégresse :
Du Tasse les fers sont rompus,
Rome de gloire l'environne ;
Tout est prêt, le char, la couronne.
A quoi bon ? Le Tasse n'est plus !!!

DES ARTS.

    Combien de victimes encore,
Parmi tous les grands noms que le Parnasse adore,
Je pourrais tout-à-coup évoquer à vos yeux,
Anges consolateurs descendus sur la terre,
    Que les dédains d'un profane vulgaire
Contraignirent enfin à remonter aux cieux!

    Milton, le Camoëns, le Dante,
    Du fond de la tombe vivante
    Où vous honore l'univers,
De vos longues douleurs le sublime langage
Viendrait unir ici son triple témoignage
    A celui de mes faibles vers.

    Comme eux tu vis d'homicides Procustes,
Croyant à leur néant rabaisser ta hauteur,
    Acharnés sur tes traits augustes,
    Les mutiler avec fureur ;
    Tu vis ces oiseaux des ténèbres
    Que ton soleil faisait pâlir,
O Corneille ! accueillir par leurs accents funèbres
Des feux que leurs regards ne pouvaient soutenir.

Du culte des neuf sœurs, miraculeux Messie
    Méconnu par un siècle impie
    Qu'en vain sut réveiller ta voix,
    Comme eux, à ton divin passage,
Tu n'as trouvé que du fiel pour breuvage
    Et pour lit de repos, la croix ! ! !

Mais ton jour est venu, le triomphe s'apprête.
De la couronne d'or tu vas ceindre ta tête ;
    Le Capitole va s'ouvrir.
De leurs pères ingrats absolvant la mémoire,
    Vois-tu ce bronze expiatoire
    Que les enfants viennent t'offrir ?

THÉÂTRE

Oh ! c'est une dette sacrée
Que vient acquitter en ce jour
Cette multitude enivrée
De reconnaissance et d'amour !
C'est la dette de tous les âges,
De tous les cœurs dont tes ouvrages
Charmèrent les nobles loisirs !
Celle de la France idolâtre
Qui veut au père du théâtre
Payer en un seul jour deux cents ans de plaisir !

C'est le prix de ces doctes veilles
Qui léguèrent à nos bravos
Ces inimitables merveilles,
Fruits amers de tant de travaux ;
C'est la tardive récompense
Des cabales que l'ignorance
Contre tes talents déchaîna ;
C'est le salaire du génie
Qui, pour réponse aux clameurs de l'envie,
Enfantait le *Cid* et *Cinna*.

Le *Cid*, si beau qu'il fit proverbe,
Le *Cid* ! qui, malgré les efforts
D'un ministre altier et superbe,
Du monde entier excita les transports !
Cinna ! dont les magiques charmes
De Condé moissonnaient les larmes !
Dignes enfants d'un père généreux
Qui, pour défendre sa mémoire
Et pour éterniser sa gloire,
Laissa des héritiers si grands et si nombreux !

Car c'est lui qui, de Melpomène
Relevant la divinité,

Lui fit reprendre sur la scène
Son cothurne et sa majesté.
C'est lui qui, d'une main hardie,
Porta la lumière et la vie
Au sein du tragique chaos ;
Qui, d'un mot de sa voix féconde,
Nouveau Colomb, fit apparaître un monde
Aux regards étonnés de ses obscurs rivaux.

Mais auparavant que de larmes,
Que de laborieuses nuits !...
Que de jours usés dans les larmes,
Les angoisses et les ennuis !
C'est peu qu'on force sa grande âme
A subir d'une ligue infâme
L'ignoble et servile courroux ;
Le front resplendissant de gloire,
Moderne Galilée, on veut de sa victoire
Qu'il demande grâce à genoux.

Vains efforts ! outrages stériles !
Dans la poudre sifflez reptiles !
L'aigle aux cieux poursuit son essor.
Ouragans, tonnez sur sa tête !
Le cèdre aérien, battu par la tempête,
Paraît cent fois plus grand encor !

Qu'il vienne maintenant l'étranger qui, naguère,
Dans son ironique fierté,
Disait : « Montrez-nous cet Homère,
« Cet aigle de votre cité !
« Quoi ! dans les murs qui l'ont vu naître,
« Aux regards rien ne fait connaître
« Cet astre qui vous illustra ! »
Nous, du doigt montrant sa statue,

L'âme d'un juste orgueil émue,
Nous lui répondrons : « le voilà ! »

Oh ! c'est bien lui, voyez ! sous la main du grand maître,
Le voilà qui vient de renaître.
Voilà ce front et si large et si fier,
Ridé par les soucis, creusé par la pensée ;
Ce front dont Melpomène un jour s'est élancée,
Enfantée à la voix du nouveau Jupiter !

Oui, c'est bien lui ; dans ce bronze il respire !
Voilà bien son grave sourire
Et son auguste tête, et son regard de feu.
Silence ! il va parler ; ses lèvres magnanimes
Vont murmurer, peut-être, un de ces vers sublimes
Qui troublaient le sommeil du jaloux Richelieu !

Voilà bien sa noble attitude ;
Il devait être ainsi quand, de l'ingratitude
Dédaignant les cris furieux,
Un pied sur les serpents sifflant dans la poussière,
Il disait : « Rampez sur la terre ;
« Moi, je m'élance dans les cieux ! »

Des cendres de la vieille Rome,
Pompée, Horace, Héraclius,
Accourez aux pieds du grand homme,
Déposez aussi vos tributs.
Venez, au jour de sa victoire,
Lui rendre un rayon de la gloire
Dont il environna vos fronts ;
Fils du soleil, dans sa paupière,
De la paternelle lumière
L'aigle à l'astre du jour reporte les rayons.

Et toi, l'orgueil de la Neustrie,
Sois fier en voyant ta patrie

Tomber à tes sacrés genoux !
Pour tes jours il n'est plus d'orage,
Pour ton soleil plus de nuage,
Pour ta gloire plus de jaloux.

Va, ne crains pas que ta statue,
Sous les coups d'un bras irrité,
Comme tant d'autres, abattue,
Jonche les pavés de la rue
Des débris profanés de ta divinité.
Des rois si l'on brise les trônes,
Si l'on foule aux pieds les couronnes,
C'est que leur règne est d'ici-bas ;
Mais toujours un vainqueur barbare,
Au nom magique de Pindare,
Désarmé, retiendra son bras.

Cette pièce de vers était de M. Wains-Desfontaines, instituteur-primaire à Alençon, et avait été couronnée par la Société libre d'émulation, en 1834.

Une décoration de Dumée représentait le point de vue du terre-plein du Pont-Neuf.

Le prix des places était : Premières, 5 fr. ; galeries, 3 fr. 50 ; secondes, 2 fr. 50 ; officiers, 2 fr. 50 ; sous-officiers, 1 fr. 25 ; troisièmes, 1 fr. 75 ; quatrièmes, 90 c. ; parterre, 1 fr. 50 ; troisièmes, militaires, 90 c.

Le lendemain 20, deuxième représentation de *Cinna*, par les mêmes éminents artistes, accompagnée de la *Fête au Village voisin*.

Ajoutons, à propos de l'inauguration, que les artistes du Théâtre-des-Arts y assistaient en corps et qu'Alexandre y eût lu un discours en leur nom, si l'heure trop avancée ne l'en eût empêché.

Le 22, Beauvallet et Mme Paradol ont donné *Hamlet*, de Ducis. M. Monnet, artiste du Théâtre-Français de Rouen, remplissait le rôle de Claudius.

Le 24, enfin, ces deux artistes ont donné *Britannicus*, de Racine.

Le jeudi 13 novembre 1834, le jour où le cœur de Boïeldieu a été porté au cimetière Monumental, nouvelle solennité dictée par un légitime orgueil :

1° Premier acte de la *Dame Blanche;*
2° Le *Nouveau Seigneur du Village;*
3° Première représentation de *Boïeldieu aux Champs-Elysées*, tableau en un acte, par Sewrin, mêlé de couplets arrangés sur des airs tirés des opéras de Boïeldieu ; son apothéose. — Dans la pièce, Grignon personnifiait Boïeldieu.
4° Le *Serment de Beniowski*, chanté par tous les artistes.

Berton, Zimmermann, Adam, Martin et Sewrin ont assisté à cette représentation.

L'impromptu *Boïeldieu aux Champs-Elysées* a été représenté quatre fois de suite.

A la fin de novembre, Solomé s'est associé Vidal et Robba, dont la troupe se faisait remarquer par ses exercices de voltige et d'équitation, au cirque de la rue Duguay-Trouin. Celle-ci devait donner, au Grand-Théâtre, des drames et des mélodrames du premier Cirque-Français. Elle a commencé par la *Fille Hussard*, pantomime en trois actes, à grand spectacle, avec manœuvres de cavalerie, danses, évolutions militaires par les grenadiers du 25me de ligne, ayant à leur tête la musique de leur régiment, combats, tableaux militaires, etc., etc. Mais le tout a été sifflé à outrance, les bipèdes et les quadrupèdes de la rue Duguay-Trouin durent y retourner.

On avait cependant augmenté le prix des places pour cette belle équipée! Cinq francs les premières, etc.

L'anniversaire de la naissance de Molière a été célébré, le 14 janvier 1835, par la reprise du *Misanthrope* et un divertissement terminé par le couronnement du buste du grand comédien-auteur. L'extérieur du théâtre était illuminé avec des lampions.

En mars est venu Lhérie, premier sujet du théâtre des Variétés. Il a joué dans :

Folbert.
Les *Sept Péchés capitaux.*
La *Famille Normande.*
L'Art de ne pas monter sa garde.
La *Jeunesse de Talma.*
Le *Roi de Prusse.*

Paris et Rouen, scènes épisodiques composées par Lhérie.

En tout deux représentations à ce théâtre. Lhérie y a été secondé par plusieurs artistes du Théâtre-Français, avec lesquels il avait joué sur cette seconde scène.

DÉBUTS ET RENTRÉES

Nous avons dit, page 46 de ce volume, que Louis Solomé avait inauguré sa direction, avec débuts et rentrées, le lundi 5 mai 1834, et donné tout de suite la constitution définitive de sa troupe. Mais, entraîné par notre récit et par le désir de rester clair dans cet exposé rapide, nous n'avons pas fourni d'indications sur ces débuts ; il nous faut donc revenir en arrière.

Ils ont été faits en mai de cette année, savoir :

Pour la troupe dramatique, dans : *Antony, Louise,* les

Deux frères, la *Fausse Agnès*, *Angèle*, *Philippe*, *Tartuffe*, le *Secret du ménage*, les *Rivaux d'eux-mêmes*, les *Comédiens*, le *Mari à bonnes fortunes* ; — et, pour la troupe lyrique, dans : le *Nouveau Seigneur du village*, le *Comte Ory*, le *Barbier de Séville*, *Adolphe et Clara*, la *Dame Blanche*, l'*Opéra-Comique*, le *Siège de Corinthe*, le *Rossignol*, la *Fiancée*, *Euphrosine*, la *Lettre de change*, le *Tableau parlant*, le *Concert à la Cour*, les *Rendez-vous bourgeois*.

En dehors de ces œuvres, il ne reste à l'actif de ce mois que la première représentation (avec un début !) de *Une bonne fortune*, comédie-vaudeville en un acte de MM. Bayard et Alexis Cornu.

Comme pièces maintenues au répertoire dramatique, nous citerons : la *Chercheuse d'esprit*, les *Déguisements amoureux*, l'*Hôtel garni*, la *Jeune femme colère*, la *Jeunesse de Henri IV*, *Valérie*.

Parmi les opéras maintenus, signalons : *Ambroise*, *Euphrosine et Conradin*, *Jean de Paris*, *Robin des Bois*.

On a donné également l'ouverture du *Jeune Henri* et celle de la *Pie voleuse*.

Les débuts ont été laborieux ; en juin 1834, nous les voyons se continuer dans *Guerre ouverte*, le *Mari et l'Amant*, la *Reine de seize ans*, la *Marraine*, le *Mariage de raison*, pour la partie dramatique ; d'autre part, dans : la *Fête au village voisin*, *Ma tante Aurore*, *Mazaniello*, *Fra Diavolo*.

Il n'y eut cette année-là qu'une seule première représentation, et encore avec deux débuts !!! celle de la *Grande Dame*, comédie-vaudeville en deux actes, par M. Bayard.

Quatre reprises ont eu lieu, toutes les quatre fort importantes : la *Vestale*, *Zampa*, le *Philtre*, grand opéra, par MM. Scribe, pour les paroles, Auber pour la musique, et le *Pré-aux-Clercs*.

Au répertoire dramatique furent maintenues les pièces suivantes : la *Belle-mère et le Gendre*, la *Chanoinesse*, l'*Espionne russe*, les *Fausses confidences*, les *Femmes d'emprunt*, les *Folies amoureuses*, les *Frères à l'épreuve*, la *Gageure imprévue*, l'*Héritière*, le *Manteau*, le *Menteur*, les *Premières Amours*, le *Quaker et la Danseuse*, la *Seconde année*, *Simple histoire*, *Toujours*, 1760.

Les opéras maintenus furent : *Fiorella*, le *Maître de Chapelle*, opéra-comique en deux actes.

On offrit au public l'ouverture d'*Obéron*.

Nous trouvons encore quelques débuts en juillet 1834 ; ils ont eu lieu, d'une part, dans l'*Humoriste*, le *Philtre champenois*, *Jean*, et, d'autre part, dans *Léocadie*, le *Petit Matelot*, *Une heure de Mariage*, la *Fête au village voisin*.

Une seule première représentation eut lieu alors, celle de *Une aventure sous Charles IX*, comédie en trois actes par MM. Frédéric Soulié et Badon.

Nous ne comptons pas quatre prétendues premières données à l'occasion du séjour à Rouen de M. et Mme Allan-Despréaux (voir page 51) ; ce sont : la *Femme de l'avoué*, vaudeville en un acte par MM. Mélesville et Carmouche, le *Mariage à rompre*, vaudeville en un acte par MM. Fournier et Arnoud, *Une Faute*, vaudeville en deux actes par Scribe, et *Camilla*, par MM. Scribe et Bayard.

Les pièces maintenues au répertoire furent : la *Fille d'honneur*, le *Jeune Mari*, *Misanthropie et repentir*.

On maintint également, parmi les opéras : la *Pie voleuse*, les *Voitures versées*.

On offrit au public l'ouverture d'*Eurianthe*, celle d'*Othello* et celle du *Calife de Bagdad*.

Le fait le plus saillant du mois d'août 1834 est la présence de Bocage sur notre première scène (voir page 51).

A côté de cette bonne fortune, il faut placer quatre premières représentations composées de trois vaudevilles et un opéra. Ces vaudevilles sont :

1° *Turiaf le pendu*, vaudeville en un acte, par Dumanoir et Mallian.

2° *Pierre et André ou les Polletais*, vaudeville en deux actes, par Xavier de Villeneuve et Dupeuty.

3° *Les Duels ou la Famille d'Arcourt*, vaudeville en deux actes, par Mélesville et Carmouche.

L'opéra est celui de *Marguerite d'Anjou*, en trois actes, musique de Meyerbeer, paroles de MM. Sauvage et Crémon.

Pièces maintenues : *Bertrand et Raton*, l'*Héritière*.

N'oublions pas la reprise de : les *Deux Anglais*.

Parmi les opéras on maintint *Gulistan*, et l'on reprit la *Neige*.

En septembre 1834, il y eut six premières représentations, parmi lesquelles celle d'un opéra fameux : *Lestocq ou l'intrigue et l'amour*, opéra-comique en quatre actes, avec danses, paroles de Scribe, musique d'Auber.

Les artistes chargés de l'interprétation étaient : Andrieu, premier ténor ; Renault, première basse-taille ; Chateaufort, second ténor ; Mme Lavry, première chanteuse ; M. Sallard, deuxième basse-taille, et Mlle Dominique, aussi première chanteuse.

Lors de la troisième représentation, l'affiche annonçait que la grossesse avancée de Mme Lavry pouvant d'un jour à l'autre l'éloigner du théâtre, momentanément, *Lestocq* serait représenté trois fois dans le courant de la semaine suivante.

Les autres premières représentations se composèrent de :

1° *Vingt ans plus tard*, vaudeville en un acte, par MM. Bayard et Laurencin.

2° La *Fille du Cocher*, vaudeville en deux actes, par M. de Rougemont.

3° *Une Passion secrète*, comédie en trois actes, par Scribe.

4° La *Cinquantaine*, vaudeville en un acte, par Lubise.

5° La *Frontière de Savoie*, vaudeville en un acte de MM. Scribe et Bayard.

Les pièces maintenues furent : Les *Deux ménages* et *Richard d'Arlington*.

Le mois d'octobre 1834 a été celui des couches de Mme Lavry ; aussi la direction a-t-elle dû, pour la remplacer temporairement, engager Mme Amélia Masi (voir page 53).

Outre l'attrait d'une première chanteuse nouvelle, MM. les Abonnés ont eu, dans ce mois, trois premières représentations, celles de :

1° *Demain ou la Filleule*, comédie en cinq actes et en vers, par Sewrin.

2° Le *Lorgnon*, vaudeville fantastique en un acte, par Scribe, dans lequel Mlle Seignelet s'est fort distinguée.

3° Les *Souvenirs de Lafleur*, opéra-comique en un acte, paroles de Carmouche et F. de Courcy, musique de Halévy.

Le baryton Grignon y excellait.

Les pièces maintenues sur l'affiche, pendant ce mois, furent : l'*Ecole des maris*, l'*Enfant trouvé*, *Vive le divorce*, la *Fausse Agnès*, la *Mère et la Fille*, *Tartufe*.

Opéra maintenu : la *Vieille*. Les ouvertures de *Guillaume Tell*, de *Beniowski*, de la *Muette*, furent en outre offertes au public, avec une reprise des *Deux Jaloux*.

Ce même mois a été marqué par un grand hommage rendu à la mémoire de Boïeldieu (voir page 52), et par la solennité célébrée à l'occasion de la statue de Pierre Corneille sur le terre-plein du Pont de pierre (voir pages 53 et suivantes.)

Le mois de novembre 1834 marquera dans l'histoire du Théâtre-des-Arts par la représentation de gala donnée le jour où le cœur de Boïeldieu a été porté au cimetière monumental (voir page 60).

A ces souvenirs de nature bien différente, il faut joindre deux premières représentations :

Un premier amour, comédie-vaudeville en trois actes, par MM. Bayard et Vanderburck.

Les *Six Ingénues*, divertissement en un acte, par Duport.

Pièces maintenues : Le *Dépit amoureux*, *Père et parrain*, la *Tour de Nesle*.

Opéra maintenu : la *Muette*.

Ballet maintenu : la *Fille mal gardée*.

En décembre 1834 eurent lieu quatre premières représentations, dont une d'opéra très importante :

1° La *Lectrice ou Folie de Jeune homme*, comédie-vaudeville en deux actes, par Bayard. Grand succès de larmes obtenu par Mlle Seignelet.

2° La *Vieille fille*, vaudeville en un acte, par MM. Bayard et Chabot de Bouin.

3° *Pinto ou une Journée de conspiration*, comédie historique en cinq actes, par Népomucène Lemercier.

4° *Fernand Cortez ou la Conquête du Mexique*, grand opéra en trois actes, avec décors par Dumée et un divertissement nouveau par Allard ; paroles de Jouy, musique de Spontini.

Artistes : MM. Andrieu, Grignon, Renault, Joseph, Chateaufort, Leclère et Mme Lavry.

En outre, trois reprises : le *Petit Chaperon rouge*, avec danses ; *Robert-le-Diable*, avec danses. A la scène des nonnes ont paru Mlles Leroux, Clara et Fanny Seignelet, ainsi que les dames du corps du ballet.

Pièces maintenues : *Les Fourberies de Scapin*; *Valérie*, dans laquelle Mme Jourdain, femme de l'acteur du Théâtre-des-Arts, bien que n'ayant jamais paru sur aucune scène, joua bravement le rôle de *Valérie; la Mère et la Fille*, où la même Mme Jourdain remplit le rôle de Fanny.

Nous sommes arrivés au mois de janvier 1835.

Quatre premières représentations, entr'autres celles d'un opéra modèle :

1° *L'Ami Grandet*, comédie-vaudeville en trois actes, par MM. Ancelot et Alexis de Combrousse.

2° *Latude ou 35 ans de captivité*, drame historique en trois actes et cinq tableaux, avec décors nouveaux, et précédé de : *Une Matinée à Trianon*, prologue, par MM. G. de Pixéricourt et Anicet Bourgeois. — Les principaux rôles étaient ainsi distribués :

THÉATRE

> Latude............ Alexandre.
> D'Alègre .... Jourdain.
> Henriette......... Mme Alexis-Burry.

Une notice historique fut, à cette occasion, abondamment répandue dans la salle par les soins du directeur Solomé.

3° *Un Caprice de femme,* opéra-comique en un acte, paroles de Lesguillon, musique de Paër.

4° *Le Chalet,* opéra-comique en un acte, paroles de MM. Scribe et Mélesville, musique de Adolphe Adam. — Cet opéra fut représenté pour la première fois, à Rouen, le 16 janvier 1835.

Artistes : Andrieu, Renault et Mme Sallard ; décors de Dumée.

Pièces maintenues : *Le Gardien, Le Misanthrope, Une Aventure sous Charles IX.*

Opéra maintenu : *Marguerite d'Anjou.* — Ajoutons qu'on fit entendre l'ouverture des *Deux Nuits* et qu'on reprit *L'Italienne à Alger.*

Le mois de février 1835 a été bien calme. — Une seule première représentation, celle de la *Fille de l'Avare,* comédie-vaudeville en deux actes, par Bayard et Duport.

Répertoire courant : *Un Bal d'Ouvriers, Rabelais.*

Reprise de *Gustave III ou le Bal masqué,* opéra.

Avec le mois de mars 1835, l'intérêt se relève, grâce aux représentations extraordinaires de Lhérie (voir page 61) et à trois premières représentations :

L'Ambitieux, comédie en cinq actes, par Scribe.

Elle est folle, comédie-vaudeville en deux actes, par Mélesville.

L'Autorité dans l'embarras, vaudeville en un acte, par MM. de Combrousse et Jaime.

Pièce de saison : *M. de Pourceaugnac*, avec grand divertissement comique, travestissements et courses des apothicaires.

Opéra maintenu : *Le Petit Chaperon rouge*, avec danses.

Ouverture jouée : celle du *Dieu et la Bayadère*.

Le mois d'avril 1835, le dernier de cette année théâtrale, a offert trois premières représentations :

1° *Estelle ou le Père et la Fille*, comédie-vaudeville en un acte, par Scribe. — Cette première représentation a été donnée au bénéfice de Massin. — Artistes : Charles, Leclère et Mlle Seignelet.

2° *Chatterton*, drame en trois actes, par Alfred de Vigny.

3° *Le Serment*, grand opéra en trois actes, avec danses. — Paroles de Scribe, musique d'Auber. — La première représentation a été donnée au bénéfice de Mme Lavry.

Pièces maintenues : *L'Auberge des Adrets, Les Cancans, La Famille Normande*.

Ballet. — A partir du milieu de novembre 1834, le Théâtre-des-Arts en a possédé un. — Il se composait de :
MM. Allard, 1er danseur.   Mlles D. Leroy, 1re danseuse.
Pizarello, 2e id.   Clara, 2e id.
Férin, danseur comique.

Le corps du ballet comprenait une dizaine de danseurs et de danseuses.

Concerts : A la fin du mois de septembre 1834, trois soirées musicales ont été données par Mme Féron, prima dona du théâtre de San Carlos, à Naples, de celui de la Scala, à Milan, et de l'Opéra Italien de Londres. Elle avait pour partenaire Adrien, basse chantante.

Mme Féron a, en outre, joué le rôle de Philis, dans *Le Rossignol*, quoiqu'elle n'eût jamais chanté dans l'opéra français.

INTERMÈDES : En janvier et février 1835, Balder, Schmuld et Hildebrant, chanteurs tyroliens, ont exécuté des mélodies fort originales. En voici les titres non moins originaux :

La *Neige des Alpes*.
Le *Postillon*.
Le *Garçon suisse*.
Lève-toi, jeune garçon.
L'Echo dans la Montagne.
Les *Plaisirs dans les Alpes*.
Quand je me lève de grand matin.
Le *Retour des Alpes*.
Le *Cocher*.
Le *Tyrolien*.
Le *Printemps*.

En mars 1835, deux jeunes filles des montagnes de l'Oberland, Mlles Albertine et Cécile Wanaz, âgées l'une de douze et l'autre de quatorze ans, ont voulu faire entendre des chants suisses, mais le public leur a répondu par de nombreux coups de sifflet.

Dans le même mois, Klisching, artiste de Paris, engagé momentanément au Cirque Lalanne, a exécuté, au Théâtre-des-Arts, une pantomime intitulée le *Singe et son Maître*. Il n'a pas eu plus de succès.

Le mercredi 10 décembre 1834, pour la représentation au BÉNÉFICE DES HOSPICES, on donna :

1° Ouverture des *Deux nuits*.

2° Troisième représentation de la *Lectrice*.
3° La *Dame Blanche*, avec divertissement au premier acte.

Produit brut........ 2,501 fr. 60 c.
» net....... 2,231 fr. 30 c.,

les frais s'étant élevés à 270 fr. 30 c., sur lesquels : 100 fr. pour le luminaire et 6 fr. pour le repas de la *Dame Blanche*.

La seconde représentation de ce genre a eu lieu le mercredi 18 mars 1835. A cette occasion on joua :
1° L'*Ami Grandet*.
2° *Lestocq*, avec divertissement au troisième acte.

Produit brut........ 2,343 fr. 25 c.
» net....... 2,074 fr. 75 c.,

les frais s'étant élevés à 268 fr. 50 c.

Représentations données au BÉNÉFICE DES ARTISTES :
Massin, le doyen des théâtres de Rouen, a obtenu un Bénéfice dans lequel les artistes des deux théâtres ont rivalisé de zèle. Le jour choisi fut celui du 3 avril 1835. On donna :
1° La *Famille normande*, vaudeville en un acte.
2° La première représentation de *Estelle ou le Père et la fille*, comédie-vaudeville en un acte.
3° Une *Ouverture* d'Adrien Boïeldieu fils et le grand air du *Dieu et la Bayadère*.
4° L'*Auberge des Adrets*, drame-bouffe en deux actes.

Adrien Boïeldieu fils a été appelé sur la scène et y a été couvert d'applaudissements. Cette ouverture était sa première composition.

Quelques jours plus tard, Mme Lavry obtint, à son tour, la même faveur. Le spectacle donné à son bénéfice se composait de :

1° La *Lectrice*, vaudeville.

2° La première représentation du *Serment*, grand opéra en trois actes, avec danses.

Ce jour-là, un plat destiné à recevoir les offrandes déposées en faveur des malheureux incendiés (25 mars précédent) de la rue des Petits-Moulins, à Saint-Sever, a produit plus de 400 francs.

Après celui de Mme Lavry, est arrivé le *Bénéfice* de Mouchot, dit l'honnête homme. La représentation se composa de :

1° Le *Mari et l'Amant*.

2° Le *Boléro*, dansé par M. Allard et Mlle Leroux.

3° *Estelle ou le Père et la fille*.

4° Un concert dans lequel on entendit, pour la partie vocale : Mme Lavry, MM. Grignon et Joseph ; et, pour la partie instrumentale : MM. Bouis, premier violon solo, et Elschlepp aîné, première flûte.

5° La *Tyrolienne*, chantée par MM. André et Félicien.

6° Le dernier acte de *Gustave III ou le Bal masqué*.

Ensuite sont arrivées successivement les représentations données au bénéfice de :

1° Bertin, régisseur, avec : l'ouverture de *Guillaume Tell*, *Elle est folle*, le *Bénéficiaire*, une *Visite à Bedlam*, le premier acte de la *Muette*.

2° Morazain et André, ensemble, avec : les *Baigneuses*, la *Jeunesse de Talma*, un intermède musical, les *Cancans*, un divertissement, enfin la *Sonnette de nuit*, tribulations en un acte. A cette représentation ont concouru des artistes des deux théâtres.

On n'a pas cru, dans le public, à la sincérité de tous ces bénéfices. Le seul sérieux a dû être celui de Massin.

BALS. — Dès le 16 décembre 1834, on a fait annoncer sur affiches, pour le 3 janvier prochain, un bal organisé concurremment par le Comité des *Salles d'asile* pour l'enfance et par les commissaires du bal donné au profit des pauvres en 1831. La recette devait être entièrement consacrée aux *Salles d'asile*.

MM. les gardes nationaux avaient le droit de se présenter à ce bal en uniforme.

En effet, le samedi 3 janvier 1835, ce bal a eu lieu. Les portes de la salle ont été ouvertes à sept heures et demie. Il y a eu 1,500 souscripteurs et mille personnes ont utilisé leur billet.

Tout billet était personnel et coûtait cinq francs. Les souscriptions avaient été ouvertes chez les dames inspectrices des *Salles d'asile*, chez tous les membres du comité et chez MM. les commissaires du bal donné en 1831. — Le produit net de cette fête s'est élevé à la somme de 3,665 fr. 75 c.

Quant aux bals publics, bals de nuit parés, travestis et masqués, les portes étaient ouvertes à onze heures, après le spectacle. Ils ont commencé le dimanche, 1er février. Le dimanche suivant, 8, il y a eu une innovation. Les assistants ont pu s'attabler, à partir du milieu de la nuit, dans l'ancien foyer et prendre des rafraîchissements.

Le troisième bal a eu lieu le 15 du même mois.

Au quatrième, donné le 22 suivant, on a supprimé les contremarques à partir de deux heures du matin.

Le cinquième a eu lieu le jeudi 26.

Au sixième, donné le dimanche 1ᵉʳ mars, on a voulu accéder en partie à des réclamations qui s'étaient élevées à propos de la mesure prise pour le quatrième bal ; on a annoncé que les contremarques seraient supprimées seulement après trois heures du matin.

Au septième, le mardi 3 mars, il y a eu, à deux heures du matin, une loterie formée de cinq lots.

Le huitième a eu lieu le dimanche 8.

Au neuvième et dernier, le jeudi 26, il a encore été tiré une loterie.

Le prix du billet pour chacun de ces bals était fixé à 3 fr. 50 c.

Pour ne pas interrompre l'énumération de cette série de fêtes, nous avons dû négliger un fait qui nous force à revenir sur nos pas.

La compagnie des sapeurs-pompiers de Rouen n'a pas voulu rester en retard sur le Comité des *Salles d'asile*. Le samedi 21 février 1835, elle a donné, au Théâtre-des-Arts, un bal au profit de ces *Salles*. Le prix d'entrée en a été fixé à 3 fr. 75 c., avec faculté, pour chaque souscripteur, de faire entrer deux dames désignées d'avance et dont le nom serait inscrit sur le billet.

Il y a eu, pour cette fête de bienfaisance, 1,500 souscripteurs. La salle a été comble jusqu'aux troisièmes loges et le produit net s'est élevé à la somme de 4,035 fr. 50 c.

Au commencement de mars 1835, la direction a essayé d'organiser, comme dans l'année théâtrale 1833-1834, des grands bals masqués, au Théâtre-des-Arts, dans le genre des *Tombolas Napolitaines* que l'on donnait alors au Grand-Opéra de Paris. La scène devait être décorée comme pour le cinquième acte de *Gustave III*. Le prix de cette *Fête de famille*, ainsi que l'appelait le Directeur, devait être de 7 fr., et de 8, quand on retenait une place de loge. A minuit, il y aurait *Tombola Napolitaine* dont le principal lot aurait été d'une valeur de 400 fr. remise en argent, si le gagnant le désirait. Le prix du coup d'œil de la salle, aux troisièmes, était fixé à 2 fr.

Mais, sur cette base, les *Souscripteurs à l'avance* n'arrivant pas en assez grand nombre, la direction s'est trouvée dans l'obligation ou de renoncer à son projet, ou de le modifier. Elle a descendu alors le prix à 5 fr. Le premier *Grand bal*, décoré du nom nouveau de *Bal-Redoute*, paré, travesti et masqué, a été donné le samedi 21 mars, après le spectacle, avec les décors du cinquième acte de *Gustave III*, ainsi que nous l'avons dit. Il s'y est présenté peu de monde.

Au second et dernier *Grand Bal-Redoute*, le 11 avril suivant, le cinquième brut de la recette était destiné aux incendiés de la rue des *Petits-Moulins*. A une heure et demie du matin, s'il y avait six cents billets vendus au bureau, on devait mettre en loterie une belle pendule. Il s'est présenté en tout vingt-cinq personnes ! ! !

Cet incendie de la rue des *Petits-Moulins*, pour le dire en passant, a été considérable. Il a éclaté dans la nuit du 25 au 26 mars et a duré de onze heures du soir à trois heures du matin. On n'a eu alors à déplorer ni morts ni blessures graves, mais, cinq ou six maisons ayant été brûlées, un certain nombre de familles d'ouvriers se sont trouvées dans le plus complet dénûment. Parmi les objets détruits par le feu, il s'est trouvé une certaine quantité de costumes et d'accessoires appartenant à M. Houdard, directeur du Théâtre-Français. En effet, il y avait eu, quelque temps auparavant, impasse *Saint-Denis* (cul-de-sac des Petits-Moulins n° 11), un *Théâtre de Société*, et le directeur du *Théâtre-Français*, M. Houdard, y avait gardé un magasin (voir les théâtres de Société de Rouen, par J. E. B., 1877, page 87).

INCIDENTS. — Au Théâtre-des-Arts, on se plaint toujours de la mauvaise odeur venant du restaurateur et du charcutier voisins.

On se plaint toujours aussi des gens qui se montrent dans les coulisses, pendant les représentations, et qui nuisent à l'illusion.

On se plaint encore des chiens et des chats qui traversent la scène, quand la toile est levée. — On trouve que tout pourrait *marcher mieux*.

L'incident le plus remarquable de cette année fut celui-ci : Lalanne, directeur et créateur du Cirque, à St-Sever, intenta un procès à Solomé. Au tribunal de commerce de Rouen, à l'audience du 1er octobre 1834, Solomé, directeur du Théâtre-des-Arts, fut condamné à rendre à Lalanne, directeur et propriétaire du Cirque de Saint-Sever, les sommes qu'il avait reçues de lui, comme indemnité, à titre de directeur privilégié, depuis l'ouverture de ce Cirque, c'est-à-dire le cinquième des recettes brutes opérées par Lalanne, après prélèvement du *Droit des pauvres*, et il lui fait défense de rien exiger à l'avenir à ce sujet. — Le 8 octobre 1834, Solomé interjeta appel de ce jugement. On plaida pour lui alors l'incompétence du Tribunal de commerce. La Cour déclara le Tribunal de commerce compétent ; enfin, Solomé perdit son procès le 24 décembre 1834.

Clôture. — En 1835, la fête de Pâques arrivant le 19 avril, on avait fait *Relâche* au Théâtre-des-Arts, le vendredi saint, 17 avril, seulement.

Le lundi 30, on a organisé la clôture par le spectacle suivant :

1° Ouverture de *Guillaume Tell*.
2° *La Fille du Régiment*.
3° Le premier acte du *Maître de Chapelle*.
4° Un divertissement.
5° Les trois premiers actes du *Barbier de Séville*.

De cette manière, presque tous les artistes ont pu défiler devant le public, venir recevoir leurs récompenses ou s'en voir privés.

Du droit des pauvres. — Nous arrivons au moment de ne plus pouvoir reculer davantage un chapitre particulier sur un sujet qui, depuis longtemps, intéresse la question des théâtres, non-seulement dans notre ville, mais à Paris et dans toutes les provinces de la France, c'est celui du droit prélevé, au nom des Hospices, sur les billets de spectacles de tous genres, même sur les baraques des foires, lequel donne lieu, chaque année, à tant de réclamations.

Comme on le verra, en ayant la patience de lire ce chapitre jusqu'au bout, c'est bien actuellement qu'il est opportun de traiter cette question d'un intérêt vital pour toutes les scènes.

Indiquons d'abord l'origine de ce prélèvement onéreux sur toutes les représentations théâtrales, de quelque genre qu'elles soient.

Voici ce que nous trouvons au compte-rendu officiel de la séance du 12 brumaire an V (2 novembre 1796), au Corps législatif, Conseil des Anciens :

« Le Directoire, dans un *Message*, avait demandé que,
« pour subvenir au soulagement des indigents pendant
« l'hiver, il fût établi une taxe sur les billets de spectacle.
« Le Conseil a adopté ce qui suit :

« Article 1er. — Il sera prélevé pendant six mois, dans
« tous les spectacles, bals publics et autres lieux d'amuse-
« ment où l'on paye, un décime, ou deux sols par franc,
« sur tous les billets d'entrée et les abonnements.

(Pour ce qui concerne les bals publics, voir plus haut).

« Article 2. — Le produit de cette taxe sera remis à la
« direction du Bureau de Bienfaisance. »

Voilà tout.

Ce droit a été voté par le *Conseil des Anciens*, dans sa
séance du 7 frimaire an V (27 novembre 1796).

Voici d'ailleurs le texte de ce décret :

« Le Conseil des Cinq-Cents, après avoir entendu le
« rapport de sa commission de l'organisation des secours,
« et après trois lectures faites les 18 messidor, 2 thermi-
« dor et 11 fructidor,

« Prend la résolution suivante :

« Art. 1er. — Il sera perçu un décime par franc (2 sous
« pour livre), en sus du prix de chaque billet d'entrée,
« pendant six mois, dans tous les spectacles où se don-
« nent des pièces de théâtre, des bals, des feux d'artifice,
« des concerts, des courses, des exercices, pour lesquels
« les spectateurs paient.

« La même perception aura lieu sur le prix des places
« louées pour métier déterminé.

« Art. 2. — Le produit de la recette sera employé à
« secourir les indigents qui ne sont pas dans les
« Hospices. »

S'appuyant sur ce décret, les administrateurs des Hospices de Rouen témoignèrent au maire de Rouen le désir que deux représentations fussent données chaque année, sur nos deux théâtres, et affranchies de toutes ces conditions.

Sur ces réclamations, le Conseil des *Cinq-Cents*, dans sa séance du 1er floréal an V (20 avril 1797), prorogea pour six mois l'impôt établi par la loi du 7 frimaire précédent et dont la perception devait cesser le 7 prairial an V (17 mai 1797), sur les billets de spectacles, bals, concerts, etc., etc.

Le 11 prairial an VI (30 mai 1798), le receveur des Hospices annonce qu'il a encaissé une somme de 1,112 fr. 71 c., revenant à l'Hospice-Général et montant du 20me dû aux Hospices de Rouen sur le produit perçu pour les billets d'entrée, par tous les directeurs de spectacles, jusques et y compris le 30 ventôse précédent (20 mars 1798). — Ainsi, l'administration des Hospices touchait une part, au nom du droit des pauvres, sur le produit de toutes les représentations ordinaires; mais quand on jouait extraordinairement au bénéfice de ces mêmes Hospices, elle voulait être exonérée de toutes conditions.

Quelle insoutenable prétention!

Quoi qu'il en soit, voici un extrait du procès-verbal de la séance du *Conseil des Cinq-Cents*, le 17 fructidor an VI (3 septembre 1798):

« Laporte, au nom d'une commission spéciale, fait ar-
« rêter que le droit d'un décime par franc, en sus du prix
« de chaque billet d'entrée ou d'abonnement, à chaque
« spectacle et théâtre, ainsi que le même droit en sus du
« prix des billets de bal, feux d'artifice, fêtes publiques

« où l'on entre en payant, et le quart de la recette de
« ceux-ci, continuerait d'être perçu en l'an VII, pour le
« produit en être consacré aux secours à domicile et aux
« besoins des Hospices, d'après les proportions détermi-
« minées par les autorités constituées.

Entre autres renseignements fournis à ce sujet sur les théâtres de Rouen, dans l'annuaire statistique du département de la Seine-Inférieure pour l'an XII (1803-1804), publié par Vitalis, on lit :

« Le Théâtre-des-Arts rend annuellement 16,000 fr. à
« la caisse de Bienfaisance. — Le théâtre de la Répu-
« blique (celui du Vieux-Marché) a rendu dans les pre-
« miers mois de l'an XI la somme de 1,600 fr. à la
« caisse de Bienfaisance. Les petits théâtres le long du
« port rendent annuellement 6,000 fr. à la caisse de
« Bienfaisance.

« Le parc de Trianon fournit 2,000 fr. environ à cette
« même caisse. »

Il arriva un moment où, la perception de ce droit amenant une ingérence continuelle et vexatoire des agents des Hospices, les directeurs de théâtre, pour s'exonérer de cette perpétuelle inquisition, préférèrent conclure à forfait, avec ces établissements, des contrats d'abonnement dont le chiffre serait basé sur la moyenne des recettes effectuées par chacun d'eux. Après certaines résistances, les Hospices y consentirent enfin, et ces contrats furent signés.

Or, pour la campagne 1832-1833, l'abonnement du directeur du Théâtre-des-Arts, abonnement représentatif du droit des pauvres, avait été fixé, de consentement mutuel, comme pour les précédentes années théâtrales, à la somme de 15,000 fr., payable par douzième, chaque mois. L'administration municipale, intervenue au contrat, comme d'usage, avait accepté ce chiffre, d'accord avec les administrateurs des Bureaux de Bienfaisance et le direcrecteur du théâtre.

Ajoutons de suite, pour mémoire et afin d'élucider la question, que le Cirque fondé à Saint-Sever par Lalanne payait, comme droit des pauvres, 200 fr. par mois ; le Gymnase olympique, 40 fr. par mois ; le Théâtre-des-Arts, environ 1,300 fr. par mois.

Quand Louis Walter prit la direction du Théâtre-des-Arts, il restait un arriéré de 7,041 fr. dû par son prédécesseur. Malgré toutes les réclamations des Hospices, il refusa de se reconnaître responsable de cette dette et obtint gain de cause.

En juillet 1833, Louis Walter a formulé, auprès du Conseil municipal, une demande en réduction du droit des pauvres imposé à son théâtre. — Le Conseil a refusé de l'admettre.

Par suite de cette décision, Walter a, dès cette époque, manifesté l'intention de se démettre de la direction du Théâtre-des-Arts. Le Conseil municipal, invité par le Préfet, M. le baron Dupont-Delporte, à délibérer de nouveau sur cette question, a persisté dans son premier vote. En présence de cette persistance du Conseil à exiger du Théâtre-des-Arts une somme de 15,000 fr. par an, comme droit des pauvres, Walter donna immédiatement sa démission.

Louis-Jacques Solomé, qui lui a succédé, n'a pas tardé à réclamer comme lui. En novembre 1834, il a demandé à l'administration municipale de l'exonérer pour la campagne suivante, 1835-1836, du prélèvement effectué sur ses recettes au nom des Hospices. La ville ayant cru devoir refuser encore, il envoya sa démission à son tour.

Après les deux démissions successives de Walter et de Solomé, il fallut bien se décider enfin à s'éclairer sérieusement sur cette question avant d'accepter les offres adressées au Maire par divers concurrents qui se disputaient la succession de Solomé pour l'année théâtrale 1835-1836. Il fut alors facile de constater que, depuis la direction Morel, le maximum des pertes éprouvées chaque année par les divers directeurs qui s'étaient succédé au Théâtre-des-Arts s'élevait à 25,000 fr.

Ramené alors à une plus juste appréciation des choses, le Conseil municipal décida que celui qui prendrait la direction de ce théâtre le ferait aux conditions suivantes :

1° Suppression du droit des pauvres. (Il était bien temps de s'y résoudre enfin !)

2° Tous les prix d'abonnement seraient augmentés d'un quart.

3° Les loges seraient louées chaque année au rabais, selon la méthode suivie pour les bois de l'Etat, c'est-à-dire que chaque loge serait mise en location d'abord sur un prix fort élevé, lequel serait abaissé successivement jusqu'à ce qu'un amateur se rendît adjudicataire en prononçant la formule : *Je prends*.

Par contre, la ville cesserait de garantir aux directeurs du Théâtre-des-Arts le prélèvement du cinquième dont ils jouissaient jusqu'alors par privilège sur les recettes des autres théâtres. Les droits et les prétentions respectives des parties, à cet égard, devaient être discutées devant les tribunaux et fixés par eux.

Ces conditions étaient certes plus équitables que par le

passé, mais elles n'arrivèrent pas à contenter tout le monde. Autant les directeurs luttaient contre le droit des pauvres, autant les administrateurs du Bureau de bienfaisance s'en montraient avides et le défendaient avec acharnement. Ainsi, ils allèrent jusqu'à revendiquer, comme leur appartenant, le quart de la recette brute du Bal-Tombola donné le 27 février 1834 et dont nous avons parlé en son temps ; ils invoquèrent les termes des décrets et ordonnances qui leur semblaient trancher la question en leur faveur. Mais le directeur en exercice à l'époque de ce bal s'est énergiquement refusé à leur verser quoi que ce fût. L'affaire a été portée alors devant devant l'autorité compétente. Nous ignorons ce qui en est advenu.

Voilà ce que nous avions à dire relativement au droit des pauvres jusqu'à l'exercice 1835-1836 exclusivement.

Nous y reviendrons, s'il le faut, en temps et lieu, car la lutte s'est perpétuée pendant de longues années encore.

Nous ajouterons tout de suite que, si M. Walter, en présence des nouvelles conditions imposées par le Conseil municipal à quiconque prendrait la direction du Théâtre-des-Arts, ne pouvait retirer sa démission, il lui restait le droit de se mettre de nouveau sur les rangs ; c'est ce qu'il fit. En effet, ces conditions nouvelles donnaient gain de cause à sa principale réclamation : l'exonération du droit des pauvres. Il sollicita donc et obtint la continuation de son privilège ; mais, en même temps, il demanda qu'il lui fût permis de rester seul directeur privilégié de nos deux scènes. Naturellement, le Conseil préféra un directeur déjà expérimenté à un nouveau dont il ne pouvait connaître d'avance le savoir-faire. Il lui accorda donc un nouveau privilège à titre de directeur des théâtres de Rouen. C'est ce qui explique la retraite forcée de M. Houdard de la scène du Vieux-Marché. Nous verrons plus tard si M. Walter ne s'est pas trompé dans ses calculs.

Année théâtrale 1835-1836.

DIRECTION DE M. L. WALTER.

Avant la réouverture du Théâtre-des-Arts, on s'occupa de restaurer la salle et, le 25 avril, le *Journal de Rouen* publiait à ce sujet un long article.

Des changements assez notables furent apportés à la disposition intérieure.

D'abord on créa, aux dépens du parterre, entre celui-ci et le parquet, deux rangées de stalles depuis si longtemps réclamées par les personnes qui, moyennant l'acquit d'un supplément, désiraient s'assurer, par location faite d'avance, leur entrée au spectacle les soirs de représentation extraordinaire.

Par compensation, le parterre acquerrait l'emplacement jusqu'alors occupé par les galeries, lesquelles étaient transportées dans l'espace formé par les couloirs qui les bordaient.

Cette nouvelle disposition ne pouvait en rien nuire aux abonnés ni aux habitués; le directeur y gagnait l'installation d'une nouvelle catégorie de places qui devaient être fructueuses pour lui.

Les loges du rez-de-chaussée étaient augmentées d'une de chaque côté, sans empiéter sur les galeries puisque, pour les reculer, on avait été forcé d'augmenter la circonférence.

Aux dépens aussi du couloir qui longeait les loges de face des premières, on établit les gradins de l'amphithéâtre qui s'adossait au mur du petit foyer.

Par ce foyer, des ouvertures latérales donnaient accès au nouvel amphithéâtre et aux loges du côté droit.

Sans doute, il en résultait un effet disgracieux à l'œil, le foyer ne se trouvant plus sur la ligne du diamètre longitudinal de la salle ; mais on fut obligé de subir cet inconvénient parce qu'on manquait de place derrière la portion gauche du couloir. On aurait pu s'en procurer cependant en se faisant céder une petite cour couverte dépendant de la cuisine du charcutier et dont les émanations gênèrent pendant si longtemps les spectateurs. Y eut-il empêchement du propriétaire ou du locataire ? Nous ne savons ; mais, en somme, cette acquisition ne fut pas faite.

De tous ces changements intérieurs résultait encore un autre inconvénient dont les conséquences, en cas d'incendie, pouvaient être terribles : le rétrécissement des couloirs et les difficultés du dégagement. Mais on manquait tellement d'espace que l'on passa outre.

On aurait voulu voir disparaître l'ancien plafond, ce fond noirâtre qui absorbait la lumière, et mettre, à sa place, quelque chose plus en harmonie avec la fraîcheur des décors du reste de la salle ; on se contenta de le nettoyer autant que possible. On a dit que beaucoup de personnes de la ville attachaient un grand prix à cette peinture parce qu'il s'y agit de Corneille et qu'elle est l'œuvre d'un autre Rouennais. — Etait-ce vrai ?

Heureusement, le public obtint alors d'autres satisfactions : d'abord, un rideau peint à neuf, et, surtout, la substitution du gaz à l'huile pour l'éclairage de la salle, de à scène, des escaliers, des couloirs et de toutes les dépendances. L'ancien lustre était conservé, mais on l'avait décoré à neuf et soumis aux changements nécessités par ce nouveau mode d'éclairage. Il était entouré de 32 becs. Les colonnes de l'avant-scène étaient garnies de girandoles simulant des bougies et d'où s'échappaient des gerbes lumineuses.

Nous avons cru devoir nous appesantir sur ces innovations parce que ce sont les premières vraiment importantes qui aient été faites jusqu'ici dans notre vieux théâtre.

Après la restauration de la salle, celle de la troupe.

Composition de la nouvelle troupe :

Opéra :

MM. Andrieu, premier ténor.
    Joseph, deuxième ténor.
    Tilly, baryton (à la place de Grignon, parti à Bordeaux).
    Boulard, première basse (Renault allait à Bruxelles).
    Nicolo, Philippe.
    Bardou, deuxième basse (Sallard, en route pour Bordeaux).
    Janin, ténor comique (à la place de Jouanno, idem).
    Leclère, laruette et deuxième basse.
    Désiré, Colin et troisième ténor (Morazain était à Toulouse).
    André, deuxième trial, ténor comique.
    Félix, premier amoureux de vaudeville (Alexis Bury, parti à Bordeaux).

Mmes Prévost (Éléonore Colon), première chanteuse (Mme Lavry, à Bruxelles).
    Bibre-Vade, première chanteuse sans roulades (Mlle Dominique, au Havre).
    Génot, première dugazon (Mme Sallard, à Bordeaux).

Janin, deuxième dugazon (Mlle Amélie, au Havre).
Louis, duègne.
Lemesle, mère dugazon.
Comédie :
MM. Alexandre, premier rôle.
Bibre-Vade, forts jeunes premiers (Jourdain, à Bordeaux).
Borssat, jeunes premiers et seconds amoureux (Gaston, à Bruxelles).
Delmary, seconds amoureux.
Dubreuil, raisonneur (à la place de Charles).
Louis, financier.
Ricard, comique (à la place de Tiste).
Villars, premiers et deuxièmes comiques.
Mmes N..., grande coquette.
Meynier, jeune première (Mme Bury, à Bordeaux).
Laignelet, jeunes premières, ingénuités.
Brochard, troisième amoureuse.
Louis, mère noble, duègne de comédie.
Péronnet, deuxième duègne, en plus.
Tilly, soubrette (à la place de Mlle Antheaume).

A la suite de son prospectus, le directeur mettait une note pour annoncer des représentations extraordinaires. A ce sujet, il crut devoir adresser la lettre suivante au rédacteur en chef du *Journal de Rouen* :

« Rouen, 26 avril.

« Monsieur,

« Plusieurs personnes m'ayant fait sentir, par quelques
« réclamations, que l'article de mon prospectus relatif
« aux représentations d'artistes italiens pouvait avoir une

« interprétation contraire à mes intentions, je m'empresse
« de donner l'assurance que les représentations dont il
« s'agit, dans le cas où je pourrais les obtenir dans le
« cours de l'année, ne pourront avoir lieu que par trois
« artistes réunis, tels que Tamburini, Rubini et Mlle Grisi,
« et qu'une telle réunion autorisera seule une suspension
« extraordinaire d'abonnement, sans laquelle il serait
« impossible d'obtenir, avec les ressources ordinaires,
« plusieurs artistes à la fois du rang de ceux dont il est
« question.

« Agréez, etc.

« L. WALTER. »

Le 28, le journal réclame l'établissement de ventilateurs, autrement l'augmentation de chaleur produite par celle de l'éclairage rendra le séjour dans la salle peu tenable.

Le jeudi 7 mai, en conséquence de la décision prise par le Conseil municipal, on a procédé, à six heures du soir, dans le grand foyer, à la location, par adjudication publique et au plus offrant, des loges du grand théâtre. Le prix d'abonnement était augmenté d'un quart, outre le prix d'adjudication. D'abord, les enchères furent assez molles; puis, elles se sont animées et plusieurs ont monté à des prix exorbitants, jusqu'à 12, 13, 14 et 15 cents francs. Le produit total s'éleva à 26,600 francs.

Mai 1835.

Jusqu'à la fin, ce mois de réouverture est rempli par des débuts et des représentations extraordinaires.

Le 11, la *Dame Blanche* et le *Concert à la cour*,

THÉATRE

Débuts de : Andrieu, premier ténor ;
Mme Prévost, première chanteuse ;
Mme Delahourde, Dugazon.

Rentrées de Boulard, première basse, et de Janin, trial.

Un certain nombre de spectateurs, on ne sait pourquoi, se met à siffler à outrance. Le tumulte est grand, le régisseur est appelé, pour y mettre un terme ; Boulard fait annoncer qu'il se soumet aux trois débuts.

La *Chercheuse d'esprit* ; reprise de *Angelo*, drame en cinq actes.

Le 12, la représentation se compose de :

La *Fille de l'Avare*, vaudeville en deux actes ;

La *Femme qu'on n'aime plus*, vaudeville en un acte ;

Le *Lorgnon*,   idem.

Grand succès pour M. et Mme Allard, ainsi que pour Leclère.

Le 13, premiers débuts de :

M. Vadé-Bibre, dans le rôle de Henri III, — grand succès ;

Mme Meynier, dans le rôle d'Angèle, — résultat indécis ;

Rentrée de Borssat, dans Jules Raimond.

Le 14, *Kettly*, vaudeville en un acte, pour le premier début de Mlle Cabinel.

Le *Pré aux Clercs* pour :

Le deuxième début de Mme Prévost ;

Le premier de Mme Vadé-Bibre, forte chanteuse ;

Le premier de Mme Génot (rôle de Nicette) ;

Le deuxième de Janin (Girot).

Encore une soirée orageuse ; le public se déchaîne surtout contre les dames Prévost et Génot, contre Janin et la deuxième basse Bardou.

Les honneurs de la soirée sont pour :
Mme Vadé-Bibre, beau chant, excellent jeu ;
Pour Mlle Cabinel et pour Félix.

Le 15, neuvième représentation des époux Allan ; pas de débuts.

On joue les vaudevilles suivants :
Toujours, une *Faute*, *Etre aimée ou mourir*.

Le 16, relâche.

Le 17, dixième représentation donnée par M. et Mme Allan et composée de :

La *Famille Richebourg*, la *Femme qu'on n'aime plus*, la *Demoiselle à marier*, *Etre aimée ou mourir*, tous vaudevilles.

Le 18, on joue le *Nouveau Seigneur du village*, opéra-comique en un acte, et la *Fiancée*, opéra-comique en trois actes.

La veille, Mme Delahourde avait écrit au *Journal de Rouen* pour réclamer contre le Directeur. Elle prétendait qu'elle avait été engagée comme première Dugazon, non comme deuxième, et aussi pour les jeunes chanteuses et les pages de tous opéras, en chef ou en partage.

Le 18, elle fit donc son second début comme première Dugazon. Ce fut un tort. Bien accueillie au premier début, comme deuxième de l'emploi, elle fut faible pour le premier.

Andrieu fut magnifique et Tilly fit une très belle rentrée.

Le 19, *Clotilde*, drame en cinq actes, où le deuxième début ne Mlle Meynier amena un peu d'orage.

Le *Châlet*, pour le premier début de Boulard et le deuxième de Mme Génot qui fut, cette fois, bien accueillie, ainsi que Boulard.

Le 20, deuxième début de Boulard, de Mme Génot, de Bardou, dans la *Pie voleuse*. — C'est un nouveau succès pour les deux premiers artistes, mais pas pour le dernier.

Le 21, premier début de Delmary dans le *Mari et l'Amant*, comédie en un acte. Il s'en tire très bien, mais Frédéric est sifflé pour son troisième.

Le 22, *Ma Tante Aurore*, opéra en deux actes où Mme Génot se fait encore remarquer.

Le 25, elle fait son troisième début dans la *Fiancée* et est admise à une grande majorité.

Le 26, ouverture à grand orchestre ;

Le *Tyran domestique*, comédie en cinq actes ;

Le *Conseil de révision*, vaudeville.

Le 27, le *Dépit amoureux*, le *Chalet* et un vaudeville.

Le 28, la *Vestale*, opéra; et un vaudeville : l'*Hôtel garni*.

Le 29, première représentation extraordinaire de Mme Lauretta Garcia, première cantatrice du théâtre de Milan, dans le *Barbier de Séville*, où elle charme tout l'auditoire et où Boulard est définitivement admis. Il n'en est pas de même de Bardou (Bartholo). Sifflé pour sa troisième épreuve, il écrit au *Journal de Rouen* pour solliciter un quatrième début.

Le 31, deuxième représentation et deuxième succès de Mme Garcia dans *Ninette*, de la *Pie voleuse*.

Pièces maintenues : le *Diplomate*, *Rabelais*, *Philippe*, le *Mari et l'Amant*, *Tony*, les *Mémoires d'un colonel de hussards*, la *Gageure imprévue*, *Louise ou la réparation*.

Opéras maintenus : ceux que nous avons cités ci-dessus.

Juin 1835.

Continuation des débuts et des représentations extraordinaires, voilà le caractère général de ce mois.

L'insuccès de Mmes Prévost, comme première chanteuse, et Delahourde, comme première dugazon, forçait la direction à recourir, malgré elle, à cette ressource onéreuse.

Le 2, Bardou échoue dans le quatrième début qu'il avait sollicité, et, devant le tapage infernal qui bouleverse la salle, il se retire.

Le 4, Mme Garcia se fait applaudir dans le rôle de Rosine, du *Barbier de Séville*.

Le 5, un opéra nouveau en un acte, *La Vieille*.

Puis arrive Mme Ponchard. — Louis Walter aurait bien voulu l'avoir comme pensionnaire pour l'année entière, mais elle ne veut s'engager que pour deux mois.

Le 8, elle reçoit un chaleureux accueil dans *les Voitures versées*, opéra-comique en deux actes.

Le 9, M. Vadé-Bibre et Mme Doligny supportent victorieusement leurs débuts. — Mlle Cabinel est admise d'emblée comme soubrette de vaudeville.

Le 10, admission de M. Vadé-Bibre à l'emploi de jeune premier.

Reprise des *Visitandines*, opéra en deux actes.

Le 11, Mme Ponchard se fait applaudir de nouveau dans *la Dame Blanche*. — Mme Doligny subit bravement son deuxième début.

Le 12, Mme Darcia poursuit ses représentations dans le *Pré aux Clercs*.

Le 14, reprise de *la Fiancée*, opéra-comique en trois actes.

Le 16, reprise du *Comte Ory*, grand opéra en deux actes, qui n'avait pas été chanté à Rouen depuis six ans. — Nouveau succès pour Mme Ponchard.

Le 17, reprise de *la Vestale*, grand opéra en trois actes. M. Hector est admis pour les rôles d'amoureux.

Le 19, *la Muette de Portici*, avec Mme Ponchard.

Le 21, *le Comte Ory*.

Le 22, *le Pré aux Clercs*, chanté par Mme Darcia.

Le 23, nouvelle actrice en représentation extraordinaire, Mme Albert, du Vaudeville. Elle paraît dans *Un Duel sous Richelieu*, drame ennuyeux à bailler et que le talent seul de l'artiste arrive à faire supporter, puis dans *la Fiancée du Fleuve*, comédie-vaudeville en deux actes.

Le 24, reprise du *Petit Chaperon rouge*, opéra-comique en trois actes, dans lequel Mme Janin débute avec succès comme deuxième dugazon.

Le 25, reprise des *Comédiens*, comédie en cinq actes où Ricard est admis comme premier comique.

Reprise aussi du *Bénéficiaire*, comédie-vaudeville en cinq tableaux.

Le 26, une mention spéciale pour *Madame Grégoire*, vaudeville en deux actes.

Le 27, Mme Albert se fait applaudir dans les *Deux Ménages*.

On termine par *la Dame Blanche*.

Le 28, *l'Homme à la Poupée*, scène burlesque par Valentin, et *la Fiancée du Fleuve*.

Le 29 était le jour fixé pour célébrer l'anniversaire de Pierre Corneille, et Mme Albert donnait sa quatrième représentation.

A cette occasion, il eût été naturel de jouer, selon

l'usage, un des chefs-d'œuvres de Corneille; la direction ne le fit pas. Le spectacle fut ainsi composé :
 1° Ouverture.
 2° *Le Mari et l'Amant*, comédie en un acte.
 3° *Un Duel sous Richelieu*, drame en trois actes.
 4° Autre ouverture (était-ce pour réveiller le public endormi par le drame?).
 5° *Une Dame de l'Empire*, vaudeville en un acte.
 Enfin, le traditionnel couronnement du buste par la troupe, avant lequel M. Wains-Desfontaines lut, comme l'année dernière, une pièce de vers.

On ne s'explique point l'idée qu'eut la direction de faire ajouter ce jour-là, à l'éclairage ordinaire, six quinquets dont la flamme rouge pâlissait à l'éclat du gaz.

Le 30, *Tartufe*, *l'Homme à la Poupée*, *les Visitandines*. Nous avons mentionné les opéras conservés pendant ce mois.

Parmi les pièces maintenues, les principales furent : *la Gageure imprévue*, *l'Ecole des Vieillards*, *les Vieux Péchés*, *le Quaker et la Danseuse*, *la Lectrice*, *les Poletais*, *le Jeune Mari*, *Antony*, *les Jeux de l'Amour et du Hasard*, *le Roman d'une Heure*, *Toujours*, etc., etc.

Juillet 1835.

CONTINUATION DES DÉBUTS ET REPRÉSENTATIONS EXTRAORDINAIRES.

Le 1er, M. Doligny se fit recevoir avec succès dans *les Fausses Confidences*, comédie en trois actes; Mme Albert joua pour la cinquième fois dans la première représentation des *Pages de Bassompierre*, comédie-vaudeville en un acte, par MM. E. Aragnet et Desvergers. C'était une faible bluette.

Le 2, MM. Belnie, ténor comique, et Cachardy, deuxième amoureux, furent admis sans difficulté, de même que M. Mainvielle, père noble et régisseur.

Le 5, pour la continuation des soirées de Mme Albert, première représentation du *Caleb,* de Walter-Scott.

C'était une informe rapsodie, peu digne de la grande création du célèbre romancier anglais. Néanmoins, Mme Albert sut y trouver, comme toujours, un succès.

Le 6, pour la reprise de *Beniowski,* il y eut grand tapage dans la salle; on se plaignit, avec raison, de ce que, ce soir-là, Louis Walter avait envoyé au Théâtre-Français une partie de l'orchestre de notre première scène, quoique devant savoir que la totalité de ses musiciens lui était nécessaire pour *Beniowski.* Enfin, la représentation de cet opéra s'acheva tant bien que mal.

Le 7, nouvelle apparition de Mme Albert dans la première représentation des *Deux Jours,* drame-vaudeville en trois actes, pièce absurde que le talent seul de l'actrice put faire écouter jusqu'au bout. Aussi n'en voulons-nous pas nommer les auteurs.

En même temps, reprise de *Georgette,* vaudeville en un acte.

Le 9, Mme Ponchard adresse au rédacteur du *Journal de Rouen* une lettre où elle remercie le public rouennais du bienveillant accueil qu'il lui a fait et, en même temps, annonce son départ. N'ayant voulu s'engager que pour deux mois seulement et pour des pièces fixées d'avance entre elle et le directeur, elle ne s'étonne nullement que les spectateurs aient été froissés de ne la voir paraître que dans certaines pièces. Elle en rejette toute la responsabilité sur M. Walter qui n'avait pas prévenu le public des pièces dans lesquelles seules elle avait consenti à jouer pour deux mois et préfère se retirer.

NOTA. — Il y avait eu plusieurs fois, à ce sujet, de très vives réclamations.

Ce même jour, représentation extraordinaire donnée par Mlle Plessis.

Le 10, première de *la Camargo ou l'Opéra en 1750*, comédie en trois actes mêlée de chant, par MM. Dupeuty et Fantan. — Mme Albert s'y fait encore applaudir.

Le 11, réception de Royer-Delauney, deuxième basse, dans *Fra-Diavolo*.

Deuxième représentation de Mlle Plessis dans *l'École des Vieillards*. — Très légitime succès.

Le 13, à la demande générale, dernière représentation de Mme Albert.

Elle paraît dans deux pièces : *Georgette* et *Caleb*. — On donne en outre *la Fiancée du Fleuve*.

Le 14, reprise de *Masaniello*, opéra-comique en quatre actes.

Le 15, troisième représentation de Mlle Plessis.

Le 16, représentation extraordinaire de Mlle Toméoni dans *le Barbier de Séville*. Elle se tire très bien d'abord du rôle de Rosine ; malheureusement elle est faible dans le morceau de la leçon de musique. Le parterre se fâche ; cris et tapage.

Le 18, grand concert donné par M. Ole-Bull, membre honoraire des Académies de Rome, Venise, Florence et Bologne, qui obtient un réel succès.

Mlle Toméoni s'y fait entendre et prend dignement sa revanche.

Le 19, Mlle Plessis se fait applaudir de nouveau dans la reprise du *Mariage de Figaro*, comédie en cinq actes.

Le 20, clôture des représentations de Mlle Plessis dans *Rodolphe*, comédie en un acte, et *le Mariage de Figaro*. Malheureusement, elle est mal secondée par ses partenaires.

Louis Walter néglige trop de s'occuper de sa troupe de comédie.

Le 21, grand succès de Mlle Toméoni dans *le Philtre champenois*. — Mme Janin se fait admettre facilement comme deuxième dugazon.

Le 23, deuxième et brillant concert de M. Ole-Bull, plus *L'École des Femmes*, comédie en cinq actes.

Le 24, première représentation de *Catherine*, comédie-vaudeville en deux actes. — La pièce marche couci-couci.

Le 27, *Turcaret*, comédie en cinq actes.

Le 30, *Zampa*, opéra-comique en trois actes.

Nous avons indiqué les opéras et les principales pièces représentés pendant ce mois. — Il ne resterait à mentionner que quelques œuvres du répertoire ordinaire.

Août 1835.

Sauf les représentations données par Arnal, artiste du théâtre du Vaudeville, à Paris, ce mois ne présente rien de bien saillant. — On y voit encore des débuts.

Le 2, *Catherine ou la Croix d'or*.

Le 3, *Marie*, opéra-comique en trois actes.

Le 4, relâche par ordre de l'autorité supérieure, à cause

de l'attentat commis contre la personne du roi, lors de la revue du 28 juillet précédent, par Fieschi et autres.

Le 5, Arnal vient ranimer un peu le théâtre assoupi. Il paraît dans deux pièces :

La première représentation à Rouen des *Gants jaunes*, vaudeville en un acte ;

Le For-l'Evêque, vaudeville en deux actes.

La représentation était complétée par *le Tyran domestique*, drame en cinq actes.

Le 6, on le voit encore dans *les Gants jaunes*.

Le 8, il donne une troisième représentation.

Le 9, il paraît dans la première du *Prédestiné*, vaudeville en deux actes, avec épilogue, et dans *les Gants jaunes*.

Le 11, reprise du *Maçon*, opéra-comique en trois actes.

Le 13, nouvelle apparition d'Arnal.

Première représentation de *Mathilde*, comédie en trois actes.

Le 15, Arnal donne une soirée au Théâtre-Français dans :

1° *La Famille de l'Apothicaire*.
2° *Une Passion*.
3° *Les Gants jaunes*.

Le 18, huitième représentation d'Arnal au Théâtre-des-Arts.

Le 19, reprise de *Robin des Bois*, opéra-féerie en trois actes.

Deuxième début de Dutillois, troisième ténor-Colin.

Le 20, première représentation d'*Anacharsis*, vaudeville en un acte, joué par Arnal.

Le 23, il clôture à Rouen ses représentations, s'en allant ailleurs.

Le 31, repassant par Rouen pour retourner à Paris, il donne au Théâtre-des-Arts une dernière représentation.

Voilà tout ce que nous trouvons de plus intéressant pendant ce mois de vacances.

Les autres pièces non-indiquées ici appartenaient au répertoire ordinaire.

Septembre 1835.

Septembre, temps de vacances encore et premier mois de la chasse, avait besoin, pour n'être pas creux, de représentations capables de réveiller l'attention du public. C'est ce qui eut lieu.

D'abord, il restait encore des débuts importants à faire, cela seul pouvait soutenir un peu l'intérêt public en faveur de notre première scène.

Le 3, premier début de Mme Grassot, première amoureuse, dans *Louise ou la Réparation*. Cette soirée d'épreuve lui fut très favorable. Elle avait tout ce qu'il fallait pour son emploi : gentillesse et habitude de la scène.

Le 5, une première chanteuse à roulades se présente enfin pour remplacer Mme Prévost, refusée au commencement de l'année théâtrale. Elle débute dans *Guillaume Tell*. C'était une jeune et jolie artiste que le directeur avait engagée à Paris, mais qui n'avait pu venir plus tôt. Depuis si longtemps qu'il l'attendait, le public l'accueillit avec bonheur. Malheureusement sa jeunesse ne lui avait pas permis encore d'acquérir toute la plénitude de ses moyens. Néanmoins cette première soirée fut tout à son avantage.

Ce même soir eut lieu le début du corps de ballet; la première danseuse, Mlle Caroline Beaucour, grande et belle brune, obtint un beau succès. Mais les habitués ne tardèrent pas à être obligés de protester auprès du directeur contre certaines poses trop lascives dans ses pas de danse. Elle a tenu compte de l'avertissement, elle y a gagné.

Le 6, reprise de *Michel Perrin*, vaudeville en deux actes.

Le 9, deuxième début de Mlle Melotte dans *le Pré aux Clercs*. Elle sut y conserver les suffrages du public.

Le 11, deuxième début de Mme Grassot dans *la Seconde Année*. Elle s'y montra aussi parfaite comédienne que le 3. Puis, reprise des *Malheurs d'un Amant heureux*.

Mais en même temps eut lieu une malheureuse exhibition, celle de la famille Ravel, acrobates. Les tours de force et les bouffonneries de ces pauvres gens, plus dignes d'une baraque de la foire que du Théâtre-des-Arts, soulevèrent le dégoût des spectateurs qui, après un grand tapage dans la salle, protestèrent énergiquement le lendemain auprès du directeur. M. Walter avait-il signé un traité avec ces acrobates? Nous ne savons. Toujours est-il que, malgré les réclamations du public, il crut devoir s'obstiner à les faire paraître plusieurs fois encore.

Ainsi, le 13, ils donnèrent une nouvelle représentation — si l'on peut appeler cela représentation — dans ces tristes parades du *Vol-au-Vent* que l'on avait tant honnies l'avant-veille. Le tumulte fut indescriptible dans la salle et le public finit par se retirer.

Le 14, Mlle Mélotte fit son troisième début dans *Zampa*, opéra-comique en trois actes, et fut définitivement admise.

Le 17, commencèrent les représentations extraordinaires de Mme Cinti-Damoreau, forte première chanteuse de l'Académie royale de musique (Grand-Opéra). Elle eut un triomphe bien mérité dans le rôle de Rosine du *Barbier de Séville*, surtout à propos du morceau qu'elle chanta dans l'acte de la Leçon de musique.

Le 18, reprise de *Lucréce Borgia*.

Le 19, deuxième représentation donnée par Mme Cinti-Damoreau dans *Guillaume Tell* et *le Concert à la Cour*. Nouveau triomphe pour l'artiste.

Le 22, troisième soirée par cette artiste dans les deux premiers actes de *la Muette de Portici* et *le Rossignol*.

Le 25, quatrième, dans le deuxième et le quatrième acte de *Robert-le-Diable* et dans *le Bouffe et le Tailleur*, opéra en un acte.

Le 27, représentation donnée par Odry, le célèbre comique du théâtre des Variétés, à Paris.

Le 28, cinquième représentation de Mme Cinti-Damoreau dans *le Comte Ory* et *le Nouveau Seigneur du village*.

Le 29, Odry vient jouer encore.

Le 31, sixième représentation de Mme Cinti-Damoreau dans *la Pie Voleuse*.

Pour les pièces maintenues, ce furent encore celles du répertoire ordinaire.

Octobre 1835.

Le 2, parurent les *Chanteurs Styriens*.

Ils ne manquaient pas d'un certain talent, mais ils n pouvaient rivaliser avec les souvenirs laissés par les chanteurs Tyroliens dont les airs nationaux avaient captivé le public ; aussi n'obtinrent-ils pas grand succès.

Ce même jour fut donnée la première représentation des *Charpentiers*, tableau populaire en un acte.

Le 3, septième représentation de Mme Cinti-Damoreau dans le premier acte de la *Muette*, le deuxième et le troisième du *Barbier de Séville*.

Le 4, reprise de l'*Incendiaire*, drame en trois actes.

Le 5, huitième représentation de Mme Cinti-Damoreau dans le *Philtre Champenois* et le *Concert à la cour*.

Le 8, neuvième représentation de Mme Cinti-Damoreau dans le premier acte de la *Dame Blanche*, le *Calife de Bagdad* et dans un *Concert*, pour l'anniversaire de la mort de Boïeldieu.

Le 9, reprise de *Un voyage à Dieppe*, comédie en trois actes.

Le 10, dixième représentation de Mme Cinti-Damoreau dans le deuxième et le quatrième acte de *Robert-le-Diable* et dans le *Bouffe et le Tailleur*.

Ce devait être sa dernière soirée ; mais, à la demande générale, on annonça qu'elle donnerait encore deux représentations.

Ainsi, le 11, elle chanta le *Rossignol* et le *Calife de Bagdad*.

Le 13, elle se fit encore entendre, pour la dernière fois, dans :

Le premier acte du *Comte Ory*, un *Concert* et le troisième acte de la *Pie voleuse*.

Le 19, première représentation de *l'Habit ne fait pas le moine*, comédie-vaudeville en trois actes, par MM. Saint-Hilaire et Paul Duport.

Le 23, reprise du grand drame de *Latude*, si populaire.

Le 29, reprise de *Robert-le-Diable*, grand opéra où Mlle Melotte se fit applaudir.

Le 30, première représentation de *Pauvre Jacques*, comédie-vaudeville en un acte.

Pièces maintenues : le *Thé de Mme Gibou et de Mme Pochet*, le *Mouflet*, la *Famille Richebourg*, *Catherine ou la Croix d'or*, *Père et parrain*, *Pourquoi ?* le *Jeune mari*, la *Tour de Nesle*, *Vive le divorce*, les *Étourdis*, l'*Hôtel garni*, la *Grande dame*.

Opéras maintenus, en dehors de ceux que nous avons cités : *Robin des Bois*, le *Maître de Chapelle*, *Fra Diavolo*.

Novembre 1835.

Ce mois est tout à fait creux et n'offre presque aucune œuvre capable de ranimer l'intérêt des représentations théâtrales. Voici tout ce que nous y trouvons de saillant :

Le 6, reprise de *Lestocq*, opéra-comique en quatre actes.

Le 16, le *Cheval de Bronze*, opéra-comique-féerie en trois actes, paroles de Scribe, musique de Auber.

Le 23, première représentation de *Une chaumière et mon cœur*, comédie-vaudeville en trois actes, par MM. Scribe et Alphonse.***.

Le 28, reprise de *Fernand Cortez ou la Conquête du Mexique*, grand opéra en trois actes avec ballet.

Et voilà tout.

Les opéras maintenus pendant ce mois furent :
Robert-le-Diable, le *Comte Ory*, le *Nouveau seigneur du village*, le *Châlet*, le *Maçon*, *Robin des Bois*.

Les pièces représentées furent : la *Fille de l'avare*, *Pauvre Jacques*, le *Jeune mari*, *une Faute*, les *Mémoires d'un colonel*, *Estelle ou le père et la fille*, les *Comédiens*, les *Deux ménages*, le *Bouffon du prince*, comédie-vaudeville en deux actes, la *Jeune femme colère*, l'*Hôtel garni*, *Pourquoi ?* l'*Acte de naissance*, la *Vengeance italienne*, comédie-vaudeville en deux actes, *Catherine ou la Croix d'or*, etc., etc.

Le mois de décembre fut plus nul encore.

On y donna :

La première représentation de la *Salamandre*, comédie-vaudeville en deux actes, par MM. Charles de Livry, de Forges et de Leuwen ;

La première également de la *Brouette du vinaigrier* ;

Celle de l'*Aumônier du régiment*, comédie-vaudeville en un acte, par MM. le chevalier de Saint-Georges et A. de Leuwen ;

Celle de la *Pensionnaire mariée*, vaudeville en un acte, par MM. Scribe et Warner.

Enfin, celle du *Poltron*, vaudeville en un acte.

Pour le reste, toutes pièces vieilles au moins de trente ans.

Aussi y eut-il souvent tapage dans la salle et force réclamations contre le directeur.

Les opéras maintenus pendant ce mois furent : le *Che-*

val de Bronze, le Châlet, Fernand Cortez, Robert-le-Diable, le Maçon, le Concert à la cour, le Pré aux Clercs, le Dieu et la Bayadère.

Les pièces furent : la *Fille de l'avare, Tartufe, Michel Perrin*, une *Femme colère*, le *Bouffon du prince*, la *Salamandre*, les *Deux Philibert*, comédie en trois actes, la *Gageure imprévue*, les *Malheurs d'un amant heureux*, le *Dépit amoureux, Rabelais*, les *Vieux péchés*, un *Voyage à Dieppe*, la *Salamandre*, le *Philtre*, le *Chevreuil*.

Janvier 1836.

Le 1er, la *Tirelire*, comédie-vaudeville en un acte, première représentation.

Le 2, première de la *Savonnette impériale*, comédie-vaudeville en deux actes.

Ce même jour on donna : *Crispin rival de son maître*, et la *Marquise espagnole*, opéra-comique en un acte.

Le 15, fut célébré l'anniversaire de la mort de Molière. A cette occasion, on joua le *Bourgeois gentilhomme*, mais la représentation fut froide, l'anniversaire fut mal célébré.

Le 22, première représentation des *Danseuses à la classe*, vaudeville en un acte.

Première également de *Don Juan d'Autriche*, comédie en cinq actes par Casimir Delavigne.

Cette pièce ne fut pas un triomphe pour l'auteur. On se rappelait trop le *Don Juan* de lord Byron, plus mouvementé, plus accidenté ; le public resta froid.

Voilà toutes les nouveautés que nous pouvons signaler dans ce mois.

Les pièces maintenues furent : le *Poltron*, la *Pension-*

naire mariée, la *Brouette du vinaigrier*, *Pauvre Jacques*, le *Voyage à Dieppe*, *Clotilde*, drame en cinq actes, les *Deux ménages*, la *Tour de Nesle*, *Rabelais*, la *Salamandre*, les *Fausses infidélités*, *Vive le divorce*, *Richard d'Arlington*, drame en cinq actes, les *Polletais*, la *Seconde année*, *Rodolphe*, drame en cinq actes, le *Chevreuil*, *Antony*, l'*Auberge des Adrets*, *Catherine ou la Croix d'or*.

Presque toutes vieilles pièces dont on était rassasié.

Les opéras conservés furent : la *Muette de Portici*, la *Pie voleuse*, le *Chaperon rouge*, opéra-comique en un acte, *Robert-le-Diable*, *Zampa*, le *Châlet*, où Mlle Melotte, froide, impassible, ne semble pas avoir fait les progrès que l'on attendait de son talent ; le *Pré aux Clercs*, le *Dieu et la Bayadère*, *Fernand Cortès*, le *Cheval de Bronze*, *Guillaume Tell*, le *Comte Ory*.

Finalement, après les belles et chaudes représentations de Mme Cinti-Damoreau, le public reste froid devant celles qui succèdent.

Certes, Mlle Melotte montre beaucoup de bonne volonté et de capacité, mais il lui faut encore quelques années pour pouvoir obtenir toute l'ampleur de son talent. En attendant, les représentations se traînent péniblement. On ne demande qu'à faire crédit à cette jeune artiste, mais il faut qu'elle acquière des forces.

Février 1836.

Ce mois est presque entièrement rempli par les bals. Les jours où ils ont lieu, la représentation est terminée à onze heures. Aussitôt le spectacle fini, on s'empresse d'élever le plancher du parterre à la hauteur de la scène, on recouvre de madriers l'orchestre, le parquet, les fauteuils d'orchestre. Ce travail terminé, on ouvre les portes. Il est minuit, ou à peu près, et les amateurs font leur entrée.

Nous n'avons rien de particulier à dire sur ces bals qui se ressemblaient tous.

Le premier fut ouvert par les dames artistes du théâtre, parmi lesquelles on remarquait surtout Mmes Alexis Dupont et Noblet.

Dans le principe, l'éclairage et les décors étaient ceux du dernier acte de *Gustave III*; puis la direction crut devoir s'exonérer de tant de frais et se contenter de décors et d'un éclairage convenables.

Disons tout de suite que, pendant le mois de février, les bals eurent lieu, chaque semaine, le plus souvent le dimanche, parfois le samedi quand il y avait bal-tombola avec loterie de tableaux, objets d'art, attractions diverses fournies par la direction. Les principaux furent donnés les 18, 20 et 28 de ce mois.

Les principales pièces données pendant ce mois furent :

Le 5 février, première représentation de la *Juive*, paroles de Scribe, musique de Halévy, avec des décors nouveaux peints par Dumée et qui produisirent un excellent effet, des costumes également nouveaux. Enfin, ce fut une soirée qui fit sensation et dont on comprit toutes les difficultés d'exécution. Andrieu, premier ténor, et Boulard, première basse, s'y montrèrent avec éclat ; mais Mlle Melotte y fut faible, elle fit dire de plus en plus qu'elle était une excellente chanteuse de salon, mais au-dessous de sa tâche pour le grand opéra.

Le 23, on donna la première de *André*, vaudeville en deux actes.

Pièces maintenues : *Rabelais*, la *Chanoinesse*, *On ne passe pas*, les *Gants jaunes*, le *Poltron*, la *Brouette du vinaigrier*, *Don Juan d'Autriche*, comédie en cinq actes, *Richard d'Arlington*, drame en cinq actes, *M. de Pourceaugnac*, comédie en trois actes, *Crispin rival de son maître*, le *Chevreuil*, l'*Auberge des Adrets*, l'*Habit ne fait pas le moine*, *Clotilde*, *Catherine ou la Croix d'or*, *Pourquoi ?* les *Comédiens*.

Parmi les opéras, nous mentionnerons : le *Dieu et la Bayadère*, *Fernand Cortez*, la *Marquise*, opéra en un acte, le *Cheval de Bronze*, la *Juive*, surtout, immortel chef-d'œuvre.

Mars 1836.

Le mois de mars a débuté par une nouveauté : la première représentation du *Mari de circonstance*, opéra en un acte, paroles de M. Planard, musique d'Orlowski, chef d'orchestre au Théâtre-des-Arts. Le libretto est confus, mais la partition est belle, grande et large.

Le 6, grand bal paré, travesti et masqué.

Le 10, jour de la Mi-Carême, Bal-Tombola avec lots divers.

Le 12, concert donné par MM. Cachetti et Tedeschi.

Puis, représentation de *Robert-le-Diable*, grand opéra.

La foule fut nombreuse à cette soirée, attirée qu'elle était par la renommée des concertants et par un opéra qu'on ne se lasse pas d'entendre ; aussi la recette fut-elle belle et fructueuse pour la direction.

Malheureusement, les chœurs manquèrent de précision

dans l'exécution; leurs chants furent maigres et pauvres; ce n'était pas leur faute, le directeur, Louis Walter, avait trop réduit leur nombre.

Les principaux artistes ne firent guère meilleure figure : le ténor Andrieu et Mme Vadé-Bibre étaient visiblement fatigués par trop de représentations successives de *la Juive*, admirable opéra, mais qui réclame beaucoup d'efforts de la part des chanteurs. — Du reste, nous reviendrons sur ce sujet.

Mlle Melotte, Joseph et surtout Boulard se sont montrés à la hauteur de leur tâche. — Le ballet a été très beau; mais, là encore, là surtout, on a eu à reprocher à la première danseuse, Mlle Caroline Beaucour, dans le pas des Nonnes, des poses trop risquées.

Le concert a été parfaitement enlevé, mais... il a manqué un peu de ce qui fait l'attrait pour le public; très savant, trop savant; c'est tout ce que nous pouvons en dire, au point de vue de la critique.

Le 13, *le Chaperon*, vaudeville en un acte.

Deuxième du *Mari de circonstance*, opéra en un acte;

Le Barbier du roi d'Aragon, comédie en trois actes.

La Marquise, opéra en un acte.

Le 14, reprise de *l'Intérieur d'un bureau*.

Première représentation du *Gamin de Paris*, comédie-vaudeville en deux actes, par MM. Bayard et Wander-Burk.

Mme Génot a parfaitement rempli le rôle du Gamin de Paris; on a pu lui reprocher seulement sa mise trop coquette.

Le 15, *la Juive*, avec ballet, décors de Dumée, costumes

d'Andrieu. Les décors nouveaux ont fait le plus grand honneur au talent de M. Dumée.

Le premier ténor Andrieu, Boulard, Joseph et Mlle Melotte ont reçu des applaudissements très mérités.

Le 19, nouvelle représentation de *la Juive*, même succès.

Le 20, *le Pré aux Clercs*, puis *Morceaux d'Harmonie*, concert en deux parties par la famille Wentmann. — Soirée assez réussie.

Le 21, *la Juive*.

Le 25, *Jeune et Vieille*, comédie-vaudeville en deux actes.

Puis, nouveau concert Cachetti et Tedeschi.

Les autres soirées furent remplies par : *la Chanoinesse*, *le Mari et la Veuve* (à l'occasion de la fermeture momentanée du Théâtre-Français), *Christophe*, vaudeville en deux actes ; *le Chaperon*, comédie-vaudeville en un acte ; *la Savonnette impériale*, *Don Juan d'Autriche*, *le Conseil de révision*, *Pourquoi ? la Tirelire*, *la Brouette du Vinaigrier*, *Vive le Divorce*, *le Poltron*, *le Dépit amoureux*, *Pauvre Jacques*, *le Barbier du roi d'Aragon*, *les Polletais*, *le Jeune Mari*, *le Mari de la Veuve*, *l'Aumônier du Régiment*, *le Bouffon du Prince*, *la Famille normande*, *le Bénéficiaire*, *les Étourdis*, *On ne passe pas*, *la Berline de l'Émigré*.

Parmi les opéras, nous citerons surtout *le Chalet* et *la Muette de Portici*.

Avril 1836.

Dans ce mois devait avoir lieu la clôture de l'année théâtrale.

Le 1ᵉʳ et le 2, il y eut relâche, par indisposition de Mᵐᵉ Génot.

Mais, depuis quelque temps, le *Journal de Rouen* était l'écho d'une polémique assez curieuse entre le directeur et M. Tilly, baryton. M. Walter avait annoncé que la représentation de *l'Eclair*, opéra nouveau, était retardée par suite de l'indisposition de M. Tilly. Ce dernier, par lettre adressée au rédacteur du journal, répond que son indisposition de trois ou quatre jours n'a nullement retardé la représentation très attendue de cet opéra; qu'il sait parfaitement son rôle et qu'il est fort étonné que le directeur, pour se disculper d'un retard, cherche à lui nuire dans l'opinion du public dont il n'a jamais eu qu'à se louer. M. Walter répond par la même voie, en *biaisant* la question. Alors, sur la demande de M. Tilly, le chef d'orchestre Orlowski écrit au journal que le retard ne provient pas de la faute de M. Tilly, attendu qu'il sait parfaitement son rôle, qu'il l'a répété et au piano, et en répétition générale. Dans une seconde réponse, le directeur essaie encore de travestir la question. Enfin, tout ce petit *linge sale* a dû se laver en famille, car,

Le 4, a eu lieu la première représentation de *l'Eclair*, opéra-comique en trois actes, paroles de Planard, musique de Halévy.

Cette représentation fut un éblouissant succès pour le librettiste, mais surtout pour le compositeur et pour ses dignes interprètes : Mˡˡᵉ Melotte, Mᵐᵉ Génot, MM. Tilly et Joseph.

Le 7, première représentation du *Savant*, comédie-vaudeville en un acte.

Le 13, première également de *Angelo, tyran de Padoue*.

Le 24, *Zeleuzis ou le Bandit*.

Le 27, première représentation du *Prévost de Paris*, drame en trois actes, par MM. Boulé et Cormoné.

Comme conduite d'action, comme style, c'était un plat ouvrage, digne des tréteaux de la foire. Il a eu les honneurs qu'il méritait : force coups de sifflet. — Heureusement, depuis ce soir-là, on n'en a plus entendu parler.

Le 30, a eu lieu la clôture de l'année théâtrale par *la Juive*, avec un ballet dans lequel a été dansé *un pas styrien*.

Les soirées intermédiaires ont été remplies :

Le 5, par *les Inconvénients de la Diligence*, vaudeville en cinq tableaux. Grassot y faisait son troisième début comme comique. Il s'en est bien tiré, mais cependant il lui faudrait plus d'habitude de la scène.

Les Femmes d'emprunt, la Tirelire, Crispin rival de son maître, Rodolphe, drame; *Gulistan,* opéra-comique en trois actes, avec ballet au troisième acte; *la Pensionnaire mariée, le Dépit amoureux, Catherine ou la Croix d'or, la Deuxième Année, le Mari de la Veuve, l'Habit ne fait pas le Moine, la Salamandre, le Gamin de Paris, Don Juan d'Autriche,* comédie en cinq actes; *Jeune et Vieille, le Dieu et la Bayadère, la Chanoinesse, l'Hôtel garni, Pauvre Jacques,* avec les opéras *le Chalet,* et *l'Eclair,* ont aidé à clôturer l'année théâtrale.

Lorsque, en septembre 1835, fut définitivement complétée la troupe de M. Walter pour les deux théâtres dont il avait la direction, voici comment elle se composait, avec le chiffre des appointements attribués à chaque emploi principal :

Administration :

MM. Mainvielle, régisseur général	4.000 fr.
Chuquet, régisseur au Théâtre-Français	1.600
Dumée, peintre décorateur	4.000

Ce qui, avec les employés divers, complétait une somme de............ 27.004 fr. 18 c.

Orchestre du Grand-Théâtre :

MM. Orlowski, chef	3.000 fr.
Bony, 1er violon et 2me chef d'orchestre	2.200

Enfin, avec les autres musiciens, la dépense se montait à............ 42,274 fr. 90 c.

Le supplément d'orchestre au Théâtre-Français coûta............ 2.409 fr. 90 c.

Artistes.

1° Comédie :

MM. Alexandre, premier rôle	6.500 fr.
Vadé-Bibre, jeune premier	5.000
Borssat, 1er et 2me amoureux	3.800
Louis, financier	5.000
Mainvielle, père noble	2.000
Dubreuil, 3me rôle	3.600
Ricard, premier comique	3.600
Mouchot, deuxième comique et deuxième régisseur	3.300
Doligny jeune et sa femme (pour trois mois)	3.254 50
Villars, deuxième comique	2.200

MM^{es} Simonet, premier rôle............. 5.000 fr.
Seignelet, jeune première et ingé-
 nuités...................... 5.000
Brochard, troisième amoureuse...... 2.500
Tilly, première soubrette........... 3.000
Louis, caractère (portée en outre
 à l'opéra).................. 2.000

Enfin, la dépense, de ce chef, s'élevait à.. 60.394 fr.

Opéra :

MM. Andrieu, premier ténor............ 18.000 fr.
Joseph, deuxième ténor, premier au
 besoin..................... 9.600
Tilly, baryton................. 14.000
Boulard, première basse........... 12.000
Nicolo-Isouard, Philippe........... 8.000
Leclère, deuxième basse, Larnette.... 6.600
Belnie, ténor comique (11 mois).... 3.150
Royer-Delaunay, deuxième basse
 (11 mois).................... 3.150
Dutillois, troisième ténor, Colin..... 2.565
MM^{es} Melotte, première chanteuse (pour
 8 mois)..................... 8.000
Vadé-Bibre, forte chanteuse........ 9.000
Génot, première Dugazon.......... 8.000
Louis, duègne................. 5.000
Janin, deuxième Dugazon.......... 4.200
Lemesle, mère Dugazon........... 4.000

Enfin, avec l'indemnité à Bardou et à Mme Delahourde, refusés tous deux, ce chapitre s'élève à une dépense totale de...................... 119,660 fr. 15 c.

Emplois en sus pour le vaudeville et le second théâtre :

MM. Félix, premier amoureux de vaudeville............................	4.000 fr.
Cachardy, deuxième amoureux.....	3.600
Frédéric, père noble..............	2.200
André, premier comique..........	2.700
MM^{es} Sorant, premier rôle et son mari...	3.800
Grassot, première amoureuse (pour 8 mois)......................	4.000
Peyronnet, duègne, et son mari....	2.700

En résumé, avec les autres artistes hommes et dames de cette catégorie, ce chapitre s'élevait à 37.112 fr. 50 c.

Ballet :

MM. Allard, premier danseur (8 mois)...	4.000 fr
Pizarello et sa femme (id.) ...	2.400
MM^{es} C. Beaucour, première danseuse (8 mois)......................	4.800
Feltemann, deuxième danseuse (8 mois)......................	2.200
En tout, avec le corps de ballet...	19.781 fr. 50 c.
Les chœurs coûtaient, hommes et dames............................	40.474 fr. 14 c.
Ajoutons supplément de chœurs au deuxième théâtre..................	2.030
Total........	42.504 fr. 14 c.

Récapitulation des appointements :

Pour les chapitres ci-dessus, au premier et au second théâtre........................	384.604 fr.	59 c.
Frais généraux ordinaires........	23.559	40
Garde de service................	4.511	91

Enfin, avec la location de la salle du Théâtre-des-Arts (27,000 fr.), celle des décors et costumes (12,000 fr.), celle du Théâtre-Français (3,600 fr.), celle des magasins et ateliers de décors, les frais d'assurance, d'éclairage (33,830 fr. 55), d'affiches (10,072 fr. 50 c.), de voyages et port d'effets des artistes, de chauffage (3,202 fr. 50 c.), d'artistes de Paris en représentations extraordinaires (40,716 fr. 60 c.), d'orchestre, employés et arbustes pour les 16 bals masqués, de lots acquis pour les tombolas, d'achats de fournitures pour les décors, costumes, meubles et accessoires, musique, appointements des peintres adjoints à M. Dumée, atelier de costumes, galons et étoffes divers, tricots pour pantalons et maillots pour la *Juive*, partitions, musique d'opéras nouveaux, instruments et copie de musique, travaux faits dans la salle, correspondances dramatiques, dépenses diverses, le tout justifié sur mémoires, nous arrivons à une dépense totale de...................... 656,266 fr. 22 c.

Si nous portons en regard les recettes effectuées du 1er mai 1835 au 30 avril 1836, nous trouvons :

Pour le Théâtre-des-Arts........... 341.419 fr. 05
id. le Théâtre-Français.......... 88.269 50
id. les bals masqués............ 28.406 75
id. l'adjudication des loges...... 26.777 00
id. les abonnements personnels, ceux de Bolbec, les abonnements militaires, ceux au mois pour hommes et pour dames. 109.840 61
Pour les droits perçus sur le Cirque et les petits théâtres, le remboursement

des frais pour les deux représentations au bénéfice des hospices, l'indemnité convenue pour le bal des sapeurs-pompiers,

Nous avons comme total des recettes	603.771 fr. 41
Or, le total des dépenses s'étant élevé à..........................	656.266 fr. 22
Il en résulte une différence en moins de...................................	52.494 81
A laquelle il faut ajouter :	
8/9ᵉˢ pour travaux au théâtre, portés seulement à 1/9ᵉ.....................	26.911 54
Intérêts de diverses sommes..........	2.600 00
Frais de maison du directeur.........	6.000 00
En somme........................	88,006 fr. 35

de perte pour l'année théâtrale 1835-1836.

Aussi, tout le monde fut-il étonné de lui voir recommencer la nouvelle campagne 1836-1837.

En dehors de ses pertes d'argent, il avait cependant éprouvé assez de déboires, ce pauvre Walter. Il avait presque continuellement maille à partir avec le tribunal de simple police. Un jour, ce fut pour avoir terminé le spectacle trop tard ; une autre fois, pour avoir établi trop de barrières afin de maintenir la queue formée par le public lors des représentations de *Gustave III* ; le plus souvent, pour avoir laissé entrer dans les coulisses des personnes étrangères au théâtre. Des amendes et même quelques jours d'emprisonnement ont été plusieurs fois prononcés. Il semblait être comme ces joueurs malheureux qui se cramponnent au tapis vert, dans l'espoir de regagner ce qu'ils ont perdu.

Avions-nous tort quand nous disions plus haut, lorsque M. Walter s'est chargé de l'exploitation de nos deux scènes, dans l'espoir que le produit de la seconde viendrait en aide aux frais nécessités par la première, de dire : nous verrons s'il ne s'est pas trompé dans ses calculs.

C'est une erreur dans laquelle M. Walter n'est pas seul tombé.

Plus d'une fois, depuis cette époque, et jusqu'à nos jours, les directeurs qui se sont succédé pour notre grand théâtre ont eu la même idée. Mais les faits ont toujours prouvé que, sans une direction distincte, notre seconde scène n'a jamais fait que végéter. Elle n'a rien produit sous M. Walter, pas plus que sous ceux de ses successeurs qui ont partagé la même erreur, un seul homme ne pouvant s'occuper utilement de deux théâtres à la fois. Au contraire, chaque fois que son administration a été séparée de celle du grand théâtre, elle a prospéré grandement. C'est ce que l'on a vu, il y a une vingtaine d'années, quand M. Plunkett s'est occupé seul de notre Théâtre-Français ; c'est ce que l'on voit encore de nos jours où M. Darcy et son prédécesseur ont mené, jusqu'ici, leur œuvre à bonne fin. Il en est de même du théâtre Lafayette, sous la direction de M. Dupoux-Hilaire. On dira peut-être que l'incendie du Théâtre-des-Arts les a délivrés de toute concurrence. Non, une entreprise n'a chance de réussir que quand elle est dirigée par un homme personnellement et uniquement intéressé.

Du reste, si M. Walter a eu cette illusion, il n'a pas tardé à en être désabusé.

En effet, dès le commencement de 1837, nous trouvons la lettre suivante adressée par lui à M. Henry Barbet, alors maire de Rouen :

« Monsieur le Maire,

« J'ai eu l'honneur de vous adresser à Paris une lettre,
« en date du 25 février dernier, par laquelle je vous
« instruisais de la situation critique des théâtres de
« Rouen.

« Vous m'avez répondu, Monsieur le Maire, que, ne
« voulant pas laisser ignorer au Conseil municipal cette
« fâcheuse position et les conséquences qui pourraient en
« résulter, vous lui en donneriez connaissance. En cela,
« Monsieur le Maire, vous avez prévenu nos désirs ; les
« théâtres de Rouen ne pouvant plus subsister sans le
« secours de la ville, il nous importe qu'elle s'occupe de
« cette affaire le plus tôt possible.

« Le Conseil municipal avait déjà senti, il y a deux
« ans, la nécessité d'un aide puissant. Dans ce but, il
« m'avait appuyé de son vote et des avantages impor-
« tants, en apparence, du moins, m'avaient été accordés.

« Malheureusement, l'effet n'a pas été ce que, dans leur
« intention bienveillante, messieurs les conseillers muni-
« cipaux en attendaient.

« De la remise de 15,000 francs, de la mise à l'enchère
« des loges et de l'augmentation des abonnements qui
« devaient produire ensemble, à ce que l'on croyait,
« 60,000 francs environ, il ne reste, en dispositif, que
« les 15,000 francs du droit des pauvres. Les abonne-
« ments et les loges, qui avaient donné, la première
« année, un boni d'une quinzaine de mille francs, retom-

« bent maintenant au taux primitif, par suite de la
« retraite d'un grand nombre de locataires de loges et
« d'abonnés qui n'ont pas voulu consentir à l'augmen-
« tation.

« D'un autre côté, en raison de la possibilité qu'ont
« tous les théâtres de France, richement subventionnés,
« d'offrir de gros appointements aux artistes de mérite,
« nous avons été contraints à des sacrifices hors de pro-
« portion avec les ressources de notre théâtre.

« Il résulte de ces deux faits principaux que l'entre-
« prise qui, dès l'année dernière, était déjà au-dessous de
« ses affaires pour une très forte somme, se trouve tout-
« à-fait compromise par les nouvelles pertes de cette
« année, et notamment par celles du mois de février
« dernier.

« Nous nous sommes donc empressés, Monsieur le Maire,
« de faire relever les comptes généraux de l'exploitation
« pour qu'ils soient présentés au Conseil municipal à
« l'appui d'une demande que je fais aujourd'hui d'une
« indemnité équivalente à la somme de 60,000 francs
« dont la nécessité avait été sentie et que le Conseil avait
« eu l'intention de me procurer par son vote.

« Je précise cette demande par le chiffre de 50,000 en
« secours ou indemnité, lesquels, en assurant l'exploi-
« tation de l'année prochaine, serviront de dédomma-
« gement pour toutes les pertes passées et subviendront
« principalement aux besoins premiers d'une calamité
« publique, laquelle, à Lyon, a fait obtenir au directeur
« 30,000 francs de secours extraordinaires, en sus de la
« subvention annuelle de 70,000 francs et du don gratuit
« de la salle comme du matériel.

« Je prévois d'avance que cette demande va paraître
« exorbitante à beaucoup de personnes et qu'elle va sou-
« lever bien des oppositions. Je ne réponds que par *la
« prière instante* que je vous adresse, Monsieur le Maire,
« de nommer une commission chargée d'examiner toutes
« les questions qui se rattachent à l'exploitation des
« théâtres de Rouen, questions dont je signalerai seule-
« ment aujourd'hui l'importance par quelques réflexions.

« Un fait positif ressort de ce qui a toujours eu lieu du
« temps de M. Saint-Elme, c'est que le théâtre de Rouen
« ne peut, à l'aide de ses seules ressources, satisfaire aux
« conditions imposées par un public connaisseur et dif-
« ficile, que tous les directeurs y perdent depuis huit ans,
« et que, *sans la somme énorme de leurs sacrifices,* le
« théâtre eût été fermé dix fois.

« Le terme de ces sacrifices est arrivé, *nous portons le
« défi à qui que ce soit d'exploiter aux conditions
« actuelles* sans s'exposer à de grandes pertes et à une
« ruine complète s'il persiste comme je l'ai fait ; c'est
« cette vérité qu'il faut établir et constater.

« Le Conseil municipal, nous l'espérons, fera tout pour
« cela dans ce but. Je réitère ma demande d'une com-
« mission nommée pour examiner dans tous leurs détails
« les questions suivantes :

« 1° Quelle a été, depuis douze ans, la progression des
« appointements des acteurs, de leur nombre et de l'im-
« portance des troupes du théâtre de Rouen ?

« 2° Quelle a été la progression des frais généraux de
« l'entreprise ?

« 3° Existait-il un moyen de s'opposer à l'une et à
« l'autre ?

« 4° Dans quel rapport progressif ont été les recettes ?
« 5° Le goût du public pour les théâtres se perd-il ou
« prend-il développement ?
« 6° Établir un parallèle entre les répertoires des ou-
« vrages modernes joués chaque année et ceux joués il y
« a huit ou dix ans.
« 7° Savoir s'il y aurait moyen, comme le croient
« quelques personnes, de tirer plus de parti de notre
« troupe, et s'il faut attribuer à cette cause l'infériorité
« des recettes par rapport à la dépense.
« 8° Examiner ce qu'ont produit les avantages accordés
« il y a deux ans.
« 9° Examiner, dans les plus grands détails, les recettes
« et les dépenses.
« 10° Comparer la recette et la dépense des dix pre-
« miers mois de cette année à celles de l'année dernière.
« 11° Voir si les frais généraux ordinaires peuvent être
« diminués.
« 12° Chercher quels sont les rapports d'un théâtre
« avec la population, quels avantages partiels et généraux
« Rouen retire du sien et décider, une bonne fois, en
« principe et en fait, si le théâtre est utile, comme on le
« pense généralement, ou s'il ne l'est pas, ainsi que le
« croient quelques personnes, et si l'on peut le fermer.
« 13° Examiner les moyens d'exploitation accordés à
« tous les théâtres et voir si celui de Rouen peut seul être
« privé de ces mêmes moyens.
« 14° Déterminer jusqu'à quel point est fondée cette
« opinion que *la subvention* est un impôt prélevé sur le
« pauvre au profit du plaisir du riche.
« 15° Examiner si quelques directeurs subventionnés

« ont fait de mauvaises affaires *par suite* de ces subven-
« tions, ou bien malgré ces subventions, et par des causes
« particulières. Savoir si l'on peut conclure, de ce que
« ces subventions ne les ont pas empêchés de tomber,
« que les subventions sont nuisibles et que l'on peut les
« supprimer.

« Pour répandre la plus grande clarté sur ces questions
« nous réunissons, Monsieur le Maire, tous les documents
« nécessaires. Nous avons consulté les directeurs de France
« et de Belgique pour avoir l'état de leurs charges et de
« leurs avantages.

« J'ai l'espoir que les héritiers de M. Lecouturier pour-
« ront me procurer les anciens états faits par lui du temps
« de MM. Vanhove, Morel, etc., etc. Il sera curieux de
« mettre au jour ces preuves écrites, pour répondre aux
« personnes qui semblent s'étonner que les directeurs
« actuels des théâtres de Rouen ne fassent pas fortune
« comme quelques-uns de leurs devanciers.

« Ces documents arriveront successivement d'ici à trois
« ou quatre jours et seront mis, ainsi que les livres de
« caisse, les reçus des fournisseurs, etc., etc., sous les
« yeux de la commission.

« Il importe, dans l'intérêt de la vérité, de la justice et
« de l'avenir de notre théâtre, que tout ce qui s'y rattache
« soit enfin approfondi, car c'est chose curieuse que de
« voir à combien de fausses idées et d'interprétations nui-
« sibles il est en but.

« En matière de théâtre, chacun croit en savoir plus
« que son voisin, chacun voit le mal à sa manière et,
« presque toujours, là où il n'est pas. Il faut donc qu'une
« discussion franche et loyale des faits tire le théâtre de

« la fausse position où il est placé depuis trop longtemps
« et fasse cesser le malentendu par suite duquel presque
« tout le monde croit et s'efforce de faire croire aux en-
« trepreneurs qui se ruinent que le théâtre est une mine
« féconde de prospérité.

« Je ferai encore, Monsieur le Maire, une réclamation
« dont l'objet serait de donner à l'autorité la plus grande
« connaissance possible des détails de l'exploitation.

« Je demanderais la nomination d'un inspecteur dési-
« gné par vous, Monsieur le Maire, lequel aurait, à l'ave-
« nir, droit de vérification la plus étendue sur toutes les
« recettes, les dépenses et sur la comptabilité passée et
« future du théâtre.

« Ce contrôle, qui devrait être créé à toujours, mettrait
« le directeur à l'abri des calomnies, aussi irréfléchies de
« la part de ceux qui les propagent qu'injurieuses pour
« ceux à qui elles s'adressent. Quand cette mesure n'au-
« rait pour effet que d'empêcher la croyance où l'on est
« généralement que le directeur réalise *de gros bénéfices*
« par une économie sordide, tandis qu'il perd **88,000 fr.**
« dans une seule année, ce serait déjà un heureux
« résultat.

« Je termine, Monsieur le Maire, en recommandant à
« votre justice et à votre goût éclairé pour les arts une
« affaire qui intéresse la cité toute entière.

« J'ai l'honneur d'être, etc.

« L. WALTER. »

Rouen, 17 mars 1837.

(Imprimé par D. Brière, rue Saint-Lô.)

Cette lettre était d'un honnête homme.

Nous trouvons encore un autre document à ce sujet, et nous croyons devoir en donner connaissance, pour élucider cette éternelle question. Le voici :

Extrait de quelques considérations à l'appui de la demande d'une indemnité faite à MM. les membres du Conseil municipal par les directeurs des théâtres de Rouen.

« Messieurs,

« Vous avez pris en considération la requête que nous
« avons eu l'honneur de vous présenter le 21 du mois de
« mars.....

« Mais, avant tout, nous supplions ceux qui veulent
« juger notre question par la mise en parallèle des pertes
« qu'elle nous laisse avec les bénéfices que d'autres
« gestions ont donnés, de vouloir bien préciser quelle est,
« dans les administrations qui ont précédé la nôtre, celle
« qu'ils entendent prendre comme point de comparaison.

« Nous ne croyons pas nous tromper en affirmant que
« c'est la direction de M. Morel qui sera immédiatement
« indiquée.

« Nous acceptons la comparaison sans hésitation au-
« cune, et c'est positivement par la mise en regard de
« l'état de choses qui existait alors et de celui que les cir-
« constances ont amené, que nous demandons à être
« jugés.

« Huit à dix ans seulement nous séparent de l'époque
« sur laquelle nous reportons votre attention ; mais ces
« huit ou dix années contiennent une révolution toute
« entière dans les éléments qui constituent les chances de
« succès des entreprises théâtrales.

« Le public se plaisait alors à la représentation des
« chefs-d'œuvre de notre littérature; le nom de Molière
« sur l'affiche avait encore le privilége de remplir la
« caisse, et le vaste répertoire comique que le XVII° et le
« XVIII° siècles nous ont légué se variait seulement par
« quelques vaudevilles, petits tableaux des mœurs de
« l'époque, et par des opéras dont les chants, ou sévères,
« ou gracieux, étaient en possession d'attirer ou de char-
« mer la foule, sans qu'il fût besoin de les soutenir par le
« luxe des accessoires.

« Alors, une troupe peu nombreuse et composée d'ar-
« tistes modestement rétribués, une mise en scène simple,
« un matériel de peu de valeur, suffisaient aux besoins de
« la direction et aux exigences des spectateurs.

« Et si, en montant un ouvrage nouveau, *le Chaperon*
« *rouge* ou *la Dame Blanche*, par exemple, le directeur
« avait fait peindre quelque belle toile de fond ou quelque
« décoration de forêt ou de château, rafraichi les costu-
« mes d'un certain nombre de figurants ou de choristes,
« le public saluait de ses acclamations les objets nouveaux
« qui lui étaient offerts, il appelait sur la scène le peintre
« et le décorateur, il tenait longtemps compte à la direc-
« tion du sacrifice de quelques centaines de francs qu'elle
« avait fait à ses plaisirs.

« Comparez, Messieurs, cette position avec celle que
« nous font aujourd'hui les goûts du public et les néces-
« sités que le théâtre a dû subir.

« Nul moyen de compter sur les recettes de la comédie.
« *Tartufe* et le *Misanthrope*, montés avec tout le soin
« imaginable, appelleraient à peine quelques rares ama-
« teurs. Un moment on put croire que les drames hardis

« de l'école moderne auraient la puissance de réveiller et
« de saisir fortement les masses. Mais les ouvrages les
« plus remarquables de ce genre n'ont obtenu, à Rouen,
« qu'une vogue de bien courte durée. Enfin, les vaude-
« villes les plus piquants et les opéras les plus gracieux
« peuvent bien encore distraire ou charmer quelques ins-
« tants, mais ne savent plus remplir la salle.

« Il y a huit ans, en effet, Messieurs, Saint-Victor était
« directeur des théâtres de Rouen; et c'est là que com-
« mencèrent ses malheurs. Il partit, se fit nommer à une
« autre direction, dans l'espoir de réparer ses pertes pré-
« cédentes.... Vous savez le reste... Le malheureux s'est
« fait sauter la cervelle.

« Après Saint-Victor, Paul Dutreih essaya de relever le
« théâtre en échec; il y succomba.

« Walter, qui a succédé à Paul, a gardé pendant trois
« années ruineuses les deux théâtres; il s'est vu forcé de
« les abandonner.

« Solomé a eu son tour; il est venu à Rouen à l'abri de
« la puissante égide d'une de ces réputations de capacité
« administrative qui donnent à la fois tant d'audace et
« tant de chances de succès aux opérations.

« Il est arrivé avec une troupe excellente, choisie long-
« temps à l'avance et composée d'artistes laborieux enga-
« gés à des conditions modérées; et cependant, malgré ces
« chances favorables, malgré le succès de *Latude*, succès
« inouï dans les fastes du théâtre de Rouen et obtenu
« sans frais de mise en scène, Solomé a plié sous le poids,
« il s'est retiré convaincu de l'inefficacité des efforts et
« des sacrifices particuliers pour relever un théâtre en
« décadence.

« Le chiffre des pertes de Saint-Victor, Paul Dutreih,
« Solomé et Walter est patent; un mensonge serait impos-
« sible.

« Déjà, en effet, Messieurs, vous avez accueilli la
« demande qui vous fut adressée, en 1831, par M. Paul
« Dutreih, d'une réduction sur la somme moyennant
« laquelle la ville affranchissait la direction du paiement
« du droit des pauvres.

« Plus tard, en 1835, vous avez fait remise entière de
« cette somme. Vous avez fait plus : vous avez reconnu
« que les causes générales du désastre que nous venons
« de vous rappeler avaient atteint le théâtre de Rouen
« comme tous les autres et qu'il était indispensable de lui
« accorder des avantages qui pussent suppléer à l'insuffi-
« sance des produits.

« Les documents qui vous ont été fournis à cette épo-
« que vous ont justifié que, quels que pussent être les
« efforts de la direction, la somme des dépenses, en les
« portant au chiffre le plus bas, excèderait toujours, et
« inévitablement, d'au moins 50,000 fr. le produit le plus
« élevé possible des recettes.

« Vous eûtes alors à examiner s'il convenait de con-
« server le théâtre de Rouen et de le maintenir au rang
« qu'il avait occupé dans tous les temps.

« Il ne vous parut pas possible d'hésiter à cet égard, et
« la question ne consista pour vous qu'à chercher les
« moyens de combler un déficit inévitable en présence
« des développements prodigieux que l'art a pris depuis
« quelques années.

« Vous eûtes alors l'espoir que ce but serait atteint :
« 1º En supprimant en entier le droit des pauvres qui

« avait été par vous réduit précédemment à 15,000 fr.

« 2° En autorisant une augmentation du quart sur le
« prix des abonnements dont le chiffre total s'était élevé
« jusqu'alors à 110,000 fr., non compris le droit de loges,
« et qui se trouverait ainsi porté à plus de 125,000 fr.

« 3° En prescrivant, pour la location des loges à l'an-
« née, un mode qui appelât la concurrence et en élevât
« par là-même le prix. On espérait ainsi réaliser, sur ce
« seul objet, environ 15,000 fr.

« De cette manière, vous assuriez à la direction nou-
« velle des avantages évalués de 50,000 à 60,000 fr.,
« somme suffisante pour combler le déficit et pour donner
« la presque certitude d'un bénéfice légitime.

« Voilà les mesures que vous avez prises en 1835.

« Malheureusement, vos prévisions et les nôtres ont été
« trompées ; ce secours que vous aviez eu l'intention de
« nous accorder et qui, pour les deux ans qui viennent
« de s'écouler, eût dû mettre 100 à 120,000 fr. dans notre
« caisse, a été bien loin de se réaliser.

« Vous en connaissez déjà les causes ; il n'est peut-être
« pas inutile, néanmoins, de les retracer ici avec quel-
« ques détails.

« L'élévation du prix des abonnements a amené une
« diminution dans le nombre des abonnés. Quant aux
« loges, elles avaient été, lors de l'adjudication première,
« louées à des prix très élevés. Mais dès la fin de la pre-
« mière année, un grand nombre a été abandonné et
« presque toutes nous sont remises pour l'année pro-
« chaine.

« Voici, au surplus, dans des chiffres dont vous pour-

« rez vérifier l'exactitude, les résultats matériels que nous
« vous signalons.
« Avant 1835, le produit des abonnements était
« de........................Fr. 108.400 »
« Celui du droit des loges.............. 16.600 »

    « Total.............. 125.000 »

« De 1835 à 1836 :
« Les abonnements ont produit........ 109.840 61
« Les loges ont été louées............ 26.777 »

    « Total............ 136.617 61

« Excédant sur 1835 .... 11.617 61

« De 1836 à 1837 :
« Les abonnements ont produit........ 110.261 65
« Les loges ont été louées............ 19.987 50

    « Total............ 130.249 15

« Excédant sur 1835 .... 5.249 15

« Ainsi, l'excédant du produit a été pour
« les deux années.................. 16.866 76

« En joignant à cela la décharge, pen-
« dant ces mêmes années, du droit des pau-
« vres, soit 30,000 fr., on voit que nous
« avons trouvé, pour les deux années 1835
« et 1836, à la réalisation des mesures par
« vous prises, une somme de.......... 46.866 76

« Vous aviez voulu nous accorder, pour
« ces deux années, environ............ 110.000 »

« Nous nous sommes donc trouvés frus-
« trés de........................... 63.133 24
« sur le secours dont vous aviez reconnu la nécessité et
« que vous aviez consenti à nous accorder.

« Si vous ajoutez à ce résultat la diminution bien plus
« forte encore qui va avoir lieu sur le chiffre total du
« droit des loges, par suite des nombreuses diminutions
« qui nous sont demandées, sous peine de remise, vous
« verrez que, de tout ce que vous aviez eu l'intention de
« nous donner, il ne nous restera, l'année prochaine, que
« le seul avantage des 15,000 fr. accordés sur le droit
« des pauvres.

« Les frais augmentent de tous côtés; ainsi, lors de la
« reprise de *Robert-le-Diable*, on avait cru pouvoir
« acheter provisoirement un orgue d'occasion qui coûta
« 750 fr., plus 100 fr. de réparation.

« Mais cet orgue était mauvais ; le public se fâcha ; il
« y eut bruit et réclamations dans la salle; le régisseur
« fut demandé. En somme, il fallut acheter un autre
« orgue qui coûta fort cher.

« Ne comparez pas les époques, vous seriez dans l'er-
« reur. Au temps des Berton, des Daleyrac, des Monsigny,
« des Catel, des Méhul, des Nicolo, les appointements des
« chanteurs étaient magnifiques quand ils atteignaient le
« chiffre de huit, neuf ou dix mille francs. Deux ou trois
« chanteurs, en province, pouvaient seuls se vanter de
« les mériter. C'est qu'aussi alors la vie du chanteur était
« longue et heureuse ; les opéras les plus capitaux de
« l'époque, en leur fournissant l'occasion de faire briller
« la flexibilité de leur gosier, leur laissaient toutes leurs
« forces pour le lendemain. La musique d'alors était une

« affaire de chaque jour et *Montano, la Maison isolée,*
« *Une heure de mariage, Maison à vendre, la Caverne,*
« *les Deux journées, Cendrillon,* etc., tour à tour ou
« ensemble n'abandonnaient jamais l'affiche. L'opéra
« d'alors enrichissait les directeurs ; un succès faisait une
« saison entière ; *Lodoïska* et *Joconde* ont rempli leurs
« coffres.

« C'est que les artistes n'épuisaient pas leurs forces en
« quelques années, au temps dont nous parlons ; on
« chantait l'opéra comme on chante aujourd'hui le vau-
« deville. Il y a des vaudevilles maintenant, que les
« Elleviou de l'époque n'attaqueraient pas sans quelque
« frayeur. Les ariettes, les duos, les morceaux d'ensemble
« ont remplacé les gais flons-flons et les couplets carrés,
« comme les grandes pages des Rossini, des Auber, des
« Meyerbeer, des Halévy, ont chassé les petits airs de
« leurs prédécesseurs.

« Or les chanteurs, écrasés par les tours de force
« qu'on leur impose, meurent vite pour l'art agrandi.
« Plus leur avenir de repos est long et pénible, plus ils
« croient avoir de précautions à prendre pour se mettre
« à l'abri de la misère. Le génie des Meyerbeer et des
« Rossini leur a été aussi funeste qu'aux directeurs, et
« ce n'est pas tout à fait leur faute si les sacrifices qu'ils
« nous demandent sont si lourds à accepter.

« Nous objectera-t-on que les larges et sublimes com-
« positions de nos génies musicaux produisent aujourd'hui
« des recettes au moins égales à celles des chefs-d'œuvre
« de leurs devanciers ? A cela nous répondrons que
« les bénéfices des représentations sont, en partie, absor-
« bés par le luxe des décorations et des costumes ; que,

« fort souvent aussi, ces bénéfices ne suffisent pas à com-
« bler les frais indispensables exigés par la majesté des
« ouvrages qu'il serait honteux de traiter avec indiffé-
« rence et dédain.

. . . .

« A Rouen, le loyer des salles payé par les directeurs
« est exorbitant, et, si vous ajoutez aux 37,000 francs
« annuels le montant de la location du matériel, celui
« des assurances et des contributions, les dépenses des
« réparations et le produit des deux représentations
« extraordinaires au profit des Hospices, vous aurez un
« chiffre qui plaidera puissamment notre cause auprès
« de vous et nous défendra contre ces bruits malheureu-
« sement trop accrédités que les théâtres ici sont une
« cause certaine de fortune. Comment nous serait-il
« possible, d'ailleurs, d'exploiter largement un succès
« avec des salles dont l'exiguité et l'incommodité ne per-
« mettent pas de faire, comme à Lyon, à Bordeaux, à
« Bruxelles, des mois de 50,000 à 60,000 francs de
« recette ?

. . . .

« La direction a-t-elle fait tout ce qu'elle devait faire ?
« D'autres directeurs n'eussent-ils pas obtenu de plus
« beaux résultats ?

« D'abord, nul ne peut prévoir ce qui serait à la place
« d'une chose si cette chose n'existait pas. Mais ce n'est
« pas à l'aide d'une fin de non-recevoir que nous nous
« laverons du reproche d'incapacité.

« Voyons donc :

« Qu'est-ce qui constitue l'habileté d'une direction ?

« Le nombre des ouvrages qu'elle monte ;

« Le choix de ces ouvrages ;
« Leur importance ;
« Et tout cela, dans des conditions données.
« Telle époque est féconde en pièces à succès, telle autre
« est ruineuse pour les théâtres.
« Or, voici le résumé de ce qui a été fait pendant qua-
« tre années :
« Les grands ouvrages lyriques inscrits au répertoire ;
« Mise en scène digne d'un théâtre de premier ordre ;
« Le ballet introduit sur notre scène ;
« Les premiers artistes de Paris successivement offerts à
« la curiosité publique, depuis Paganini jusqu'à Mlle Fal-
« con ;
« Le vaudeville augmenté et des emplois spéciaux enga-
« gés à cet effet.
« Innovation et succès des grands bals masqués, si bien
« composés, si animés ;
« Agrandissement et embellissement de la salle ;
« Le gaz remplaçant l'ancien mode d'éclairage ;
« Pendant ces quatre années, tous les ouvrages à succès
« montés à Rouen :
« Quarante drames ou comédies, parmi lesquels figu-
« rent : *Richard, Henri III, Louis XI, Il y a seize ans,
« la Tour de Nesle, Clotilde, Bertrand et Raton,
« les Enfants d'Edouard, Don Juan, Angelo, Kean, la
« Camaraderie*, etc. ;
« Vingt-deux opéras : *Zampa, Robert-le-Diable,
« Othello, le Pré-aux-Clercs, Guillaume Tell, Gus-
« tave III, la Juive, le Cheval de Bronze, les Hugue-
« nots, le Postillon de Lonjumeau*, etc.
« Cent quarante vaudevilles : *Victorine, le Philtre,*

« le Tailleur et la Fée, l'Espionne, le Bouffon du prince,
« le Chevreuil, Vert-Vert, le Conseil de révision, les
« Vieux péchés, Pourquoi?, Père et Parrain, Michel
« Perrin, l'Habit ne fait pas le moine, Pauvre Jacques,
« la Salamandre, le Gamin de Paris, la Belle Ecaillère,
« Les deux manières, la Marquise de Pretintaille, Moi-
« roude, Pierre le Rouge, etc., etc.;

« Plusieurs ballets.

« Ainsi, dans le passé, la direction à laquelle nous
« appartenons a fait largement ses preuves. Dans le pré-
« sent, elle les fait encore, car, de 1836 à 1837, malgré...
« etc., le nombre des ouvrages montés est encore consi-
« dérable.

« *Les Directeurs,*

« Louis WALTER; Jacques ARAGO. »

Nous avons cru devoir reproduire en partie ce long document parce qu'il explique la situation défavorable faite, par des circonstances indépendantes de leur gestion, à tous les directeurs de notre grand théâtre jusqu'à nos jours.

D'autres écrits montrent encore avec quel empressement L. Walter saisissait toutes les occasions d'être agréable au public; nous n'en voulons pour preuve que ces deux lettres d'un artiste qui a laissé un grand renom, Pierre Touzez, dit Bocage.

Le 21 août 1835, il écrivait à Walter :

« Mon cher Walter,

« Ténar (sic) a eu une heureuse idée, que cela ne vous
« étonne pas. Il dit que Mlle Mars vous manque et que je

« pourrais, tant bien que mal, et sans jupons, la rempla-
« cer. Je lui réponds que je ne veux plus jouer pour vos
« abonnés, mes aimables compatriotes; que, si le Théâtre-
« Poisson (notre seconde scène) peut m'être ouvert avec
« peu de frais et le partage des recettes, les prix augmen-
« tés, bien entendu, cela me va ; ou que, si vous aimez
« mieux courir les chances de la spéculation, cela me va
« encore. Il a dû vous écrire ; moi, il faut que j'aie une
« prompte réponse. Je veux vous expliquer mon réper-
« toire. Voici : »

Et alors il lui donne la liste des pièces qu'il pourrait jouer, et il ajoute :

« Ne trouvez-vous pas qu'il serait charmant de jouer
« quelques pièces classiques au Théâtre-Poisson ?
« Voyez !

« A vous Affection,

« Bocage,
« 35, rue Landry. »

Deuxième lettre, adressée à M. Eugène Canis, régisseur des théâtres de Rouen :

« Il y a erreur, mon cher Eugène ; je n'ai pas emporté
« la brochure de *la Tour de Nesle*, mais bien celle de
« *Térésa*, et j'ai eu l'infamie de l'oublier au théâtre du
« Havre où elle a été cependant tout-à-fait inutile, car on
« n'a voulu faire aucune coupure. Ayez donc la complai-
« sance de la redemander à M. d'Harmeville.

« Je suis heureux de cette erreur, elle me procure le
« plaisir de vous renouveler mes remerciements pour
« toute votre obligeance. J'ai cru que j'allais y avoir

« de nouveau recours. J'avais envie de voyager encore.
« J'ai demandé au Théâtre-Français de me donner ma
« démission, à condition que je ne jouerais pas à Paris
« jusqu'au premier avril, ne m'étant pas arrangé avec
« la Porte-Saint-Martin. Mais on m'a tout refusé. Je
« ne jouerai pas dans *le Roi s'amuse*, on me fera cette
« concession, si je veux. Alors je reste.

« Une poignée de main à Walter.

« Recevez, etc.

« Bocage »

Nous ne savons ce qui est résulté de ces deux lettres ; mais, puisque nous avons occasion de parler d'un artiste célèbre, notre compatriote, nous sommes heureux de pouvoir donner sur lui quelques détails.

Quand, pour la première fois, Bocage s'est senti pris du désir de monter sur un théâtre et comme possédé du démon dramatique, il était ouvrier cardier dans une fabrique de Rouen, gagnant trois francs par semaine, couvert de haillons, nichant dans un galetas, moitié mourant de faim. C'est de là qu'il est parti, et, depuis, il a monté degré par degré toute l'échelle des contrariétés et des misères. Il s'est enfui de la maison paternelle, il a parcouru en vagabond la route de Paris, il est allé frapper à la porte du Conservatoire qui ne s'est pas ouverte, et il voulait en finir avec la vie quand la main d'un frère, le sien, a dit depuis le *Nouvelliste de Rouen*, l'arrêta au bord de l'abîme. Alors, il fut obligé de payer son salut par de la complaisance et dut se rendre aux soi-disant sages conseils de son libérateur. Il fit de son mieux et tenta tous les moyens possibles de devenir un homme positif. Tour à tour garçon épicier, commis à la guerre, clerc d'huissier, il essaya dix fois de devenir quelque chose et ne put rien être que ce que sa nature l'avait fait, comédien. Il retourna donc, en dépit de tout et de tous, *à ses premières amours*, et, après avoir été repoussé avec perte par le théâtre du Luxembourg sur les planches duquel il avait osé, — l'ambitieux ! — aspirer à monter, il eut le bonheur de trouver un engagement dans une troupe ambulante. Le voilà battant la province, chantant un jour l'opéra sur un théâtre de sous-préfecture, déclamant le lendemain la tragédie au fond de quelque grange, jouant toujours et partout la comédie et le vaudeville, tantôt sifflé, tantôt applaudi, enthousiaste quand même de son art. Après dix ans de vagabondage dramatique et d'aventures de tout genre, il revint à Paris où il eut bien encore quelques tribulations à endurer, mais où il devait enfin mettre la main sur sa destinée.

Félicien MALLEFILLE.

(*Extrait de la Galerie des artistes dramatiques.* — Paris, 1841.)

Il vint aussi à Rouen où il fut repoussé sur nos deux scènes. Il ne se releva en public, comme comédien, que vers 1827, dans une pièce de Dépagny, *l'Homme habile*, jouée à l'Odéon.

On sait ce qu'il est devenu depuis.

Le 1er septembre 1862, le *Nouvelliste de Rouen* insérait l'article suivant :

« Les journaux annoncent la mort de Bocage, l'artiste
« dramatique qui a été directeur de l'Odéon et qui,

« récemment encore, jouait à l'*Ambigu* dans le drame de
« Georges Sand : *Ces beaux messieurs de Bois-Doré.*
 « Pierre-Martinien Touzez, dit Bocage, est né à Rouen
« en 1796.

. . . .

« Refusé au théâtre du Luxembourg, qui s'appelait alors
« *Bobino*, il joua en province quelques années et finit par
« entrer au théâtre de la *Gaîté* où il se fit remarquer dans
« un drame intitulé *Newgate*. La révolution de 1830, en
« exaltant l'école romantique, associa Bocage à ses princi-
« pales créations dramatiques. Il a créé successivement le
« rôle d'*Antony* et celui de *Buridan* de la *Tour de Nesle* ;
« ceux de *Didier*, dans *Marion Delorme*, d'*Ango* dans
« *Don Juan de Marana*, de *Diogène*, etc. — *François le*
« *Champi*, de Georges Sand, fut une de ses plus belles
« créations. »

Mais, assez de digressions, revenons à notre théâtre.
La situation dépeinte dans le mémoire adressé au conseil municipal par MM. Louis Walter et Jacques Arago, a pesé de plus en plus sur tous les directeurs de notre première scène qui se sont succédé jusqu'à nos jours. Un seul a fait exception, M. Fleury, mais par une circonstance imprévue. Il était déjà fort au-dessous de ses affaires quand l'idée lui vint de jouer un vrai coup de *quitte ou double*. Il monta alors avec le plus grand soin *les Pilules du Diable* et y dépensa jusqu'à son dernier sou. Jamais encore on n'avait vu ici d'aussi grande féerie ; l'affluence fut énorme, la pièce resta longtemps sur l'affiche et produisit d'abondantes recettes qui relevèrent la direction. Mais, aussitôt libre, il ne voulut plus

tenter de nouveau la chance et renonça au théâtre de Rouen.

Ce bonheur *in extremis* ne guérissait pas le mal, on ne savait comment sortir de cette position difficile; on imaginait tous les moyens. En 1852, on alla jusqu'à adresser au maire de Rouen une requête contre l'existence d'un théâtre autre que le Théâtre-des-Arts. Heureusement elle ne fut pas admise; la ville préféra augmenter de plus en plus ses sacrifices pour venir en aide à une exploitation en péril.

C'est ainsi que, successivement, le Conseil municipal vota pour le directeur l'exemption du prix de location de la salle, de celui des décors, des frais d'éclairage. Enfin, il consentit à l'achat, au nom de la ville, de notre vieux Théâtre-des-Arts qui fut consumé dans la soirée du 25 avril 1876.

Aujourd'hui, après de longs délais nécessités par toutes les formalités indispensables, l'administration municipale procède à la construction, sur l'emplacement agrandi de notre ancienne salle, d'un théâtre monumental qui présentera toutes les garanties d'espace, de dégagements faciles, d'isolement, de commodités désirables. Mais combien coûtera-t-il et quand sera-t-il terminé ?

Eclairage de l'ancienne salle.

Nous devons à l'obligeance de M. Marie, inspecteur en chef de l'éclairage public à Rouen, des renseignements intéressants à cet égard.

« Quand, en 1835, sous la direction Walter, la partie
« *intérieure* de la salle fut éclairée au gaz, le nombre des

« becs était d'environ 104, non compris l'orchestre dont
« le service était fait avec de l'huile.

« En 1852, sous la direction de Courchant, ce matériel
« a été enlevé et remplacé par un autre que fournit, *en
« location*, M. Clémençon, de Paris. Il était composé
« d'environ 194 à 200 becs, en y comprenant les *brûleurs*
« posés en même temps dans les corridors, escaliers, ves-
« tibules et foyers, du côté de la salle, mais non compris
« l'orchestre, dont le service était continué à l'huile.

« Le gaz a été introduit, en outre, sur la scène, mais
« seulement pour éclairer *six herses* ou 125 becs. Le
« service des portants a été continué avec des quinquets,
« comme précédemment.

« En 1864, sous la direction de M. Briet, le matériel
« en location de M. Clémençon a été remplacé par un
« autre matériel très complet installé par les soins
« de l'administration municipale et sous la direction de
« M. Marie, pour le compte des propriétaires du Théâtre-
« des-Arts. Le nombre des becs se décomposait comme
« suit, au moment de l'incendie du 25 avril 1876 :

« *Côté de la salle* :

« Vestibules, bureaux, corridors et foyers   94 becs
« Intérieur de la salle, y compris l'or-
« chestre............................... 174

« *Côté de la scène* :

« Concierge, caisse, vestibule, escaliers,
« corridors, foyers, loges des artistes et des
« chœurs, magasins et locaux de la direction
« (non compris les appareils de chauffage

« alimentés par le gaz et évalués comme
« consommation, à 22 becs d'éclairage)... 147
« Scène, y compris cintre et dessous, . 496
« Cordons d'illuminations............ 370

« Total.......... 1.281 becs »

Administration et principaux artistes.

1836-1837.

Directeurs : d'abord Walter seul, puis Walter et
J. Arago.
Principaux artistes :
Comédie : MM. Delacroix, Louis, Doligny, Mouchot,
Borsat.
Opéra : MM. Andrieu, Fleury, Boulard, Tilly, Leclère.
Mmes Lavry, Melotte, Genot, Fleury, Louis Fabre, Lemesle.

1837-1838.

Directeurs : d'abord Walter, puis Duval.
Principaux artistes :
Comédie : MM. Deveria, Borsat, Thenard, Lemaire,
Grassot.
Mmes Martin, Serre, Seignelet, Grassot,
Thierret.
Opéra : MM. Richelme, Nicolo, Boulard, Abadie, Lemaire, Joannot.
Ballet : MM. Allard, Pizarello et Mlle Caroline Beaucourt.

THÉATRE
1838-1839.

Directeurs : d'abord Duval seul, puis Duval et Lafeuillade.

Principaux artistes :

Comédie : MM. Deveria, Tony, Borsat, Martin, Kime, Isidore.

Mmes Charton, Halley, Seignelet, Bernard, Louis, Brochard.

Opéra : MM. Andrieu, Lafeuillade, Boulard, Guyot, Fleury, Leclère.

Mmes Lavry, Félix Melotte, Fleury, Nougaret, Louis.

Ballet : M. Allard et Mlle Beaucourt.

1839-1840.

Après Duval et Lafeuillade, Nicolo Isouard devient directeur.

Principaux artistes :

Comédie : MM. Delafosse, Monval, Cossard, Cudot, Kime, Borsat, Mouchot, Lemaire.

Mmes Chancy, Berthier, Joly, Cossard, Bernard, Brochard.

Opéra : MM. Wermelen, Mailliot, Boulard, Lesbros, Félix, Leclère.

Mmes Lavry, Félix Melotte, Roussel, Riffault, Pannier.

Ballet : M. Allard et Mlle Beaucourt.

1840-1841.

Directeur, Nicolo Isouard.

Principaux artistes :
Comédie : MM. Delafosse, Gaston, Cudot, Kime, Mouchot, Leclère.
Mmes Dessains, Bury, Gras, Brochard, Bernard, Luguet.
Opéra : MM. Grosseth, Richeline, Lecourt, Hébert, Lesbros, Leclère.
Mmes Hébert, Klotz, Gras, Schnetz, Luguet.
Ballet : MM. Massot et Honoré, Mme Duval.

NOTA. — Après la disparition de Nicolo Isouard, Delamare, au nom des artistes, dirige le théâtre, pour finir l'année.

1841-1842.

Directeur, Roux.

C'était une espèce de fou; il n'a pu tenir que deux mois et vingt jours. Le 14 juillet, la ville a fait fermer la salle et a pris, du 13 septembre 1841 au 30 avril 1842, comme directeur, Fleury, qui fut un bon administrateur.

Principaux artistes :
Comédie et vaudeville :
MM. Delafosse, Montrose, Cruveillier, Cudot, Kime, Luguet.
Mmes Verneuil, Maillet, Fleury, Brochard, Thénard.
Opéra : MM. Masson, Fosse, Payen, Blondel, Léon.
Mmes Poucholle, Kundell, Courtois, Thénard.
Ballet : M. Albert et Mme D'Orsé.

1842-1843.

Directeur, Fleury.

Principaux artistes :
Comédie et vaudeville :
MM. Montdidier, Montrose, Cudot, Kime, Geoffroy.

THÉÂTRE

Mmes Verneuil, Maillet, Fleury, Brochard, Irma, Thénard.

Opéra : MM. Allard, Douvry, Aly, Lemaire, Léon.
Mmes Poucholle, Huen, Thénard, Kundell.

(Nous ne trouvons pas de notes sur le ballet.)

1843-1844.

Directeur, Fleury.

Principaux artistes :

Comédie : MM. Montdidier, Montrose, Cruveillier, Cudot, Lemaire, Geoffroy.
Mmes Fitz-James, Verneuil, Fleury, Brochard, Thénard.

Opéra (en septembre) :
MM. Wermelen, Renault, Lesbros, Geoffroy, Cornelier ; Mmes Poucholle, Descot, Lovie, Thénard, Martin.

Ballet : M. Grenier et Mme Leconte.

1844-1845.

Directeur, Deslandes. — Vizentini, régisseur général.

Principaux artistes :

Comédie : MM. Wable, Guyaud, Cudot, Romainville.
Mmes Abit, Broux, Pernon, Brochard, Bernard, Thénard.

Opéra : MM. Raguenot, Payen, Planque, Grognet.
Mmes Elian, Valton, Lovie, Thénard, Monnier.

Ballet : M. Georges Martin et Mme Bouxary.

1845-1846.

Directeur, Deslandes. — Chef d'orchestre, Milord.

DES ARTS. 147

Principaux artistes :

Comédie : MM. Delafosse, Wable, Fanolier, Cudot, Romainville, Lemaire.

Mmes Dessains, Pernon, Bernard, Brochard, Grassot.

Opéra : MM. Raguenot, Bonamy, Garbet, Lemaire.

Mmes Valton, Anaïs Durand, Dorval, Henry.

Ballet : M. Georges Martin et Mme Bouxary.

1846-1847.

Directeur, Saint-Ange.

Chefs d'orchestre, MM. Jahn et Voiron.

Principaux artistes :

Drame, comédie et vaudeville :

MM. Delafosse, Fanolier, Cruveillier, Romainville, Cudot, Lemaire.

Mmes Crosnier, Brochard, Colignon, Pernon, Bernard, Martin.

Opéra : MM. Duprat, Bonamy, Pauly, Garbet, Lemaire.

Mmes Verdini, Durand, Repos, Belval.

Ballet : M. Georges Martin et Mlle Dieudonné.

1847-1848.

Directeur, Duplan. — Chef d'orchestre, Germain. Dumée, peintre.

Principaux artistes :

Comédie, drame, vaudeville :

MM. Delafosse, Derville, Cruveillier, Romainville, Cudot, Breton.

Mmes Darmon, Martin, Henry Monnier, Moulliéras, Bernard, Lemesle, Brochard.

THÉÂTRE

Opéra : MM. Toussaint, Dufresne, Lafarge, Cerda.
Mmes Léonti, Casimir, Repos, Lemesle, puis Mlle Julienne, première chanteuse.
Ballet : M. Paul et Mlle L. Gayot.

1848-1849.

(Les artistes en société, par suite de la Révolution). — Directeur choisi, Lebreton.

La première année de la République, pour cas exceptionnel, le loyer de la salle a été abaissé de 8,500 fr. et les abonnements réduits à 100 fr. par an.

Pendant l'année 1848, la ville a versé au théâtre 10,000 fr. au nom de M. Deschamps, commissaire du gouvernement, et 15,000 fr. au nom de M. Leballeur, maire provisoire.

Principaux artistes :

Comédie et drame : MM. Delafosse, Derville, Cauvin, Gossart, Cudot, Romainville, Cosson.
Mmes Martin, Darmon, Bonnard, Bernard, Lemesle.

Vaudeville : MM. Cauvin, Breton, Vernier, Perron.
Mmes Valtin, Darmon, Bonnard, Moulliéras, Henry Monnier, Bernard.

Nulle trace d'opéra ni de ballet.

1849-1850.

Directeur, Lesbros.

Principaux artistes :

Comédie et drame : MM. Delafosse, Deschamps, Aubrée, Cudot, Romainville.

Mmes Martin, Ficher, Tesseire, Bernard, Dorval.

Opéra et vaudeville : MM. Caubet, Baille, Falbert, Dobbet, Perron, Breton.

Mmes Fleury, Courtot, Legrand, Prévot-Colon, Morsiani, Henry Monnier.

Ballet : M. Telle et Mlle Petitet. — Chefs d'orchestre, MM. Goudard et Voiron.

Nota. — Parmi les artistes, les uns avaient un chiffre fixe assuré, les autres, ainsi que l'orchestre et les chœurs, recevaient au prorata des recettes.

1850-1851.

Artistes en société. — Lesbros, directeur. — Grassau, chef d'orchestre. — Dumée, décorateur.

Principaux artistes :

Comédie et drame : MM. Brésil, Derville, Lavernos, Cudot, Romainville.

Mmes Martin, Restout, Bernard, Millet, Dorval, Prévost-Colon.

Opéra et vaudeville : MM. Carré, Legrand, Carman, Edouard, Poirier.

Mmes Carman-Dupuy, Osmont, Henry Monnier, Pauline Paul.

1851-1852.

Duprez, directeur. — Il fut saisi le 23 novembre et mis en faillite le 28. Alors M. Derville fut nommé directeur jusqu'à la fin de l'année théâtrale.

Les artistes se formèrent de nouveau en société et réussirent, mais ils donnèrent comédie et vaudeville seulement.

THÉATRE
1852-1853.

Cette année-là, tout le personnel est changé.

M. Thomas est obligé de déménager son matériel de décors. — D'autres sont commencés sur les ordres du directeur qui loue des costumes et s'entend pour l'éclairage comme pour les accessoires.

De Courchant, directeur et caissier.

Principaux artistes :

Comédie et vaudeville : MM. Lafosse, Saint-Léon, Patrat, Chéry, Berret, Romainville.

Mmes Paul B., Chapiseau, Millet, Henry Monnier, Viette, Martin.

Opéra-comique : MM. Puget, Beauce, Anthióme, Poultier. Mmes Cornélia, Hellouin, Hamilton, Piquet-Wild.

Ballet : M. Massartic et Mmes Richard, Méry et Astorq.

Le 13 novembre 1852, le Théâtre-Français ouvre, pour trois ans, sous la direction exclusive de Plunkett.

En septembre, même année, la ville donne 15,000 fr. à De Courchant.

En mars 1853, elle achète pour 20,000 fr. de décors.

En mai 1853, le matériel de M. Thomas rentre au théâtre.

En avril 1853, la ville accorde à De Courchant une subvention de 60,000 fr.

1853-1854.

De Courchant, directeur. — Il disparaît et est mis en faillite.

Etait-ce pour arriver à ce résultat qu'il avait tenu à se charger de la caisse en même temps que de la direction ?

Toujours est-il qu'il a laissé tout son personnel dans l'embarras.

Une partie des artistes se forme alors en société pour finir la campagne.

1854-1855.

Esparbié, administrateur des deux théâtres. — La ville lui donne le loyer de la salle, celui des décors et l'éclairage.

Il ne réussit pas mieux.

1855-1856.

Il continue d'abord son administration, puis il donne sa démission et la ville charge des deux théâtres, plus le Cirque, M. Juclier, avec mêmes avantages que dessus.

Principaux artistes :

Opéra : MM. Bouvard, Lacroix, Bonnesseur, Mathieu, etc.

Mmes Lavoye, Planterre, Dubarry, Gourdon, Geismar, etc.

C'était une belle troupe ; Mathieu était un bon premier ténor, Lacroix un baryton de talent, Bonnesseur une excellente basse ; la voix de Bouvard était faible, mais son jeu parfait. Mmes Lavoye, Geismar et Planterre méritaient la faveur du public.

1856-1857.

Directeur, Juclier.

Principaux artistes :

Opéra : MM. Lapierre, Bonnesseur, Lacroix, Bouvard, Laget, Gourdon, Voizel, Lavergne.

Mmes Lavoye, Laget-Planterre, Mlle Dubarry, etc.

Ballet : Nous mentionnerons surtout M. Laurençon, danseur comique.

Une troupe de comédie était, en outre, attachée au Théâtre-des-Arts.

1857-1858.

Directeur, Juclier.

Principaux artistes :

Opéra : MM. Mathieu, Bonnesseur, Crambade, Bouvard, Authier, Berry.

Mmes Lavoye, Geismar, Bléau.

Ballet : M. Mamert, Mlles Bertho et Bulana.

Plus, la troupe de comédie.

Un souvenir assez piquant sur Mlle Lavoye. Cette artiste de grand talent, un jour que le directeur lui demandait de chanter *La Dame Blanche*, ainsi que le voulait son emploi, répondit qu'elle ne la chanterait pas parce qu'il lui était impossible d'étudier du matin au soir une pièce qu'elle n'avait jamais bien sue (*sic*). De par elle donc le public fut privé cette année-là du plaisir d'entendre l'œuvre immortelle de Boïeldieu.

Jamais non plus elle n'a voulu accorder son concours gratuit à aucun concert de bienfaisance.

1858-1859.

Directeur, Halanzier-Dufrénoy.

Principaux artistes :

Opéra : MM. Mathieu, Bonnesseur, Melchissédec, Chambon, Colomyès.

Mmes Bessin-Pouilley, Charry, Faye, Vié, Saint-Ange.

Ballet : M. Domingie, Mlles Juliette Laurençon et Bulana.

La troupe de comédie fut reportée au Théâtre-Français.

1859-1860.

Pendant les vacances, la salle avait été complètement restaurée et mise à neuf.

Directeur, Halanzier.

Principaux artistes :

Opéra : MM. Caubet, Bonnesseur, Barbot, Bouvard, Comte, Gerpré.

Mmes Barbot, Michelli, Laurent, Belval.

Ballet : M. Paul; Mlle Juliette.

1860-1861.

Directeur, Halanzier.

Principaux artistes :

Opéra : MM. Aubry, Bonnesseur, Barbot, Méric, Bineau, Gerpré.

Mmes Barbot, Geismar, Latouche, Fontanel, Saliné.

Ballet : M. Paul; Mlles Juliette et Marie Duriez.

1861-1862.

Directeur, L. D. Rousseau.

Principaux artistes :

Opéra : MM. Bosc, Bonnesseur, Gaspard, Warnots, Gerpré.

Mmes Warnots, Irène Lambert, Zélia Erambert, Darcy, Louise Robert.

Ballet : M. Paul; Mlles Marie Duriez et Maria Fenolio.

THÉATRE

1862-1863.

Directeur, L. D. Rousseau.
Principaux artistes :
Opéra : MM. Dedieu, Ismaël, Odezenne, Forest, Arnaud, Gerpré.
Mmes Muller, Galli-Marié, Irène Lambert, Zélia Erambert, Robert.
Ballet : M. Paul; Mlles Deléchaux et Fenolio.

1863-1864.

Directeur, L. D. Rousseau.
Principaux artistes :
Opéra : MM. Hilaire, Zimmerman, Castelmary, Julian-Gadilhe, Danglès, Eppel, Vigourel, Gerpré.
Mmes Lagier, Bruneau-Valet, Zélia Erambert, Marie Faivre, Castan.
Ballet : M. Paul ; Mlles Deléchaux et Jeanne Paul.

1864-1865.

Directeur, Briet.
La troupe de comédie supporte tout le poids des représentations. Une troupe lyrique italienne donne seule quelques soirées d'opéra-comique.

1865-1866.

Directeur, Briet.
Le Théâtre-des-Arts est de plus en plus délaissé; on n'y donne que des comédies et des drames.

1866-1867.

Directeur, Derville.

L'année s'ouvre par la comédie et le drame. Enfin, le 4 octobre, on commence à revoir l'opéra sur notre première scène. Mais on s'est décidé trop tard, il a été impossible de compléter une bonne troupe. — Il y eut en même temps une troupe de comédie et de drame.

Principaux artistes :

Opéra : MM. Cazabon, Dauris (premier ténor en double), Lafond, Nesmes, Prudhomme, Soto.

Mmes de Joly, première chanteuse d'un talent réel, Murat, Guérinot, Mlle Alice.

Il n'y eut pas de ballet.

Ce sont surtout des artistes en représentation extraordinaire qui ont contribué à ramener le public vers notre Grand Théâtre.

1867-1868.

Directeur, Derville.

Principaux artistes :

Opéra : MM. Cazabon, Bonnesseur (Il venait de quitter le Grand Opéra, à Paris), Bruneau, Berton, Cifolelli.

Mmes de Joly, Olivier, Normani-Poussèze, Géraldine.

Pas de Ballet cette année encore, mais une troupe de comédie et de drame fut adjointe à celle d'opéra.

1868-1869.

Directeur, Bonnesseur.

Principaux artistes :

Opéra : MM. Miral, Lédérac, Bouvard, Depoitier, Prudhomme, Delavigne, Juillia, Larose.

THÉATRE

Mmes Depoitier, Arnal, Dufau, Boullard-Gautrot.

Ballet : MM. Paul, Pététin; Mmes Paul et Cotelle.

1869-1870.

Directeur : Bonnesseur.

Principaux artistes :

Opéra : MM. Quénin, de Keghel, Brion d'Orgeval, Lechevalier, Desuiten, Gerpré, Larose, Prudhomme.

Mmes Marie Lemoine, Sorandi, Rozès, Marie René, Gaufrot.

Ballet : M. Paul ; Mmes Paul et Cotelle.

1870-1871.

La guerre, puis l'invasion prussienne!!!

Est-il besoin de dire que, pendant cette époque si douloureuse, tous les théâtres restent fermés?

1871-1872.

Quand le dernier soldat ennemi a cessé de fouler le sol sacré de la patrie, alors on commence à respirer ; puis la joie de la libération ramène le besoin de distractions. Nos théâtres rouvrent donc leurs portes. Mais la campagne est trop avancée pour qu'il soit possible de former une grande troupe lyrique; en fait de musique, il faut se contenter d'un peu d'opérette, comme *la Belle Hélène*. Des comédies, des vaudevilles complètent les représentations.

Le Directeur, M. Durécu, fait d'abord venir, en représentation extraordinaire, quelques artistes de la Comédie-Française : MM. Mounet-Sully, Richard, Dugaril, etc. — MM^{mes} Agar et Savary.

L'ouverture se fait, le 28 septembre, par une comédie : *Le fils de Giboyer.*

Les principaux artistes, pendant la première période, sont :

MM. Dorsay, Longpré, Lambert, Firmin.

Mmes Maxime, Saliné, Cerny.

Le 28 décembre, des artistes de Paris viennent jouer quelques opéras comiques. Mais ce sont des représentations extraordinaires, notre théâtre ne possédant aucune troupe pour continuer.

1872-1873.

Directeur : Montaubry.

On est forcé de conserver encore une troupe de comédie, de se contenter d'opérettes, comme *La Grande Duchesse de Gérolstein* et *La Péricholle;* d'opéra bouffe, comme *Barbe bleue.*

Quant au grand opéra, on n'en entend que lors des représentations extraordinaires.

Les principaux artistes, cette année-là, sont :

MM. Alberti, Lourdes, Desgoria, Cantin, Cyriali.

Mmes Cerny-Levert, Gérald, Peyret, Emma Kraetzer.

THÉATRE
1873-1874.

Le nouveau directeur, M. Lemoigne, suit les errements de son prédécesseur. Il s'appuie même surtout sur la comédie qui fournit alors trois artistes dont le souvenir est resté cher au public rouennais : MM. Laty, Harville, Chevalier.

Il n'a pas de troupe d'opérette et ne fait entendre de grand opéra que dans quelques représentations données par des artistes étrangers.

1874-1875.

Directeur : Lemoigne.

Pour la première fois, depuis la guerre, Rouen va posséder une véritable troupe d'opéra.

Principaux artistes :

Opéra-Comique : MM. de Keghel, Idrac, Morlet, Danguin, Brion-D'Orgeval, Leroy, Berry, Dorès.

Mmes Mézerai, Jeanne Guillot, L. Martin.

Grand-Opéra : MM. Eyraud, Comte, Larcher.
Mmes Lebel, Andrée Barbot, Labat, Lacourière.

Ballet : Citons surtout la première danseuse, Mlle Marie Hennecart.

1875-1876.

Directeur : Lemoigne.

DES ARTS.

Principaux artistes :

Opéra-Comique : MM. Engel, Decré, Justin Boyer, Ferdinand Boyer, Plain, Sujol, Boulangé.

Mmes Naddi-Vallée et Chauveau.

Grand-Opéra : MM. Trinquier (par suite de la résiliation de M. Eyraud, notre très regretté premier ténor), Comte, Guillemot.

Mmes Degraef-Hamel, Durand-Durieu, Barbot, L. Martin.

Ballet : La première danseuse Marie Hennecart.

C'était une des plus belles troupes que nous ayons jamais possédées; elle était presque en tout parfaite. Aussi, pour la former, avait-il fallu de longs et laborieux débuts.

Le 25 avril 1876, au moment où les artistes et les chœurs étaient déjà dans leurs loges pour s'habiller, où tout le personnel était à son poste, jusqu'aux soldats destinés à figurer, un jet de gaz communique le feu au manteau d'Arlequin, sur le devant de la scène; un terrible incendie se déclare et se propage avec une incroyable rapidité. Chacun se sauve comme il peut; il y en a qui sont forcés de sauter par les fenêtres, de la hauteur d'un troisième et même d'un quatrième étage; d'autres n'en ont pas même le temps; on compte plusieurs victimes, et le théâtre est détruit de fond en comble par l'incendie.

Si le feu eût éclaté quelques instants plus tard, les portes auraient été déjà ouvertes au public, la salle se serait vite emplie, la foule étant attirée par une attrayante représentation. Certes, les malheurs arrivés ont été déjà trop grands; mais combien alors n'eussent-ils pas été plus épouvantables encore? On frémit, rien que d'y penser.

Nota. — Les notes laissées par l'auteur s'arrêtant à la fin de l'année théâtrale 1835-1836, nous n'avons pu terminer l'histoire du Théâtre-des-Arts que par un résumé fort succinct.

(Note de l'éditeur).

FIN.

HISTOIRE
DU
THÉATRE-FRANÇAIS

HISTOIRE

DU

THÉATRE-FRANÇAIS

PRÉFACE.

L'histoire du Théâtre-Français offre tout autant d'intérêt que celle du Théâtre-des-Arts, parce que notre seconde scène a été, à diverses reprises et pendant longtemps chaque fois, exploitée par une administration qui faisait concurrence à celle de la première. De là, une émulation qui a porté ses fruits.

D'un autre côté, alors même que le Théâtre-Français, géré par le même directeur que le Théâtre-des-Arts, n'a été qu'une succursale de ce dernier, il n'y a jamais eu un répertoire unique. Tantôt le directeur n'avait qu'une troupe, il est vrai, mais montait à la place du Vieux-Marché des pièces qu'il ne produisait pas au grand théâtre; tantôt il avait deux troupes et deux répertoires de drame, comédie et vaudeville. Aujourd'hui n'avons-nous pas une combinaison qui diffère encore des précédentes ?

Le goût du public qui fréquente le Théâtre-Français n'a jamais été le même que celui des habitués du théâtre de Corneille, Racine, Molière, Boïeldieu, etc., etc. Le plus souvent les artistes engagés pour notre seconde scène y ont apporté le tribut d'un talent gai, vif et tout-à-fait original. Enfin, l'exiguité même de la salle a imposé certaines préférences dans le choix des ouvrages.

Nous ajouterons que, pour des raisons qu'il est inutile d'énumérer ici, les incidents ont été très-multipliés au Théâtre-Français, et qu'ils jetteront sur notre historique une très-grande variété.

Sans qu'il soit nécessaire d'entrer dans de plus amples détails, on comprendra que les considérations qui viennent d'être succinctement passées en revue nous ont fait un devoir d'apporter le plus grand scrupule dans nos recherches. C'est ainsi que nous sommes parvenu à former un faisceau que nous croyons pouvoir dès à présent livrer à la publicité.

HISTOIRE
DU
THÉATRE-FRANÇAIS.

NOUVEAU THÉATRE-FRANÇAIS.

En 1792, on supprima le jeu de paume de la Poissonnerie, qui était situé dans l'ancienne rue Saint-Sauveur, vis-à-vis la place de la Poissonnerie. Sur l'emplacement qu'il occupait on construisit un théâtre. Cette salle, — le Théâtre-Français d'aujourd'hui, — est d'une architecture fort peu remarquable ; elle contient à peine douze cents personnes, et sa distribution est peu commode. L'accès en était jadis plus difficile que de nos jours, parce qu'elle était, pour ainsi dire, ensevelie dans un amas de maisons mal alignées.

Février et Mars 1793.

Le 1er février 1793, on annonça que le Nouveau-Théâtre-Français, établi à Rouen, placé de la Poissonnerie, ferait son ouverture le lendemain samedi 2 février.

NOUVEAU

En effet, ce jour-là l'ouverture du nouveau théâtre s'est faite par les compliments d'usage. L'acteur Ribié, avantageusement connu sur la scène comique de Paris, a été l'organe de l'expression des vœux que formaient ses camarades.

On donnait, le 2 février, trois premières représentations : celles de la *Forêt noire*, du *Père Duchêne* et de l'*Oncle et le Neveu amateurs de comédie*. Nous reviendrons sur chacune d'elles dans la liste générale ci-après des pièces nombreuses jouées du 2 février au 28 mars (jour de la clôture) :

Alceste à la campagne ou le *Misanthrope corrigé par l'amour*, comédie en trois actes et en vers, par Dumoustier.

L'*Amour quêteur* ou le *merveilleux cordon*, comédie.

Les *Amours de Bayard*, comédie.

Le *Babillard*, comédie.

Blaise-le-Hargneux ou le *Prix de l'arc*, comédie.

Les *Caprices de Galathée*, ballet anacréontique, monté par M. Hus.

Comminge ou les *Amants malheureux*, drame.

Contentement passe richesse ou les *Cent écus*, comédie.

La *Corne de vérité* ou les *Faux amis*, comédie.

Crispin médecin, comédie en trois actes.

Le *Déménagement du peintre* ou le *Siège des créanciers*, comédie en un acte.

Le *Désespoir de Jocrisse*, comédie.

Les *Deux Billets*, comédie ; le petit Arlequin du théâtre Daudinot y jouait le rôle d'Arlequin.

L'*Enrôlement supposé*, comédie.

Les *Epoux à la mode* ou les *Rendez-vous nocturnes*, comédie.

La *Famille de tous les pointus*, comédie.
Le *Faux talisman*, comédie.
Fénélon ou *les Religieuses de Cambray*, tragédie en cinq actes et en vers de Chesnier, jouée en même temps qu'au grand théâtre. Les deux troupes rivalisaient par leur travail et leur talent.
La *Forêt noire* ou *le Fils naturel*, pantomime en trois actes, dont le sujet est tiré du théâtre allemand de Goëthe.
Le *Fou par amour*, comédie.
Guerre ouverte ou *Ruse contre ruse*, comédie.
L'Habit ne fait pas l'homme ou *le Savetier chez le financier*, comédie-proverbe.
L'Heureux repentir, comédie en un acte.
L'Honnête charbonnier ou *l'Heureux songe* ou *le Réveil du charbonnier*, comédie en trois actes. Dans ce temps-là les pièces étaient comme les pommes et les poires ; elles avaient trop de noms.
L'Intrigue épistolaire, comédie.
Jeannette ou *les Battus ne paient pas toujours l'amende*.
Les *Marchandes de modes*, ballet-pantomime dans lequel le citoyen Hus remplissait le rôle d'abbé.
Le *Médecin malgré tout le monde* ou *le Docteur tuant tout* ou *le Magnétisme animal*, comédie en trois actes. Est-ce le magnétisme animal qui tue tout ? Cette pièce si riche en titres nous le laisse supposer. En tout cas, ce titre de Docteur tuant tout ne manque pas de charmes.
L'Oncle et le neveu amateurs de comédie, proverbe en un acte.
Le *Père Duchêne*, comédie en deux actes.
Phèdre, tragédie.
Pierre Bagnolet et Claude Bagnolet, son fils, comédie.

Pourquoi pas? comédie-proverbe dans laquelle M. Ribié jouait six rôles.

La *Résolution inutile* ou *les Déguisements amoureux*, comédie dans laquelle M. Ribié jouait cinq rôles.

Ricco, comédie.

Robert chef de brigands, fait historique en cinq actes, traduit de l'allemand.

La *Rose et le bouton* ou *le Temple de l'hymen*, mélodrame avec dialogues et ballets.

Sémiramis, tragédie.

La *Somnambule*, comédie.

Le *Sourd* ou *l'Auberge pleine*, comédie.

Tancrède, tragédie.

La *Vertu récompensée*, comédie ornée de ballets.

La *Veuve du Malabar*, pièce intitulée tragédie ou comédie, suivant le caprice du moment.

Les *Victimes cloîtrées*, drame en quatre actes.

La *Vigne d'amour* ou *le Raisin dangereux*, comédie.

Le *Voleur converti*, comédie.

Zing-zing ou la *Relique merveilleuse*, farce en un acte.

Du 2 février au 28 mars, il y a cinquante-cinq jours; pendant ce court espace de temps les acteurs du Nouveau-Théâtre-Français ont monté quarante-sept ouvrages, presqu'autant que de jours.

Le 13 mars 1793, on jouait *Fénelon*, le produit de cette représentation étant destiné à subvenir à l'équipement des frères d'armes des bataillons du département; le directeur a pris en outre l'engagement, devant la municipalité, de donner chaque année deux représentations au profit des hôpitaux. Ce même jour 13 mars, et à la même heure, on donnait au grand théâtre la même pièce, *Fénelon*, au bénéfice des hospices.

Nous devons ajouter, pour compléter le travail dramatique, que l'on représenta aussi deux grands ballets, composés par M. Hus, et un autre intitulé *Ballet des Enfants*; que, dans les entr'actes de deux soirées, le jeune Martin, âgé de dix ans, fut entendu dans un concerto de petite flûte; enfin, que le sieur Saint-Phal, comédien français, vint en représentation dans la dernière semaine de mars 1793; la *Veuve du Malabar*, les *Amours de Bayard*, le *Babillard*, *Tancrède*, *Comminge* et *Sémiramis*, sont les pièces dans lesquelles il parut.

Année théâtrale 1793-1794.

Nous conserverons à la seconde scène rouennaise la dénomination de *Nouveau-Théâtre-Français*, jusqu'à l'expiration de l'année théâtrale 1793-1794, bien qu'à la date du 28 brumaire an II (18 novembre 1793), le Nouveau-Théâtre-Français ait pris le nom de *Théâtre de la République*.

Après trois jours de relâche seulement, ce théâtre commença la campagne 1793-1794, le lundi 1er avril, par trois pièces du répertoire : l'*Intrigue épistolaire*, la *Famille des pointus* et la *Rose et le Bouton*. Aucun incident, semble-t-il, ne signala cette représentation de réouverture; mais, dès le lendemain, la direction Ribié fit preuve d'activité en mettant le public à même de juger pour la première fois le citoyen Vernon, qui débuta par les rôles de Saint-Franc du *Déserteur*, et de Blaise de l'*Epreuve*, deux pièces nouvelles représentées avec une troisième qu'on n'avait pas encore jouée à ce théâtre : le *Quiproquo de l'hôtellerie* ou les *Deux Léonard*.

Cette impulsion donnée au répertoire dès l'ouverture de la campagne, ne laissa pas que de porter ses fruits, et la liste suivante des pièces représentées du 1er avril 1793 au 4 avril 1794, est la meilleure preuve que nous puissions fournir à l'appui de notre assertion :

Les *Amateurs de comédie*.
Les *Amours de Nicodème*.
L'*Ane et le procureur* ou la *Cacophonie*.
Arlequin afficheur. Première représentation en mai 1793.

THÉATRE-FRANÇAIS.

Arlequin bon valet.
Arlequin empereur dans la lune. Première représentation en avril 1793.
Arlequin Hulla.
Arlequin protégé par l'amour et la fortune. Première représentation en avril 1793.
Arlequin voleur et volé.
L'Artiste infortuné.
Le Barbier de Séville, comédie.
Les Battus paient l'amende.
Le Berceau du vice et de la vertu.
Béverley, tragédie de Saurin.
La Bienfaisance de Voltaire.
Le Billet de loterie.
Les Bizarreries de la fortune.
La Boiteuse.
Les Bonnes gens.
Le Bon seigneur.
Les Bottiers.
Le Cachot de Beauvais, par Ribié. Première représentation en janvier 1794. On verra plus loin à quel incident donna lieu cette pièce éminemment patriotique.
Cadet Roussel ou le *Café des aveugles.* Première représentation en juin 1793.
Les Capucins aux frontières.
Catherine ou la *Belle fermière*, qui eut une trentaine de représentations.
Les Cauchois à Paris ou la *Famille des bonnes gens.*
Charles et Victoire ou les *Amours de Plailly.* Première représentation en mars 1794.
Le Cocher supposé.

Contre-temps sur contre-temps.
La Coquette corrigée.
Le Corsaire anglais.
Les Courtiers juifs (qu'on trouve encore sous le titre de les Juifs).
Les Crimes de la noblesse.
Le Curé d'Yvetot.
Les Dangers de l'absence.
Le Danger des liaisons.
Le Départ de la première réquisition.
Le Déserteur (dont il a été ci-dessus fait mention).
Le Déserteur, grand ballet-pantomime qui eut un immense succès. Première représentation en octobre 1793.
Les Deux n'en font qu'un, pièce dans laquelle Ribié remplissait deux rôles. Première représentation en mai 1793.
Les Deux bottiers. Cette pièce fait-elle double emploi avec celle des Bottiers, que nous avons déjà mentionnée? L'irrégularité et l'inexactitude des annonces de spectacles, à cette époque, nous ferait presque pencher pour l'affirmative.
Les Deux fermiers.
Les Deux Figaro ou le Sujet de comédie. Première représentation en avril 1793.
Les Deux petits frères.
Les Deux petits Savoyards.
Les Deux sœurs.
Le Divorce turc.
Le Dragon de Thionville, fait historique.
L'Ecolier devenu maître.
L'Ecouteur aux portes.

L'*Embarras du ménage*.

Les *Enfants du soleil* ou la *Vestale du Pérou*. Première représentation en juin 1793. Cette pièce, qui n'eut pas moins d'une quinzaine de représentations, était tirée des *Incas*, de Marmontel. Sa mise en scène splendide, pour laquelle la direction n'avait rien négligé, ses magnifiques décors, ses riches costumes, ses danses pittoresques et originales piquèrent vivement la curiosité publique. Le temple du soleil, l'incendie, le lever de la lune furent tour-à-tour l'objet de l'admiration générale, et ne contribuèrent pas peu à un succès qui fit véritablement époque.

L'*Epoux à la mode* (même remarque que pour les *Deux bottiers* et les *Bottiers*; nous avons précédemment enregistré les *Epoux à la mode*).

Les *Epoux Portugais*.
L'*Epreuve*.
L'*Epreuve nouvelle*.
Les *Etourdis* ou le *Mort supposé*.
Eugénie.
L'*Extravagance amoureuse*.
La *Famille extravagante*.
La *Fausse peur*.
Les *Femmes rusées*.
Le *Festin de Pierre*.
La *Fête d'amour* ou *Lucas et Golinette*.
La *Fête de campagne*.
La *Fête des Bohémiens*. Première représentation en septembre 1793.
La *Fête républicaine*.
La *Fille mal gardée*.
Les *Folies amoureuses*, comédie de Regnard, à propos

de laquelle on raconte l'aventure suivante, arrivée au Théâtre-Français, à Paris : Mlle Adrienne Lecouvreur voulut remplir, dans cette pièce, le rôle de la folle, mais elle ne savait pas jouer de la guitare. Un sieur Chabrun, fameux professeur de cet instrument, était dans le trou du souffleur et accompagnait l'air italien, pendant que Mlle Lecouvreur touchait à vide. Malgré toutes ces précautions, on ne put faire illusion au public, et il en résulta quelque peu de ridicule pour la célèbre actrice.

Le *Français à Londres*, par Boissy.

Le *Général et le Charbonnier*.

Le *Génie de la Nation*, pièce patriotique, faite par Ribié et Joinville, acteurs du théâtre qui nous occupe. Première représentation en janvier 1794. Ce nouveau genre était alors parfaitement goûté par le public rouennais, et sa satisfaction se manifesta par des applaudissements du meilleur aloi. Dans cette pièce figurait le vaisseau de la République : les inscriptions allégoriques qu'on lisait sur les différentes parties du navire n'échappèrent à personne et furent saisies à merveille.

La *Glace cassée* ou le *Désespoir des Enfants*.

Le *Goûter des Enfants*.

L'*Habit fait l'homme*.

L'*Habitant de Saint-Domingue*. Première représentation en avril 1793.

Le *Héros indien* ou *les Espagnols*, pantomime dialoguée, à grand spectacle, dans laquelle le principal rôle était confié au citoyen Ribié. Première représentation en avril 1793. Des morceaux de musique, des évolutions militaires et des danses exécutées par les citoyennes Pa-

risot et Guingré et la petite Poly, n'étaient point sans
ajouter un certain intérêt à cet ouvrage.

L'*Héroïne américaine*, grande pantomime historique
en trois actes, mêlée de danses, combats et évolutions
militaires.

L'*Homme aux huit sols* ou le *Sabotier*.

L'*Honnête aventurier* ou les *Quiproquos*.

L'*Hypocrite et le Prodigue* (qu'on rencontre aussi sous
le titre du *Prodigue et de l'Hypocrite*).

L'*Inauguration des bustes de Marat, Pelletier et Brutus*, avec ballet.

L'*Intendant comédien malgré lui*.

L'*Intérieur d'un ménage républicain*, opéra-vaudeville.
Première représentation en mars 1794. « C'était, lisons-
nous dans une feuille publique de l'époque, la plus jolie
production comique et le meilleur recueil de préceptes
républicains qu'ait vu éclore la Révolution. » Ajoutons
que cette pièce, fort bien montée et jouée avec un parfait
ensemble, remplissait complètement le but que doit se
proposer l'art dramatique : instruire et plaire.

Jacques et Colas.

Jeannot et Colin ou l'*Heureux repentir*.

La *Jeune Grecque*.

La *Jeune hôtesse*.

Jocrisse.

La *Journée difficile* ou les *Femmes rusées* (second titre
sous lequel cette pièce figure déjà dans notre nomenclature, à son ordre alphabétique.)

Le *Jugement dernier des rois*. Première représentation
le 28 brumaire an II, 18 novembre 1793, c'est-à-dire le

jour même où ce théâtre s'appela pour la première fois Théâtre-de-la-République.

Les *Juifs* (voir les *Courtiers juifs*).

Le *Légataire universel*, de Regnard.

Le *Lendemain de noces*, opéra-comique, par Fuzelier, joué pour la première fois, en 1716, à la foire Saint-Germain.

Les *Liaisons dangereuses*.

La *Loterie d'amour*.

Lucas de la Féronnière, comédie.

Le *Magicien*.

La *Maison à deux portes*, opéra-comique, par Farin de Hautemer.

Marat dans le souterrain.

Le *Marchand provençal*. Première représentation le 14 septembre 1793.

La *Matinée du comédien français*.

Les *Ménechmes* de Regnard. Une anecdote à ce sujet : « Ce fut moi, dit M. de Lorme de Montchesnay, qui raccommodai Regnard, poète comique, avec M. Despréaux. Ils étaient prêts d'écrire l'un contre l'autre, et Regnard était l'agresseur. Je lui fis entendre qu'il ne lui convenait pas de se jouer à son maître ; et depuis sa réconciliation, il lui dédia ses *Ménechmes*. » Despréaux disait de Regnard qu'il n'était pas médiocrement plaisant.

Le *Menuisier de Bagdad*.

La *Mère Duchêne*.

La *Mère Nitouche*.

La *Mère rivale*, par Beauchamps.

La *Mère vertueuse*.

Le *Modéré*.

Le *Mois passé*.
La *Moitié du Chemin*.
Monnaie ne fait rien.
La *Mort de Beaurepaire*.
La *Mort de César*.
Le *Mort vivant*.
Nathalie ou la *Générosité chrétienne*, tragédie, par Montgaudier.
Le *Naufrage de l'amour*.
Le *Normand généreux* (qu'on trouve encore sous le titre du *Généreux Normand*).
La *Nuit aux aventures* ou les *Deux morts vivants*. Première représentation en avril 1793.
La *Nuit de Bergame*.
La *Nuit champêtre*.
La *Nuit du charbonnier et du général français* ou la *Veille de la bataille*, comédie.
L'*Offrande à la Liberté*.
L'*Orgueilleux* ou l'*Enfant gâté*.
L'*Orphelin*.
Le *Passage des volontaires* ou le *Bon et le mauvais soldat*.
La *Petite épreuve*.
Les *Petits sabotiers*, ballet.
Les *Petits Savoyards*.
Le *Pied de bœuf*, ballet-pantomime. Première représentation en mai 1793.
La *Plume de l'ange Gabriel*. Première représentation en décembre 1793.
Les *Prêtres et les rois*.
Le *Prince ramoneur et le Ramoneur prince*.

Le *Prix de l'arc.*

Les *Quatre coins* ou les *Espiégleries de l'amour.*

Le *Quiproquo.*

Le *Quiproquo de l'hôtellerie* ou les *Deux Léonard.* Première représentation en avril 1793.

La *Réconciliation des ennemis généreux.*

La *Reprise de Toulon.*

Le *Réveil du charbonnier*, pièce dans laquelle le rôle du charbonnier était rempli par Ribié (mai 1793).

Le *Revenant* ou la *Carrière.*

Le *Revenant* ou les *Deux Grenadiers.*

La *Rose et le bouton* ou le *Temple de l'Hymen.* Ce mélodrame, orné de danses, a été précédemment mentionné, et si nous le citons de nouveau, c'est en raison de cette particularité que la citoyenne Parisot y joua le rôle d'Agathe et y dansa les principales entrées.

Le *Sabotier*, comédie.

Le *Savetier avocat.*

Le *Savetier tragique.*

La *Seconde décade faisant suite à la première.*

Le *Serrurier philosophe.*

Le *Somnambule.*

Le *Souper de famille.*

La *Suite des deux petits Savoyards.*

Le *Tartufe.*

Le *Timide.*

Vénus pèlerine dans l'île de l'Indifférence ou le *Triomphe de la beauté.* Première représentation en avril 1793. La musique, les danses et les magnifiques décorations de cette pièce la firent représenter une vingtaine de fois.

La *Veuve créole.*

THÉATRE-FRANÇAIS. 17

Les *Victimes cloîtrées*, que nous mentionnons une seconde fois parce que ce drame servit de pièce de début au citoyen Vernon, chargé du rôle du *Père Louis*.

Le *Vous et le Toi*. Première représentation en janvier 1794. Le public applaudit chaudement tous les couplets de cette pièce, en redemanda plusieurs, et témoigna aux artistes toute sa satisfaction par des marques de la plus vive sympathie.

La *Vraie bravoure*.

En somme, cent cinquante-deux nouveautés, plus vingt-neuf pièces restées au répertoire.

Le contingent dramatique fourni par les cent quatre-vingt-un ouvrages représentés du 1er avril 1793 au 4 avril 1794, s'accroît d'une douzaine de ballets, d'un concert de violon exécuté le 7 juillet par un amateur, et de trois représentations extraordinaires données :

La première, le 28 septembre, *pour le peuple*, qui, ce jour-là, jouissait de ses entrées libres ;

La seconde, le 3 mai, au bénéfice des pauvres (on joua *Fénelon*, l'*Habit ne fait pas l'homme* et un ballet nouveau) ;

Enfin, la troisième, le 6 août, au bénéfice du petit Monbrun (elle se composait de la *Fausse peur*, de la *Forêt noire*, de la *Mère vertueuse* et de la *Réconciliation*).

Ces trois représentations ne sont cependant pas les seules que nous ayons à enregistrer. Ainsi, dans les derniers jours de septembre, le citoyen Ribié déposa à la Commune la somme de 301 livres, produit net d'une représentation donnée pour les frais de la guerre.

Ainsi encore, le 3 novembre, se présenta à la séance du conseil général de la Commune une députation de la

2

Société populaire, qui remit sur le bureau : 1° une somme de 417 livres 10 sols, produit d'une représentation gratuitement offerte pour servir à l'achat de grains à l'étranger; 2° une somme de 300 livres, destinée au même usage, et donnée par les pensionnaires du citoyen Ribié ainsi que par ses garçons de théâtre. Nous n'avons pas besoin de dire que le conseil général arrêta qu'il serait fait, au procès-verbal, mention civique de ces offrandes.

Du reste, de tels actes de patriotisme et de désintéressement n'étaient point rares à cette époque, comme le prouvent les exemples suivants :

En parlant du *Cachot de Beauvais*, nous avons dit que cette pièce avait donné lieu à un incident que nous raconterions ailleurs, et qui trouve ici naturellement sa place :

Un membre de la Société populaire annonça, dans la séance du 6 février 1794, que deux citoyennes avaient envoyé prendre au théâtre de la République (nouveau Théâtre-Français) deux exemplaires du *Cachot de Beauvais*, qu'elles n'en avaient point payé la valeur, mais que le même jour elles avaient adressé au citoyen Ribié une somme de 72 livres en argent, pour les veuves et les orphelins des défenseurs de la patrie, morts sous les murs de Toulon.

La généreuse action de ces deux citoyennes eut d'autant plus de mérite qu'elles s'obstinèrent à garder l'anonyme.

De son côté, le directeur du nouveau Théâtre-Français, qui, le 18 novembre, avait demandé et obtenu la faveur de modifier l'appellation de son spectacle en *Théâtre de la République*, qui, à cinq jours de là, le 23 novembre, présent à la réhabilitation de Bordier et Jourdain, y prononçait un discours dans lequel il rendait hommage au civisme de ces premiers enfants de la liberté. Ribié, disons-nous, donnait une preuve nouvelle de son patriotique désintéressement en offrant dix places gratuites à dix jeunes élèves des écoles primaires. Ces places devaient leur être données *tous les dix jours*.

La lettre adressée à ce propos par Ribié au conseil général de la Commune présente trop d'intérêt pour que nous n'en citions pas ce passage :

« C'est surtout au théâtre qu'elles (les mœurs) doivent être respectées. La comédie étant un tableau vivant des actions humaines, il importe donc d'en bannir *ces empoisonneurs de l'esprit public, qui n'ont pas craint, par leurs productions libres, de changer la scène française en un foyer de corruption......* C'est dans nos actions que nous trouvons nos sujets ; c'est en montrant à nos enfants les traits sublimes de leurs frères, que nous propagerons l'amour de la liberté. C'est pour ces mêmes enfants des écoles primaires que j'offre, *chaque décade*, dix billets du Théâtre de la République (nouveau Théâtre-Français), que le conseil général donnera, comme récompense, à ses meilleurs élèves. Ils y verront des pièces républicaines, ils y entendront des chansons patriotiques, ils en rapporteront quelques traits à leurs camarades, et mes *dix billets libres* seront un stimulant pour toute la classe. SI MA SALLE ÉTAIT PLUS GRANDE, J'EN OFFRIRAIS DAVANTAGE. »

Applaudissant à cette offre, le conseil de la Commune arrêta que deux de ces places seraient occupées par deux vieillards, deux autres par des jeunes gens, et les six autres par des enfants.

Trop heureux de pouvoir citer encore un exemple de patriotisme, nous dirons que la reprise de Toulon (21 décembre 1793) par l'armée française, donna lieu à la manifestation de la joie publique au nouveau Théâtre-Français, aussi bien qu'au Théâtre de Rouen, Sur l'une et l'autre scène on chanta des couplets de circonstance. Le citoyen Joinville, régisseur du spectacle de la place de la Poissonnerie, en avait composé quelques-uns sur l'air de *Gloire aux soldats républicains*, et qui commençaient ainsi :

> Gloire à nos braves défenseurs !
> Que pour eux on fasse des fêtes ;
> D'un feu divin ils embrâsent nos cœurs :
> Les lauriers ombragent leurs têtes.....
> Liberté, tu fais la valeur,
> La vertu, les biens, le bonheur.

THÉATRE DE LA RÉPUBLIQUE.

Année théâtrale 1794-1795.

A la dénomination de *Nouveau-Théâtre-Français*, que nous avons cru devoir maintenir jusqu'alors, doit succéder, pour une assez longue période, celle de *Théâtre de la République*, attribuée à la salle de la Poissonnerie dès le 18 novembre 1793, c'est-à-dire moins de dix mois après l'ouverture de cette salle.

Si nous avons rendu justice à la direction pour l'activité dont elle avait fait preuve dans la campagne 1793-1794, on verra que le zèle qu'elle sut montrer pendant l'année théâtrale 1794-1795 ne mérite pas moins d'éloges. Quelle meilleure preuve à fournir de ce que nous avançons que le tableau récapitulatif suivant des nouveautés mises à la scène en l'espace de cette seule année? Ainsi, on représenta :

Allons, ça va! ou *l'Américain en France*.

Andros et Almona ou les *Quatre imposteurs*, pièce en trois actes et en vers, par Picard. Cet ouvrage fut monté avec un luxe extraordinaire.

L'*Arrivée de la prise de Valenciennes*, pièce de circonstance, mêlée de couplets d'à-propos qui furent parfaitement saisis, et auxquels ne firent point défaut les applaudissements d'un parterre animé, à cette époque, d'un véritable esprit de patriotisme. Première représentation en septembre 1794.

Le *Ballet des Bohémiens.*

La *Bastille* ou la *Journée du 14 Juillet* 1789.

La *Bonne petite fille.*

Cange ou le *Commissionnaire.*

Colin-Maillard.

Colinette, ballet que nous trouvons annoncé, pour la première fois, en mai 1794.

Le *Consentement forcé*, comédie, par Guyot de Merville, tirée, a-t-on prétendu, de la *Paysanne pervertie*, et qui, selon d'autres, était la propre histoire de l'auteur.

Les *Crimes de Robespierre* ou la *Journée du 9 au 10 thermidor.*

Les *Crimes du clergé.*

Les *Deux mariages.*

Les *Devoirs républicains.*

La *Double intrigue.*

L'*Epoux républicain*, par Pompigny, pensionnaire du théâtre du Palais, à Paris. Première représentation en mai 1794. Cette pièce fut fort applaudie et jouée très fréquemment.

L'*Espiègle*, ballet.

La *Famille indigente.*

La *Fête à l'Eternel.*

La *Fête des Victoires.*

Les *Folies du roi Georges.*

La *Gageure inutile.*

Geneviève de Brabant, pièce à grand spectacle. Première représentation en mai 1794. On n'avait vu jusqu'alors, sur la scène du théâtre de la République, rien de comparable pour la vérité des costumes, la fraîcheur des décorations et la prestesse du jeu des *trucs* et des machines. Chargés des principaux rôles, le citoyen et la citoyenne Ribié obtinrent des marques flatteuses de la satisfaction du public. Cette pièce compta une longue suite de représentations.

L'*Héroïne française*, pièce en trois actes.

L'*Homme comme il y en a peu* ou le *Vieillard raisonnable*.

L'*Inauguration de Barra et Viala au Panthéon*.

La *Jeune Indienne*, comédie de Chamfort.

Les *Jeux de l'Amour et du Hasard*.

Loiserolles ou le *Dévouement paternel*, pièce historique. Première représentation en janvier 1795.

Le *Malentendu*.

Manlius Torquatus, tragédie de Mlle Desjardins, qui fut depuis Mme de Villedieu.

La *Mère de famille*.

Le *Misanthrope*.

Le *Misanthrope corrigé par l'amour*.

La *Mort du jeune Barra*.

Les *Mœurs*.

Nicaise apprenti peintre, opéra. Cette pièce fut jouée par le citoyen Léger, auteur et acteur du Vaudeville de Paris, et elle fut très-applaudie.

Le *Noble roturier*.

La *Noce républicaine*.

La *Nourrice républicaine*. Première représentation en mai 1794.

Le *Nouveau Brutus français*.

Le *Nouveau Calendrier*.

Le *Nouvel Azor* ou le *Petit monstre*.

On fait ce qu'on peut et non pas ce qu'on veut.

Le *Panier percé*, ballet-pantomime.

La *Papesse Jeanne*, opéra à vaudevilles, du citoyen Léger, orné de décorations, costumes et ballet.

La *Perruque blonde*, comédie de Picard. Première représentation en novembre ou décembre 1794. Une anecdote, publiée peu de temps avant, à Paris, avait fourni le sujet de cette pièce satirique, dans laquelle l'auteur attaquait avec infiniment d'esprit les travers de la mode, et qui se terminait par les couplets suivants :

  Un médecin promet la vie,
  Un cabaretier de bon vin;
  Un poète, d'un air hautain,
  Jure que jamais il n'ennuie.
  Le médecin donne la mort,
  Le cabaretier le seconde,
  Et le poète nous endort...
  Ah ! comme on trompe dans ce monde !

Une invincible antipathie
Des brunes éloigne Melcour :
Après trois mois de soins, d'amour,
Hier enfin il se marie ;
Mais, jugez de son désespoir,
Quand, sous une perruque blonde,
Il trouve une brune le soir...
Ah ! comme on trompe dans ce monde !

Des femmes voyez la parure :
Fard pour rougir, fard pour blanchir ;
Pour diminuer ou grandir,
Très-haute et très-basse chaussure ;
Sourcils de toutes les couleurs ;
Corps pour serrer taille trop ronde ;
Cheveux d'emprunt, fichus menteurs...
Ah ! comme on trompe dans ce monde !

Pardon, si de votre parure,
Belles, nous critiquons l'excès ;
L'art de plaire ne fut jamais
De s'éloigner de la nature.
Comme il est, le sexe est si bien !
En charmes réels il abonde :
A ces charmes n'ajoutez rien,
Et vous plairez à tout le monde.

La *Petite épreuve*.
La *Piété filiale* ou les *Deux invalides*.
Plus de bâtards en France!

Pourceaugnac, comédie-ballet en trois actes, de Molière, composée à l'occasion d'un gentilhomme limousin qui, dans une querelle qu'il eut sur le théâtre avec les comédiens, étala une partie du ridicule dont il était chargé. Molière, pour se venger de ce campagnard, le mit en son jour sur la scène, et en fit un divertissement au goût du peuple, qui se réjouit fort de cette pièce.

On raconte que Lully, ayant eu le malheur de déplaire au roi, voulut essayer de rentrer dans ses bonnes grâces par une plaisanterie. Dans ce but, il joua le rôle de Pourceaugnac devant Sa Majesté, et y obtint un grand succès, surtout à la fin de la pièce, quand les apothicaires, armés de leurs seringues, poursuivent M. de Pourceaugnac. Lully, après avoir longtemps couru sur le théâtre pour les éviter, vint sauter au milieu du clavecin qui était dans l'orchestre et le mit en pièces. La gravité du roi ne put tenir contre cette folie, et il pardonna à Lully en faveur de l'originalité du fait.

La *Prise de la Bastille.*

La *Prise de Valenciennes* ou le *Pari de 24 heures.*

Le *Retour imprévu.*

Les *Rivaux congédiés.*

Le *Sans-culotte.*

Sélico ou la *Liberté des nègres*, pièce mêlée de danses. La mise en scène splendide contribua puissamment au succès de l'ouvrage, qui fut représenté pour la première fois en juin 1794.

Le *Tableau républicain.*

Télémaque dans l'île de Calypso. La musique, les danses, les décors et les costumes de cette pièce attirèrent longtemps la foule.

Zélia, drame en trois actes et en prose, mêlé de musique, par Dubuisson. Première représentation en octobre 1794. La citoyenne Ribié y jouait le principal rôle d'une manière magistrale et faisait tout le succès de la pièce.

Cette récapitulation nous fournit un ensemble de cinquante-neuf pièces nouvelles qui, jointes à soixante-trois pièces de l'ancien répertoire, forment un total de cent vingt-deux ouvrages dramatiques à inscrire pour la campagne de 1794 à 1795.

INCIDENTS.

Le conseil général de la commune révolutionnaire de Rouen prit, dans sa séance publique du 13 germinal an II (2 avril 1794), une délibération dont voici la teneur :

« Le conseil général, ouï le rapport de son comité d'instruction publique et Leboucher, faisant pour l'absence de l'agent national, arrête :

« Art. 1er. — Les théâtres de la Montagne et de la République seront ouverts et donneront une représentation de par et pour le peuple, le quintidi prochain.

« Art. 2. — Les directeurs seront tenus de faire afficher aux portes de leurs salles respectives, en caractères très-ostensibles, une inscription portant ces mots :

UNITÉ, INDIVISIBILITÉ DE LA RÉPUBLIQUE FRANÇAISE;
ÉGALITÉ ET FRATERNITÉ.

Aujourd'hui spectacle *de par et pour le peuple.*

« Art. 3. — En exécution de l'arrêté du comité de salut public, le répertoire des pièces qui seront données sur les deux théâtres de par et pour le peuple, sera envoyé à l'administration de district, au plus tard la veille des représentations.

« Art. 4. — Le conseil général prévient ses concitoyens que la distribution des billets aura lieu provisoirement d'après le mode suivant :

« Chaque membre du conseil général distribuera dix billets aux patriotes de sa connaissance.

« Il sera envoyé par le secrétaire-greffier cent billets à l'administration de l'Hospice-Général, pour être distribués aux vieillards, aux femmes et aux enfants de l'un et l'autre sexe, de l'âge de huit ans et au-dessus.

« Art. 5. — Le comité d'instruction publique remettra 300 billets aux instituteurs des écoles primaires, qui les distribueront à leurs élèves âgés de huit ans et au-dessus.

« Le même comité enverra pareil nombre de billets aux treize bureaux d'humanité, qui les distribueront aux patriotes de leur connaissance.

« Il en sera envoyé neuf cent dix à la Société populaire, qui en fera la distribution, tant à ses membres qu'aux citoyens et citoyennes des tribunes qu'elle jugera dignes de les obtenir.

« Art. 6. — Le conseil charge son comité d'instruction publique de lui présenter, dans le plus bref délai, un mode invariable et uniforme pour la distribution des billets.

« Art. 7. — La présente sera imprimée, affichée et envoyée aux directeurs des spectacles, afin qu'ils aient à se conformer aux dispositions qui les concernent.

« *Signés* PILLON, maire, et HAVARD, secrétaire-greffier, avec paraphes. »

En vertu de cette délibération, le théâtre de la République fut ouvert le 24 avril 1794 pour une représentation gratuite *de par et pour le peuple*.

Une autre représentation qu'il est bon de mentionner, puisqu'elle avait pour but la bienfaisance, fut celle que la direction donna, le 18 août, au profit des prisonniers de la maison de justice. Voici à propos de quelle circonstance : l'air infect et malsain qui régnait à la conciergerie avait été la source d'une épidémie affreuse, à ce point qu'on avait décidé de transférer les prisonniers dans la nouvelle prison de Saint-Sever. Mais la prudence exigeait qu'ils ne prissent point possession de cet autre local avec les vêtements qui portaient en eux-mêmes le principe contagieux. La Société populaire ouvrit donc une souscription, dont le produit devait être consacré à l'achat de nouveaux vêtements, et à son exemple, le citoyen Ribié fit, dans le même but, au public rouennais un appel philanthropique, qui trouva de l'écho dans tous les cœurs.

Moins de quinze jours après, un déplorable événement fournit à cet homme généreux une occasion nouvelle d'exercer sa bienfaisance. Le 31 août, à sept heures du matin, la poudrière de Grenelle, près Paris, fit explosion, et causa la mort d'une soixantaine de personnes; on en compta autant de blessées. Le citoyen Ribié s'empressa de donner une représentation au bénéfice des malheureuses victimes de cette terrible catastrophe, et il en adressa le montant à la Convention, qui, dans sa séance du 7 septembre, décréta la mention honorable de cet acte de générosité, en même temps qu'elle agréa l'hommage, fait par Ribié, d'une tragédie intitulée le *Neuf thermidor.*

Les revirements politiques aussi étaient quelquefois l'occasion d'un appel à la bienfaisance. La Montagne élevée sur le Champ-de-Mars, l'année précédente, à grand renfort de bras par les douze bataillons de la garde nationale, en vertu d'une délibération de la commune révolutionnaire de Rouen, du 24 mai 1794, avait été, par suite d'une autre délibération du 24 février 1795, démolie en présence des autorités constituées, au bruit des tambours, au son de la musique militaire et au chant du *Réveil du peuple.* Pour nous servir des expressions mêmes d'un officier municipal, le citoyen Victor Lefebvre : « Un jour avait vu s'élever ce symbole monstrueux de l'inégalité, un jour le vit disparaître. »

L'allégresse publique ne connut point de bornes ; c'était à qui chanterait les à-propos à la mode, dans le goût que voici :

> . . . .
> Un matin on s'réveilla ;
> C'était pire qu'une foire,
> Sur la place on s'assembla ;
> Hé hut, hé aye, hé hut, hé pousse,
> Hé aye, hé hut,
> V'là les ramoneurs qu'arrivent :
> Gazons par-ci, gazons par-là,
> Comme un chacun la ramona !
> Ramonez-ci, ramonez-là,
> Et voilà la Montagne à bas.
> . . . .

Le soir, on donna aux deux théâtres, au profit des indigents, un bal magnifique qui se prolongea fort avant dans la nuit. La recette, au théâtre de la République, fut de 714 livres, mais, — circonstance assez singulière et qu'il importe de constater, — elle se trouva réduite à 709 livres, défalcation faite d'un assignat de 5 livres de moins.

Pourquoi faut-il que nous ayons à ajouter que l'enthousiasme et la joie publics furent, pour certains citoyens, un motif de méconnaître leur devoir et de provoquer des scènes tumultueuses de nature à jeter le trouble et l'effroi parmi les personnes qui fréquentaient alors les spectacles. C'est ainsi qu'un commandant de la force armée s'était vu contraint, par les clameurs du parterre, de quitter la loge de l'officier municipal, où il avait été appelé pour y recevoir des ordres. Des factionnaires avaient été menacés ; des citoyens insultés au théâtre, dans les rues, sur les places publiques ; des femmes étaient devenues l'objet d'insultes et d'attaques indécentes. Et comme la licence n'a plus de frein, quand elle n'est point réprimée par la force, on avait été jusqu'à arracher le bonnet de la Liberté de la place qu'il occupait dans la salle de spectacle.

Tous ces désordres cependant n'avaient pour auteurs qu'une poignée de factieux, mais ils avaient pris un caractère de gravité qui motiva bientôt de la part du conseil général de la commune d'énergiques mesures de répression, qu'on placarda dans l'intérieur des salles de spectacles.

Voici en quels termes était conçu l'article 4 d'une délibération en date du 1er mars 1795 :

« Les officiers civils, chargés de la police des spectacles, sont spécialement chargés d'y faire maintenir l'ordre, de requérir à cet effet la force armée, et d'empêcher qu'il ne soit usé de voies de fait ou menaces envers qui que ce soit. »

Ces mesures répressives, que justifiaient pleinement les circonstances, n'empêchèrent pas les événements de s'aggraver au point d'entraîner la fermeture des théâtres pendant un certain nombre de jours, au bout desquels on les rouvrit, mais en remettant en vigueur les anciens règlements sur la police des spectacles.

« Les officiers civils chargés de la police du spectacle, — disposait l'article 3 d'une délibération du conseil général de la commune du 2 mai 1795, — sont spécialement chargés d'y maintenir l'ordre, de faire arrêter ceux qui chercheraient à y occasionner des troubles, *même sous prétexte d'improuver ou de siffler les acteurs*, ou de quelqu'autre manière que ce soit. »

L'article 4 portait : « Défenses à toutes personnes de s'attrouper ou colloquer dans les galeries des spectacles ; et si, sur la première réquisition qui leur en sera faite par les officiers civils, les commissaires de police ou les commandants de la force armée, chargés de la police du spectacle, elles refusaient de se séparer, elles seront conduites devant l'officier civil, qui statuera provisoirement sur l'arrestation du contrevenant ou sur sa mise en liberté. »

Cette délibération fut, comme la précédente, affichée dans l'intérieur des salles de spectacles.

Antérieurement aux événements qui nous occupent, la lettre suivante avait été adressée au citoyen Noël, rédacteur du *Journal de Rouen*. Nous pensons que nos lecteurs la liront avec intérêt :

« Rouen, 23 pluviôse an III de la République française, une et indivisible (12 février 1795).

« Citoyen, mon existence, celle d'une épouse et de cinq enfants, dépendent de l'exercice de mon état, et lui-même il dépend de l'opinion publique. Je sais que ton journal, consacré à retracer des intérêts généraux, n'est point destiné de sa nature à la discussion des intérêts particuliers ; mais quand il s'agit de la vie d'un père de famille, les objections cessent, l'humanité parle, et des considérations, justes d'ailleurs, ne l'emportent point sur la nécessité de rectifier une erreur qui importe à la vie de sept personnes.

« Un bruit calomnieux a reposé sur ma tête ; on publie que j'ai contribué à l'arrestation d'un citoyen, colleur de papiers de profession, qui a trouvé la mort sous le glaive du tribunal révolutionnaire de Paris. Ce bruit est faux comme le fait; je les repousse et les nie. Il est vrai seulement qu'un de mes parents, portant le même nom que moi, a été entendu en témoignage dans l'instruction du procès, mais il n'a participé ni à la dénonciation, ni à l'arrestation du citoyen conduit à la mort. Témoin, il a été entendu, comme tout autre l'eût été; la loi parlait, il a obéi et fait son devoir : repousser l'inculpation, c'est aussi faire le mien.

« Salut et fraternité.
« GUINGRET l'aîné,
« *Danseur-pensionnaire du théâtre de la République.* »

Hommage soit donc rendu à Guingret l'aîné ! Il n'a pas fait arrêter le moindre colleur d'affiches. S'il en eût fait appréhender un au corps pour le livrer au glaive du tribunal révolutionnaire, cette action nous aurait bien surpris; les danseurs sont, en effet, presque tous de mœurs pacifiques et pas du tout sanguinaires.

Année théâtrale 1795-1796.

Quinze nouveautés et une dizaine de pièces de l'ancien répertoire, voilà le contingent que nous fournissent, pour la campagne 1795-1796, toutes les sources auxquelles nous avons puisé, dans le but de rendre complet notre travail.

Ces quinze nouveautés sont :

L'*Ami des lois*, comédie en cinq actes.

L'*Avocat Patelin*, comédie en trois actes, en prose, qui datait de 1706, imitation d'une excellente farce du quinzième siècle, par l'abbé Brueïs. Le succès de *Maître Pathelin*, opéra-comique en un acte, joué à Rouen en 1858, donne de l'intérêt à ce renseignement; cet opéra est, on le sait, une imitation de la comédie de Brueïs.

Céphise ou l'*Erreur de l'esprit*, comédie.

Le *Dissipateur* ou l'*Honnête friponne*, comédie en cinq actes et en vers, par Destouches.

La *Feinte par amour*, comédie.

L'*Honnête criminel* ou le *Galérien vertueux*, drame.

Le *Mariage de Figaro* ou la *Folle journée*, comédie à grand spectacle.

Le *Mariage secret*, comédie.

Le *Médecin malgré lui*, de Molière.

La *Mort de Cook*, pantomime, avec danses, combats et évolutions militaires, représentée pour la première fois le 24 décembre 1795. Jouée longtemps auparavant sur la scène du Théâtre-des-Arts, cette pièce obtint au théâtre de la République un succès mérité.

Nanine ou le *Préjugé vaincu*, comédie en trois actes

et en vers, par Voltaire, représentée à Paris dès 1749, et accueillie par de chaleureux applaudissements, auxquels l'auteur parut ne pas ajouter grande confiance, si l'on en croit l'anecdote suivante :

En sortant du Théâtre-Français, Voltaire demanda malicieusement à Piron ce qu'il pensait de son œuvre. Celui-ci, devinant l'artifice, répliqua :

— Je pense que vous voudriez bien que ce fût Piron qui l'eût faite.

— Pourquoi? dit Voltaire. On ne l'a pas sifflée.

— Ah ! reprit Piron, peut-on siffler quand on baille ?

Othello, tragédie de Ducis, dans laquelle une toute jeune artiste, la citoyenne Ducharmes, produisait un très-grand effet.

La *Pauvre femme*, opéra.

Tancrède, tragédie, par Voltaire.

Le *Véritable comité révolutionnaire* ou les *Aristides modernes*, comédie.

INCIDENTS.

Les troubles, paraît-il, n'avaient point cessé avec la campagne précédente. Le 11 septembre 1795, le conseil de la commune faisait afficher un arrêté du comité de salut public, que lui avait envoyé le directoire du district, et en vertu duquel les jeunes gens mis en réquisition pour les charrois militaires, accusés d'exciter dans les lieux publics, et notamment dans les spectacles de Rouen, les désordres qui y avaient eu lieu, devaient être poursuivis et traités comme perturbateurs du repos public, suivant toute la rigueur des lois (25 fructidor an III).

Le conseil prenait en même temps une délibération portant défense d'entrer dans les spectacles avec armes, fouets ou bâtons. Cette délibération fut placardée partout où besoin était.

Vers la fin de janvier 1796, la malveillance chercha à alarmer le public sur un fait qui n'avait été que le résultat d'une méprise : la force armée avait été introduite dans les salles de spectacles. Or, ce soir-là (22 janvier), en vertu d'un arrêté du représentant Casenave, qui ordonnait l'exécution de l'arrêté du directoire exécutif du 17 janvier, concernant le chant des airs patriotiques, ces airs avaient été exécutés dans nos spectacles, mais sans être l'occasion du moindre désordre.

Les premiers jours du mois de mars furent signalés au contraire par des troubles assez graves qu'avait suscités l'esprit de parti. On s'était réciproquement jeté à la face les épithètes de *terroriste* et de *chouan*. Pour prévenir le retour du désordre, l'administration municipale n'hésita pas à prendre une délibération, dont le considérant mérite d'être connu :

« L'administration voit avec douleur que les salles des spectacles, et notamment celle du Théâtre-des-Arts, offrent sans cesse *celui* (sic) du tumulte et du désordre. Les perturbateurs y fomentent chaque jour de nouveaux troubles, et l'esprit de parti, que tous les bons citoyens devraient chercher à étouffer, semble s'y manifester davantage, en se reproduisant sous mille formes différentes. Mais l'administration, qui ne doit et ne veut connaître aucun parti, qui veut le retour de la tranquillité, et qui la ramènera, malgré les efforts des intrigants et des malveillants, vous déclare qu'elle est dans l'intention de faire cesser cette lutte scandaleuse, et dont les suites funestes sont incalculables. Il faut enfin que l'ordre et la décence ramènent en ces lieux les plaisirs et délassements que des citoyens paisibles viennent y chercher après leurs utiles travaux ; et, puisque la persuasion et la raison sont impuissantes sur certains esprits, il faut les contraindre à rentrer dans le devoir, en prenant les mesures que les bons citoyens attendent des autorités constituées dans les lieux confiés à leur surveillance. »

On se rappelle sans doute une lettre d'un artiste du corps de ballet, dans laquelle ce danseur cherchait à se défendre d'une inculpation calomnieuse. Il faut croire que le public rouennais, sans prendre cette lettre en considétion, avait continué de tenir rigueur à ce malheureux artiste, car voici un appel à sa justice, en forme de recours en grâce, que nous lisons dans la *Vedette normande* du 26 ventôse en IV (16 mars 1796) :

« Rouen, le 25 ventôse.

« Citoyen rédacteur, — une infortunée s'adresse à vous pour entretenir un moment ses concitoyens de sa position malheureuse. Hors d'état de faire les frais d'une affiche, elle se flatte que vous voudrez bien lui accorder une place dans votre feuille, et que vous donnerez à l'adresse suivante la plus prompte publicité. Salut et fraternité, FEMME GUINGRET.

« La citoyenne GUINGRET à ses concitoyens :

« Jusqu'ici, citoyens, de graves et funestes inculpations ont pesé sur mon époux. La justice, l'intérêt de mes enfants, la piété conjugale ne me permettent point de les laisser plus longtemps subsister.

« Mon époux a été accusé d'avoir été la cause de la mort d'un colleur de papier de cette commune, qui a péri sous la tyrannie décemvirale; mais s'il est incontestable, comme il l'est en effet, que mon époux était alors à Cany ; s'il est encore incontestable qu'il n'y ait point une identité absolue dans les noms entre celui qui a déposé au tribunal révolutionnaire, pourriez-vous bien, citoyens, condamner à ne plus paraître devant vous un artiste auquel on ne saurait reprocher qu'une exaltation passagère ? Eh ! qui ne sait que nous sommes plus qu'on ne le croit les esclaves des circonstances? Qui ne sait qu'il est des temps où les astres les plus brillants éprouvent des éclipses ? Mon mari donna dans des erreurs, mais errer ne fut jamais un crime. Trop heureux celui qui, dans notre révolution, n'a que des erreurs à se reprocher !

« Redoublez ici d'attention, mes concitoyens, je vous en conjure. Voici la preuve que mon époux mérite de recouvrer votre estime. C'est *Auguste Guingret, peintre et machiniste*, qui a déposé au tribunal révolutionnaire, et mon mari se nomme *Thomas Guingret ;* il était *danseur* par état. Il est donc manifeste, citoyens, que la conformité du nom de famille a seule attiré à mon époux la disgrâce du public ; mais ne doit-il pas suffire de détruire cette méprise pour vous disposer favorablement à son égard ?

« Oui, citoyens, ce motif seul est assez puissant, et j'ai assez de confiance en votre justice pour croire qu'il est inutile de vous représenter que je ne puis seule suffire à l'entretien de quatre enfants, que la vue habituelle du dénuement où ils languissent porte des atteintes funestes à ma santé, que je n'ai plus de forces suffisantes pour supporter la misère où les expose l'absence de mon époux ; que mes enfants ne me parlent jamais de leur père (et ils m'en parlent tous les jours) sans augmenter le chagrin qui me ronge. Quel état, ô mes concitoyens ! qu'il est affreux ! il ne tient qu'à vous de rendre un mari à son épouse, un père à ses enfants. Ah ! s'il est parmi vous des hommes qui connaissent la tendresse conjugale, s'il en est parmi vous qui aient jamais senti les sollicitudes paternelles, c'est eux que j'implore aujourd'hui.

« O vous tous, mes concitoyens, qui que vous soyez, ne me rebutez pas ; vous ne pouvez plus longtemps laisser gémir mon époux sous le poids de votre disgrâce, sans me conduire moi-même au tombeau, et sans priver mes enfants de leur mère. Femme Guingret. »

Nous ne savons ce qu'il advint de cette seconde protestation d'innocence, formulée d'ailleurs dans les termes les plus convenables, mais elle prouve une chose importante à constater, c'est qu'à cette époque le parterre rouennais entendait n'accorder et n'accordait sa faveur qu'à bon escient et sous toutes réserves.

Année théâtrale 1796-1797.

C'est par un changement de direction que s'ouvre cette campagne. Dès le lendemain de l'ouverture du théâtre de la République, que des circonstances de force majeure retardaient depuis longtemps, et qui eut lieu le 12 mai 1796, les nouveaux directeurs portèrent à la connaissance du public la déclaration suivante :

« Les citoyens Hardelle et Ducoudray, entrepreneurs et directeurs du théâtre de la République, intéressés à démentir les bruits que la malveillance et la calomnie se plaisent à propager, préviennent leurs concitoyens qu'ils n'ont point perdu et ne perdront jamais la qualité sous laquelle ils se présentent.

« Un jugement du tribunal civil du département de la Seine-Inférieure a, à la vérité, accordé aux citoyens Bourdon et Ribié un avantage éphémère dont ils abusent, pour se proclamer propriétaires d'une entreprise qu'ils ont vendue. Mais ce jugement est rendu en premier ressort, mais il existe des tribunaux réformateurs, mais les citoyens Hardelle et Ducoudray sont dans la ferme résolution de s'y pourvoir; mais si l'avis des jurisconsultes les plus éclairés doit inspirer quelque confiance, leur succès est infaillible; mais quand bien même le jugement qu'ils se proposent d'attaquer pourrait être confirmé, en payant ce qu'ils ne doivent pas, en versant dans les mains des citoyens Bourdon et Ribié ce que les actes, sainement entendus, ne leur permettent pas de réclamer, les citoyens Hardelle et Ducoudray conserveraient encore la propriété de l'entreprise du théâtre de la République. Les juges qui les ont condamnés n'ont pas cru pouvoir refuser de leur accorder cette faculté.

« Les citoyens Hardelle et Ducoudray déclarent donc à leurs concitoyens que, quel que soit l'événement ultérieur d'un procès qui n'offre encore rien de décisif, ils n'abandonneront point l'entreprise dont ils se sont chargés. S'il faut faire des sacrifices pécuniaires, ils les feront ; s'il faut payer trente fois le même objet, ils le paieront, mais l'estime et la bienveillance du public, unique objet de leurs désirs, les dédommageront suffisamment des pertes qu'ils auront éprouvées et des manœuvres d'une cabale qu'ils n'aspirent à déjouer que par les efforts de leur zèle. »

Nous n'avons pas à entrer dans les discussions, encore moins dans les débats judiciaires qui furent la conséquence du changement de direction. Des intérêts privés, et non pas la question théâtrale, étaient alors en jeu.

Les débuts de plusieurs artistes de talent marquèrent la première soirée, dans laquelle on joua *Mahomet* et les *Étourdis*. A ces épreuves, qui furent toutes favorables, succédèrent celles d'autres artistes appartenant au drame, à la comédie, à l'opéra, au ballet. Nous mentionnerons particulièrement les débuts heureux du citoyen Ledet, maître de ballet, et de la citoyenne Kammerer, qui eurent lieu dans un divertissement nouveau, le 16 mai 1796. La troupe fut bientôt complète, et ce fut avec une grande satisfaction qu'on y revit figurer notamment le citoyen et la citoyenne Armand.

Voici la liste des nouveautés qu'on offrit au public :

L'*Amant auteur et valet*, comédie et un acte et en prose, par de Cérou.

Le *Ballet provençal*.

Le *Comte de Comminge*, drame en trois actes et en vers, par d'Arnaud.

Les *Conjectures*.

Crispin médecin, comédie en trois actes, en prose, de Hauteroche.

Crispin rival de son maître, comédie en un acte, en prose, par Lesage.

Le *Danger des liaisons*. Première représentation le 18 octobre 1796. Le citoyen Hardelle y remplissait le rôle de Mercourt avec une telle supériorité de talent, que l'enthousiasme du public était porté à son comble.

Les *Deux amis* ou le *Négociant de Lyon*, drame en cinq actes, par Beaumarchais. Le citoyen Gobert y débuta dans le rôle d'Aurelly.

Les *Deux Grenadiers et les Revenants*, comédie avec divertissement. Première représentation le 14 janvier 1797.

Les *Deux Pages*, pièce qu'on jouait aussi au Théâtre-des-Arts, et qui fourmillait d'allusions, toujours accueillies par des applaudissements frénétiques.

Le *Divorce*, opéra-vaudeville en un acte.

L'*Ecole des Pères*.

L'*Enfant prodigue*, comédie.

Les *Epreuves*, comédie, par Charville. Première représentation le 24 juin 1796.

Le *Faucon*, opéra-vaudeville. Première représentation le 1er juillet 1796.

La *Fille hussard*, pantomime à grand spectacle, qu'on joua avec un succès toujours croissant, et qui valut à la citoyenne Durosier, chargée du rôle principal, cet impromptu anonyme :

> Un des disciples d'Apelle,
> Pour faire un chef-d'œuvre de l'art,
> Cherchant le plus beau modèle,
> Le trouva dans la *Fille hussard*.

La *Folle journée*, parfaitement jouée, surtout par les citoyennes Vanloo-Fougères et Fesche. Cette pièce avait eu à Paris quatre-vingt-dix-huit représentations consécutives. On a vu à Paris, en 1784, une affluence au Théâtre-Français, pour voir la première représentation de la *Folle journée*, telle qu'il n'en existera jamais. Dès dix heures, il y avait du monde aux bureaux ; à une heure, il y avait foule ; à quatre, cinquante mille individus se pressaient autour de la salle et dans les rues aboutissantes. En vain la garde forma-t-elle une triple enceinte autour des bureaux, elle fut emportée. Les forts de la halle se signalèrent dans cette journée ; et après avoir pris, ou plutôt conquis des billets, ils les revendaient. Des billets de parquet furent vendus 18 fr. ; des billets de premières 36 fr. Quarante personnes au moins payèrent 6 fr. pour être au-dessus du théâtre, dans le lieu où l'on fait agir les machines ; et que voyaient-elles ? Le sommet de la tête des acteurs. Bref, c'était un délire, c'était la *folle journée*.

Gabriel de Vergi, tragédie.

Gaston et Bayard, tragédie, de Du Belloy. Les spectateurs saisirent à merveille les allusions frappantes que présentait cette pièce, notamment ce passage, qu'on pouvait à juste titre appliquer au général Bonaparte. Urbin s'efforce d'exciter la jalousie de Bayard, en lui montrant tout ce qu'il y a de honteux pour un vieux guerrier comme lui d'être subordonné à Nemours, encore à la fleur de l'âge, mais Bayard lui répond :

> . . . . Eh ! que fait sa jeunesse,
> Lorsque de l'âge mûr je lui vois la sagesse ?
> Profond dans ses desseins, qu'il trace avec froideur,
> C'est pour les accomplir qu'il garde son ardeur ;
> Il sait défendre un camp et forcer des murailles.
> Comme un jeune soldat désirant les batailles,
> Comme un vieux général il sait les éviter ;
> Je me plais à le suivre et même à l'imiter ;
> J'admire sa prudence et j'aime son courage :
> Avec ces deux vertus un guerrier n'a point d'âge.

Le *Glorieux*, comédie en cinq actes, en vers, par Destouches. Plusieurs personnes avaient blâmé le ton présomptueux de l'auteur, dans la préface de son ouvrage, et l'une d'elles avait même composé cette épigramme :

> Destouches, dans sa comédie,
> A cru peindre le Glorieux ;
> Et moi je trouve, quoiqu'on die,
> Que sa préface le peint mieux.

L'Habitant de la Guadeloupe, comédie en trois actes, par Mercier.

L'Homme mécontent de tout, comédie en un acte et en vers.

Honorine ou la *Femme difficile à vivre*, opéra-vaudeville en trois actes, par Radet, qui servit de pièce de début aux citoyens Monrose, Rigol, Bellemont et Gobert, et aux citoyennes Monrose, Fontanille et Lhebene, et dans lequel tous furent parfaitement accueillis. La pièce eut, d'ailleurs, un grand succès : on applaudit plusieurs couplets fort bien tournés, surtout ceux faisant allusion à l'affaire des Noirs.

L'*Intendant comédien*, comédie-proverbe en un acte.

Le *Jaloux désabusé*, comédie en cinq actes, de Campistron.

Le *Joueur*, par Regnard. On sait que Du Fresny (Charles Rivière) revendiquait le fond de cette comédie, et qu'il donna une pièce en prose intitulée le *Chevalier joueur*. Cette contestation inspira au poète Gacon l'épigramme suivante :

> Un jour Regnard et de Rivière,
> En cherchant un sujet que l'on n'eût point traité,
> Trouvèrent qu'un *Joueur* ferait un caractère
> Qui plairait par sa nouveauté.
> Regnard le fit en vers, et de Rivière en prose.
> Ainsi, pour dire au vrai la chose,
> Chacun vola son compagnon.
> Mais quiconque aujourd'hui voit l'un et l'autre ouvrage,
> Dit que Regnard a l'avantage
> D'avoir été le bon larron.

Les deux pièces ayant été représentées, celle de Regnard eut un grand succès et l'autre tomba. Le poète Gacon composa cette autre épigramme :

> Deux célèbres joueurs, l'un riche et l'autre gueux,
> Prétendaient au public donner leur caractère,
> Et prétendaient si fort de plaire,
> Qu'ils tenaient en suspens les esprits curieux.
> Mais dès que sur la scène on vit les comédies

De ces deux écrivains rivaux,
Chacun trouva que les copies
Ressemblaient aux originaux.

Mahomet ou le *Fanatisme*, tragédie de Voltaire.

Le *Mariage de Roxelane*, divertissement.

La *Matrone d'Ephèse*, pièce en vaudevilles, dont la citoyenne Vanloo-Fougères faisait tout le succès.

Mélanide, comédie en cinq actes et en vers, de La Chaussée. Première représentation le 22 mai 1796. La citoyenne Guérin y fit ses débuts dans le rôle de Mélanide.

Le *Mercure galant* ou la *Comédie sans titre*, par de Boursault.

La *Mère jalouse*.

L'*Orphelin anglais*, drame en trois actes, joué le même jour (12 septembre 1796) au Théâtre-des-Arts.

Le *Procureur arbitre*, comédie en vers, par Poisson.

La *Pupille*, comédie de Fagan. La citoyenne Durosier y jouait le principal rôle avec un talent supérieur.

Le *Savoir-faire*, opéra.

Le *Souper des Jacobins*, comédie en un acte, en vers, par Armand Charlemagne. Le succès de cet ouvrage, plein d'esprit et de gaîté, représenté à Paris, le 25 ventôse an III (15 mars 1795), avait inspiré à l'auteur une longue pièce de vers qui commençait ainsi :

Quand la faim nous fait mettre à table,
Le mets le plus simple suffit;
Mon souper était détestable :
Mais on avait bon appétit.
Quelques gaîtés assez naïves
Ont fait passer mon ambigu,

Et j'ai vu rire mes convives :
C'est tout ce que j'avais voulu.

Nous avons tremblé sous l'empire
Des Jacobins et des méchants :
Mais aujourd'hui que l'on respire,
Il est toujours fort bon de rire,
Et de le faire à leurs dépens.

Je dédie à la circonstance,
Et non à la postérité,
Ma bluette sans conséquence.
Le public est, en vérité,
Pour nous trop rempli d'indulgence.

. . . .

Plus d'un drame sans action
Est au mieux reçu sur la scène
En faveur de l'intention...
Et l'auteur réussit sans peine,
Lorsque son intrigue se traîne
Sur les pas de l'opinion.

. . . .

La *Tentation de saint Antoine*, ballet-pantomime à spectacle, orné de décorations et de costumes composés par le citoyen Ledet, qui y dansait les principales entrées avec les citoyennes Kammerer et Guingret. Première représentation le 19 mai 1796. Plusieurs situations d'une originalité piquante, telles que l'enlèvement du cochon et la comparution du saint devant le souverain du sombre empire, provoquèrent un fou-rire et la pièce atteignit son but.

Thamas Kouli-Kan, tragédie.

Le *Triple mariage*, comédie avec un divertissement, par Destouches, musique de Gilliers.

Les *Trois Sultanes*, comédie.

Les *Vacances des Procureurs*, comédie de Dancourt.

Les *Vendanges de Suresnes*, du même auteur.

Zaïre, tragédie, au succès de laquelle contribua puissamment la citoyenne Durosier, dont le talent consistait surtout à bien *parler les vers*, et qui eut de grands succès dans sa carrière dramatique.

Les reprises les plus importantes furent celles des *Bizarreries de la Fortune* ou le *Jeune Philosophe*, comédie en cinq actes et en prose; de l'*Obstacle sans obstacles*; de *Robert chef de brigands*. Le citoyen Delahaie remplissait dans cette pièce le rôle de Robert, qu'avait joué, trois ans auparavant, le citoyen Hardelle, avec une grande supériorité de moyens.

En fait de représentations extraordinaires, nous n'avons à mentionner que celle qu'on donna, le 6 septembre 1796, au bénéfice des victimes de l'incendie de la salle de spectacle de Nantes; encore n'en connaissons-nous point le résultat, quant au chiffre de la recette. Le produit d'une représentation dans le même but philantropique, donnée au Théâtre-des-Arts, s'était élevé à 873 livres 14 sous, somme à laquelle les pensionnaires et artistes appartenant à ce théâtre avaient ajouté le don d'une journée de leurs honoraires.

INCIDENTS.

Les incidents de cette campagne 1796-1797, dans laquelle, il faut bien le dire, l'esprit politique occupe la place la plus importante, se bornent aux deux lettres qu'on va lire et qui ne sont pas les moins précieuses pour l'histoire de l'époque.

« J'ai vu avant-hier jouer *Nanine* au théâtre de la République, — écrit-on le 23 juin 1796 au rédacteur de la *Vedette normande*, — et j'ai éprouvé une juste satisfaction en voyant qu'on saisissait les allusions suivantes. Le paysan dit :

> Ayant perdu mon bien avec sa mère,
> J'allai servir forcé par la misère,
> Ne voulant pas, dans mon funeste état,
> Qu'elle (Nanine) passât pour fille de soldat,
> Lui défendant de me nommer son père.
>
> LA MARQUISE.
> Pourquoi cela? Pour moi, je considère
> Les bons soldats; *on a grand besoin d'eux.*
> LE COMTE.
> Qu'a ce métier, s'il vous plaît, de honteux ?
> LE PAYSAN.
> *Il est bien moins honoré qu'honorable.*
> LE COMTE.
> Ce préjugé fut toujours condamnable :
> J'estime plus un vertueux soldat,
> Qui de son sang sert son prince et l'Etat,
> *Qu'un important, que sa lâche industrie*
> *Engraisse en paix du sang de la patrie.*

« Les deux derniers vers surtout ont excité de vifs applaudissements. Si quelques-unes des sangsues du jour étaient présentes, elles auront reconnu qu'on sait les apprécier. »

A deux mois de là, on adressait au même journal la

communication suivante, sous la signature d'un nom devenu illustre au temps de la République romaine :

« Rouen, le 10 fructidor an IV (27 août 1796).

« Au rédacteur.

« Citoyen, personne n'abhorre plus que moi l'anarchie, personne ne se rappelle avec plus d'effroi ces temps de calamité publique et de deuil universel, où l'on n'entendait parler que d'hommes suspects et d'incarcérations ; où des êtres indignes de ce nom s'honoraient du titre de *pourvoyeurs de guillotine*; de ces temps, en un mot, où le crime et l'innocence périssaient indistinctement de la main des bourreaux. Mais aussi j'aime les *bonnes mœurs*, je les regarde comme les divinités tutélaires et conservatrices de l'ordre social. Voilà pourquoi j'ai été hier voir représenter au théâtre de la République l'*Ecole des Pères* et le *Souper des Jacobins*.

« La pièce du citoyen Peyre n'est pas seulement l'*école des pères*, c'est aussi l'*école des fils*. Quelle morale touchante et vraie d'un bout de la pièce à l'autre ! Que de leçons profitables pour une jeunesse qui en a tant besoin ! Hélas ! la jeunesse en profitera-t-elle ? Non ; elle n'écoute même pas. Que dis-je ? il ne suffit pas de ne point écouter, elle va jusqu'à empêcher qu'on écoute.

« J'ai vu au parquet sept à huit *incroyables* qui s'occupaient beaucoup d'eux-mêmes, sans songer à la pièce et sans s'inquiéter du public. S'agiter, chuchotter, faire des signes à leurs camarades qui étaient dans les loges, en conter à quelques comédiennes placées à l'orchestre, blâmer ceux qui applaudissaient, trouver cela *incroyable*, voilà le tableau fidèle de leurs mines et de leurs discours.

« J'ai été, je vous l'avoue, scandalisé de tant d'impertinences et de sottises. Enfin, le rideau se lève pour la seconde pièce; aussitôt leurs oreilles se dressent, ils paraissent toute attention; et puis de saisir des allusions, et puis d'applaudir. Bref, il leur eût fallu des mains comme des battoirs. Au seul mot de *Jacobin*, on les voyait se démener et trépigner. Après les avoir bien observés, je me dis à moi-même : Ils ne sont pas venus ici pour en sortir meilleurs, mais plus furieux et plus passionnés. Je remarque dans tous ces individus plus de haine personnelle que d'horreur pour la tyrannie et d'amour pour la liberté.

« Et quand je me rappelais avec quelle dissipation et quelle froideur ils avaient écouté les plus beaux endroits de l'*Ecole des Pères*, j'ajoutais : Quand le cœur ne s'ouvre pas aux douces émotions de la nature, il ne peut être échauffé par l'amour de la patrie. Quiconque n'est ni bon citoyen, ni bon Français, n'est assurément pas bon fils, et ne sera jamais bon père.

« *Signé* Poncin. »

On voit par les deux lettres précédentes combien l'histoire des théâtres est intéressante; entre des mains habiles, elle deviendrait l'histoire d'un pays, tant il y a de faits et de questions qui s'y rattachent.

Il n'est pas sans intérêt de savoir comment était composée, à cette époque, la troupe de la seconde scène rouennaise. A ce titre, le tableau suivant a beaucoup de prix :

DIRECTEURS.

Hardelle.
Ducoudrai.

RÉGISSEURS

Joinville.
Armand.

COMÉDIE.

ACTEURS.

Hardelle, premiers rôles.
Delahaye, idem.
Joigny, jeunes premiers.
Chaperon, amoureux.
Durauville, idem.
Joinville, pères nobles.
Gobert, financiers et paysans.
Armand, premiers comiques.
Bellemont, seconds comiques.
Huot, confidents et utilités.
Grecourt, idem.

ACTRICES.

Fesches, premiers rôles.
Durosier, jeunes-premières.
Gobert, amoureuses.
Lequien aînée, deuxièmes amoureuses.
Guérin, mères.
Armand, caractères et duègnes.
Vanloo-Fougères, soubrettes.
Duranville, idem.
Carlini, utilités.

LARIVIÈRE, idem.
LEQUIEN jeune, idem.

OPÉRA.

ACTEURS.

MONROSE, haute-contre.
BELFORT, idem.
JOINVILLE, basse-taille.
GOBERT, idem.
BELLEMONT, trial et laruette.
GRECOURT, utilités.

ACTRICES.

MONROSE, chanteuses.
FONTANILLE, idem.
VANLOO-FOUGÈRE, idem.
ARMAND, duègnes.
DUMONTIER, utilités.

DANSE.

LEDET, maître de ballet, premier danseur.
KAMMERER, première danseuse.
Dix danseurs.
Dix danseuses.
Douze enfants.

ORCHESTRE.

CORNET, maître de musique.
Dix-huit musiciens.

MACHINISTE.

ODIOT.
LAROCHE, peintre.

THÉÂTRE

On nous communique la liste des pièces nouvelles jouées pendant l'an IV au théâtre de la République; nous la donnons ci-après, en faisant remarquer que, pour les premiers mois, elle doit être rapportée à l'année théâtrale 1795-1796, tandis que, pour les derniers, elle rentre dans l'historique de l'année 1796-1797 :

Le *Club des Sans-Souci*, opéra en un acte (25 brumaire.)

Les *Ailes de l'Amour*, comédie en un acte (12 frimaire).

La *Mort de Kook*, pantomime en trois actes (3 nivôse).

La *Chaste Suzanne*, opéra en deux actes (2 pluviôse).

Mauvaise tête et bon cœur, comédie en cinq actes (19 pluviôse).

Pauline et Valmont, comédie en deux actes (9 ventôse).

La *Tentation de saint Antoine*, pantomime en un acte (2 prairial).

Honorine, opéra en cinq actes (5 prairial).

Le *Divorce*, opéra en un acte (26 prairial.

Les *Conjectures*, comédie en cinq actes (1ᵉʳ messidor).

Le *Faucon*, opéra en un acte (13 messidor).

La *Revanche forcée*, opéra en un acte (24 messidor).

Le *Mur mitoyen*, opéra en un acte (21 thermidor).

Le *Génie Asouf*, pantomime en deux actes (29 thermidor.)

Le *Savoir-faire*, opéra en un acte (fructidor).

Le *Cousin de tout le monde*, comédie en un acte (8 fructidor.

Année théâtrale 1797-1798.

Pendant cette campagne, le théâtre de la République continua de marcher avec succès, par les soins des citoyens Hardelle et Ducoudray, qui en étaient toujours les directeurs.

Le nombre des nouveautés se monte à vingt-huit pièces. Si l'on ajoute d'importantes et nombreuses reprises, on pourra juger du travail des artistes.

Les pièces nouvelles sont :

Adèle ou la *Chaumière.*

L'*Amour et la Paix*, pièce épisodique, par Bizet. On y remarquait de fort jolis couplets.

La *Bataille d'Antioche* ou *Ganganelli*. Première représentation le 26 thermidor an V (13 août 1797).

La *Bonne aubaine* ou la *Dinde du Mans*, opéra-vaudeville, par Radet.

Le *Bourru bienfaisant*, comédie en trois actes, par Goldoni.

La *Brouette du Vinaigrier*, drame en trois actes, par Mercier.

La *Caverne des Pyrénées*, pantomime en trois actes, par Cuvelier.

Le *Château du Diable.*

La *Danse interrompue*, opéra-vaudeville, par Barré et Ourry.

Le *Dîner au pré Saint-Gervais*, opéra-vaudeville, représenté pour la première fois le 11 août 1797.

L'*Enlèvement de Proserpine* ou *Arlequin bouffon des enfers*, comédie en trois actes, mêlée de musique et de danses, terminée par un divertissement. Première représentation le 3 juillet 1797.

L'*Epreuve réciproque*, comédie en un acte et en prose, par Alain, Legrand et Thierry. Elle datait de 1711.

Fanfan et Colas, comédie en un acte, par Mme de Beaunoir.

La *Fausse Agnès* ou le *Poète campagnard*, comédie en trois actes, de Destouches.

La *Fausse magie*, opéra en deux actes. Première représentation *à ce théâtre* le 13 pluviôse an VI (1er février 1798). L'affiche ce jour-là portait seulement le nom de Grétry, l'auteur de la musique, et négligeait celui de Marmontel. Cependant, cette manière de faire était un progrès ; en effet, les directeurs du théâtre de la République à cette époque se refusaient à mettre sur l'affiche le nom des auteurs des pièces, ce qui gênait beaucoup le travail de l'agent des auteurs dramatiques.

Les *Fausses confidences*, comédie en trois actes, par Marivaux.

Les *Fausses infidélités*, comédie en un acte, en vers, par Barthe.

Le *Fou raisonnable*, comédie.

La *Jambe de bois* ou la *Piété filiale*, opéra. Cette pièce fait-elle double emploi avec celle de la *Piété filiale* ou les *Deux invalides*? Nous l'ignorons, mais les annonces de spectacles de cette époque sont si singulières, si contradictoires, que nous serions tenté de le penser.

La *Joueuse*, comédie.

Le *Mariage de Scarron*, opéra-vaudeville, par Barré, Radet et Desfontaines, représenté pour la première fois le 16 septembre 1797.

L'*Offrande à la paix.*
Piron avec ses amis, par Deschamps.
Le *Sculpteur*, comédie en un acte.
Les *Suspects*, vaudeville.
La *Théâtromanie*, comédie.
Les *Trois Frères rivaux*, comédie en un acte et en vers, par Lafont, mise pour la première fois à la scène française en 1713.
Le *Vaincu*, tragédie.

Ces nouveautés alternaient avec un certain nombre de pièces de l'ancien répertoire.

Outre ces exhibitions dramatiques, il y eut des séances de magie, données par le physicien Val, notamment les 30 juin, 1er et 4 juillet 1797, — une ascension en ballon du citoyen Canuel ou Camel, le 16 septembre, — un grand concert vocal et instrumental, par la citoyenne Clémentine Trianphy, première chanteuse italienne, le 20 du même mois. Cette soirée concertante, qui eut lieu à l'heure ordinaire du spectacle, avait fait élever le prix des places dans les proportions suivantes :

Premières loges et parquet.	4 livres.	
Secondes loges	3 »	
Troisièmes loges.	1 »	10 sous.
Parterre.	2 »	»

Le prix ordinaire des places était, à cette époque, fixé ainsi qu'il suit :

Première et parquet.	3 livres	» sous.
Secondes et amphithéâtre	1 —	10 —
Troisièmes	1 —	» —
Parterre	1 —	» —

La campagne qui nous occupe nous offre encore une représentation extraordinaire — en réjouissance de la paix, le 28 octobre. Ce jour-là, il y eut spectacle gratis *pour le peuple*, composé de : l'*Amant auteur et valet*, *Piron avec ses amis*, *Jocrisse* et l'*Offrande à la paix*.

INCIDENTS.

Nous trouvons, dans le courant de cette année 1797-1798, trois grandes solennités mémorables, pour lesquelles des amateurs et les artistes du théâtre de la République prêtèrent leur précieux concours. Ce fut le 10 août, à propos de la fête du 10 août 1792, — le 22 septembre, jour de la fête de l'anniversaire de la fondation de la République, — et le 20 mars 1798, en l'honneur de la célébration de la fête de la souveraineté du peuple, au Champ-de-Mars, où l'on exécuta une ouverture à grand orchestre.

Les annales du temps nous fournissent aussi deux lettres assez curieuses, qu'on ne lira point sans intérêt. Elles sont l'une et l'autre adressées au rédacteur du *Journal de Rouen*. La première est conçue en ces termes :

« Rouen, le 12 frimaire an VI (2 décembre 1797).

« *Vers à la citoyenne Mézière, jouant le rôle de* CLAUDINE, *le 11 frimaire, sur le théâtre de la République.*

Claudine, en nous peignant le tendre sentiment,
Fait passer dans nos sens le charme de l'ivresse;
Elle fait oublier l'erreur de la tendresse :
A l'art charmant de plaire elle unit le talent.

« Veuillez insérer dans votre feuille ce quatrain improvisé, pendant la représentation, pour Mlle Mézière; qu'il soit *bon* ou *mauvais*, j'en laisse la décision au public; mais je crois qu'il a été plus qu'inconvenant au comédien Demarthe de se permettre de *hausser* les épaules, et de jeter avec l'expression du *mépris* ce qui lui était envoyé des loges ou parterre. S'il se fût permis à Paris une pareille incartade, il eût été hué, *sifflé, berné*, comme il le méritait. Quelqu'un a demandé que l'auteur lût le billet. Je me serais peut-être décidé à lire ces quatre mauvais vers, que, dans tous les cas, le public n'aurait pu accueillir que comme ayant le mince mérite de l'à-propos; mais je craignis l'impression défavorable et du *haussement* d'épaules et du jugement sans appel de notre comédien, nouvel Aristarque. J'ose, en finissant, lui donner un bon avis : c'est qu'un comédien doit avoir le respect le plus religieux pour tout ce qui lui vient du public, et qu'il ne lui convient pas de manifester le moindre signe d'improbation ou d'approbation pour tout ce qui n'est pas de son rôle

« ERARD. »

La réponse à cette lettre ne se fit pas attendre. Voici la missive que l'artiste qui en avait fait l'objet adressa dès le lendemain au rédacteur de la même feuille :

« C'est avec surprise, citoyen, que j'ai lu dans votre journal une lettre signée Erard, dans laquelle on m'accuse d'avoir rejeté avec dédain un quatrain adressé à Mlle Mézière. Admirateur sincère des talents de cette artiste, si la chose était vraie, je me serais empressé de recueillir et de publier un hommage rendu à une camarade estimable ; mais je donne un démenti formel au nommé

Erard. Le papier jeté sur le théâtre était une lettre adressée à M. Roger, négociant; elle est déposée à la municipalité, où l'on pourra en prendre connaissance. Il est possible que le poète Erard se soit amusé depuis à forger un quatrain, pour tâcher d'innocenter son action, mais je continue d'affirmer que la lettre jetée sur le théâtre ne contenait point de vers.

« Quant à la petite leçon de politesse dont M. Erard veut bien me gratifier, je lui répondrai que je joue la comédie depuis dix ans, que j'ai été vu favorablement sur les premiers théâtres de France, et qu'on ne m'a jamais accusé d'avoir manqué au respect que tout artiste doit au public. Mais si j'ai beaucoup de respect pour le public éclairé, juste et impartial, j'en ai très-peu pour ces petits *Erostrate* modernes qui, nés sans talents, n'en veulent souffrir à personne. Au surplus, je déclare que M. Erard pourra faire gémir la presse tant que bon lui semblera. Cette réponse est la seule qu'il obtiendra de moi.

« Je vous salue,

« *Signé* DEMARTHE,

« Artiste du théâtre de la République. »

Les *papiers publics*, — comme on disait alors, — gardent le silence le plus absolu à l'égard de cette affaire, qui promettait certainement de défrayer quelque peu la chronique scandaleuse. La solution en est restée pour nos lecteurs et pour nous à l'état de problème, — chose doublement regrettable.

Année théâtrale 1798-1799.

Cette année théâtrale, — si tant est que l'on puisse donner ce nom à la période désastreuse que nous allons parcourir, — commence dans le courant d'avril 1798 pour se terminer à la fin de mai 1799.

Les derniers temps de l'administration précédente avaient été difficiles. Cependant le sieur Bruno, qui dirigeait également le Théâtre-des-Arts, ne craignit pas de prendre en main le théâtre de la République. Il n'avait qu'une troupe pour les deux salles, ce qui était une innovation à Rouen, et il fit jouer, sur la deuxième scène, tous les genres indistinctement. En un mot, Bruno comptait sur le renouvellement complet qu'il avait opéré.

Dès la fin de juillet, les théâtres étant peu fréquentés, il survint de grands embarras. Bruno, qui s'était adjoint un sieur Martin, n'était plus directeur que de nom. Le Théâtre-des-Arts fut fermé le 29 juillet 1798, et les artistes jouèrent provisoirement au théâtre de la République, et pour leur compte, les pièces les plus connues du répertoire.

Dans les derniers jours d'août, une nouvelle administration s'organisa ; un sieur Bligny était l'un des intéressés, et le citoyen Ledreux était directeur en titre. Dans cette combinaison, les deux théâtres étaient encore réunis.

Le Théâtre-des-Arts fut de nouveau fermé dès le 21

décembre 1798, et à cette époque le théâtre de la République ne faisait pas toujours pour ses frais.

Selon l'expression d'un contemporain, les directeurs changeaient à chaque instant; aussi, au commencement de mars, la direction passa encore une fois en d'autres mains, c'est-à-dire dans celles d'un nommé Dugrand.

Le spectacle était peu suivi; quoique le Théâtre-des-Arts fût fermé, celui de la République ne fit d'argent que les jours où on y a vu successivement Larive, Baptiste, Fleury et Mlle Mézeray; il y a plus, au commencement d'avril 1799, malgré la présence de ces deux derniers artistes, la salle de ce théâtre ne fut pas remplie.

Il paraîtrait qu'au 27 avril 1799, le directeur était le sieur Martin; mais un mois après, la seconde scène rouennaise fut abandonnée par les artistes et livrée à des sauteurs. Ainsi finit cette campagne, qui ne fut, à vrai dire, qu'un chassé-croisé de directeurs.

Quoi qu'il en soit, nous pouvons donner de précieux renseignements sur le répertoire. Les pièces que nous trouvons pour la première fois inscrites sur l'affiche du théâtre de la République sont :

Abufar ou la *Famille arabe*, tragédie, de Ducis.

Adélaïde Duguesclin, tragédie, de Voltaire.

L'*Amant bourru*, comédie en trois actes, en vers, par Monvel.

Andromaque, tragédie, de Racine, mise à la scène française en 1667, et la première à propos de laquelle on fit une comédie critique, et même une sorte de parodie, représentée l'année suivante. C'était la *Folle querelle*, de Subligny. On raconte que Racine fut du nombre de ceux qui attribuèrent cette pièce à Molière, et qu'il se brouilla avec lui à ce sujet. Il est à remarquer que cette critique fut en France l'origine de ce genre burlesque dont de Ségur a dit :

> Plus d'une fois la parodie
> Vengea le goût avec gaîté ;
> A Melpomène la Folie
> Dit en riant la vérité ;
> Mais c'est en vain qu'avec justesse
> Par elle un auteur est jugé :
> Il en est plus d'un qu'elle blesse,
> Et pas un qu'elle ait corrigé.

La *Fête d'amour*, première représentation en décembre 1798. Nous aurons occasion de revenir sur cet ouvrage.

Les *Horaces*, tragédie, de notre illustre compatriote Pierre Corneille, représentée pour la première fois à Paris en 1639.

Iphigénie en Aulide, tragédie, de Racine.

Le *Jeune Philosophe* ou le *Modèle de la reconnaissance*, comédie en cinq actes, par Loaisel-Téograte. Première représentation le 29 mai 1799.

La *Jeunesse de Richelieu*. — Cette pièce n'a été jouée que deux fois à ce théâtre et deux fois au Théâtre-des-Arts, quelques mois auparavant.

Médiocre et Rampant, comédie en cinq actes et en vers, de Picard.

Misanthropie et repentir, drame en cinq actes, en prose, par la citoyenne Julie Molé, qui avait obtenu, à Paris, au mois de janvier 1799, un succès prodigieux et mérité. Ce fut au mois de mars 1799 qu'on joua ce drame à Rouen, sur le théâtre de la République, environ deux mois après la première représentation à Paris, où il avait été on ne peut mieux accueilli, lorsque les artistes incendiés du théâtre de l'Odéon l'interprétèrent sur le théâtre Louvois. Disons en passant que, dans le sinistre dont ces artistes furent victimes, parmi les accessoires qui devinrent la proie des flammes, se trouvait le fauteuil occupé par Molière dans le *Malade imaginaire*, au moment où il fut enlevé à l'art dramatique le 17 février 1673. Mais le buste de Voltaire fut respecté par le feu.

OEdipe, tragédie. Est-ce celle de Jean Prevôt (1605); de Nicolas de Sainte-Marthe (1614); de Pierre Corneille (1659); de Voltaire (1718); de De la Motte (1726)?

Philoctète, tragédie, de Laharpe.

Pygmalion, scène lyrique, de J.-J. Rousseau.

Le *Vieux Célibataire*, comédie en cinq actes, en vers, de Collin.

Le *Vieux Garçon*, comédie en cinq actes, en vers, de Dubuisson.

Zaïre, par Voltaire. A Paris, le principal rôle de cette tragédie consacra la grande réputation de Mlle Gaussin :

> Car le prophète de la Mecque,
> Dans son sérail n'a jamais eu
> Si gentille Arabesque ou Grecque.
> Son œil noir, tendre et bien fendu,
> Sa voix et sa grâce extrinsèque
> Ont mon ouvrage défendu
> Contre l'auditeur qui rebecque.
> Mais quand le lecteur morfondu
> L'aura dans sa bibliothèque,
> Tout mon honneur sera perdu.

La modestie sied bien à l'immortel auteur de *Zaïre* qui a fait ces vers et les a placés dans une lettre adressée par lui à M. Falkener, négociant anglais, plus tard ambassadeur à Constantinople.

Pour comprendre comment tant de tragédies ont été représentées au théâtre de la République, il faut savoir que pendant tout le mois de pluviôse et la plus grande partie de ventôse an VII, Larive, acteur du Théâtre-Français (qui est désigné indifféremment dans les annales dramatiques sous les noms de Delarive et Mauduit-Larive), était en représentation à Rouen, ainsi qu'une artiste moins célèbre, la citoyenne Milord. Larive, l'artiste éminent, digne de succéder à Lekain et de précéder Talma, a joué sur la seconde scène de Rouen, parce que le Théâtre-des-Arts était fermé (1). Dans dix-huit représentations, il a donné non-seulement *Pygmalion* et les tragédies que nous venons de citer, mais encore *Spartacus*, *Mahomet*, *Gaston et Bayard*.

Les acteurs du théâtre de la République qui ont secondé Larive et la citoyenne Milord sont Belleval (premier rôle), Dugrand, Garnier, Joigny et la citoyenne Dufresnoy. La troupe, composée bien entendu en grande partie d'épaves de celle du Théâtre-des-Arts, comptait aussi Calland, Richard (tous deux comiques), Duplan,

---

(1) La salle du Théâtre-des-Arts a été cependant ouverte exceptionnellement (une fois au moins, pour les *Horaces*) afin d'assurer aux représentations de Larive la splendeur qu'elles méritaient, les créanciers de Cabousse et de ses successeurs ayant consenti à la donner en location à l'entrepreneur du théâtre de la République.

Bourson, Volanges fils, Huaut, Vicherat; Mmes Lequien (amoureuse), Mézière (premier rôle) et Huaut.

Puisque nous avons été amené à parler des représentations extraordinaires, complétons sur-le-champ ce chapitre.

Fleury, artiste du théâtre Feydeau, qui avait créé à ce théâtre le rôle de Tulipano dans le *Marquis de Tulipano ou le Mariage inattendu*, opéra en deux actes, a rempli ce rôle lors de la première représentation au théâtre de la République. Ce fut le 27 germinal an VI, au bénéfice de l'acteur Demarthe ; l'affiche annonçait que l'abonnement était ce jour-là généralement suspendu. Le spectacle était terminé par le *Phénix*.

En prairial de la même année, la troupe de sauteurs et de voltigeurs de la citoyenne Malaga a donné, dans cinq soirées consécutives, ses exercices sur cette scène qui, quelques semaines plus tard, devait recevoir le grand tragédien Larive. Pourquoi aussi Larive a-t-il consenti à jouer au théâtre que la grosse facétie populaire appelait le théâtre des Eperlans ? Mlle Malaga à la bonne heure !

Dans la première moitié de ventôse an VII (mars 1799), le citoyen Baptiste aîné, qui avait laissé à Rouen les meilleurs souvenirs, donna quelques représentations fort suivies ; il joua le *Glorieux*, l'*Honnête criminel*, le *Mariage secret*, *Nanine*, *Tartufe*, etc.

Le mois suivant, Fleury est revenu, accompagné cette fois de Mlle Mézerai ; ces artistes n'ont pas fait recette.

Le 27 floréal an VII (16 mai 1799), Talma et la citoyenne Vanhove-Petit se firent connaître dans *Misanthropie et Repentir*, drame dont nous avons parlé plus haut ; le lendemain, Talma a joué *Othello ou le Maure de*

Venise, puis *Abuffar ou la Famille arabe*. A cette époque, l'immortel artiste n'avait encore que trente-trois ans et n'était pas arrivé à l'apogée de son talent.

Mais revenons au répertoire courant et complétons la liste des pièces que nous n'avons pas encore eu occasion de citer dans l'histoire de ce théâtre :

Arlequin cruel.

Arlequin roi dans la lune. Première représentation en floréal an VI.

Le *Cordonnier de Damas*, pièce curieuse en trois actes. Première représentation en prairial an VI.

La *Dinde du Mans*.

L'*Espiègle*, opéra-vaudeville. Première représentation en messidor an VI.

L'*Homme mécontent de tout*. Bourson y a débuté en prairial an VI, par le rôle de Valcourt ; cet artiste a fait un autre début dans *Pygmalion*.

Le *Major Palmer*, en germinal an VI.

Le *Pessimiste*.

Le *Phénix*. En avril 1798, la représentation de cet ouvrage a été l'occasion d'un violent orage. Le spectacle avait commencé à cinq heures et demie précises par le *Défi*. Après ce lever de rideau, Martin et Roseval, entrepreneurs et directeurs du théâtre de la République, ont annoncé au commissaire de service que l'acteur Huaut refusait de jouer dans la deuxième pièce, le *Phénix*. Alors on est allé le chercher chez lui, rue des Champs-Maillets, 6. Amené au théâtre entre des fusiliers, Huaut a été forcé de jouer son rôle. Dans cette même soirée, Vicherat, qui jouait le premier rôle dans le *Phénix*, a été atteint d'un coup d'épée au visage, lors d'un combat qui fait partie de la pièce ; le spectacle ayant été retardé par toutes ces circonstances, la toile n'a pu baisser qu'à dix heures et non de neuf heures à neuf heures un quart, comme l'ordre en était alors donné au commissaire.

Le *Pour et le Contre*, opéra en un acte, du théâtre du Vaudeville de Paris. Première représentation à Rouen le premier jour complémentaire de l'an VI.

Le *Pouvoir de l'Amour*.

Le *Soldat prussien*, comédie (reprise).

Le *Ziste et le Zeste ou les Importuns*, folie en un acte (reprise).

Les deux théâtres ayant été réunis sous la même direction pendant la plus grande partie de cette campagne (1), on a joué au théâtre de la République les pièces du Théâtre-des-Arts.

D'abord, pour la comédie et le drame :

Les *Châteaux en Espagne*.	*Dupuis et Desronais*.
Claudine de Florian.	La *Femme jalouse*.
Le *Dépit amoureux*.	Le *Père de famille*.

En second lieu, pour l'opéra :

L'*Amant jaloux*.	La *Mélomanie*.
La *Belle Arsène*.	*Nina*.
Blaise et Babet.	*Paul et Virginie*.
La *Colonie*.	Le *Secret*.
Les *Deux Chasseurs et la Laitière*.	La *Servante maîtresse*.
	Le *Tableau parlant*.
L'*Epreuve villageoise*.	*Zémire et Azor*.

(1) Voir l'époque correspondante de l'*Histoire du Théâtre-des-Arts*, notamment les pages 424, 427, 437 et 439.

Le ballet lui-même s'était réfugié sur la seconde scène rouennaise. Pour ne pas parler d'une foule de ballets sans titre, qui apportaient souvent de la variété dans la composition du spectacle, on a donné le *Déserteur*, les *Marchandes de modes*, le *Braconnier* et le *Ballet des Derviches ;* ces deux dernières compositions chorégraphiques étaient nouvelles.

L'étude du répertoire sera terminée quand nous aurons donné le nom des pièces maintenues à la scène ou reprises dans le cours de cette année ; le voici :

Arlequin afficheur, opéra-vaudeville (reprise). Mlle Amélie, qui n'avait jamais paru sur un théâtre, y a joué le rôle de Colombine.

Le *Barbier de Séville.*

La *Bonne aubaine* (reprise).

Le *Bourru bienfaisant.*

La *Caverne des Pyrénées*, pantomime intitulée aussi l'*Enlèvement ou la Caverne des Pyrénées.*

Le *Danger des liaisons.*

Le *Défi*, dont la première représentation remontait seulement aux derniers mois de la précédente campagne.

Les *Deux Amis.*

Les *Deux petits Savoyards.*

Le *Dragon de Thionville.*

Les *Etourdis.*

La *Fausse Magie.*

Les *Fausses infidélités.*

Le *Festin de Pierre.*

La *Fille Hussard.*

Le *Fou raisonnable.*

Guerre ouverte.

La *Jambe de bois*.
Le *Joueur*.
Le *Mariage de Scarron*, opéra-vaudeville (reprise).
La *Mère rivale*.
L'*Orphelin*, comédie (reprise).
Ricco.
Vénus pèlerine.
Zélia. Un jour, à la fin de cet ouvrage, le public a décerné à Mlle Mézière, qui y excellait, une couronne accompagnée d'un billet renfermant ces quatre mauvais vers :

> Zélia, reçois la couronne
> Qu'à tes talents on doit offrir ;
> Un cœur sensible te la donne,
> Chacun partage son plaisir.

Une mention spéciale doit être donnée à un acteur attaché à la troupe à partir du mois de floréal an VI, Volange, fils du célèbre artiste de ce nom. Il a débuté par le rôle d'Arlequin dans le *Bon Père*, de Florian, et par sept rôles différents qu'il remplissait dans la *Fête de campagne*. Il a joué en outre le *Sculpteur ou la Femme comme il y en a peu*, *Jérôme Pointu*, *On fait ce qu'on peut*, l'*Intendant comédien*, et autres pochades.

INCIDENTS.

Un détachement du corps des guides de Bonaparte est parti de Rouen pour Louviers le 27 germinal an VI (16 avril 1798) ; ces soldats ont quitté la ville dans la matinée, ivres pour la plupart. Ils ont descendu la rue Grand-

Pont et franchi le port au grand galop, traînant après eux leur artillerie et leurs caissons. Cette marche trop rapide continuait lorsque tout-à-coup, à la Mivoie, la poudre, échauffée par le frottement des gargousses, a pris feu dans un caisson où se trouvaient des obus. Une explosion terrible en résulta, les passants furent atteints, vingt-huit maisons brûlèrent à la fois. Cet événement plongea plusieurs familles dans la misère. Les artistes du théâtre de la République donnèrent, le 2 floréal suivant, au bénéfice des incendiés de la Mivoie, une représentation composée de : les *Mœurs*, la *Danse interrompue* et la *Fille Hussard*.

Dans le courant du mois de nivôse an VII, la municipalité rouennaise a eu bien soin de rappeler au directeur du théâtre de la République, le citoyen Martin, la teneur de l'article VIII de l'arrêté du Directoire exécutif, du 3 frimaire précédent, sur la célébration de l'anniversaire de la juste punition du dernier roi des Français, à savoir que dans telle commune où il y avait des théâtres ouverts, les entrepreneurs étaient invités à faire représenter ce jour-là des pièces républicaines telles que *Brutus*, *Guillaume Tell*, *Caïus Gracchus*, *Epicharis*, etc. Le citoyen Martin a répondu que le 2 pluviôse, il donnerait *Brutus*, tragédie en cinq actes, de Voltaire.

On sait que le théâtre de la République s'est trouvé tout-à-coup sans concurrent à partir du 1er nivôse an VII. Voici une lettre qui se rattache à cette circonstance :

« Rouen, le 27 nivôse an VII.

« Citoyen,

« Les amateurs du spectacle sont véritablement affligés de la fermeture du Théâtre-des-Arts et de la dispersion des artistes qui le composaient. Pour moi, je rends grâce à Euterpe de s'être empressée d'accueillir ses deux sœurs, Thalie et Melpomène, qui se voyaient sans asile. Cette dernière ne se trouve pas bien logée commodément, mais dans les temps difficiles il faut savoir borner ses désirs. Thalie, moins exigeante, avec moins d'alentours, se trouve aussi plus à son aise. J'ai assisté à la représentation des *Deux Amis*, qui m'a fait grand plaisir et qui m'en aurait fait encore davantage ainsi qu'à mes voisins, si Mélac père eût été mieux secondé. On aurait désiré plus de chaleur dans le rôle d'Aurelly, plus d'exactitude dans ceux du caissier et du fermier général. Ces défauts disparaîtront sans doute à une seconde représentation. Il y a aussi trop de disproportion entre les deux amoureux : ou Mélac est trop jeune pour Pauline, ou Pauline est trop forte pour Mélac. Le citoyen Calland a prouvé, dans le rôle d'André, qu'il jouait aussi supérieurement les niais que les premiers comiques de caractère.

« On a vu *Médiocre et Rampant* avec un nouveau plaisir, la citoyenne Lequien jouant l'amoureuse et le citoyen Joigny ayant remplacé, avec avantage, le pédant, le lourd, l'insupportable personnage qui remplissait le rôle de Médiocre. Celui de Laroche a été joué comme à l'ordinaire, c'est-à-dire avec une originalité vraiment piquante

« Dans le *Vieux Célibataire*, le citoyen Belleval s'est encore surpassé. Plus d'un spectateur assurait que Molé ne le jouait pas mieux. Je n'ai pu retenir mes larmes à ces deux vers :

Je veux voir ce parent, ensemble nous irons.....
Cet homme est inflexible, ou nous l'attendrirons.

« C'était véritablement la sensibilité sans secousse, sans effort, celle qui suffit aux âmes délicates.

« On ne pardonnera pas aux artistes d'avoir supprimé le rôle de Tout-à-Bas dans le *Joueur*, quel qu'en soit le motif, ni d'avoir mis celui du marquis en d'aussi mauvaises mains. Il a fallu, pour dissiper une mauvaise humeur très-légitime, et l'ensemble que les autres artistes ont mis dans la pièce, et la supériorité avec laquelle le rôle d'Hector a été rempli.

« L..... »

En ventôse et en germinal an VII, l'administration municipale adressa quatre lettres importantes au citoyen Martin, directeur du théâtre de la République. Par la première, elle lui refusait l'autorisation de jouer *Robert, chef de Brigands*, pièce *immorale*. Par la seconde, ce refus, malgré les corrections faites, était obstinément maintenu.

Le 1er germinal, les administrateurs municipaux écrivaient : « Vos artistes se permettent d'annoncer le spec« tacle sans se servir du mot *citoyen*, et de désigner les « jours par leur ancienne dénomination ; il faut que pa« reilles choses ne se renouvellent pas. »

Enfin, dans les derniers jours du même mois, Martin a reçu de la mairie un quatrième avis aussi juste que sévère : « L'acteur Joigny, lui écrivait-on, a un pantalon « trop étroit, il offre par conséquent à l'œil du sexe « l'image de la nudité ; d'autres artistes en font autant. « Si cela ne cesse pas, nous fermerons le théâtre. »

On se rappelle que le même fait s'est produit quelques années auparavant sur la première scène rouennaise. Nous le rencontrerons encore, disons-le bien bas et à regret, à une époque bien plus rapprochée de nous.

Le théâtre de la République fut fermé à la fin de mai 1799 ; en juin il fut abandonné à une troupe de saltimbanques, comme l'indique une annonce faite le 3 juillet.

Voici les termes textuels de cette annonce, qui ne manque point d'une certaine originalité :

« La troupe d'agilité des sauteurs et danseurs de cordes ne pouvant continuer *leur* spectacle au théâtre de la République, parce que la *localité* est trop petite pour *leurs* nouveaux exercices, ce spectacle est situé aujourd'hui cour Martin, rue Grand-Pont, près le Théâtre-des-Arts, dans un *local construit* pour cela. »

Des termes mêmes de cette annonce, il résulte qu'antérieurement à l'époque où elle a été portée à la connaissance publique, c'est-à-dire en juin, plusieurs représentations avaient été donnnées au théâtre de la place de la Poissonnerie par la troupe acrobatique dont il s'agit.

Le théâtre de la République ne tarda pas heureusement à reprendre sa véritable destination, grâce à l'association de comédiens sinon très-habiles, méritant au moins le nom d'artistes.

ARTISTES RÉUNIS DE L'AMBIGU-COMIQUE DE PARIS.

L'administration municipale de Rouen, le commissaire du Gouvernement entendu, a pris le 19 frimaire an VIII (10 décembre 1799), un arrêté par lequel une société d'artistes de l'Ambigu-Comique de Paris était autorisée à prendre l'entreprise du théâtre de la République, abandonné depuis six mois.

Cette troupe se composait de Belcourt aîné, Belcourt jeune, Morin dit Belval, Bequet, Bithmer, Blondin, Dumas, Dumoulin, Lebel; Mmes Belval, Bequet, Bithmer, Deversy, Louise, Maucassin, Picard et Vaudresanne (1).

Année théâtrale 1799-1800.

Les artistes réunis ont fait l'ouverture le 28 frimaire an VIII (19 décembre 1799) par le spectacle suivant :

1º *Thalie à Rouen*, pièce épisodique en un acte, mêlée de vaudevilles;

2º Le *Retour du Héros*, pièce en un acte et en prose, avec vaudeville et tableau allégorique;

---

(1) L'Ambigu-Comique ou théâtre du sieur Audinot, ancien acteur et auteur de la Comédie-Italienne, associé avec le sieur Arnoult, était situé à Paris, boulevard du Temple, la première salle après celle du Délassement-Comique.

3° *Dorothée*, pantomime historique en trois actes, à spectacle, telle qu'elle a été jouée à Paris *(sic)*.

La soirée de clôture a eu lieu le 10 floréal de la même année républicaine (30 avril 1800); elle se composait de :

1° La première représentation de l'*Enrôlement supposé*, comédie poissarde en un acte;

2° Le *Baron de Trenck*, fait historique prussien en un acte et en vers, et *sa suite*, c'est-à-dire sa réhabilitation, pantomime en un acte, ornée de marches, d'évolutions militaires et d'un ballet dans lequel le *Menuet de la Cour* était dansé par Bithmer et Mme Bequet (la première représentation avait été donnée quelques semaines auparavant pour le bénéfice de Belcourt aîné);

3° *Colombine invisible*, pantomime anglaise, à machines, en trois actes. Bequet jouait le rôle de Jockey. (La première représentation, en floréal, avait été donnée au bénéfice du citoyen Blondin, avec la première représentation de la *Revue de l'an VI*).

Cette première campagne, on le voit, a duré un peu moins de cinq mois, pendant lesquels, indépendamment des six ouvrages que nous venons de citer, on a représenté :

Adonis ou le Bon nègre, pantomime dialoguée en quatre actes, ornée de danses, chants, évolutions militaires, avec décors et costumes nouveaux.

Amélie ou la Matinée d'une jolie Femme, comédie en un acte et en prose, par Henriques.

L'Ane et le Procureur ou la Cacophonie, comédie en un acte et en prose.

Arlequin parvenu ou les Déguisements ou Colombine Giles, comédie-vaudeville en un acte.

Le *Bucheron déserteur*, pantomime avec combats et évolutions militaires, en un acte.

Le *Bon valet ou Il était temps*, comédie dans laquelle l'acteur Blondin jouait quatre rôles.

Le *Carnaval de Venise*, divertissement-folie en un acte. Première représentation le 16 germinal an VIII (voir, pour plus de détails, les bals pendant l'année théâtrale qui nous occupe).

Le *Chaudronnier de Saint-Flour*, opéra-vaudeville en un acte, de Henriques, avec une décoration nouvelle.

Contentement passe richesse ou les Cent écus.

Le *Dépit amoureux*, comédie en deux actes et en vers, de Molière.

Les *Deux Bottiers*, comédie-folie en un acte.

Les *Deux Jumeaux de Bergame*, comédie-vaudeville en un acte.

La *Double Epreuve*, opéra-vaudeville en un acte.

Edouard et Sophie ou le Tribunal des Francs-Juges, pantomime historique dialoguée en trois actes et à grand spectacle.

Les *Epoux portugais ou les Victimes de l'Inquisition*, drame en trois actes et en prose (reprise en nivôse an VIII).

La *Folle volontaire*, comédie en un acte et en prose.

Le *Galant Savetier*, comédie-vaudeville en un acte.

Jeannette ou les Battus ne paient pas toujours l'amende, pièce en un acte.

La *Jeune indienne*, comédie en un acte.

La *Maison de prêt ou M. Lombardeur*, comédie en trois actes et en prose, par Mignan; elle fut jouée, pour la première fois, au commencement de nivôse par les acteurs de la troupe, mais en floréal l'auteur y a rempli lui-même le rôle de Denis le père.

La *Manie du jour ou la Liberté des costumes*, comédie-vaudeville ou opéra-vaudeville en un acte.

Le *Moine*, pièce en cinq actes, à grand spectacle, tirée du roman anglais, telle qu'elle a été jouée à Paris cent vingt représentations de suite (sic), ornée de décors et de costumes nouveaux. Première représentation en ventôse; à la deuxième, elle fut *remise en quatre actes*, avec des changements, ce qui n'a pas empêché d'écrire que ce drame était une charretée de crimes déposée sur le théâtre de la République. La mère Sainte-Ursule et l'abbesse étaient personnifiées par Mmes Deversy et Belval.

Monnaie ne fait rien ou les Amours de M. de Cuir-Vieux et de Mme de Beurre-Fort, ou encore le *Savetier tragique*, comédie-folie en un acte et en prose.

Monsieur de Bièvre ou l'Abus de l'esprit, vaudevilles et calembourgs en un acte, par onze auteurs.

Les auteurs de la pièce se sont fait connaître ainsi, sur l'air : *En quatre mots, je vais vous conter ça* :

L'ouvrage que vous avez applaudi,
Citoyens, est de Dupaty
Aidé par ses amis.
En voici la liste ouverte :
Mettons Luce avec Salverte,
Puis Coriolis,
De plus Creuzé,
Gassicourt, Legouvé,
Monvel fils, Longperrier ;
Je crois en oublier ;
Ah oui, vraiment ! citoyens, c'est
Alexandre et Chazet.

On sait que feu Mareschal, ci-devant marquis de Bièvre, dont le grand-père avait été chirurgien de Louis XIV, a été surnommé l'Homère du calembourg. Entre autres sottises, il a fait la tragédie de *Vercengétorix*, l'*Histoire de la comtesse Tation et de l'abbé Quille*, celle de la *fée Lure et de l'ange Lure*. Dans l'*Histoire de la comtesse Tation*, on voit une abbesse qui, craignant d'être culbutée par un fiacre, s'écrie : « Me prenez-vous pour une sœur *qu'on verse?* » — Dans l'enterrement de l'abbé Quille, on trouve le *père Siffleur* qui joue du serpent, le *père Plexe* qui a pensé ne pas y venir, le *père Clus* qui peut à peine se traîner, etc. Les auteurs de la pièce *Monsieur de Bièvre ou l'Abus de l'esprit* auraient pu lui donner un titre plus exact mais moins respectueux pour M. le marquis, petit-fils du chirurgien de Louis XIV.

Monsieur Guillaume ou le Voyageur inconnu, comédie mêlée de vaudevilles, en un acte et en prose, des citoyens Radet, Barré et Desfontaines, fait historique de la vie de M. de Lamoignon de Malesherbes. Le héros de l'ouvrage, en parlant du duel ou point d'honneur, y chantait sur l'air : *O ma tendre Musette :*

> Préjugé déplorable,
> Qui fait qu'en un instant
> Le même homme est coupable
> Et pourtant innocent!
> Il faut bien qu'on pardonne
> Dans ce cas affligeant,
> Puisque l'honneur ordonne
> Ce que la loi défend.

Cette comédie fut donnée, pour la première fois, sur le théâtre de la République, le 23 ventôse an VIII. A la même époque, *Monsieur Guillaume* faisait partie du répertoire du Théâtre-des-Arts.

Le *Petit Cousin ou l'Homme à la minute*, comédie-vaudeville en un acte.

Pierre et Claude Bagnolet, comédie en un acte et en prose.

Pierre de Provence ou la Belle Magdelonne, pantomime en trois actes, à grand spectacle, ornée d'un tournois où six combats de différents genres étaient exécutés et d'un pas de trois de sabotiers.

Le *Prétendu sans le savoir*, comédie en un acte et en prose.

La *Pucelle d'Orléans ou le Fameux siége*, pantomime historique en trois actes, ornée de tout son spectacle, combats, marches et évolutions militaires. Première représentation en nivôse an VIII.

Les *Quatre fils Aymon*, pantomime historique en trois actes, ornée de combats et d'évolutions militaires. La première représentation eut lieu, au bénéfice du citoyen Bithmer et de Mme Picard, dans le mois de germinal. On donnait, en outre, pour ce bénéfice, la première représentation de *Robert le Bossu*. Dans l'entr'acte, le citoyen Bithmer, les dames Bequet et Louise, dansèrent l'*Allemande de l'Abbé et des Marchandes de modes*.

Le *Réveil du Charbonnier*, comédie en trois actes et en prose. Première représentation en nivôse an VIII.

La *Revue de l'an VI*, vaudeville en un acte, augmenté d'une scène, donné, pour la première fois, en floréal, comme nous l'avons déjà dit, au bénéfice du citoyen Blondin, avec la première représentation de *Colombine invisible*.

Les *Rivaux congédiés ou le Duel sans danger*, comédie en deux actes et en prose, par Destival (reprise).

Les *Rivaux d'eux-mêmes*, comédie en un acte, de Pigault-Lebrun.

Robert le Bossu, comédie-vaudeville en un acte dont nous avons mentionné la première représentation en parlant des *Quatre fils Aymon*.

Roland de Montglave ou l'Innocent persécuté, pièce historique en quatre actes et en prose, à grand spectacle. Cette pièce, jouée pour la première fois en pluviôse, avait pour but d'inspirer l'horreur du faux témoignage.

Le *Savetier de Péronne*, comédie-vaudeville. L'auteur y joua le rôle de Gilles. On lui adressa ceci :

Au citoyen Ferrand l'aîné, auteur savetier
du *Savetier de Péronne*.

Toi qui naquis auteur en dépit d'Apollon,
Tu n'iras point, Ferrand, briller sur le Parnasse,
Tes lauriers flétriraient au sein de l'Hélicon !
Un poète aussi grand mérite une autre place.

Eloignant de tes vers la rime et la raison
Et tout ce que prescrit la triste prosodie,
Tu nous as bien prouvé, dans cette occasion,
Que la règle jamais n'arrêta le génie.

Jouis donc, cher Ferrand, de tes succès divers !
Viens te faire applaudir ! la couronne s'apprête ;
Ta muse, dès ce jour, ne craint plus les revers ;
Les lauriers de Mydas vont croître sur ta tête.

Ce n'est pas là ce que méritait Ferrand. On n'insulte pas un fou, on le met dans un asile et on traite sa maladie. (Pour plus de détails, voir aux incidents.)

Le *Sultan généreux*, pièce en trois actes et en vers, à grand spectacle.

Vénus pèlerine ou le Triomphe de la Beauté, pièce en deux actes, à spectacle, avec le ballet des Derviches. Reprise en ventôse. Le mois suivant, un amateur de la ville y a débuté par le rôle d'Ingénu.

Victor ou l'Enfant de la forêt, pantomime dialoguée en trois actes et en prose, avec tournois, combats, évolutions militaires, ornée de tout son spectacle, costumes neufs et décorations nouvelles.

Zing-zing ou la Relique merveilleuse ou la Relique juive ou le Ménage du Savetier, folie en un acte. Nous avons vu des pièces à trois titres, en voilà une qui en a quatre.

Au total quarante-huit ouvrages. Le citoyen Pocher, de cette commune *(sic)*, a trouvé sans doute que cela n'était pas un aliment suffisant à la curiosité publique et il s'est fait admettre une fois à danser l'*Anglaise* dans l'entr'acte. Depuis, on n'a plus entendu parler de cet amateur.

BALS. — Le théâtre de la République donnait aussi, à cette époque, de fréquentes fêtes nocturnes.

Le 20 du mois de ventôse an VIII, il y eut grand bal paré et masqué à 2 fr. 25 c. par personne. Il commença à onze heures, après le spectacle. Le 29, même annonce.

Le 2 germinal, le bal paré et masqué offrait les attraits suivants : A deux heures du matin, les artistes du théâtre y représentèrent le *Carnaval de Venise*, divertissement-folie en un acte dans lequel on exécutait la *Chacone d'Arlequin*, par Bequet; une entrée de *Polichinelle* et une autre de *Pierrot et la fricassée*. Le citoyen Bithmer et les citoyennes Louise et Bequet y dansèrent l'*Allemande*.

L'interruption du bal fut annoncée par l'orchestre qui joua la marche de *Panurge*.

Pour le dire en passant, le 2 germinal le *Carnaval de Venise* n'avait pas encore été joué à ce théâtre. C'était donc une première représentation à un bal.

Le 9 du même mois, bal masqué avec le *Carnaval de Venise*, comme la fois précédente et augmenté encore du *Menuet de la cour*, dansé par le citoyen Bithmer et la citoyenne Bequet. Pour tout le reste, c'était le programme du 2.

INCIDENTS.

Une panique extrême s'est répandue, au théâtre de la République, le 23 nivôse an VIII (13 janvier 1800), une note communiquée le lendemain aux journaux était ainsi conçue :

« Les artistes sociétaires du théâtre de la République
« préviennent leurs concitoyens que l'émeute qui a eu
« lieu hier, pendant le troisième acte de *Victor*, sous le
« prétexte que l'on craignait le feu, ne pouvait avoir
« aucun motif, étant d'ailleurs certains de l'exactitude du
« service et des précautions prises pour mettre la salle à
« l'abri de tout danger. Ils ont été pénétrés de l'effroi
« que l'on a voulu causer au public à cet égard et sur-
« tout de ne pouvoir se faire entendre, pour faire cesser
« ses inquiétudes. »

En pluviôse an VIII se place la grosse affaire relative à l'*Abbé de l'Epée*, comédie de Bouilly, dont la représentation a été interdite aux artistes réunis de l'Ambigu-Comique. Cela dit pour mémoire, passons outre (1).

La pièce intitulée le *Savetier de Péronne* a donné lieu à quelque scandale au théâtre de la République; nous en avons trouvé la preuve irrécusable dans une lettre écrite en l'an VIII par Delaistre, commissaire du Gouvernement près le département de la Seine-Inférieure, au commissaire près l'administration municipale de Rouen; on y trouve cette phrase : « Le citoyen Michu, directeur du « Théâtre-des-Arts, a donné en spectacle le nommé Fer- « rand, auteur d'une farce intitulée le *Savetier de Pé- « ronne*. Ce qui s'est passé au théâtre de la République « aurait bien dû cependant servir de leçon et empêcher « une scène également injurieuse à l'humanité et au mal- « heur. » L'administration a été, en conséquence, priée de défendre que, sous prétexte d'amuser les spectateurs, on outrageât la morale et la personne d'un malheureux qui doit inspirer le seul sentiment de la pitié.

Ce Ferrand était en effet un aliéné, réduit à la mendicité, entrant dans les maisons riches pour offrir ses poésies; on lui donnait quelques gros sous, il bégayait un impromptu et prenait l'aumône pour le juste salaire de son talent. Cette monomanie l'a conduit à faire une soixantaine de pièces de théâtre, toutes plus stupides les unes que les autres. Quand on a lu le *Savetier de Péronne*, on se demande comment cela a pu être joué. Une autre pièce, *Sophie et Dorval*, pourrait, dit-on, à la

---

(1) Voir notre *Histoire du Théâtre-des-Arts*, premier volume, pages 477 et suivantes.

grande rigueur être représentée ; mais, comme pour le *Savetier de Péronne*, il conviendrait que ce fût dans quelque grange d'une auberge de village. Tout le reste, pièces de théâtre, impromptu, sonnets, dépasse les limites du possible. Exemple :

Quelques amateurs composant une société dite *Ecole dramatique et des arts*, établie dans le ci-devant couvent de Saint-Joseph, permettent à Ferrand de monter sur leur théâtre. Il se met à chanter les inepties que voici — avec l'orthographe et la ponctuation de l'auteur :

Air : *Femmes qui voulez éprouver.*

Une charmante société
Etablie dedans cette ville,
Les grâces avec la beauté
Sont placés dans ce domicile.
Les sujets ont un grand talent
Rien de tout cela ne m'étonne
Vous passerez assurément
L'auteur du *Savetier de Péronne*.

Les acteurs sont intéressants
Ainsi que toutes les actrices
Les personnes qui sont dedans
En font l'ornement et délices,
L'ordre et tout la tranquillité
Avec une grande décence
Sont parfaitement observé
Dans cette aimable résidence.

Messieurs de vos talents l'on est très-enchanté
Elève de Piron ainsi que de Molière
Continuez donc toujours cette aimable carrière
Vous passerez un jour à l'immortalité.

Ferrand, qui a récité au Théâtre-des-Arts quelques impromptu, n'y a jamais été engagé (1); cependant ce pauvre fou, la risée des gamins des rues, signait : Ferrand l'aîné, auteur de la *Prise de Malte*, du *Savetier de Péronne*, etc., ci-devant artiste du Théâtre-des-Arts de Rouen et de celui du Havre, membre de l'Athénée d'Evreux, écuyer de Francony, favori d'Apollon et premier disciple de Molière.

Ferrand jouait le rôle de Gilles l'apprentif dans son *chef-d'œuvre*, c'est-à-dire dans le *Savetier de Péronne*; à la fin de la pièce, il s'adressait en ces termes au parterre :

> Ayant fait tout seul en personne,
> Quinze pièces de comédie,
> Venez souvent voir, je vous prie,
> L'auteur du *Savetier de Péronne*. (*bis*.)

Qu'on nous pardonne de nous être arrêté si longtemps sur un pareil sujet, mais il nous a semblé que les écrivains rouennais avaient eu la faiblesse de considérer Ferrand comme un collègue et nous n'avons pas voulu les imiter.

Les artistes sociétaires du théâtre de la République ont adressé, le 18 germinal an VIII, aux citoyens de Rouen l'avis suivant :

« L'année dramatique est sur le point d'expirer. Nous
« avons été prévenus que le bruit se répandait que nous

---

(1) Voir notre *Histoire du Théâtre-des-Arts*, tome 1ᵉʳ, page 464.

« quittions la salle du théâtre de la République ; nous
« nous empressons de désabuser les personnes qui y au-
« raient pu croire. Nous venons, au contraire, de terminer
« des arrangements qui nous assurent la jouissance de
« cette salle pour plusieurs années consécutives ; nous
« avons été sensibles à l'indulgence dont on a daigné
« accueillir nos premiers essais et nous osons en réclamer
« la continuation. Nous comptons d'ailleurs nous l'attirer
« par les nouveaux efforts que nous allons faire. Quel-
« ques retranchements d'une part et de l'autre quelques
« additions dans notre troupe, en la rendant plus com-
« plète, lui permettront d'aspirer à un ensemble plus
« parfait, et on reconnaîtra, dans les soins que nous nous
« donnerons pour contribuer aux plaisirs du public, le
« désir prononcé que nous avons de nous attirer de sa
« part un retour de la bienveillance que nous nous em-
« presserons de mériter. »

Le jour de la clôture, le 10 floréal an VIII (30 avril 1800), on lisait sur l'affiche :

« Les artistes sociétaires du théâtre de la République
« préviennent le public que l'année théâtrale étant expirée,
« ils vont faire une clôture de dix jours.

« Désirant partager le suffrage du public et contribuer
« à varier ses plaisirs, ils vont redoubler de zèle et ne
« négligeront rien à leur nouvelle organisation pour cap-
« tiver au moins son indulgence.

« BELCOURT, BITHMER, BLONDIN. »

Ainsi s'est terminée une saison théâtrale, un peu courte, surtout pour l'époque, mais très-fertile en nouveautés et en incidents.

ARTISTES RÉUNIS DE L'AMBIGU-COMIQUE DE PARIS.

(Suite.)

La clôture n'a pas été de dix jours seulement, comme l'annonçait le dernier avis que nous venons de rapporter, mais elle a duré trois mois et demi.

Le 12 floréal an VIII, *à la demande de plusieurs amateurs*, il y a eu, au théâtre de la République, un grand concert vocal et instrumental donné par M. et Mme Toméony et par Désoméry. Ces trois artistes avaient, on le sait, paru quelques jours auparavant sur le Théâtre-des-Arts.

Le 14 du même mois, un bénéfice a été organisé pour trois acteurs de la troupe : Bequet, Dumoulin et Dumas. Le spectacle se composait de *Zing-Zing*, comédie, de la première représentation de l'*Hospitalier ou le Repos interrompu*, comédie-proverbe dans laquelle Blondin jouait six rôles de différents caractères, et de *Colombine invisible*, pantomime.

Un avis ainsi conçu a été publié le 1er prairial suivant :

« Les artistes réunis de l'Ambigu-Comique préviennent
« le public que l'ouverture de leur théâtre se fera inces-
« samment. La difficulté de réunir leurs camarades a
« seule retardé leurs débuts. Ils espèrent que leur clôture
« prolongée n'aura rien diminué de la bienveillance du

« public, l'assurant qu'ils vont redoubler de zèle et d'ac-
« tivité pour se rendre dignes de ses bontés.

« BITHMER, BLONDIN, BELCOURT. »

Quatre jours après, afin de faire prendre patience aux habitués de ce théâtre et aussi peut-être pour démentir certains bruits touchant le mauvais état de la salle, une représentation a été pour ainsi dire improvisée et l'on a donné : les *Rivaux d'eux-mêmes*, le *Bon Valet* et *Colombine invisible*.

Il a bien fallu cependant s'exécuter. Le préfet, vivement préoccupé des dangers inhérents à la disposition des lieux, a exigé que d'importantes modifications fussent faites avant que l'administration municipale autorisât la réouverture. La salle du théâtre de la République n'offrait alors qu'une seule issue, encore ne s'ouvrait-elle pas directement sur la voie publique, mais au contraire dans une petite cour située à l'est du théâtre. Le préfet a fait ouvrir de ce côté au rez-de-chaussée deux portes dans le mur mitoyen, entre la salle et cette cour. En outre, il a prescrit de convertir au premier étage et du même côté deux croisées en deux portes, de placer devant elles un palier en forme de balcon et d'y appliquer un escalier mobile relevé contre le mur mitoyen. Enfin, il a voulu qu'un plus grand nombre de réservoirs fussent établis à demeure et tenus constamment pleins d'eau.

L'exécution de ces travaux, les visites et les procès-verbaux des architectes et les formalités de toutes sortes, prolongèrent infiniment le chômage. La malveillance en profita pour égarer l'opinion publique. Un nouvel avis fut jugé nécessaire :

« 15 Thermidor an VIII de la République.

« *Les artistes sociétaires au public et à leurs abonnés.*

« Citoyens, l'ouverture de notre théâtre ayant été sus-
« pendue par mesure de sûreté publique, nous nous em-
« pressons de vous apprendre qu'en vertu d'un arrêté
« pris par le citoyen préfet de ce département, l'ouverture
« aura lieu dès que les travaux jugés nécessaires seront
« faits. La célérité que l'on y met en ce moment nous
« fait espérer d'être à même, sous peu, de remplir nos
« engagements; c'est pourquoi nous invitons nos abonnés
« à bannir toute crainte sur les faux bruits que des mé-
« chants se plaisent à répandre, quand ils disent *que
« malgré les réparations prescrites le théâtre ne rouvrira
« pas*. Ceux de nos abonnés que ces bruits inquiéteraient
« peuvent se présenter tous les matins à l'administration,
« munis de leurs abonnements. L'argent qu'ils ont donné
« à cet effet n'a cessé d'être considéré comme un dépôt.

« BITHMER, BELCOURT, BLONDIN. »

Ces trois artistes, représentant leurs camarades, obtinrent le 27 du même mois, de l'administration municipale, l'autorisation d'ouvrir la salle de la place du Vieux-Marché.

Année théâtrale 1800-1801.

L'ouverture a été faite le 28 thermidor an VIII (16 août 1800) par le spectacle suivant :
1º La première représentation de *Diogène fabuliste*, comédie épisodique en un acte et en vers ;

2º La première représentation d'*Un Trait d'humanité ou l'Horloge de bois*, vaudeville en un acte;
3º Le *Réveil du Charbonnier*.

La première de ces pièces se terminait par cette fable allégorique intitulée : les Etourneaux.

L'aigle sur le vautour obtint une victoire :
 Tous les oiseaux, pour célébrer sa gloire,
  Faisaient retentir dans les airs
Les accords les plus doux, les plus charmants concerts.
  Les étourneaux se mirent en tête
   Que leur petit gazouillement
   Serait fort utile à la fête.
Voilà mes étourdis qui sifflent hardiment;
Mais leurs gosiers discords troublent la mélodie
   De ce concert harmonieux,
   Et tous les oiseaux furieux,
  Pour les punir de leur étourderie,
   Allaient les priver de la vie.
 L'aigle indulgente apaisa leur courroux :
  Et pourquoi les punir, dit-elle,
  S'ils ont moins de talent que vous?
  Ils plaisent autant par leur zèle.

La troupe se composait à peu près des mêmes sujets que l'année précédente : Belcourt aîné, Belcourt jeune, Belval, Bequet, Bithmer, Blondin, Dumas, Dumoulin, Bellement, Lécuyer, Maurice, Mignan et Lucet; Mmes Duménie, Belval, Bequet, Bithmer, Deversy, Louise, Picard, Burger ainée, Dumanoir, Lecoutre, Bunel et Fressinet.

On voit que les artistes réunis de l'Ambigu-Comique se sont adjoints des sujets connus et aimés à Rouen; leur répertoire s'en est avantageusement ressenti.

La campagne avait commencé par deux pièces nouvelles; les artistes réunis ont monté en outre les ouvrages suivants, qui n'étaient pas tous des nouveautés pour le public rouennais, même à ce théâtre :

L'*Abbé de l'Epée, instituteur des sourds et muets*, comédie historique en cinq actes. La première représentation à ce théâtre a eu lieu le 22 nivôse an IX, au bénéfice de Belcourt ainé. On se rappelle ce qui était advenu l'année précédente au sujet de cet ouvrage. Aussi, lors du bénéfice de Belcourt, l'affiche portait ces mots : « Avec la « permission de l'auteur et de l'agent des auteurs dra- « matiques près les théâtres de cette ville, cette pièce ne « pourra être jouée qu'une seule fois sur ce théâtre. » Nonobstant, le 6 pluviôse on annonçait, au bénéfice de Mme Picard, la deuxième et dernière représentation de l'*Abbé de l'Epée*, à la demande générale du public, avec la permission de Bouilly et d'accord avec le citoyen Périaux, agent des auteurs dramatiques. Ce même mois il y a eu, au bénéfice de Belval, une troisième *et dernière* représentation de cette comédie historique, avec la permission de l'auteur. Enfin, le 27 ventôse de la même année, on la donna pour la quatrième fois dans une représentation au bénéfice de la veuve de Michu.

L'*Acteur dans son ménage*, comédie-vaudeville en un acte ; c'est une anecdote arrivée à Saint-Fal, artiste du Théâtre-Français de Paris. On y chantait ce couplet :

> L'homme est un pauvre voyageur
> Que plus d'un sentiment anime :
> D'abord, par la vertu, son cœur,
> Chemin faisant, trouve l'estime ;
> Plus loin, par des soins délicats,

L'amitié s'offre à son passage,
Si la beauté s'y joint, hélas!
L'amour est bientôt du voyage.

Adélaïde Duguesclin, tragédie en cinq actes. Première représentation de la reprise le 5 messidor an IX, au bénéfice du citoyen Chaperon, élève de cette ville (Rouen), qui y jouait le rôle de Vendôme. Belval jouait celui de de Coucy, et Mme Chaperon, absente de ce théâtre (théâtre de la République) depuis quatre années, jouait celui d'Adélaïde Duguesclin. On a reproché à Chaperon de donner ses représentations sur le théâtre de la République et non pas sur la première scène rouennaise. Un journal, la *Chronique de l'Europe*, a publié ces vers :

AU CITOYEN CHAPERON.

Un élève de cette ville
A débuté dans *Othello*,
C'est un rôle un peu difficile,
On a crié : *Bravo, bravo*.
Amis, c'est un heureux présage,
Mais, tout en criant, l'on disait :
Quel dommage ici qu'il s'engage ;
Au grand théâtre s'il était,
Il nous plairait bien davantage.

Pour toute critique de ces vers, le *Journal de Rouen* a inséré cette phrase : « Immortel auteur du *Savetier de Péronne*, illustre Ferrand, où es-tu? A coup sûr, en lisant ces vers, tu auras reconnu ta touche hardie. » Le pauvre fou pouvait-il comprendre toute l'amertume de cette ironie ?

Quoi qu'il en soit, le correspondant du *Journal de Rouen* répondait aux appréciations du journal opposant que si les premiers sujets de la Comédie-Française n'avaient pas dédaigné de jouer sur la deuxième scène de Rouen, Chaperon pouvait bien également s'y montrer.

Quelques temps avant les représentations de Chaperon, cette question de primauté de l'une ou l'autre scène s'était présentée au sujet de Mlle Burger l'aînée, qui passa du Théâtre-des-Arts au théâtre de la République. Le père de cette artiste répondit que sa fille n'avait pas dérogé en paraissant sur une scène sur laquelle on avait vu Melpomène sous les traits de Mlle Raucourt et de Larive, et Thalie sous ceux de Fleury, de Baptiste et de Mlle Mézerai.

L'*Amant auteur et valet*, comédie en un acte.

Amour et Nature, pièce héroïque en quatre actes.

L'*Amour et la Raison*, comédie en un acte et en prose, par Pigault-Lebrun. A la première représentation, en floréal an IX, le rôle d'Hortense a servi de début à Mlle Burger aînée.

Arlequin afficheur, vaudeville en un acte.

L'*Artisan philosophe*, comédie en un acte et en prose.

Auguste et Clémence ou l'Heureuse allégorie, comédie en cinq actes qui n'était pas un à-propos comme le sous-titre pourrait le faire supposer; elle était due à la plume d'un Rouennais, le citoyen Chevalier, qui a été rappelé à la chute du rideau, lors de la première représentation, le 18 frimaire an IX.

Le *Berceau du Vaudeville en Normandie ou le Val de Vire*, comédie avec tous ses agréments, mêlée de vaudevilles. On sait qu'au quinzième siècle, au pied du coteau de Vaux, Olivier Basselin, foulon de Vire, composait des chansons bachiques appelées d'abord vaux de Vire. Ces chansons parvinrent à Paris où, par les soins de Jean Lehoux, dépouillées de la barbarie du style du temps et cultivées par des chansonniers lettrés, elles furent trouvées dignes d'être appelées vaudevilles. La première représentation du *Berceau du Vaudeville* a eu lieu à Rouen, en fructidor an VIII.

Béverley, tragédie bourgeoise en cinq actes et en vers libres.

La *Bible à ma Tante*, comédie-vaudeville en un acte.

Le *Braconnier ou un trait d'Helvétius*, vaudeville en un acte. Première représentation en germinal an IX. On applaudissait surtout ce couplet :

AIR : Vaudeville d'*Honorine*.

On vous accorde avec justice
Des connaissances, de l'esprit,
Mais sur le bord du précipice,
Ce dernier souvent nous conduit.
Il faut que toujours il s'accorde
Avec le cœur et la raison,
Car l'esprit est comme une corde
Qui ne frémit qu'à l'unisson.

Cambyse ou la Prise de Mytilène, pièce héroïque en trois actes, ornée de marches, combats, évolutions militaires à pied et à cheval, par les chasseurs du 24e régiment. A l'époque de la première représentation, en germinal an IX, au bénéfice de Mme Deversy, un nommé Balp, écuyer, donnait au manége de la rue Duguay-Trouin des séances d'équitation ; il s'est élevé, à l'occasion de *Cambyse*, un différend que la lettre suivante fait suffisamment comprendre.

« Au rédacteur du *Journal de Rouen*.

« Rouen, 13 germinal an IX.

« Citoyen,

« Je vous prie d'insérer dans votre numéro l'article ci-joint :

« J'ai vu sur l'affiche du citoyen Balp, en date du 12 germinal, un *nota* assez singulier et qui a lieu de me surprendre, car le théâtre de la République, dont je suis sociétaire, n'a aucun rapport de convenance avec le manége du citoyen Balp, et je ne devine pas qui a pu lui faire dire qu'il ne ferait jamais ses exercices sur notre théâtre. A la vérité, le citoyen Balp m'avait donné sa parole d'honneur que pour mon bénéfice, donné hier 12, il ferait paraître ses chevaux dans la pièce de *Cambyse*, bien entendu que je paierais grassement, mais le citoyen Balp, non-seulement n'a mis aucune délicatesse en se dédisant, mais il a attendu jusqu'au dernier jour que j'aie distribué mes affiches d'annonce pour me refuser et mettre une entrave à ma représentation... passe encore, mais son *nota* c'est un coup de pied de cheval donné gratuitement qui, en vérité, ne peut blesser personne.

« Deversy. »

Catherine ou la Belle fermière, comédie en trois actes et en prose.

Célina ou l'Enfant du Mystère, pantomime dialoguée en trois actes, par Gilbert Pixerecourt, qui a emprunté le sujet d'un roman en six volumes de Ducray-Duminil.

Ce n'est pas ce qu'on pense ou Ne jugez pas sur l'apparence, comédie en un acte, mêlée de vaudevilles, par une dame.

Le Chaudronnier homme d'Etat imaginaire, comédie en trois actes. Première représentation le 1er brumaire an IX. Ce chaudronnier, qui délaisse son état pour s'occuper de politique, est mis à l'épreuve par des femmes qui font, les unes la critique, les autres l'apologie du divorce, par des voisins qui lui posent des questions difficiles, par des ouvriers qui simulent une grève, etc. On le traite tellement en ministre que bientôt il s'aperçoit qu'il n'est qu'un sot et qu'il s'écrie : « Quand j'étais chaudronnier, j'avais plus d'esprit qu'un ministre, et maintenant que je suis ministre, je suis plus bête qu'un chaudronnier. »

Clémence et Formose, pantomime dialoguée en trois actes, ornée de danses, chants, luttes et combats, par Croisette, Châteauvieux et Bithmer, artiste de ce théâtre. Première représentation en fructidor an VIII.

Coco-Rico ou le Miroir, folie-vaudeville en un acte.

Colombine Mannequin, comédie-vaudeville en un acte.

Le Dentiste, comédie mêlée de vaudevilles en un acte et en prose, par A. Martainville ; on la désignait quelquefois sous un faux titre : *Niaisot apprentif dentiste*, parce que M. Dacier, dentiste, a pour élève son filleul Niaisot.

Le Déserteur, drame en cinq actes.

Les Deux Léonard ou le Quiproquo de l'hôtellerie, comédie en deux actes.

Le Devin par hasard, comédie en un acte et en prose.

Le Divorce, comédie en deux actes.

La *Double réconciliation*, comédie en un acte et en prose.

Emilie et Constance ou les Femmes vertueuses, comédie en deux actes, par Mignan, artiste de ce théâtre. Première représentation en vendémiaire an IX.

L'Enfant du malheur ou les Amants muets, pièce féerie en quatre actes, ornée de danses et de combats, avec costumes et décors nouveaux.

Enfin, nous y voilà ! à-propos en un acte, à l'occasion de la paix, dont la première représentation avait eu lieu à Paris chez le ministre de l'intérieur. Cette pièce était due à la collaboration des auteurs des *Dîners du Vaudeville* (1); elle a été donnée à Rouen, pour la première fois, le 27 ventôse an IX (18 mars 1801).

L'Enlèvement d'Europe, pièce mythologique ou mélodrame en trois actes et en prose, à grand spectacle, avec danses, marches, évolutions et décors nouveaux. Première représentation, au bénéfice de Blondin, en ventôse an IX. La petite Elise, âgée de sept ans, y jouait le rôle de l'Amour.

Les *Etourdis ou le Mort supposé*, comédie en trois actes.

La *Fausse correspondance*, comédie en un acte et en prose.

Les *Fausses infidélités*, comédie en un acte et en vers. Chaperon, l'*élève de cette ville*, y a joué le rôle de Valsain, et Mme Chaperon celui de Dorimène.

---

(1) Un recueil de chansons intitulé les *Dîners du Vaudeville* était publié par les vaudevillistes du temps, Piis, Barré, Radet, Desfontaines, Coupigny, etc.

La *Feinte par amour*, comédie en trois actes. Chaperon faisait Damis.

La *Femme jalouse*, comédie en cinq actes. Reprise le 10 messidor an IX dans une grande représentation organisée à l'occasion de l'anniversaire de Pierre Corneille ; Chaperon jouait le rôle de Dorsan, Mme Dumenie celui de la femme jalouse, et Mlle Burger aînée celui de Clémence.

Fénélon ou les Religieuses de Cambray, tragédie en cinq actes.

La *Fille hussard ou le Sergent suédois*, pantomime en trois actes, ornée de danses, combats et évolutions militaires.

Florian, comédie-vaudeville en un acte, par Joseph, Pain et Bouilly, intitulée quelquefois sur l'affiche : *Florian chez M. de Penthièvre*. Le public a remarqué ces deux couplets, l'un chanté par le garde l'Affût et l'autre adressé par Gabrielle au public :

> J'étais bon chasseur autrefois
> Et savais prendre avec adresse
> Gibier d'amour, gibier des bois ;
> Mais qu'on change avec la vieillesse !
> Adieu, colombes et perdreaux,
> Je n'ai plus la main meurtrière :
> On tire sa poudre aux moineaux
> Lorsque l'on finit sa carrière.

> Pour vous nous avons enlevé
> Florian au sombre rivage,
> Peut-être l'aurez-vous trouvé
> Un peu fatigué du voyage,

THÉATRE

Même il est encore incertain
De son retour à la lumière ;
Révoquez l'arrêt du destin,
Prolongez ici sa carrière.

Les *Folies amoureuses*, comédie en trois actes. Mlle Lecoutre, qui n'avait pas encore *paru en cette ville*, y a débuté, en floréal an IX, par le rôle de Lisette.

La *Forêt noire ou le Fils naturel*, pantomime en trois actes.

Le *Fou par amour*, comédie en deux actes.

Le *Fou raisonnable*, comédie en un acte.

Les *Fous hollandais*, ou l'*Amour aux petites Maisons*, comédie-folie en deux actes et en prose, par Bignon et Claparède. Première représentation le 28 floréal an IX (18 mai 1801). Blondin y jouait le rôle d'un poète fou et Bellement celui d'un journaliste fou ; cette dernière fiction amena à Rouen une terrible tempête et la pièce fut interdite (voir les incidents).

Le *Fripier marchand de modes*, pantomime-folie en un acte.

La *Gageure imprévue*, comédie en un acte et en prose.

Gentil Bernard, vaudeville en un acte, par Philippon-la-Magdelaine et Prevots-d'Iray. Première représentation, au bénéfice de Blondin, en ventôse an IX.

L'*Homme noir ou le Spleen*, comédie en deux actes et en prose, par Gernervalde.

L'*Honnête criminel ou le Galérien vertueux*, drame en cinq actes.

L'*Intrigue de carrefour*, comédie-vaudeville fort grivoise, en un acte.

Les *Jeux de l'Amour et du Hasard*, comédie en trois actes, pour un début de Mlle Lecoutre, soubrette.

La *Maison de campagne ou Hommage rendu à Pierre Corneille*, comédie mêlée de vaudevilles en un acte et en prose, par Bellement, acteur de ce théâtre. Cet impromptu, joué pour la première fois le 10 messidor an IX pour l'anniversaire de P. Corneille, était orné d'un ballet allégorique et d'un décor nouveau, illuminé en couleurs. La salle était illuminée en bougie, en l'honneur du jour. Bellement a été demandé et vivement applaudi ; voici un couplet de sa pièce :

AIR : *La parole.*

On peut dormir sur maints auteurs,
S'ennuyer à la tragédie,
Bâiller même au nez des acteurs
Lorsque la scène est refroidie.
Pour éviter cet embarras,
Faites ronfler à notre oreille
Les vers de ce grand homme-là,
Alors l'ennui disparaîtra :
 On ne bâille pas,
 On ne bâille pas
  Au Corneille.   (bis.)

La *Maison à donner*, comédie en un acte.

Le *Manteau ou le Rêve supposé*, comédie en un acte et en prose.

Marguerite ou les Voleurs, deuxième acte du *Moine*, que souvent on donnait seul.

Le *Masque tombé ou le Bal de l'Opéra*, comédie-vaudeville en un acte.

La *Mère coupable*, comédie en cinq actes. En floréal an IX, Mme Dumenie a débuté dans cet ouvrage sur le théâtre de la République, par le rôle de la comtesse Almaviva; Mlle Lecoutre jouait Suzanne et Bellement Figaro.

Mérope, tragédie en cinq actes, qui n'avait pas été jouée à Rouen depuis neuf ans, disait l'affiche. Mérope était personnifiée par Mme Dumenie.

Mirza, pantomime en deux actes, ornée de danses, combats, marches et évolutions militaires.

Nanine ou le Préjugé vaincu, comédie en trois actes.

La *Noce au village*, vaudeville en un acte, par Dumoulin, acteur de ce théâtre. Première représentation le 28 frimaire an IX; succès.

Un Nouveau Pygmalion, pièce mythologique et anacréontique, à spectacle, ornée de danses et de tableaux, par Bithmer, artiste de ce théâtre, qui n'a pas craint de reprendre un sujet traité par l'immortel Rousseau. Première représentation en germinal an IX. La petite Dumenie y jouait le rôle de l'Amour.

On fait ce qu'on peut et non pas ce qu'on veut, comédie dans laquelle Blondin jouait huit rôles de différents caractères.

Othello ou le Maure de Venise, tragédie. Chaperon jouait Othello et Mme Dumenie Desdemone.

Le *Péruvien triomphant ou les Vingt-six métamorphoses*, pantomime-folie espagnole en trois actes et à machines, ornée de changements, travestissements et décors nouveaux. Première représentation en floréal an IX. L'affiche portait : « Pour la clôture des représentations « de bénéfices, au bénéfice des citoyens Bequet, Dumas,

« Dumoulin, etc. » Voilà un *et cœtera* assez original.

Les *Préliminaires de la paix*, impromptu-vaudeville en un acte, par deux jeunes artistes de ce théâtre, Dumas et Maurice, qui ont eu les honneurs du rappel lors de la première représentation le 10 vendémiaire an IX (2 octobre 1800). Voici un couplet qui a été bissé ; il est adressé à un fournisseur par un villageois :

Air du vaudeville de *Thalie à Rouen*.

Les fripons et les intrigants
Font tout pour propager la guerre,
Le modeste habitant des champs
Pour vous sait défricher la terre ;
Pour c't'état n'ayez pas d'mépris,
En est-il de plus honorable ?
C't'ila qui nourrit son pays
Est l'homme vraiment estimable.

Le 11 nivôse, quelques jours après l'attentat de la rue Nicaise, l'affiche annonçait les *Préliminaires de la Paix* avec un nouveau vaudeville analogue au jour ; — le 26 pluviôse, à la représentation de cet à-propos, on a encore ajouté ces trois couplets :

Air du *Réveil du Peuple*.

Plus de guerre, plus d'anarchie,
C'est le vœu de tous les Français ;
Du sauveur de notre patrie
Le ciel couronne les succès ;
De la trahison, de l'envie,
Son courage émoussa les traits.
Pour confondre la calomnie,
Ce héros nous donne la paix.

Poursuis ta brillante carrière,
Terrasse l'Anglais insolent ;
Sur lui dirige ton tonnerre :
Qu'il périsse ou cède à l'instant.
Favorisé de la victoire,
D'Albion punis les forfaits,
Et dans les fastes de la gloire
Ton nom se grave pour jamais.

O paix, déesse bienfaisante,
Que de larmes tu vas sécher !
Au père, à l'épouse, à l'amante
Tu permets enfin d'espérer.
Fixe ton séjour sur la terre,
C'est le plus grand de tes bienfaits ;
Que l'affreux démon de la guerre
Soit banni de chez les Français.

MAURICE, *artiste du théâtre de la République.*

Le *Prince ramoneur ou le Ramoneur prince*, comédie en acte.

Le *Procureur arbitre*, comédie en un acte et en vers.

Rembrandt ou le Mort présent à sa vente, fait historique tiré de la vie du célèbre peintre hollandais ; ce petit acte était qualifié d'opéra-vaudeville.

Le *Rémouleur et la Meunière*, comédie en un acte mêlée de vaudevilles. Bellement, artiste connu à Rouen comme acteur et comme auteur d'*Adèle ou la Chaumière*, vaudeville, a reparu en floréal an IX, dans le rôle du rémouleur et dans trois autres rôles de cette même comédie.

La *Résolution inutile*, comédie en un acte.

La *Revue de l'an VIII*, comédie-vaudeville en un acte,

par Michel Dieu-la-Foi, Armand Gouffé et Chazet. La première représentation a été donnée à Paris, au théâtre du Vaudeville, le 7 nivôse an IX, et à Rouen le 30 du même mois. Blondin y jouait sept rôles. Dans la *Revue de l'an VIII*, on chantait le couplet suivant :

  Air : *Femmes, voulez-vous éprouver.*

 A tous les yeux, à tous les cœurs,
 Jeunes beautés voulez-vous plaire,
 Laissez au Pinde les neuf sœurs,
 Suivez les Grâces à Cythère.
 Par de plus nobles attributs
 Voulez-vous fixer nos hommages,
 Faites qu'on cite vos vertus
 Au lieu de citer vos ouvrages.

Robert chef de brigands, drame en cinq actes, repris en germinal an IX, au bénéfice de Bithmer, qui y jouait le rôle de Robert (1).

La *Soirée des Champs-Elysées*, comédie-vaudeville en un acte. Première représentation en nivôse an IX. On y chantait :

  Air : *Fidèle époux, franc militaire.*

 Voyez le Français intrépide
 Bravant l'hiver et les frimas,
 N'ayant que la gloire pour guide,
 Voler à de nouveaux combats ;
 Rien n'arrête sa noble audace :

---

(1) Ce drame avait été précédemment interdit. (Voyez page 73.)

Partout on le revoit vainqueur,
Et pour lui, quelque froid qu'il fasse,
Les lauriers sont toujours en fleurs. (bis.)

Le *Soldat prussien ou le Bon fils*, comédie en trois actes.

Les *Suppléants ou les Faux mollets*, comédie en un acte.

Tancrède, tragédie. Chaperon a joué Tancrède pendant ses représentations de messidor an IX.

Le *Triomphe de l'amour conjugal*, pantomime-folie italienne (d'autres fois l'affiche portait *espagnole*) en quatre actes, ornée de six changements, de décorations nouvelles, à machines, avec métamorphoses. Souvent on annonçait : l'*Amour conjugal*.

Vadé chez lui, vaudeville poissard en un acte que l'on jouait à la même époque, vendémiaire an IX, au Théâtre-des-Arts, quelquefois même le même jour, et à la même heure sur les deux scènes rouennaises.

Les *Vendanges de Surènes*, comédie-folie dans laquelle Blondin jouait trois rôles dont deux de femmes.

Les *Victimes cloîtrées*, drame en quatre actes.

Le *Vieux Célibataire*, comédie en cinq actes.

Zozo ou le Mal-avisé, comédie en un acte.

Total, quatre-vingt-cinq ouvrages pour cette seconde campagne des artistes réunis, qui, en même temps, avaient conservé vingt-sept pièces du répertoire de la première, par exemple: le *Baron de Trenck*, le *Chaudronnier de Saint-Flour*, *Colombine invisible*, la *Folle volontaire*, le *Galant savetier*, le *Moine*, *Monsieur de Bièvre*, *Monsieur Guillaume*, le *Réveil du Charbonnier*, *Victor ou l'Enfant de la forêt*, etc.

BALLET. — Quoiqu'il n'y eût pas alors de corps de ballet, on a pu donner les *Marchandes de modes*, parce que plusieurs artistes de la troupe s'employaient assez volontiers à la danse : — Bequet, Mmes Bequet, Bithmer et Louise exécutaient différents pas dans les entr'actes ou dans certaines pièces.

A la fin de l'année, Lucet et Mlle Fressinet, ex-artistes du Théâtre-des-Arts, ont été engagés et ont paru dans un *Ballet pastoral* nouveau, de la composition de Lucet lui-même, dans un *Ballet de Sabottiers* et dans un *Ballet grec*; puis on a monté un *Ballet turc*, de la composition de Lucet, dans lequel Mmes Fressinet et Becquet ont dansé les *Folies d'Espagne*, pendant que Jacquemin, artiste de Rouen, en exécutait la musique sur la harpe; Lucet et Mlle Fressinet y dansaient encore un nouveau pas sur le concerto de Viotti exécuté par Cornet.

On aimait alors beaucoup à voir des enfants sur la scène; c'était tantôt un enfant de six ans dansant l'*Anglaise*, tantôt un autre enfant de cinq ans, élève du citoyen Olivier, Américain, exécutant la *Cosaque*. Une petite fille de sept ans, nommée Elise, exécutait la *Gavotte*, le pas de l'*Enfant chéri des Dames*, un pas sur la fanfare de Gluck, un autre sur le rondeau des *Visitandines*, un pas tartare, d'autres fois la *Sabottière*, le *Menuet russe* et un pas de tambourin avec un petit garçon du nom de Claire, du même âge.

Enfin, Mme Muller, mère et institutrice de Mlle Elise, faisait exécuter, par *Mademoiselle sa fille*, âgée de sept ans, et dix autres enfants de son âge, soit un ballet de sabottiers, soit un divertissement nègre. Il est bien entendu que nous citons textuellement l'annonce de toutes ces exhibitions, qui aujourd'hui paraîtraient bien étranges.

BALS. — Des bals parés et masqués ont été donnés, après le spectacle, à onze heures, les 12, 19, 23, 26 et 28 pluviôse an IX. Dans l'un d'eux on représenta, à deux heures du matin, le *Carnaval de Venise*, divertissement dans lequel il y avait un assaut d'armes exécuté par des citoyens de cette ville et l'acteur Bithmer.

Le 3 et le 21 ventôse an IX, il y a eu également bal paré et masqué.

INCIDENTS.

Les sentiments mesquins qui naissent souvent de la concurrence n'ont pu trouver accès dans le cœur des artistes du théâtre de la République. Les malheurs de Michu, sa triste fin, la position précaire de sa veuve et de ses enfants leur ont inspiré une noble pitié. Deux fois, dans le mois de ventôse an IX, ils jouèrent au bénéfice de cette malheureuse mère de famille; le 8 ventôse, ils lui ont consacré la première représentation de *Florian*, et, le 27, celle de *Enfin, nous y voilà!* Les artistes du Théâtre-des-Arts ont eu la bonne pensée de faire relâche ces deux jours-là, afin d'augmenter les chances de recette à la salle du Vieux-Marché.

L'incident le plus important, sans contredit, a été la suspension par ordre des représentations des *Fous hollandais*, comédie-folie dont nous avons fait mention dans l'étude du répertoire. L'acteur Bellement s'est permis d'y ajouter une scène de sa façon pour ridiculiser, disons mieux, pour vouer à la haine publique le citoyen Robert, homme de loi, rédacteur en chef de la *Chronique de l'Europe*, un des organes de la presse locale. *Indè iræ* ; grand scandale, rixes dans les couloirs de la salle du théâtre de la République, à tel point qu'après la deuxième représentation, le préfet du département a cru devoir interdire cet ouvrage par un arrêté en date du 1er prairial an IX (21 mai 1801). Cette détermination était d'autant plus sage que la haine de Bellement pour le citoyen Robert avait pris sa source dans les articles de critique théâtrale publiés par ce dernier dans son journal.

Dans la scène ajoutée par Bellement, il jouait le rôle d'un fou journaliste, ce qui donne la clé de cette épigramme :

> Une critique détestable
> Met presqu'au dessous de zéro
> Certaine bluette agréable
> Qui nous a fait crier : *bravo !*
> La raison en est, cher Ariste,
> Qu'un SAVANT, un HOMME DE LOI,
> En veut (*et l'on ne sait pourquoi*)
> A l'auteur du FOU JOURNALISTE.

Le théâtre de la République entra en vacances le 11 messidor an IX (30 juin 1801) ; l'avis suivant en a fait connaître le prétexte : « Les artistes sociétaires du théâtre « de la République préviennent le public qu'ayant à faire « quelques travaux indispensables, ils vont profiter des « grandes chaleurs pour donner quelques relâches. »

On sait que la veille, la fête de P. Corneille était célébrée à ce théâtre par une brillante représentation à laquelle la *Maison de campagne ou l'Anniversaire de Pierre Corneille* imprimait le caractère de rigueur. Les artistes réunis de l'Ambigu-Comique ont ainsi terminé très-dignement leur deuxième campagne.

ARTISTES RÉUNIS DE L'AMBIGU-COMIQUE DE PARIS.

(Suite et fin.)

En messidor et en thermidor de l'an IX, les artistes sociétaires sont allés donner au Havre une série de représentations (1). Là ils ont représenté l'*Amour et la Raison*, la *Double épreuve*, la *Revue de l'an VIII*, la *Mère coupable*, le *Masque tombé*, l'*Anniversaire de Pierre Corneille*, par Bellement, *Mérope*, *Célina*, *Enfin, nous y voilà !* et le *Chaudronnier de Saint-Flour* ; dans ce dernier ouvrage, la petite Dumenie, âgée de neuf ans, jouait d'une façon fort gentille le rôle du petit Jacques. La manie des vers, à ce qu'il paraît, n'était pas moindre au Havre qu'à Rouen, c'est pourquoi un couplet a été adressé à cette belle enfant par deux autres enfants, très-précoces à plus d'un point de vue, qui, disait-on, se proposaient de doter la scène française d'un vaudeville de leur composition. Voici le couplet :

AIR : *Femmes, voulez-vous éprouver ?*

O toi dont le minois lutin
Tourne déjà plus d'une tête !
Que ne puis-je, un jour, du destin
Obtenir si belle conquête !

---

(1) En l'an VIII, ils avaient fait de même dans l'intervalle de temps qui a séparé les deux campagnes.

Que d'attraits inspirent l'amour
Que nous défend ta modestie.
Ah! qui la voit, c'est sans retour
Qu'il doit adorer Dumenie.

DIEG et VASSEUR, *l'un âgé de neuf ans et l'autre de dix.*

De retour dans le mois de fructidor, les représentants de la troupe ont publié le programme que nous donnons ici :

« Les artistes sociétaires ont l'honneur de prévenir le public qu'ils vont faire leur rentrée. Ils se proposent de varier le plus possible leur répertoire et de lui offrir les nouveautés qui auront le plus de succès au Vaudeville et à différents théâtres de Paris. Ils redoubleront de zèle pour mériter l'encouragement et les bontés dont le public a bien voulu jusqu'ici favoriser leur entreprise.

« BELCOUR, BITHMER, BLONDIN,

« Administrateurs-sociétaires. »

PRIX DE L'ABONNEMENT.

Pour les citoyens :		*Pour les dames :*	
Un mois	18 fr.	Un mois	12 fr.
Trois mois	48	Trois mois	30
Six mois	90	Six mois	54

PRIX DES PLACES :

Loges d'avant-scène, 3 fr.; premières, 2 fr.; parquet, 1 fr. 50 c.; Secondes, 1 fr. 20 c.; parterre et troisièmes, 60 c.

Tous les jours le spectacle commençait à six heures moins un quart; quand il devait être long, on levait la toile dès cinq heures et demie.

Année théâtrale 1801-1802.

L'ouverture a été faite le 20 fructidor an IX (7 septembre 1801) par ce spectacle :
1º *Arlequin afficheur*, vaudeville ;
2º Un concerto de la composition de Viotti, exécuté par un amateur de Rouen, âgé de treize ans, élève du citoyen Roussel, artiste musicien de cette ville ;
3º La première représentation de *Nourjahad et Cheredin ou l'Immortalité à l'épreuve*, mélodrame en quatre actes, à spectacle.

Dans la troupe nous retrouvons les deux Belcourt, Belval, Bequet, Bithmer, Blondin, Dumas, Dumoulin, Bellement, Maurice et Lucet ; Mmes Belval, Bequet, Bithmer, Deversy, Picard, Burger, Lecoutre et Fressinet. Les artistes nouveaux sont : Villeneuve, Delorge, Delamare, Bougnol, Garnier et Montbrun ; Mmes Ménonval et Montariol.

A la fin de la campagne ont débuté : Michu aîné, rôle de Desmasures dans la *Fausse Agnès* ; Mlle Michu, rôle de la petite sœur dans la même pièce ; Joinville (1), rôle du père de famille dans la comédie de Diderot ; Sainti père, rôle du commandeur, et Sainti fils, rôle de Germeuil dans ce même ouvrage.

Avec un personnel aussi nombreux, il était facile de varier le répertoire ; les artistes en société n'y ont pas

---

(1) Six ans de séjour avaient déjà fait connaître à Rouen cet artiste dramatique.

manqué. On peut en juger par cette liste où ne se trouvent que des pièces qui, à Rouen, n'avaient pas encore été jouées par eux :

L'*Abbé Pellegrin ou la Manufacture de vers*, comédie-vaudeville en un acte.

Adèle ou la Chaumière, comédie en deux actes mêlée de vaudevilles, par l'acteur Bellement. Après la représentation, on a jeté sur le théâtre cet impromptu, qui lui était adressé :

Un tendre sentiment, une aimable candeur
Animent les portraits dont s'embellit Adèle.
Ton esprit, des vertus peintre habile et fidèle,
Sut en puiser les traits dans le fond de ton cœur.

Alvar et Léonore ou les Empiriques, comédie en trois actes et en prose, montée à l'instar de Paris. Première représentation en germinal an X, au bénéfice de *plusieurs* artistes.

L'Amour est de tout âge ou le Pédant amoureux, comédie en un acte et en prose.

Arlequin tout seul, vaudeville en un acte et en prose.

L'Aveu délicat, comédie en un acte.

La *Banqueroute du Savetier*, à propos de bottes en un acte en prose et en vaudevilles. Blondin jouait le rôle de l'Empeigne. Première représentation en nivôse an X, au bénéfice de Mme Picard.

La *Bonne aventure ou Ce n'est pas le diable*, comédie en un acte et en prose.

Le *Café de la Paix ou la Fin d'une partie de bataille*, vaudeville-à-propos en un acte, par un artiste de ce théâtre, Bellement, qui a été rappelé et salué par des applaudissements unanimes. Première représentation le 16 vendémiaire an X (8 octobre 1801), c'est-à-dire quatre jours après l'annonce à Rouen des préliminaires de la paix entre la France et l'Angleterre (voir aux incidents). Les couplets suivants ont été fort goûtés :

Air : *Le magistrat irréprochable.*

Enfant chéri de la victoire
Qui ne compte que des succès,
Pour mettre le comble à ta gloire
Tu viens nous apporter la paix ;
De vingt peuples longtemps arbitre,
Partout on te nommait vainqueur,
Mais tu préfères à ce titre
Celui de pacificateur.   (*bis*.)

L'ÉCRIVAIN.

Air du vaudeville de l'*Abbé Pellegrin*.

On vit la sottise et l'orgueil
Obtenir place d'importance ;
Mais un héros, d'un seul coup d'œil,
Chassa la fourbe et l'ignorance.
Quand il mit les honnêtes gens
A la tête du ministère,
De la chute des intrigants
C'était là le préliminaire.

HIPPOLYTE, *au public.*

Si notre auteur et ses essais
Avec le public sont en guerre,
Que pour décider de la paix
Le congrès se tienne au parterre.

> Imitez l'effort généreux
> De la France et de l'Angleterre,
> Et d'un traité durable entre eux
> Donnez-nous le préliminaire.

Cassandre tout seul, comédie-vaudeville en un acte. Première représentation le 14 nivôse an X, au bénéfice de Blondin.

Le *Château du Diable*, comédie héroïque en quatre actes, à grand spectacle, ornée de danses, chants, combats et d'une pluie de feu. Première représentation le même jour. Le talent du bénéficiaire a inspiré les vers que voici :

> Momus reçut des dieux le don de la saillie ;
> On dit qu'en enjoûment il n'eut jamais d'égal.
> Nous contestons le fait, car de l'original
> Dans Blondin chaque jour nous avons la copie.
>
> Dupont le jeune.

Colombine protégée par l'Amour, pantomime anglaise ou italienne selon le caprice du rédacteur de l'affiche, en trois actes, ornée de nouveaux changements à machines, par Blondin, artiste de ce théâtre. Première représentation le 5 ventôse an X.

Le *Confident par hasard*, comédie en un acte et en vers, par Faur.

Le *Consentement forcé*, comédie en un acte.

Le *Danger des liaisons*, comédie en un acte.

Défiance et Malice, comédie en un acte et en vers, par Dieu-la-Foi. Mme Picard, qui y jouait le principal rôle, a reçu l'hommage de ces vers :

Quel aimable talent, plus digne de la scène,
Chaque jour des plaisirs sait nous ourdir la chaîne !
Certain attrait vainqueur et mille dons heureux,
Sous le masque riant de la vive Thalie,
Enchaînent sur tes pas l'essaim des ris, des jeux.
Picard, entre eux et toi telle est la sympathie
Qu'en tes brillants regards on les voit s'animer
Et diriger les traits par qui tu sais charmer.

Dupont le jeune.

Le *Dix-huit Brumaire*, tableau allégorique analogue à la paix avec l'Angleterre, orné de danses, marches et combats, dans lequel le citoyen Bequet jouait le rôle de l'officier anglais ; tous les artistes y paraissaient. Cette pièce a été donnée le 18 brumaire an X (9 novembre 1801), jour d'une fête solennelle célébrée dans toute la France à l'occasion de la paix. Les auteurs Dumas et Maurice, artistes de ce théâtre, ont mis dans la bouche de la Paix les vers suivants :

Français, il appartient au plus vaillant héros
D'arrêter des méchants les horribles complots.
Aiguisant ses poignards, la hideuse anarchie
Agitait sourdement les torches de l'envie,
Et Bellone, en tous lieux répandant ses fureurs,
De l'univers en deuil préparait les malheurs ;
Le glaive étincelait, déjà grondait l'orage,
Partout on rencontrait la mort sur son passage.
Napoléon (1) paraît, et soudain confondus,
Ses ennemis tremblants, à ses pieds abattus,

---

(1) Surnom de Bonaparte.

Vont exhaler au loin leur impuissante rage.
Dédaignant de saisir un frivole avantage,
Le front ceint de lauriers et l'olive à la main,
Modeste en sa grandeur, il donne au genre humain
Une paix glorieuse et partout désirée.
Sa prudence a chez vous su rétablir Astrée
Depuis longtemps bannie ; enfin, par sa valeur,
Il rend au monde entier son antique splendeur.
Protégeant les vaincus, respectant leur idole,
Son nom sera chanté de l'un à l'autre pôle.
Il sut par ses vertus des peuples ennemis
A l'ombre de la paix faire un peuple d'amis.
Le commerce reprend le cours de sa carrière ;
L'honnête laboureur, en défrichant la terre,
Revoit dans ses guérets dévastés trop longtemps
Les sillons enfanter des épis nourrissants.
Et vous, braves Anglais, dont la noble industrie,
Le courage et surtout l'amour de la patrie
Ont su vous égaler à ce peuple vanté,
Dont le bras défendit les droits, la liberté,
Aux accents de ma voix ne soyez plus rebelles,
Eteignez pour jamais vos haines trop cruelles,
Ne cherchez pas à vaincre. Un funeste succès
Peut changer les lauriers en funèbres cyprès ;
Qu'Albion à la France enfin soit réunie,
Que leurs enfants, guidés par le même génie,
Ne présentent bientôt à la postérité
Que des peuples rivaux en générosité.

Le *Duel singulier*, comédie en un acte.

Les *Dupes d'amour*, comédie-vaudeville en un acte, par Guilain et Blondin, artiste de ce théâtre. Première représentation le 8 pluviôse an X. Ce couplet a été redemandé :

Air des *Portraits à la Mode*.

Autrefois celui qui, par ses talents,
Créait sa fortune au bout de vingt ans,
La partageait avec tous ses parents :
  C'était la vieille méthode.

Il leur disait alors : « Mes amis, j'apporte ici le fruit « d'un travail bien pénible, mais je n'ai pas à en rougir « et je viens le partager avec vous. » Aujourd'hui, quelle différence !

L'on ne voit de riche que l'intrigant,
Aussi méconnaît-il amis, parents ;
Pour lui tout le monde est indifférent :
  Voilà les richards à la mode !

L'*Ecouteur aux portes*, comédie en un acte et en prose.

L'*Escrimomanie ou la Manie des armes*, comédie en deux actes et en prose, qui n'avait jamais paru sur aucune scène, par Bithmer, artiste de ce théâtre. Mme Picard, chargée du rôle d'Adeline, y faisait assaut d'armes et Blondin y remplissait le rôle de Contre-de-Tierce. Première représentation le 8 germinal an X, au bénéfice de l'auteur.

Estelle et Némorin, mélodrame pastoral en deux actes et en prose, orné de danses et de luttes, tiré du roman de Florian. Première représentation le même jour.

La *Fausse Agnès ou le Poète campagnard*, comédie en trois actes.

La *Femme romanesque*, comédie en un acte.

Le *Fils rebelle ou le Duc de Monmouth*, comédie héroïque, fait historique anglais en trois actes. Première représentation en ventôse an X, au bénéfice de Belcourt aîné. Quelquefois on annonçait le *Duc de Monmouth ou le Prince rebelle*.

La *Gageure inutile ou Plus de peur que de mal*, comédie en un acte, en prose et en vaudevilles, par Léger. Voici des vers faits en l'honneur de Mme Deversy, qui y remplissait le principal rôle :

       Sur son joli corsage,
       En son galant contour,
       Folâtre ce volage
       Que l'on appelle Amour.

       Faite sur le modèle
       De cet enfant chéri,
       On le prendrait pour elle,
       On la prendrait pour lui.

                   Par DUPONT le jeune.

Gilles bloqué par les eaux et par les glaces dans l'isle Lacroix, à-propos en un acte, en vers et en vaudevilles, par Ferrand, auteur du *Savetier de Péronne*, orné de costumes analogues. Ferrand y a rempli le rôle de Gilles. Première et unique représentation le 11 ventôse an X (2 mars 1802).

Guerre ouverte ou Ruse contre ruse, comédie en trois actes.

L'*Héroïne américaine*, pantomime en trois actes, à grand spectacle, ornée de danses, marches, combats, évolutions, décors et costumes nouveaux.

L'*Homme à trois visages ou le Proscrit*, drame historique, par Guillebert Pixérécourt, en trois actes et en prose, à grand spectacle et monté à l'instar de Paris, où cette pièce était à sa cinquante-deuxième représentation, lors de la première à Rouen, le 28 frimaire an X.

Jenesaiski ou les Exaltés de Charenton, vaudeville en un acte, par Barré, Despréaux, Dieu-la-Foi et Chazet. C'était une parodie de *Béniowski*, opéra en trois actes de Boïeldieu, que l'on jouait alors au Théâtre-des-Arts. Première représentation le 4 floréal an X. L'exalté Badin raconte ainsi son histoire et les motifs de sa détention.

AIR du vaudeville des *Montagnards*.

Pour avoir dit que la peinture
Etait moins un art qu'un métier,
Et qu'en fait de littérature
Boileau n'était qu'un écolier ;
Dans mon système planétaire
Pour avoir pris sous mon bonnet
Qu'on ne voit point tourner la terre,
On dit que ma tête tournait.

La *Jeunesse de Richelieu*, comédie en cinq actes et en prose.

Le *Jugement de Salomon*, mélodrame en trois actes, mêlé de chants et de danses, monté à l'instar de Paris. Première représentation en pluviôse an X, au bénéfice de Mme Deversy ; cette actrice était très-aimée. A la fin de l'année théâtrale, son départ causa des regrets exprimés ainsi :

Vous nous quittez, Zélis ; adieu tous les amours ;
Ils vont abandonner les rives de la Seine ;

Ces petits dieux frippons suivent leur souveraine :
Que leurs tendres faveurs embellissent vos jours.
Allez, puisqu'un destin, à tous les vœux contraire,
Veut nous ravir en vous ce rare don de plaire,
Cet art et ces talents qui captivent les cœurs,
En d'autres lieux portez leurs attraits séducteurs.
Déjà les jeux légers et les ris et les grâces
Vont prendre leur essor et voler sur vos traces.
Tout s'exile avec vous : d'un rapide plaisir
Il ne nous reste, hélas ! que l'heureux souvenir ;
Qu'il nous caresse au moins dans l'erreur d'un beau songe.
Qu'Amour veuille, au défaut de la réalité,
Dans les bras de Morphée, au sein d'un doux mensonge,
Nous offrir de Zélis les traits et la beauté.

Dupont le jeune.

La *Lettre sans adresse*, vaudeville en un acte et en prose. Plusieurs couplets ont été très-applaudis ; celui-ci d'abord :

Air : *On compterait les diamants*.

Le triste Hymen, le tendre Amour,
Sont deux aveugles en voyage ;
De se conduire tour à tour
Ils se disputent l'avantage.
De l'Hymen brutal et grondeur
L'Amour à la fin se dégoûte,
Il laisse là son conducteur
Et tout seul il poursuit sa route.

En voici deux autres à propos du divorce :

Air de la *Fanfare de Saint-Cloud*.

Le divorce est en pratique
Aujourd'hui pour bien des gens ;

Plus d'un grave politique
Divorce avec le bon sens.
Ce financier qui nous pille
Divorce avec le crédit,
Et plus d'un auteur qui brille
Fait divorce avec l'esprit.

Un ancien riche, par force,
Divorce avec la gaîté ;
Un journaliste divorce...
Mais avec la vérité.
Plus d'une femme à la mode
Divorce avec la pudeur.
Bien des gens trouvent commode
Le divorce avec l'honneur.

Mahomet ou le Fanatisme, tragédie en cinq actes (voir les représentations extraordinaires).

Le *Maréchal des Logis*, fait historique, pantomime en un acte, à grand spectacle, ornée de danses, combats et du couronnement de la rosière, divertissement du citoyen Bequet. Première représentation le 10 frimaire an X.

Maria ou la Forêt de Limberg, ou la Forêt de Huderbegue, pièce en trois actes, à spectacle, ornée de combats, évolutions et d'un décor nouveau.

La *Mort d'Abel*, tragédie en trois actes (voir les représentations extraordinaires).

Nono et Ninie, vaudeville en un acte, parodie de *Montano et Stéphanie*. Première représentation en fructidor an IX. Le public a beaucoup applaudi ce couplet du vaudeville de la fin, qui rend justice à Berton, auteur de *Montano et Stéphanie* :

AIR : *Il faut quitter ce que j'adore.*

Par la plus douce mélodie
Berton enlève notre cœur,
Et par la plus mâle harmonie
En nous il porte la terreur.
Il a dans *Montano* su prendre
Le ton de sensibilité,
Et dans *Léon* il a su rendre
Les traits de l'aimable gaîté.

L'*Oncle et le Neveu amateurs de comédie*, comédie-proverbe en un acte, ou plutôt bagatelle critique dans laquelle Blondin jouait six rôles de différents caractères.

Les *Parisiens à Rouen*, vaudeville anecdotique en un acte, qui n'avait jamais été joué sur aucun théâtre. Première représentation le 22 germinal an X, au bénéfice de *plusieurs* artistes.

Le *Pèlerin blanc ou les Deux Orphelins, ou les Petits Orphelins du Hameau*, pièce en trois actes, à spectacle.

Le *Père de Famille*, comédie en cinq actes, de Diderot.

Philippe le Savoyard ou l'Origine des Ponts-Neufs, comédie-vaudeville en un acte. Première représentation en brumaire an X. Il est question, dans cette pièce, du bouffon Tabarin et de chanteurs établis sur le Pont-Neuf de Paris. Boileau, mêlé à ces farceurs, demande à Philippe où est son hippocrène; ce dernier répond, sur l'air *Aussitôt que la lumière:*

Que m'importe la fontaine
Qui coule au sacré vallon,
Ici la Samaritaine
Arrose mon Hélicon,

Y puisant à tasse pleine
Je compose ma chanson,
Je chante, et mon hippocrène
M'accompagne en carillon.

Voici un autre couplet qui a été fort goûté :

AIR : *Charmante Gabrielle.*

Dans ma joyeuse extase
Je sais, chaque matin,
Prendre pour mon Pégase
Ce cheval mon voisin ;
Il me peut à la gloire
Porter ici ;
Il fit à la victoire
Voler Henri.

La *Pièce qui n'en est pas une*, comédie-parade en un acte, mêlée de vaudevilles, par Georges Duval, Bonnel et Servières. Première représentation le 24 brumaire an X. Cette œuvre légère, qui se joue dans la salle, renferme des couplets en l'honneur du premier Consul ; puis on y voit Richelet, auteur du théâtre Montansier, dans la bouche duquel est mis ce couplet en faveur du Vaudeville :

AIR : *Une fille est un oiseau.*

Si quelqu'auteur en secret
Demandait au Vaudeville
Quel est, en France, l'asile
Qu'il préfère, il répondrait :
« Fils de la Gaîté, je brille
« Aux lieux où l'esprit pétille ;
« Les plaisirs sont ma famille,

« Ainsi que l'a dit Boileau.
« L'univers est mon empire ;
« Partout où l'on aime à rire
« Je retrouve mon berceau. »   (*bis.*)

Le même auteur dit ailleurs, en parlant encore du Vaudeville :

AIR : *Trouverez-vous un Parlement ?*

Sur ce qu'on fait, sur ce qu'on dit,
On l'entend sans cesse médire.

L'ENVOYÉ DE MONTANSIER.

Avec l'éloge on affadit,
On corrige par la satyre ;
Ce caustique et charmant enfant,
Qui sur ce principe se fonde,
Lance des pierres en riant
Dans le jardin de tout le monde.

Ces pierres qu'il sut amasser,
Par Momus lui furent données ;
Le droit exclusif d'en lancer
Est à lui depuis dix années.

RICHELET.

Chacun avec vous conviendra
Qu'à cet honneur il a des titres,
Mais en jetant ces pierres-là
Trop souvent il casse les vitres.

Piron à Beaune, ânerie anecdotique en un acte et en prose, mêlée de vaudevilles. Première représentation en nivôse an X. Piron chante ce couplet au maire de Beaune :

Air : *Ton humeur est, Catherine.*

Aux chardons ma main profane
A fait sentir sa vigueur ;
Vous êtes juste, bon... ah ! ne
Montrez pas trop de rigueur.
J'ignorais, foi d'honnête homme,
Tant j'avais l'esprit troublé,
Qu'à Beaune, ce serait comme
Si j'avais coupé du blé.

Et celui-ci sur le vin de Beaune :

Air du *Pas redoublé.*

C'est le meilleur de tous les vins,
J'en veux boire à plein verre :
A la santé des échevins,
A la santé du maire.
Pour savourer un jus si bon
Et que tout buveur prône,
Que mon cou n'est-il aussi long
Qu'on a l'oreille à Beaune.

Pygmalion, scène lyrique.
La *Revue de l'an IX*, comédie-vaudeville en un acte. Première représentation le 20 pluviôse an X, au bénéfice de Mme Deversy. — Une fois on l'a jouée le même jour que la revue de l'an VIII.—Les couplets les plus applaudis ont été les suivants. Florimond demande à Dorlis pourquoi il a cru qu'il ne reviendrait jamais de Versailles. Dorlis lui répond :

Air : *J'ai vu partout dans mes voyages.*

Je l'avoûrai, notre voyage
Jusqu'à Sèvre fut assez prompt ;

Mais, d'après un ancien usage,
A Sèvre il faut passer le pont.
Or, à la barrière où l'on passe
La foule venait s'entasser,
Si bien que, grâce au droit de passe,
Personne ne pouvait passer.

A l'occasion du 18 brumaire et du héros de cette fête, on chantait ceci :

AIR : *Trouverez-vous un Parlement ?*

Dès longtemps il voit sans effroi
Les noires vapeurs de Brumaire ;
Rien ne troublera, croyez-moi,
Ce mémorable anniversaire.
Son destin veut que ce jour-là
Brille sans nuage et sans voile,
Et le soleil se montrera
Pour obéir à son étoile.

Et enfin cette demande à Potdevin, faiseur d'affaires :

AIR : *Une fille est un oiseau.*

Quelqu'un voudrait acquérir
En France un modeste asile,
De la discorde civile
Qui n'ait eu rien à souffrir,
Où l'on ait fui le divorce,
Où l'on n'ait rien fait par force,
Où chaque voisin s'efforce
D'être utile à son voisin,
Où l'on dise ce qu'on pense,
Où chacun soit dans l'aisance.

POTDEVIN.

Vous repasserez demain. *(bis.)*

Le *Sérail à l'Encan*, comédie épisodique ornée de chants et de danses. La petite Bequet, âgée de quatre ans, remplissait le rôle de la petite Lapone. Première représentation en ventôse an X, au bénéfice de Belcourt aîné.

Le *Sourd et la Babillarde*, comédie en un acte et en prose.

Théodore le fataliste ou le Juif bienfaisant, par Bithmer, artiste de ce théâtre, drame en trois actes et en prose qui n'avait jamais été joué sur aucune scène. Première représentation en nivôse an X, au bénéfice de Mme Picard. Succès dû, en grande partie, au talent de Belcourt aîné, qui a reçu cet hommage à prétention poétique :

Que tu sais bien, Belcourt, au gré de nos désirs,
Varier avec art, augmenter nos plaisirs!
Là tu peins la douleur, ici la folle ivresse ;
Chaque tableau fidèle en toi nous intéresse.
De ce juste tribut tel est l'écho flatteur.
Digne amant de Thalie et fils de Melpomène,
Par un double talent on te voit sur la scène
Egayer notre esprit et toucher notre cœur.

DUPONT le jeune.

Tiens bon, tu l'auras, ou *le Parasite*, comédie en un acte et en prose, mêlée de vaudevilles, par Paviot et Lami. Ce couplet a été très-applaudi :

AIR du *Plaisir en famille*.

De la fortune et de ses jeux
On peut réparer le caprice ;

On peut faire d'un coup affreux
Disparaître la cicatrice.
Mais, hélas ! malheur à celui
Qu'en riant d'un trait on accable,
Car du ridicule aujourd'hui
La blessure est ineffaçable.

Le *Vieux Major ou la Ruse d'Amour*, vaudeville en un acte et en prose, par Léger et Pixerecourt.

Zoriada ou la Fille du grand Mogol, comédie en quatre actes, ornée d'un ballet chinois, composé par Bequet, artiste de ce théâtre.

Total, cinquante-cinq ouvrages pour la troisième campagne des artistes de l'Ambigu-Comique, qui, en même temps, avaient maintenu à la scène quarante-quatre pièces du répertoire des deux premières, par exemple : *Fénélon*, le *Chaudronnier de Saint-Flour*, le *Réveil du Charbonnier*, le *Galant Savetier*, l'*Enfant du Malheur*, le *Bon Valet*, *Clémence et Formose*, le *Moine*, le *Vieux Célibataire*, *Colombine invisible*, etc., etc.

REPRÉSENTATIONS EXTRAORDINAIRES. — Dès le lendemain de l'ouverture, un spectateur ayant demandé que Chaperon fût engagé pour quelques soirées, cet artiste a reparu et a joué Robert dans *Robert chef de Brigands*, Caïn dans la *Mort d'Abel*, Mahomet dans la tragédie de ce nom et Valsain dans les *Fausses infidélités*. Cinq jours avant son départ, il a donné à son bénéfice *Othello ou le Maure de Venise*, le 5 vendémiaire an X.

Un spectacle *par extraordinaire* a eu lieu à la fin de ventôse an X. Le citoyen Gosset, maître d'armes de Rouen et père de famille, ayant eu le malheur d'avoir la jambe cassée, les artistes sociétaires se sont réunis avec les professeurs et amateurs de cette ville pour donner, *ledit jour*, à son bénéfice, un assaut d'armes, exécuté par les citoyens Lambert, Carme, Prevost, Bithmer et plusieurs professeurs et amateurs. La représentation a commencé par une comédie en un acte et a fini par un ballet.

CONCERTS ET INTERMÈDES. — Deux concerts seulement ont été organisés dans l'année, c'était en brumaire an X ; Mme Rosine-Quesney, artiste du théâtre Feydeau, y a chanté plusieurs morceaux. Au contraire, rien n'était si fréquent que des intermèdes qui permettaient au premier venu de monter sur la scène ; tantôt un enfant de huit ans y exécutait un concerto de flûte, tantôt le nommé Borin, âgé de treize ans, était admis à faire entendre le neuvième concerto de Kreutzer.

Il faut citer encore Villeneuve, artiste de ce théâtre, qui jouait de la clarinette ; — Delange, qui exécutait sur le même instrument un concerto de la composition de Lefebvre ; — Pruno, professeur de piano et de chant et élève du Conservatoire de musique de Paris, qui a joué, entre autres, la sonate de Stelbelt ;—Mlle Ménonval, qui exécutait un duo d'Epicure avec l'artiste précédent et chantait une romance composée par lui ; — enfin, Mlle Joly, âgée de quinze ans, élève de son père, artiste à ce théâtre, qui exécutait sur la harpe une sonate de Cousineau, un air de Piccini, l'ouverture del signor Cimarosa, un pot-pourri arrangé par Delamanière, et qui chantait aussi quelquefois la romance des *Deux Prisonniers*.

BALLET. — Tout le poids de la danse a continué à être supporté par Lucet et Mlle Fressinet, secondés par M. et Mme Bequet et par Dumas, artistes comédiens. Tous les quatre dansaient dans le ballet chinois de *Zoriada*, dont nous venons de parler, et dans plusieurs autres divertissements sans titre spécial. Dans l'un d'eux, Lucet et Mlle Fressinet exécutaient le *Menuet de la Mariée*, et, Lucet, un pas niais. Un jour, dans un entr'acte, un pas montagnard était dansé par M. et Mme Bequet; le lendemain, c'était l'*Allemande*, par Dumas et Mlle Fressinet; d'autrefois, l'*Anglaise* ou la *Colinette*, par le petit Julien, âgé de sept ans, qui réglait lui-même ces deux pas.

BALS. — A partir du 18 pluviôse an X (7 février 1802) jusqu'au 4 germinal de la même année (25 mars 1802), il y a eu sept bals parés et masqués, à onze heures, après le spectacle. Le prix du billet était de 1 fr. 80 c. (1 liv. 16 sols). L'une de ces fêtes nocturnes a été donnée le 11 ventôse an X, mardi-gras de l'année 1802, les six autres soit un dimanche, soit un jeudi.

La clôture a été faite le 15 floréal an X, par le spectacle ci-après :
1° La *Bible à ma Tante* ;
2° La première représentation du *Consentement forcé* ;
3° L'*Homme à trois Visages*.

INCIDENTS.

Ce fut avec transport que les habitants de la ville de Rouen reçurent, le 12 vendémiaire an X (4 octobre 1801), la nouvelle de la signature des préliminaires de la paix entre la France et l'Angleterre. Ce jour-là, aux deux théâtres, au Théâtre-des-Arts et au théâtre de la République, on a lu une lettre officielle à ce sujet. Au théâtre de la République, cette lecture a été suivie du chant de trois couplets, pour ainsi dire improvisés, par Dumas et Maurice, artistes de la troupe; en voici le texte :

AIR : du *Réveil du Peuple*.

Qu'ai-je entendu ! L'airain raisonne,
Le glaive brille dans nos mains ;
Est-ce le trépas qui moissonne
Ou vient-on changer nos destins ?
Amis, dissipez vos alarmes,
Ce bruit annonce aux bons Français
Qu'il est temps de poser les armes,
Ce bruit nous annonce la paix !   (*bis.*)

O vous, qu'un intérêt barbare
Fit combattre pendant dix ans,
Que l'océan qui nous sépare
Joigne nos pavillons flottans.
Ne formons plus qu'un peuple frère,
Soyons amis, braves Anglais,
Etouffons le cri de la guerre
Par les chants joyeux de la paix !   (*bis.*)

Toi dont les vertus, le génie,
Attestent l'intrépidité,
Malgré les efforts de l'envie,
Marches à l'immortalité.
Sur l'airain, voyant ton image
Et le récit de tes hauts faits,
Les Français diront d'âge en âge :
C'est lui qui nous donne la paix !   (*bis.*)

Le second incident a porté le deuil au sein de la Société formée entre les artistes de l'Ambigu-Comique de Paris pour l'exploitation de la seconde scène de Rouen. L'un d'eux, Boucly-Bellement, était, le 12 nivôse an X, dans une des boutiques de la rue Cauchoise, lorsqu'il tomba frappé de mort subite. Cet acteur, né à Rheims et âgé alors de trente-cinq ans, était neveu de Boucly, professeur célèbre à l'Université de Paris, et de l'abbé Auger, ancien professeur d'éloquence sacrée et traducteur des principaux auteurs grecs.

Le corps de Bellement a été inhumé le 13 nivôse dans le cimetière Saint-Gervais, en présence de tous les artistes des deux théâtres. — Le 19, les artistes du théâtre de la République ont fait faire, en l'église Saint-Eloi, un service auquel assistaient tous leurs camarades du Théâtre-des-Arts. Les musiciens du théâtre dont Bellement avait fait partie y ont exécuté des morceaux relatifs à la circonstance, comme on disait alors.

En même temps, Dupont le jeune, qui avait la spécialité des vers en l'honneur des acteurs et des actrices, faisait publier ceux-ci :

AUX MANES DE BELLEMENT.

Jeune élève des arts dont les heureux prémices
Surpassaient notre attente et faisaient nos délices,
Sur toi s'étend, hélas, un funèbre cyprès,
Mais de la sombre nuit sortiront tes succès ;
A notre souvenir ton talent dût prétendre
Et nos regrets constants honoreront ta cendre.

Bellement, on le sait, n'était pas seulement acteur, il était aussi auteur dramatique de quelque mérite ; on a de lui *Adèle ou la Chaumière* (1), le *Rentier*, le *Café de la Paix* (2), la *Maison de Campagne ou Hommage à Pierre Corneille* (3), etc.

Au mois de floréal an X, dans la garnison de Rouen, se trouvaient les grenadiers de la 55ᵉ demi-brigade. Le 12 (2 mai 1802), ces soldats ont exécuté les manœuvres et les évolutions militaires dans *Victor ou l'Enfant de la Forêt*. L'affiche l'avait annoncé comme un attrait de plus pour le public.

---

(1) Voir pages 55 et 114.
(2) Voir page 114.
(3) Voir pages 101 et 110.

Année théâtrale 1802-1803.

(Première partie.)

Aussitôt après la clôture, qui avait eu lieu le 15 floréal an X (5 mai 1802), les artistes réunis de l'Ambigu-Comique de Paris sont partis pour le Havre afin d'y donner, comme ils le faisaient chaque année, une série de représentations. Ils y ont joué, dès le 26 floréal, le *Père de famille* et la *Banqueroute du Savetier*. Joinville, Sainti père, Belcourt aîné, Blondin, Mmes Picard et Deversy firent les délices du public havrais.

En leur absence le citoyen P. Rode, membre du Conservatoire de musique de Paris, qui avait, quelques jours auparavant, donné un concert dans la salle des citoyens Duménil et Valery, rue Dinanderie, en a donné un deuxième et dernier le samedi 2 prairial an X au théâtre de la République. On commençait à six heures et demie. Le prix de toutes les places était de 3 fr. Avec P. Rode étaient Mme Quesney, cantatrice du théâtre Feydeau; Mme Lhoëst, harpiste; Mme Delaroche, pianiste; Schneider, cor, et Réthaler fils, clarinette.

Le dimanche 1er messidor de la même année républicaine, les artistes sociétaires n'étant pas encore revenus, un physicien, du nom de Palatini, s'installa momentanément dans la salle du Vieux-Marché.

L'affiche, ce jour-là, était ainsi conçue :

« Le célèbre Palatini, seul et unique en France dans

son genre, aura l'honneur de donner aujourd'hui un spectacle brillant :

« 1° Il débutera par la tourterelle de Barbarie qui portera dans son bec la pensée la plus secrète d'une personne de la société. Cette expérience, qui n'a pas encore paru jusqu'à ce jour, est faite pour fixer l'attention du spectateur ; 2° il fera couper la tête d'un animal vivant, il jettera la tête d'un côté et le corps de l'autre, il reprendra ladite tête, la remettra à sa place et fera revivre l'animal par une science physique ; 3° il y aura une douzaine d'œufs sur la table, une personne de la compagnie en prendra un, le visitera et s'assurera s'il ne serait pas préparé ; après quoi, elle demandera un oiseau tel qu'elle le souhaitera, on cassera l'œuf et on verra sortir l'oiseau demandé, qui chantera l'air que la personne désirera, analogue à son espèce ; cet oiseau fera des équilibres qui étonneront les spectateurs ; 4° il y aura un vase d'argent sur la table, dont les dames demanderont les fleurs qui leur feront plaisir ; on les verra naître dans quatre minutes et elles auront la même odeur que si elles venaient d'être coupées sur la plante ; 5° une personne de la compagnie tiendra quelque chose dans sa main, ce qu'elle tiendra se transformera en un animal vivant, des plus rares, sans toucher la personne ni ce qu'elle tiendra dans sa main.

« Le spectacle sera terminé par le citron physique, dont le célèbre Palatini est l'inventeur. On trouvera renfermé dans ce citron la pensée la plus secrète. Enfin, il donnera plusieurs expériences et autres métamorphoses qu'il ne détaille point ici, mais qui n'en seront pas moins agréables ; il prie les amateurs et les dames de vouloir bien l'honorer de leur présence ; il n'oubliera rien pour mériter leurs applaudissements.

« On prendra, aux premières, 2 liv. ; au parquet, 1 liv. 10 s. ; aux secondes, 1 liv. ; au parterre et troisièmes, 12 s.

« On commencera à cinq heures précises. »

Le jeudi suivant, 5 messidor, deuxième soirée de Palatini ; le dimanche 8, troisième et dernière. « Il a escamoté une jeune Vénitienne ayant cinq pieds deux pouces et demi de hauteur, il l'a métamorphosée en mouton et de mouton en bombe. Le spectacle a été terminé par des équilibres d'une force sans pareille. » Pour le reste, même programme que la première fois.

Quelques jours plus tard, le 16 messidor, le théâtre de la République s'est encore ouvert par extraordinaire : c'était pour une œuvre charitable. Belcourt jeune n'avait pu accompagner au Havre ses camarades, retenu qu'il était à Rouen par les suites d'une chute faite au théâtre, laquelle, depuis cinq mois, l'avait privé d'exercer son état. Les artistes du Théâtre-des-Arts, touchés de son malheur, ont organisé à son bénéfice une représentation ainsi composée :

1º Les *Femmes savantes*, comédie en cinq actes et en vers ;

2º Différents airs variés, exécutés sur la harpe, par Mme Dumouchel, première chanteuse forte Dugazon et Scio ;

3º Les *Fausses infidélités*, comédie en un acte et en prose ;

4º Le *Tableau parlant*, opéra, Mme Dumouchel jouant Colombine.

Au bout de deux mois et demi de fermeture, les acteurs de l'Ambigu-Comique n'étaient pas de retour. La salle fut de nouveau accordée à des artistes en passage.

Le citoyen Garnier, ci-devant directeur du Théâtre-Français de l'Opéra-Bouffon de Paris, et le citoyen Beaulieu, premier acteur de Paris pour les rôles comiques (1), ont donné, le lundi 30 messidor an X, une première représentation des *Cent louis*, comédie dans laquelle le citoyen Beaulieu a rempli le principal rôle, suivie de la première représentation de la *Fausse Amie*, comédie ; le spectacle était terminé par l'*Heureux Quiproquo*, comédie dans laquelle le citoyen Beaulieu a rempli le rôle d'André. La compagnie d'artistes physiciens, créée à Paris pour les pays étrangers, a donné à la suite de ce spectacle une représentation d'expériences physiques, d'après les procédés fidèles du célèbre Cagliostro ; ils ont fait connaître :

« Les mystères des anciens Mages de Delphes et de Memphis par lesquels ils rendaient leurs oracles, la Mort sortant de son tombeau, plusieurs squelettes mouvants, l'ombre de Samuel, plusieurs figures vivantes, apparition du premier consul Bonaparte, une femme pleurant sur le tombeau du général Desaix, apparition de la nonne sanglante, Daniel dans la fosse aux lions, le jugement de Pâris, Diane et Vénus parcourant les mers sur une conque, la résurrection des morts, l'atmosphère tout en feu, la chouette et la chauve-souris, feux follets, jardin des amours »

---

(1) Déjà connu à Rouen. Voir l'*Histoire du Théâtre-des-Arts*, vol. 1er, p. 409.

Les expériences ont été terminées par la danse des lions, des démons et des squelettes.

Ces effets, disait l'affiche, seront ménagés de manière que les dames les plus susceptibles puissent voir avec intérêt et sans aucune inquiétude toutes ces expériences.

Le prix des places était ainsi fixé : Premières et parquet, 2 liv. 8 s.; — secondes, 1 liv. 16 s.; — parterre, 18 s.; — troisièmes, 15 s.

Le surlendemain, Beaulieu et Garnier ont donné *Défiance et Malice*, l'*Amour et la Raison*, les *Cent louis*, comédies en un acte, et *Jérôme Pointu*, pièce que Beaulieu avait jouée cent fois de suite à Paris.

On avait pensé à rassurer *les dames les plus susceptibles*, mais on avait oublié les voleurs. Or, voici ce qui advint : Pendant toute la fantasmagorie funèbre des artistes physiciens, la salle était, bien entendu, très-mal éclairée; et il a été volé une grande quantité de mouchoirs de poche, de tabatières et de montres, à tel point que, le 2 thermidor an X, un avis émanant du commissaire chef du bureau de la police civile et administrative de la mairie invitait les victimes de ces vols à se présenter à ce bureau tous les jours, de onze heures du matin à deux heures après midi, pour désigner et réclamer ces objets.

Il est temps d'expliquer pourquoi les artistes en société qui avaient exploité, pendant près de trois années, le théâtre de la République, s'obstinaient à rester au Havre et ne revenaient pas reprendre une entreprise par le fait assez lucrative. C'est que l'administration supérieure était mal disposée, sinon à leur égard, du moins au maintien d'un second théâtre à Rouen. Le 7 messidor an X, dans une circulaire du ministère de l'intérieur (département de l'instruction publique), le conseiller d'Etat, chargé de la direction et de la surveillance de l'instruction publique, notifiait aux préfets « qu'il était nécessaire « de donner aux théâtres une direction utile et de les « faire servir au retour de la morale et du bon goût. » Le même fonctionnaire sollicitait des préfets, le 29 messidor suivant, l'envoi du répertoire de chaque trimestre. Dans la réponse de M. le préfet de la Seine-Inférieure à ces deux circulaires, se trouve, à la date du 3 thermidor an X, une phrase bien significative : « Les artistes du « théâtre de la République sont momentanément au « Havre ; je leur imposerai l'obligation de me présenter « leur répertoire, s'ils ouvrent de nouveau leur salle. »

Si le préfet de la Seine-Inférieure écrivait ces mots : *s'ils ouvrent de nouveau leur salle*, c'est qu'il connaissait déjà le vœu du conseil général du département sur la réunion des deux théâtres de la ville de Rouen. En effet, le mois de thermidor n'était pas encore écoulé, qu'il adressait au ministre de l'intérieur, relativement à ce vœu, une lettre si remarquable que nous la produisons tout au long :

« *Lettre du préfet de la Seine-Inférieure au ministre de l'intérieur, relative au vœu du conseil général du département sur la réunion des deux théâtres de la ville.*

« ... Thermidor an X (1).

« Citoyen ministre,

« Vous me demandez de vous faire passer le vœu du

---

(1) La minute de cette lettre ne renferme pas de date plus précise.

conseil général du département sur la réunion des deux théâtres de la ville de Rouen et d'y joindre mon avis particulier ; l'extrait ci-joint répond à la première partie de votre lettre (1), je passe à la seconde.

« Je dois d'abord vous rendre compte de l'état actuel des choses. Il existe à Rouen : 1º un grand théâtre, appelé le Théâtre-des-Arts ; 2º le théâtre de la République ou le petit théâtre ; 3º le Théâtre sans prétention ; 4º enfin plusieurs tréteaux des bateleurs.

« Le premier théâtre a conservé une faible tradition de l'art dramatique, c'est-à-dire qu'on y retrouve de temps en temps quelques-unes des productions qui honorent la scène française à travers celles qui l'ont souillée dans ces temps nouveaux.

« Le deuxième théâtre offre à peu près le même répertoire que celui de la Cité ou de Nicolet à Paris ; on y joue les pièces dont les sujets ont droit d'intéresser la dernière classe de la société, parce qu'ils sont pris dans son sein. Il est difficile de croire que l'art dramatique puisse descendre plus bas.

« Le Théâtre sans prétention et les tréteaux des bateleurs infirment ce jugement : ils sont encore au-dessous du petit théâtre et lui enlèvent, à ce titre, un assez bon nombre de spectateurs.

« Au reste, dans aucun de ces théâtres on ne peut offrir les chefs-d'œuvre qui ont élevé la scène française au-dessus de tout ce que l'esprit humain a produit de plus élevé parmi les anciens et les modernes et, dans une ville de cent mille âmes, qui fut le berceau du grand

---

(1) Cet extrait ne se trouve qu'au ministère de l'intérieur.

Corneille, on ne joue pas et il n'est pas permis de hasarder sur la scène une pièce du grand Corneille.

« Vous pouvez, citoyen ministre, juger par ce seul trait dans quelle misérable dégradation est tombé l'art dramatique à Rouen, et cependant il y fut longtemps en honneur. Longtemps les acteurs les plus renommés de la capitale n'abordaient qu'en tremblant une ville où le goût avait conservé une pureté sévère. Mlle Dumesnil disait qu'elle venait chercher, non pas de l'argent, mais des leçons, et Lekain, déjà en possession constante des applaudissements de la capitale, fut sifflé par le public de Rouen et convint que c'était celui-ci qui avait raison.

« Je passe maintenant à l'administration financière de ces établissements.

« Jadis le spectacle de Rouen offrait une entreprise lucrative, le citoyen Neuville et après lui la demoiselle Montansier y ont fait des profits marqués; mais depuis la Révolution, ce spectacle est devenu pour trois entrepreneurs successifs une occasion infaillible de ruine, et le dernier d'entre eux, l'intéressant et malheureux Michu, a été chercher au fond de la rivière un refuge contre les huissiers dont il était poursuivi.

« Et permettez que j'observe sur-le-champ que la ruine de l'entrepreneur est toujours celle de l'entreprise, en sorte qu'une foule de fournisseurs, d'hommes à gages, d'ouvriers, d'hommes de peine, s'y trouvent nécessairement compris. C'est une banqueroute qui ne frappe pas sur la classe des négociants, qui font entrer cette chance parmi celles du commerce, mais qui atteint la classe malheureuse, quelle prive à l'instant même de tout moyen de subsistance et réduit au désespoir.

« Maintenant, d'où provient cette différence entre l'ordre ancien et le désordre de nos jours? je l'attribue en grande partie à la multiplicité des théâtres et j'estime que la morale publique, les intérêts du goût, la renaissance de l'art sont également attachés à la réunion en un seul des deux théâtres principaux qui existent à Rouen.

« Je dis des deux théâtres principaux; en effet, les autres ne sont, à proprement parler, que des tréteaux, écoles de grimaces, d'équivoques ou de turlupinades, qui, aux yeux de l'homme instruit, ont au moins le mérite de reproduire le berceau de l'art, et, aux yeux de l'administrateur, celui d'amuser sans danger la portion du peuple condamnée à une perpétuelle enfance.

« Je porte un jugement tout différent du théâtre de la République ou du petit théâtre, que je tiens, comme tous les établissements de ce genre, pour également funeste à la morale et au bon goût. D'abord à la morale; quels sont, en effet, les sujets habituels des pièces qu'on y joue? quels sont les acteurs qu'on y met en scène? Les sujets des pièces sont le triomphe de la fourberie, de l'insolence, du mensonge, du vol, sur la bonne foi, la candeur, la simplicité et la vérité. Les acteurs sont d'honnêtes et de crédules artisans, immolés sans pitié à la risée du parterre, au profit d'un apprentif ou d'un garçon de boutique fripon et libertin, et le beau rôle est sans difficulté pour le dernier.

« L'apprentif, le garçon de boutique et le journalier, spectateurs habitués, trouvent là des exemples à leur portée; il n'en est pas un qui, de retour à son atelier ou à son comptoir, ne rencontre l'occasion d'imiter ce qu'il a vu et, comme le rôle odieux a été le mieux fêté, c'est de celui-là qu'il ne manquera pas de s'emparer. Ainsi le fond de ces pièces, qui est communément une injure au bon sens, est une atteinte plus dangereuse aux mœurs en ce qu'il offre aux spectateurs des dernières classes de la société des modèles de bien qu'ils peuvent s'approprier, mais leur révèle en même temps des turpitudes qu'ils peuvent reproduire, et il faut reconnaître qu'aucun avantage ne balance ce terrible inconvénient.

« J'ose à peine parler des intérêts du goût, car le goût est un accord de convenances parmi lesquelles la décence tient le premier rang ; je sais qu'il faut des spectacles pour toutes les classes de la société, sans doute, et cette vérité a été sentie par les maîtres de la scène française, qui ont attaché le germe de leur génie à des productions à la portée du peuple, mais ces écrivains philosophes tempéraient, par de profondes combinaisons, ce que certaine partie du drame offrait d'immoral et en plaçaient les principaux personnages dans les hautes classes de la société, dans ces classes que le peuple considère comme composées d'êtres d'une autre nature qu'il ne peut jamais imiter.

« A mesure que je pénètre dans cette discussion, le cercle s'en agrandit et je pourrais reprocher ici aux petits théâtres d'avoir détruit l'empire des règles de l'art en familiarisant les jeunes auteurs avec des succès faciles et d'être la première cause de cette déplorable confusion des genres, de cet oubli des principes, de cet insens dramatique, dont les auteurs les plus recommandables ne savent plus se défendre.

« Mais c'est à vous, citoyen ministre, qu'il appartient de s'élever aux considérations de cette nature, je rentre dans ma localité pour n'être pas plus longtemps hors de mon sujet.

« Je crois que l'existence du petit théâtre de Rouen nuit aux mœurs et il a cela de commun avec tous les établissements de ce genre, je dois même ajouter que si le vice de l'établissement pouvait se corriger par la conduite des sujets qui le composent, le petit théâtre de Rouen serait le moins dangereux de la République.

« J'ajoute qu'il nuit aux progrès de l'art dramatique. La ville de Rouen offre à peine un nombre de spectateurs suffisant pour entretenir un seul théâtre ; il faut donc se les disputer, et il résulte de cette lutte que le grand théâtre descend au genre du petit, perd de son ancien répertoire et lui substitue la déplorable nomenclature de ces pièces qui attirent la foule et font gémir l'homme de goût. Dans le même temps, le petit théâtre, fier de la faveur attachée à son existence, veut s'élever jusqu'aux pièces larmoyantes, enlève un jour un acteur au grand théâtre, le lendemain affiche une de ses pièces et partage ainsi des intérêts et des efforts dont la réunion seule pourrait obtenir quelques succès honorables.

« Enfin, les deux théâtres languissent également sur des ruines, dont chaque jour ils augmenteront le monceau ; l'administration du petit théâtre est dans la même position et cette position est forcée pour l'un comme pour l'autre.

« J'estime donc qu'il est instant de soumettre les théâtres de Rouen à une police nouvelle et de n'en admettre qu'un seul ; mais, en même temps que je propose cette mesure, je recommande à la justice, à la bienveillance du ministre, les acteurs du petit théâtre ; je crois qu'il est possible de les employer utilement et même d'extraire de leur répertoire quelques pièces qui ont été accueillies avec un juste intérêt et qui contribueraient, en les plaçant avec adresse, à réconcilier les spectateurs avec les chefs-d'œuvre de nos maîtres.

« BEUGNOT,

« *Préfet de la Seine-Inférieure.* »

Du vœu du conseil général et de l'opinion si nettement formulée du préfet du département, est résultée sur-le-champ la réunion des deux théâtres de Rouen.

Direction Granger Desroziers et Borme.

A l'époque de la réunion officielle des deux théâtres de Rouen, celui de la porte Grand-Pont était administré par Granger aîné, Desroziers et Borme. Ils prirent à loyer la salle du Vieux-Marché et y firent jouer la troupe du Théâtre-des-Arts.

Année théâtrale 1802-1803.

(Deuxième partie.)

Nous faisons commencer la seconde partie de l'année théâtrale 1802-1803 au mercredi 7 fructidor an X (25 août 1802), parce que ce jour-là la troupe du Théâtre-des-Arts a pris, pour ainsi dire, possession de la salle du théâtre de la République. Le spectacle se composait :

1° De *Mérope,* tragédie en cinq actes et en vers, dans laquelle une élève de Mlle Sainval, désirant se faire connaître, a rempli le rôle de Mérope;

2° Du *Chaudronnier de Saint-Flour*, comédie-vaudeville en un acte, dans laquelle un enfant âgé de sept ans a rempli le rôle du petit Jacques.

Ce n'est toutefois qu'à partir du mois de vendémiaire an XI que la direction a exploité d'une manière suivie la seconde scène rouennaise avec les acteurs de la première. On y jouait tous les dimanches, presque toujours le lundi et quelquefois le vendredi ou le samedi. Enfin, pendant l'hiver, la salle du Vieux-Marché était ouverte le mercredi, parce que, ce jour-là, il y avait redoute au grand théâtre.

A part le *Désespoir de Jocrisse*, comédie en deux actes et en prose, et *Pat-à-qu'est-ce ou le Barbouilleur d'enseignes*, comédie-variété, toutes les pièces représentées au théâtre de la République appartenaient au répertoire du Théâtre-des-Arts. Le *Désespoir de Jocrisse* était d'ailleurs une reprise; on l'avait donnée à ce théâtre en 1793, quelques jours après l'inauguration de la salle. Quant à *Pat-à-qu'est-ce*, c'était une première représentation (vendémiaire an XI); elle n'a eu qu'un demi-succès. A la fin de l'ouvrage, le barbouilleur d'enseignes, Pataquès, a demandé au public s'il voulait connaître l'auteur : « Si Pataquès, a-t-il dit, vous a-t-amusé-z-un instant, j'vous dirai que j'sais qué'qui l'a fait, mais si vous êtes mécontents et qu'vous me demandiez à qui qu'est c'te pièce-là, moi j'vous répondrai je n'sais pat-à-qu'est-ce. » Le public, peu flatté, n'a pas demandé l'auteur. Nous pouvons cependant affirmer que c'est Martainville.

Les artistes du Théâtre-des-Arts desservant la deuxième scène rouennaise y ont joué la tragédie, le drame, la comédie et l'opéra.

Trois tragédies : *Gabrielle de Vergy*, *Zaïre* et la *Veuve du Malabar ou l'Empire des coutumes*.

Cinq drames : l'*Habitant de la Guadeloupe*, *Clémentine et Désormes*, *Misanthropie et Repentir*, l'*Honnête criminel* et *Laure et Fernando*.

Trente-trois comédies :

L'*Abbé de l'Epée*.   L'*Avare*.
Les *Amants Prothée*.   Le *Barbier de Séville*.

Le *Bourru bienfaisant*.
Les *Bucherons* (1).
Catherine ou la Belle Fermière.
Claudine de Florian.
Le *Collatéral*.
Le *Consentement forcé*.
Contre-temps sur contre-temps.
Les *Deux Frères ou la Réconciliation*.
Les *Deux Pages*.
L'*Ecole des Bourgeois*.
L'*Ecole des Femmes*.
La *Fausse Agnès*.
La *Femme juge et partie*.
Le *Festin de Pierre*.
Les *Fourberies de Scapin*.
Le *Glorieux*.
Le *Légataire universel*.
La *Martingale*.
Le *Menteur*.
Le *Mercure galant*.
La *Mère coupable*.
L'*Obstacle imprévu*.
Le *Pacha de Suresne*.
Paméla.
La *Petite ville*.
Les *Précepteurs*.
Le *Somnambule*.
Le *Sourd ou l'Auberge pleine*.
Tartufe.

Enfin vingt-six opéras :

Adolphe et Clara.
Alexis.
Alexis et Justine.
Ambroise.
Azémia.
Blaise et Babet.
Le *Déserteur*.
La *Dot*.
L'*Epreuve villageoise*.
Félix.
Une *Folie*.
L'*Irato*.
Marcelin.
Le *Maréchal ferrant*.
La *Mélomanie*.
L'*Opéra-Comique*.
Paul et Virginie.
Le *Petit Matelot*.

---

(1) Divertissement plutôt que comédie, voir l'*Histoire du Théâtre-des-Arts*, t. II, page 59.

Le Prisonnier.	Le Secret.
Raoul Barbe-Bleue.	Le Traité nul.
Rose et Colas.	Les Visitandines.
La Rosière de Salency.	Zémire et Azor.

REPRÉSENTATIONS EXTRAORDINAIRES. — Elles ont été aussi variées que nombreuses.

Le 12 vendémiaire an XI, on annonça un spectacle nouveau et *unique en son genre* : « Le citoyen Conus, fils du célèbre Conus de Paris, professeur de physique amusante, donnera une représentation de ses expériences nouvelles. »

En brumaire, la grande troupe de sauteurs des Quatre-Nations, venant de l'étranger, a donné quatre représentations des tours, des exercices d'agilité et de la danse sur la corde raide qui avaient fait partout l'admiration des amateurs. Mlle Frascara, la directrice de la troupe, était surtout remarquable par son adresse, son aplomb et sa beauté. Elle a donné, le 23, à son bénéfice, une pantomime de sa composition intitulée la *Descente de Bonaparte en Egypte*, fait historique et réel dans tous ses détails, — on sait que quelques jours auparavant Bonaparte était à Rouen.

Pendant le mois suivant est venu le tour du citoyen Castelly, italien, physicien, naturaliste, artiste de Venise, connu avantageusement par ses talents. Ce professeur mécanique, encouragé par le public amateur, a disposé le théâtre de la République pour la *Danse des Sorcières*. Il a donné à ce théâtre six grands spectacles.

Depuis les premiers jours de ventôse jusqu'au premier tiers inclusivement de germinal, la direction a eu, pour ce théâtre, une troupe de jeunes artistes, dont plusieurs étaient élèves du théâtre de ce nom, rue de Bondy, à Paris. Ils avaient un répertoire fort étendu de mélodrame, de comédie et d'opéra. Voici tous les ouvrages qu'ils ont joués :

Alexis et Rosette, mélodrame en un acte.
L'Amour filial ou la Jambe de bois, opéra.
André et Sylvie, opéra-comique en un acte.
Arlequin bon père, comédie en un acte.
Le *Bon Ménage ou la Famille d'Arlequin*.
La *Bonne Mère*, comédie.
Le *Bon Père*, comédie.
Le *Chaudronnier de Saint-Flour*, opéra-vaudeville.
La *Chaste Suzanne ou le Jugement du jeune Daniel*, comédie en deux actes mêlée de vaudevilles.
Chester et Kabouc ou les Américains ou le Héros américain, mélodrame héroïque en trois actes, orné de tout son spectacle, marches, combats, évolutions militaires, danses, etc.
Les *Deux Billets*, comédie.
Les *Deux Jumeaux de Bergame*, comédie.
Les *Deux petits Savoyards*, opéra.
L'Espiègle, vaudeville en deux actes.
Fanfan et Colas, comédie.
La *Fée Urgèle ou Ce qui plaît aux dames*, opéra-folie.
La *Fête d'amour*, comédie mêlée d'ariettes.
Le *Maréchal des logis*, fait historique.
Nina ou la Folle par amour, opéra.
On fait ce qu'on peut et non ce qu'on veut, comédie-proverbe.
Paul et Virginie, opéra.

Entre les pièces, il arrivait souvent que deux jeunes élèves dansaient l'*Anglaise*.

A cette troupe est venu se joindre une fois le jeune Beaurain, amateur, qui a exécuté sur le violon le septième concerto de Rhodes.

BALS. — Le jeudi-gras, 28 pluviôse an XI (17 février 1803), il y a eu à onze heures grand bal de nuit paré et masqué. *Pour faciliter le public*, on n'a pris que 1 fr. 50 par personne. Même bal le dimanche-gras 1er ventôse (20 février) et le surlendemain mardi-gras.

La clôture de l'année théâtrale a été faite le 21 germinal an XI (21 avril 1803) par un spectacle ainsi composé :

1° *Misanthropie et Repentir*, drame ;

2° *Contre-temps sur contre-temps ou le Valet intrigant*, comédie.

La clôture du Théâtre-des-Arts n'a eu lieu au contraire que le 30 germinal.

THÉATRE

Année théâtrale 1803-1804.

En vendémiaire an XII, Granger, Desroziers et Borme, directeurs du Théâtre-des-Arts et locataires du théâtre de la République, ont adressé à l'administration municipale une pétition par laquelle ils demandaient l'autorisation de jouer à cette dernière salle. Ils exposaient que depuis six mois on leur avait fait fermer le théâtre de la République par mesure de sûreté publique. Dans l'état actuel des choses, disaient-ils, en cas de malheur, il y a des réservoirs abondants et six portes sur l'allée qui est vaste pour évacuer vite toutes les parties de la salle, ce dont fait foi un rapport favorable de l'architecte de la ville, Bouette. Ils priaient les magistrats municipaux de prendre en considération les pertes qu'ils avaient souffertes par la dureté de la saison, le malheur des temps et la multiplicité des spectacles établis à Rouen.

Cette supplique a été accueillie favorablement, et le théâtre de la République a été rouvert le dimanche 23 vendémiaire an XII (16 octobre 1803) par une représentation composée de :

1° La *Jeunesse de Richelieu ou le Lovelace français*, comédie ;

2° Le *Franc Breton ou le Négociant de Nantes*, opéra.

Ce théâtre était bien entendu desservi alors par les acteurs du Théâtre-des-Arts et, sauf quelques œuvres légères, le répertoire était le même pour les deux salles.

On ne jouait pas tous les jours au théâtre de la République, mais seulement deux fois la semaine, le dimanche et le lundi; quelquefois, au lieu du lundi, c'était le mardi ou le jeudi; quand le mercredi il y avait redoute au grand théâtre, l'autre était ouvert. Il arrivait souvent qu'on y jouât deux ou trois opéras, tandis qu'à l'autre théâtre, ce jour-là, il y avait toute comédie. C'est ainsi qu'à la salle du Vieux-Marché on a donné un grand nombre d'opéras dont voici la liste :

Adolphe et Clara.
Alexis et Justine.
Ambroise.
L'Amour filial.
Aucassin et Nicolette.
Azémia.
La Belle Arsène.
Les Deux Chasseurs et la Laitière.
La Dot.
Fanchon la vielleuse.
La Fête de la Cinquantaine.
Une Folie.
Le Franc Breton.
Le Grand Deuil.
Héléna.
L'Irato.
Léon.
La Maison à vendre.
Le Major Palmer.
Une Matinée de Catinat.
Le Médecin Turc.
La Mélomanie.
Montano et Stéphanie.
Le Nouveau Don Quichotte.
Paul et Virginie.
Le Petit Matelot.
Les Prétendus.
La Prévention ou Il ne faut pas condamner sans entendre.
Le Prisonnier.
La Rosière de Salency.
La Sorcière.
Le Traité nul.
Le Trésor supposé.
Les Visitandines.
Zémire et Azor.

A côté de cela, on a donné le drame et la comédie, voire même la haute comédie.

Drame : *Clémence et Waldemar*, la *Femme à deux*

Maris, l'*Habitant de la Guadeloupe*, *Jenneval* et *Misanthropie et Repentir*.

Haute comédie : le *Menteur*, *Turcaret*, le *Barbier de Séville*, la *Folle Journée ou le Mariage de Figaro*, *Nanine*, le *Dissipateur*, le *Dépit amoureux*, *Crispin médecin*, les *Châteaux en Espagne*, les *Jeux de l'Amour et du Hazard* et la *Fausse Agnès*.

Une seule pièce politique : *Georges le Taquin*.

Pour la comédie la liste est plus longue :

L'*Abbé de l'Épée*.
L'*Amant bourru*.
La *Brouette du Vinaigrier*.
Le *Chaudronnier de Saint-Flour*.
Le *Chevalier à la mode*.
Le *Collatéral*.
Le *Conteur*.
Contre-temps sur contre-temps.
Le *Désespoir de Jocrisse*.
Les *Deux Frères ou la Réconciliation*.
Fanfan et Colas.
La *Femme jalouse*.
La *Fête de campagne* (1).
Herman et Verner.
L'*Homme à bonnes fortunes*.
La *Jeunesse de Richelieu*.
Le *Mariage du Capucin*.
Marton et Frontin.
Le *Mercure galant*.
La *Mode ancienne et la Mode nouvelle*.
Le *Naufrage*.
Paméla.
Le *Souper de famille*.
Le *Sourd*.
Tom Jones à Londres.
Le *Vieux Comédien*.

REPRÉSENTATIONS EXTRAORDINAIRES. — Le célèbre Palatini, dont nous avons parlé en d'autres temps, en a fait tous

---

(1) Où l'*Intendant comédien malgré lui*, comédie épisodique en un acte, dans laquelle le même acteur jouait sept rôles de différents caractères.

les frais. Il a donné des représentations en pluviôse an XII. Son affiche n'a pas été moins curieuse que par le passé :

« Le célèbre Palatini, vénitien, artiste seul et unique en son genre, invite les dames et les amateurs à lui faire l'honneur d'assister à son spectacle, dans lequel il métamorphosera sa femme en poulet d'Inde et il donnera plusieurs métamorphoses qui n'ont pas encore paru.

« Ce spectacle durera deux heures. Il commencera à six heures précises.

« Prix des places : Loges grillées d'avant-scène, 3 liv.; premières, 2 liv.; parquet, 1 liv. 10 s.; secondes, 1 liv. 4 s.; troisièmes, 15 s.; parterre, 12 s.; les enfants ne paieront que demi-place. »

BALS. — La direction a donné à ce théâtre trois grands bals de nuit parés et masqués, commençant à onze heures. On prenait 30 sols par personne.

Ils ont eu lieu les jeudi-gras, dimanche et mardi-gras 19, 22 et 24 pluviôse an XII (9, 12 et 14 février 1804.)

Pendant la vacance du Théâtre-des-Arts, qui a commencé le 1er floréal an XII inclusivement jusqu'à la réouverture le 17 du même mois, le théâtre de la République a continué ses représentations ; elles ont même été beaucoup plus fréquentes, puisqu'en seize jours on y a joué douze fois ; les ouvrages qui ont été donnés pendant ce laps de temps sont quelques-uns de ceux que nous venons d'énumérer ; il faut y ajouter : *Fénélon*, tragédie ; *Eugénie*, drame ; *Catherine, Claudine de Florian*, le *Consentement forcé*, la *Coquette corrigée*, les *Femmes*, les *Fourberies de Scapin*, le *Légataire universel*, le *Ma-*

riage fait et rompu, les *Menechmes, Minuit, M. Musard,* la *Petite Ville,* le *Roman d'une heure, Tartufe* et le *Vieux Célibataire,* comédies.

A partir de la fermeture du grand théâtre, on n'a pas donné un seul opéra au théâtre de la République.

Cette dernière salle a été ouverte pour la dernière fois le 16 floréal an XII (6 mai 1804), la veille de la réouverture de l'autre.

Année théâtrale 1804-1805.

Pendant cette campagne, ce théâtre a changé de nom. Le 3 pluviôse an XIII (23 janvier 1805), il s'appelait encore théâtre de la République; le lendemain, on lisait en tête de l'affiche : Théâtre-Français (*ci-devant* de la République). On pourrait s'étonner du retard apporté à ce changement lorsqu'on songe que la fête à l'occasion du couronnement de l'Empereur avait été célébrée à Rouen le 12 frimaire précédent (3 décembre 1804). Quant à nous, ne voulant pas, pour une question de mots, abandonner la division par année théâtrale, nous ne donnerons au théâtre de la République son nouveau nom qu'au début de la prochaine campagne.

Exclusivement préoccupée du Théâtre-des-Arts, la direction Granger, Desroziers et Borme n'a rouvert le théâtre du Vieux-Marché que le dimanche 8 vendémiaire an XIII (30 septembre 1804), c'est-à-dire près de cinq mois après celui de la porte Grand-Pont.

Pour l'ouverture, le spectacle était ainsi composé :

1° *Paméla*, comédie;
2° Diverses expériences de l'Espagnol incombustible;
3° Le *Bourru bienfaisant*, comédie.

Il faut savoir que cet Espagnol incombustible qui, quelques jours auparavant, avait paru sur le Théâtre-des-Arts, était un nommé Foustine-Jacon. Il avait, disait l'affiche, été mis à l'épreuve des acides les plus violents au laboratoire de l'Ecole de médecine de Paris. Le dimanche suivant, l'homme incombustible a donné à ce théâtre une seconde édition de ses expériences.

Comme l'année précédente ce sont les artistes du grand théâtre qui ont desservi le théâtre de la République. Ils y ont joué la tragédie, le drame, la comédie et l'opéra.

La tragédie : *Fénélon, Polyeucte.*

Le drame : *Clémence et Waldemar*, le *Père de famille*, *Paméla mariée*, *Eugénie*, le *Déserteur*, l'*Habitant de la Guadeloupe*, *Misanthropie et Repentir*.

La haute comédie : *Tartufe*, *Turcaret*, le *Barbier de Séville*, la *Mère coupable*, l'*Ecole des Bourgeois*, l'*Ecole des Maris*, l'*Ecole des Femmes*, les *Femmes savantes*, l'*Intrigue épistolaire*, l'*Avare*, les *Jeux de l'Amour et du Hasard*, le *Médecin malgré lui*, le *Dissipateur*, la *Fausse Agnès* et les *Fourberies de Scapin*.

La comédie et le vaudeville :

L'*Abbé de l'Epée.*
L'*Acte de naissance.*
Arlequin afficheur.
L'*Avis aux Maris.*
Les *Bourgeoises de qualité.*
Catherine ou la Belle Fermière.
Les *Châteaux en Espagne.*
Claudine de Florian.
Le *Consentement forcé.*
Défiance et Malice.
Les *Deux Figaro.*
Les *Deux Frères ou la Réconciliation.*
La *Femme jalouse.*
La *Femme juge et partie.*
La *Gageure imprévue.*
Guerre ouverte.
L'*Homme à bonnes fortunes.*
La *Jeune Femme colère.*
Le *Lovelace français* (1).
Monsieur Botte ou le Négociant anglais.

---

(1) La *Jeunesse du duc de Richelieu ou le Lovelace français*, avec suppression du premier titre de par l'autorité.

Monsieur de Crac.	Les *Précepteurs.*
Monsieur et Madame Ta-tillon.	*Ricco.*
	Le *Soldat prussien.*
L'*Original.*	Le *Sourd.*
Le *Petit chemin de Post-dam.*	Le *Triomphe du temps passé.*
La *Petite ville.*	Le *Vieux Célibataire.*

Enfin l'opéra : *Picaros et Diégo, Alexis ou l'Erreur d'un bon père,* le *Grand deuil,* le *Bouffe et le Tailleur,* la *Belle Arsène, Paul et Virginie,* les *Visitandines,* le *Traité nul,* les *Deux petits Savoyards, Ma tante Aurore, Jérôme porteur de chaise* et le *Cabriolet jaune.*

REPRÉSENTATIONS EXTRAORDINAIRES. — Avec tous les ouvrages que nous venons de citer on a composé une, deux, quelquefois trois représentations par semaine, mais le plus grand attrait de l'année a été la troupe d'un sieur Robba. Depuis le 23 frimaire an XIII (14 décembre 1804) jusqu'au 11 pluviôse suivant (31 janvier 1805), elle a eu le privilége de tenir ouverte presque tous les jours la seconde salle rouennaise. Composée de trente-deux personnes, elle a su apporter une grande variété dans ses exercices d'agilité, tours sur la corde raide ou sur la corde lâche, sauts périlleux, forces d'Hercule, la voltige, assauts d'armes, etc.

Ce spectacle était le plus souvent terminé par des pantomimes intitulées ainsi : le *Chasseur anglais ou Arlequin dogue,* en un acte ; *Arlequin squelette* ; *Arlequin magicien* ; *Arlequin maître d'école,* dans laquelle le trop célèbre Ferrand remplissait le rôle de peintre (1) ; *Arle-*

---

(1) Voir page 84 et suivantes.

quin mort et vivant ; Arlequin pâtissier ; les Grandes Ombres impalpables, pantomime à l'instar de celles du théâtre de Hastley à Londres. Dans cette dernière pantomime fantasmagorique, on voyait la scène du naufrage de Jonas qui avalait la baleine ; d'autrefois on terminait par un ballet : le Ballet africain, le Ballet chinois, le Carnaval de Venise, le Ballet villageois, etc.

Chaque jour c'était une surprise nouvelle : le bouffon faisait assaut de talents avec un sieur Joanni, écuyer de la troupe de Grenier. La représentation devait être au bénéfice de celui des deux auquel le public accorderait son suffrage. Ce Joanni sautait aussi par-dessus un charriot de foin d'une extrême hauteur. Un jour il faisait les grands sauts du tremplain et de la planche en artifice ; le lendemain il franchissait vingt-cinq cuirassiers ou encore huit lustres.

M. Robba payait de sa personne. Il faisait les forces maxillaires qui consistaient à porter une table de six pieds de long sur quatre de large, sur laquelle il y avait une personne ; il levait le tout à la force des dents sans aucun secours.

Il avait dans sa troupe, comme artistes hors ligne, Mlle Jolibois et Mlle Quartre qui faisait les exercices de la tourneuse. Mais il était surtout glorieux de sa fille, la petite Robba, qui exécutait le tour extraordinaire, chef-d'œuvre du célèbre Forioso, l'ascension sur la corde, c'est-à-dire qu'elle partait du fond du théâtre jusqu'à la balustre des troisièmes loges, descendait avec le balancier et remontait sans balancier, se mettait à genoux, agitait des drapeaux, baisait son pied, etc. Quelquefois même cette enfant se servait, pour cette ascension périlleuse, d'un balancier garni d'artifice auquel on mettait le feu pendant le trajet.

Dans les entr'actes, Ferrand donnait des scènes bouffonnes de sa composition.

A la fin de ventôse an XIII, la direction a engagé un nommé Moreau, ancien artiste de l'Ambigu-Comique, connu à Rouen pour avoir rempli longtemps et avec succès au théâtre du Vieux-Marché l'emploi de Carlin et de Dominique, qu'il rappelait souvent par le naturel de son jeu. La petite taille de cet acteur, âgé alors de cinquante ans, qui était à peu près d'un mètre deux cent quarante-sept millimètres (45 pouces) ajoutait à l'originalité de ses rôles. Quelques jours après une représentation donnée au Théâtre-des-Arts, il a joué sur notre seconde scène le rôle d'Arlequin dans la *Bonne Mère* ainsi que dans les *Deux Billets*, comédies, et dans *Ricco*, comédie, celui de Ricco, qu'il personnifiait à visage découvert.

BALS. — Trois grands bals de nuit parés et masqués, commençant tantôt à dix heures, tantôt à onze heures, ont été donnés dans cette salle, savoir : les 2, 5 et 7 ventôse an XIII (21, 24 et 26 février 1805), c'est-à-dire le jeudi qui a précédé le carême, les dimanche et mardi gras. On prenait 2 fr. par personne.

L'année théâtrale, pour cette scène, a fini le lundi 25 germinal an XIII (15 avril 1805); on donnait *Fénélon*, tragédie, et *Guerre ouverte*, comédie.

THÉÂTRE-FRANÇAIS.

Année théâtrale 1805-1806.

Quoique le Théâtre-des-Arts ait ouvert ses portes, pour cette campagne, dès le commencement de floréal an XIII, le Théâtre-Français, également sous la direction Granger, Borme et Desroziers, est resté fermé jusqu'au 15 messidor de la même année (4 juillet 1805).

Ce jour-là, Volange père, avantageusement connu par sa réputation et ses succès dans la capitale, accompagné d'une troupe d'artistes, a inauguré une série de représentations, au nombre de quatre par semaine, qui a duré jusqu'au 23 thermidor (12 août 1805).

La troupe, dont les trois principaux sujets étaient Volange père lui-même, Saint-Victor et Émilien, a donné :

Les *Amants Prothée*, vaudeville.

La *Banqueroute du savetier*, à-propos de botte en un acte.

Le *Beverley d'Angoulême*, parodie du *Joueur anglais*.

Boniface Pointu et sa Famille, comédie en un acte, dans laquelle Volange jouait six rôles.

Caponnet ou le Médecin de Falaise, vaudeville.

THÉATRE

Cri-cri.

Les *Déguisements amoureux*, comédie mêlée de chant.
Deux et deux font quatre, vaudeville.
Les *Deux Billets*, comédie.
Le *Directeur dans l'embarras*, comédie-proverbe.
Drelindindin, vaudeville poissard.
L'Enrôlement supposé, pièce poissarde.
Le *Faux Talisman*, comédie.
Finot, comédie.
Le *Flageolet enchanté*, comédie.
Le *Fou raisonnable*, comédie.
Frontin tout seul, vaudeville.
Frosine la dernière venue ou l'Actrice à l'essai, vaudeville en un acte, dans lequel Mlle Volange remplissait cinq personnages différents.
L'Intendant comédien malgré lui, proverbe.
L'Intrigue de carrefour, vaudeville.
Jeannot ou les Battus paient toujours l'amende, comédie-proverbe.
Jérôme Pointu, comédie-proverbe en un acte.
Les *Jumeaux de Bergame*, comédie.
La *Leçon aux Fermiers*, comédie en un acte.
Le *Mari tout à la fois absent et présent ou la Revue de l'an huit, suite de la Revue de l'an six*, vaudeville en un acte.
Marton et Frontin ou Assaut de valets, comédie.
Monsieur Vautour, vaudeville.
La *Mort de Néron*, scène tragique.
On fait ce qu'on peut, proverbe.
Pat-à-qu'est-ce, comédie.
Le *Philosophe villageois*, fait historique.

Le *Ramoneur prince*, comédie.
La *Revue de l'an six*, vaudeville.
La *Robe de noce*, vaudeville.
Salmis de calembours, scènes imitées de Finot, par Volange.
Le *Sculpteur*, comédie en deux actes.
Le *Tableau de Raphaël ou Rapinart prêteur sur gages*, vaudeville en un acte.
Les *Trois Fanchons ou Cela ne finira pas*, vaudeville.
Un et un font onze, vaudeville.
Le *Voyage dans ma malle*, vaudeville.

Après le départ de Volange, il y a eu encore un long temps de repos. Ce ne fut que le dimanche 14 vendémiaire an XIV (6 octobre 1805) que la direction a repris l'usage de faire jouer au Théâtre-Français les artistes du grand théâtre, une, deux ou trois fois par semaine. Ceux-ci ont exhibé là tout leur répertoire :

La tragédie : *Fenélon, Gabrielle de Vergy, Hypermnestre, Mérope, Philoctète, Rodogune, Sémiramis* et la *Veuve du Malabar*;

Le drame : *Clémence et Waldémar*, l'*Habitant de la Guadeloupe* et *Misanthropie et repentir*;

La haute comédie : l'*Abbé de l'Epée*, le *Barbier de Séville*, la *Mère coupable*, le *Misanthrope, Turcaret*, la *Fausse Agnès*, le *Collatéral*, les *Etourdis*, la *Petite Ville*, les *Jeux de l'Amour et du Hasard*, le *Legs*, la *Femme jalouse*, le *Conciliateur*, l'*Ecole des Maris*, le *Dissipateur*, le *Tartufe de mœurs* et le *Tyran domestique*;

La comédie : l'*Amant bourru*, l'*Acte de naissance*, le

Lovelace français (1), les *Deux Frères*, *Catherine*, le *Mercure galant*, *Monsieur de Crac*, l'*Homme à bonnes fortunes*, *Monsieur Musard*, *Amphytrion*, *Tom-Jones à Londres*, le *Bourru bienfaisant*, le *Menuisier de Livonie*, *Ruse contre ruse*, le *Franc-Breton*, *Claudine de Florian*, *Grimaldi*, les *Fourberies de Scapin*, le *Parleur éternel*, la *Ceinture magique*, *Crispin médecin*, *Rose ou la Suite de Fanfan et Colas*, et le *Mariage du Capucin* (2);

Le vaudeville : l'*Amateur seul*, *Janvier et Nivôse*, les *Chevilles de maître Adam*, *Frontin tout seul* et les *Deux Pères;*

Enfin l'opéra : l'*Amour filial*, le *Cabriolet*, la *Fête de la Cinquantaine*, *Euphrosine*, *Ma Tante Aurore*, *Léon*, *Il ne faut pas condamner sans entendre*, la *Maison isolée*, *Zémire et Azor*, le *Secret*, le *Bouffe et le Tailleur*, *Adèle et Dorsan*, les *Trois Hussards* et les *Visitandines*.

Une seule pièce a été donnée à ce théâtre seulement, c'est : *Monsieur Pistache ou le Jour de l'an*, comédie-folie en un acte, mêlée de chant, dont la première représentation à Rouen a eu lieu le 1er janvier 1806. Cette bluette, faite par Désaugiers et Francis pour le 1er janvier 1804, renfermait quelques allusions aux circonstances du moment. Plusieurs couplets, très-bien compris malgré les deux ans écoulés, ont été fort applaudis, entre autres les deux suivants :

---

(1) La *Jeunesse de Richelieu ou le Lovelace français*.
(2) Voir l'histoire du Théâtre-des-Arts, tome II, année 1805-1806, page 153, chapitre de la politique.

AIR de l'*Opéra-Comique*.

(C'est M. Pistache qui chante.)
    Je vois chez moi, grâce à mon art,
    Accourir le riche et le pauvre ;
    J'ai confit le mont Saint-Bernard,
    J'ai glacé la ville d'Hanovre ;
    Paris en sucre a, *de tout lieu*,
    Attiré mes compatriotes,
    Et nous espérons avant peu
      Mettre Londres en compotes.

AIR de la *Contredanse des petits pâtés*.

    Puissions-nous, cette année,
    Voir les hommes plus mûrs,
    L'enfance plus soignée
    Et les amis plus sûrs,
    La jeunesse moins leste,
    L'homme en crédit moins fier,
    La beauté plus modeste
    Et le sucre moins cher !

Il n'y a eu cette année qu'un seul bal au Théâtre-Français ; ce fut un grand bal de nuit, paré et masqué, commencé à onze heures, après le spectacle, le dimanche gras 16 février 1806. On a pris 2 fr. par personne.

La clôture officielle a été faite le 7 avril 1806, par l'*Avare* et par les *Cinq Filles à marier*. Mais, depuis la clôture du grand théâtre — 20 avril — jusqu'à sa réouverture — 4 mai — le Théâtre-Français a été ouvert six fois. L'*Avare fastueux*, les *Trois Sultanes*, le *Vieux Célibataire*, l'*Intrigue épistolaire* et *Eugénie*, drame, sont les seuls ouvrages ajoutés à la liste de ceux qui ont été joués pendant la campagne sur la deuxième scène rouennaise.

Direction Granger et Borme.

Après la mort de Desroziers, Granger et Borme, qui avaient conservé la direction, ont continué à exploiter le Théâtre-Français.

Une ordonnance du maire de la ville de Rouen, en date du 12 août 1806, concernant l'anniversaire de la naissance de S. M. l'Empereur et Roi, contenait, entre autres dispositions, les deux articles que nous transcrivons :

« Art. 1er. La fête du 15 août sera annoncée la veille par une décharge d'artillerie.

« Art. 2. Les deux théâtres seront ouverts *gratis* au public le même jour, veille de la fête. »

En conséquence, l'annonce du spectacle, au Théâtre-Français, le 14 août, était ainsi conçue :

AUJOURD'HUI, SPECTACLE GRATIS,

POUR LA FÊTE DE SA MAJESTÉ L'EMPEREUR ET ROI :

Ma Tante Aurore, opéra en deux actes.
Les *Visitandines*, opéra en deux actes.

Année théâtrale 1806-1807.

Pendant cette campagne, qui a commencé à ce théâtre cinq mois plus tard qu'au Théâtre-des-Arts, on n'a joué que le dimanche, sauf sept ou huit fois où une représentation a été donnée dans la semaine.

L'ouverture a été faite le dimanche 5 octobre 1806, de la manière suivante :

1º L'*Amour filial*, opéra ;

2º Le *Prisonnier*, opéra ;

3º Les *Prétendus*, grand-opéra.

Le plus souvent, le spectacle était composé ainsi d'un seul genre, tantôt d'opéras, tantôt de comédies.

Outre ces trois ouvrages lyriques, on a représenté :

Adolphe et Clara.
Alexis et Justine.
L'*Amant statue.*
L'*Ami de la maison.*
La *Belle Arsène.*
Le *Bouffe et le Tailleur.*
Le *Calife de Bagdad.*
La *Colonie.*
Le *Devin de village.*
Le *Diable à quatre.*
La *Fausse Magie.*
Une *Folie.*
Une *Heure de mariage.*
L'*Irato.*
La *Jeune Prude.*
La *Maison à vendre.*
Les *Maris garçons.*
La *Mélomanie.*
La *Méprise volontaire.*
Monsieur *Deschalumeaux.*
L'*Opéra-Comique.*
Le *Petit Matelot.*
Philippe et Georgette.
Raoul Barbe-Bleue.
Richard-Cœur-de-Lion.
Le *Tableau parlant.*
Ma *Tante Aurore.*
Le *Tonnelier.*
Les *Visitandines.*
Zémire et Azor.

Les tragédies représentées sur la seconde scène rouennaise sont : le *Cid*, *Cinna*, *Fénélon*, *Geneviève de Brabant* et les *Templiers*.

On a donné également plusieurs drames : *Charles et Caroline*, *Clémence et Waldémar*, le *Déserteur*, *Eugénie*, l'*Habitant de la Guadeloupe*, l'*Honnête criminel* et *Mélanie*.

Plusieurs ouvrages de la haute comédie : les *Femmes savantes*, le *Jeu de l'Amour et du Hasard*, le *Menteur*, la *Mère coupable*, l'*Ecole des Femmes*, la *Mère confidente*, les *Châteaux en Espagne*, *Turcaret*, le *Vieux Célibataire*.

Enfin vingt-cinq ouvrages moins importants dont voici la liste :

L'*Avocat*.	*Monsieur de Bièvre*.
L'*Amant bourru*.	La *Noce sans mariage*.
Le *Bourru bienfaisant*.	L'*Obstacle imprévu*.
Les *Cinq Filles à marier*.	*Paméla*.
Fanchon la vielleuse.	Les *Petites Marionnettes*.
La *Femme juge et partie*.	Le *Rêve ou la Colonne de Rosback* (1).
La *Forteresse du Danube*.	
L'*Homme à bonnes fortunes*.	Les *Rivaux d'eux-mêmes*.
	Le *Soldat prussien*.
La *Jeunesse de Henri V*.	Le *Sourd*.
La *Manie de briller*.	Le *Testament de l'Oncle*.
Les *Marionnettes*.	*Tom-Jones à Londres*.
Le *Menuisier de Livonie*.	Les *Trois Sultanes*.
Minuit.	

Pendant cette année théâtrale, il n'y a pas eu de bals ni d'incidents d'aucune sorte. Nous n'avons, pour compléter son histoire, qu'à parler de quelques représentations sortant de l'ordinaire.

---

(1) Pièce de circonstance. (Voir l'histoire du Théâtre-des-Arts, tome II, page 189.)

En novembre 1806, Moldetti, de Florence, chanteur extraordinaire par son genre rare de quatre voix naturelles, taille, dessus, haute-contre et basse-taille, a chanté différents morceaux dans un entr'acte. (Voir l'histoire du Théâtre-des-Arts, tome II, page 206.)

En février 1807, Thiémet, ventriloque, a donné une représentation du *Comédien de société*, des *Derviches ou les Moines gourmands*, et de *De tout un peu*. Il a terminé par le *Départ de Nicaise*.

En mars 1807, un sieur Fondard, venant d'Espagne et allant à Paris, a donné trois représentations de son spectacle de phénomènes et d'expériences de magnétique hydraulique, dioptrique, mécanique, récréations d'adresse extraordinaire et enlèvement aérostatique. La première a eu lieu le samedi 28 mars, veille de Pâques, pendant que le grand théâtre faisait relâche; la deuxième, le jour de Pâques; la troisième, le lendemain lundi.

La clôture a eu lieu le dimanche 19 avril; on a donné quatre opéras en un acte.

Année théâtrale 1807-1808.

La campagne était déjà ouverte depuis longtemps au Théâtre-des-Arts, quand on a fait l'ouverture au Théâtre-Français, c'est-à-dire le dimanche 4 octobre 1807, par :
1º *Beverley ou le Joueur anglais*, drame ou, si l'on veut, tragédie bourgeoise;
2º *Clémence et Waldémar*, drame.

On n'a joué à cette salle, pendant toute l'année théâtrale, que quarante et quelques fois, parce que la direction n'y envoyait en général ses acteurs que le dimanche. Toutefois, à l'époque de la foire Saint-Romain, du carnaval et des fêtes de Pâques, elle a un peu dérogé à cette règle.

La troupe du Théâtre-des-Arts a, comme à l'ordinaire, transporté tous les genres sur la seconde scène rouennaise.

Et d'abord la tragédie ; on a représenté : la *Veuve du Malabar*, *Zaïre*, *Phèdre*, *Gaston et Bayard*, *Adélaïde Duguesclin* et *Geneviève de Brabant*.

Le drame et le mélodrame comptent neuf ouvrages représentés :

Beverley.
Clémence et Waldémar.
L'Habitant de la Guadeloupe.
L'Honnête criminel.
Le Jugement de Salomon.
L'Oncle mort et vivant.
Le Paysan parvenu.
Le Père de famille.
Tekeli.

THÉÂTRE

Pour la comédie, le vaudeville, etc., nous avons trouvé :

L'*Abbé de l'Epée.*	Les *Jeux de l'Amour et du Hasard.*
L'*Amant bourru.*	
L'*Amour et la Raison.*	Le *Légataire universel.*
Le *Barbier de Séville.*	Le *Mariage secret.*
Le *Baron d'Albikrac.*	*Marton et Frontin.*
Brueys et Palaprat.	Le *Menuisier de Livonie.*
Le *Café Anglais.*	La *Mère confidente.*
Les *Châteaux en Espagne.*	La *Mère coupable.*
Claudine de Florian.	Le *Philinthe de Molière.*
Le *Conciliateur.*	Les *Précepteurs.*
Crispin médecin.	Les *Rivaux d'eux-mêmes.*
Démocrite amoureux.	*Romainville.*
Fanchon toute seule (1).	Les *Ruses déjouées.*
La *Femme jalouse.*	*Sophie et Derville.*
La *Femme juge et partie.*	Le *Sourd.*
Le *Festin de Pierre.*	Les *Trois Cousines.*
Frédéric à Spandau.	Les *Trois Sultanes.*

Quant aux opéras, on ne s'est pas fait faute d'en donner au Théâtre-Français et pour tous les goûts :

Adèle et Dorsan.	L'*Amoureux de quinze ans.*
Adolphe et Clara.	
Alexis.	L'*Amour filial.*
L'*Amant jaloux.*	Les *Artistes par occasion.*
L'*Amant statue.*	L'*Auberge de Bagnères.*
Ambroise.	La *Belle Arsène.*

---

(1) Vaudeville en un acte, joué par la petite Suzanne. (Voir l'histoire du Théâtre-des-Arts, tome II, page 237.)

FRANÇAIS.

Le *Bouffe et le Tailleur*.
Les *Dettes*.
Le *Directeur dans l'em-
   barras*.
Euphrosine.
Félix.
Les *Femmes et le Secret*.
Une *Folie*.
Une *Heure de mariage*.
Ils sont chez eux.
Isabelle et Gertrude.
Léhéman.
Léon.
Lina.
La *Maison à vendre*.
Le *Maréchal-ferrant*.
Ma *Tante Aurore*.
La *Mélomanie*.
Monsieur *Deschalumeaux*.

Montano et Stéphanie.
Nina.
L'*Opéra-Comique*.
Le *Petit Matelot*.
Les *Prétendus*.
Le *Prisonnier*.
Un *Quart d'heure de si-
   lence*.
Les *Rendez-vous bour-
   geois*.
Richard-Cœur-de-Lion.
Rose et Colas.
Le *Secret*.
Le *Soldat magicien*.
Le *Tableau parlant*.
Le *Tonnelier*.
Les *Visitandines*.
Zémire et Azor.

Dans un certain nombre de soirées, le spectacle a été composé d'une manière exceptionnelle.

Comus fils, premier physicien de France pour la physique amusante et expérimentale, *réuni* aux talents de Mlle Joséphine, élève de Forioso, a donné six représentations de ses expériences et tours surprenants. Le spectacle était terminé par les exercices de Mlle Joséphine, qui exécutait sur la corde des ascensions avec ou sans balancier et une danse espagnole, *affranchissait* une échelle et une personne à une hauteur extraordinaire, et faisait le grand saut des deux rubans, ainsi que les exercices de la *tourneuse*. Quelquefois on finissait par la

12

Fille malheureuse, pantomime dans le genre italien, ou par l'*Amour puni par Vénus*, pantomime dans laquelle madame la Géante remplissait le rôle de Vénus. (Octobre et novembre 1807, pendant la foire Saint-Romain.)

Dans un concert vocal et instrumental, Dubois, élève du Conservatoire, a exécuté un concerto et des variations sur une flûte en cristal, de l'invention d'un sieur Laurent. On y a entendu : 1° une symphonie d'Haydn; 2° un morceau chanté par Mlle Valeroy; 3° le 8e concerto de flûte de Devienne; 4° une romance de la composition de Joliveau, chantée par Isambert; 5° des variations des *Folies d'Espagne* sur la flûte (décembre 1807). — (Pour plus de détails, voir l'histoire du Théâtre-des-Arts, tome II, page 237.)

Un autre concert, également vocal et instrumental, a été organisé au bénéfice d'un nommé Fontaine, violon, qui avait joué de cet instrument avec le plus grand succès au Concert des Amateurs. (Mars 1808.)

La clôture a eu lieu le dimanche 1er mai 1808, par une représentation dans laquelle un sieur Devilliers, professeur de déclamation à Paris, de passage à Rouen, a rempli le principal rôle dans le *Philinthe de Molière, Brueys et Palaprat* et l'*Amour et la Raison*. Le dimanche précédent, ce même Devilliers avait joué dans l'*Habitant de la Guadeloupe* et le *Barbier de Séville* (1). Le Théâtre-des-Arts était fermé depuis le 20 avril; Devilliers était donc arrivé à point pour combler un grand vide avant les débuts de la nouvelle troupe.

---

(1) Voir l'histoire du Théâtre-des-Arts, tome II, page 224.

Année théâtrale 1808-1809.

Pendant l'été, la direction n'a pas ouvert le Théâtre-Français.

La campagne a été inaugurée le jeudi 22 septembre 1808, par les expériences de physique expérimentale du sieur Val, déjà connu à Rouen. Il était pensionné de S. M. l'empereur de Russie; digne, selon l'annonce, d'être distingué de la foule des autres professeurs de physique, il surpassait de beaucoup l'idée qu'on pouvait se faire de l'adresse et de la subtilité humaines. Jusqu'au 24 octobre, il a donné neuf séances dont une à son bénéfice; elles ont commencé toutes par un ou deux ouvrages dramatiques joués, bien entendu, par la troupe du Théâtre-des-Arts.

Quand les gobelets du physicien ont eu cédé tout-à-fait la place aux artistes dramatiques et lyriques, on a joué deux ou trois fois par semaine, le dimanche et le jeudi, quelquefois un troisième jour quand l'occasion a paru propice. De cette manière, on a représenté sur cette scène un peu de tous les genres.

Tragédie : *Alzire, Esther, Gabrielle de Vergy, Geneviève de Brabant* et la *Veuve du Malabar*.

Drame : *Clémentine et Desormes, Eugénie,* l'*Habitant de la Guadeloupe,* l'*Honnête Criminel,* l'*Oncle mort et vivant* et le *Père de Famille*.

Haute comédie : *Amphitryon,* le *Barbier de Séville,* le

Dépit amoureux, les Châteaux en Espagne, l'Ecole des Maris, les Etourdis, les Fausses Infidélités, la Femme jalouse, les Femmes savantes, le Jeu de l'Amour et du Hasard, le Legs, la Mère coupable, la Petite Ville, les Rivaux d'eux-mêmes, Tartufe, le Tyran domestique et le Vieux Célibataire.

Comédie et vaudeville : Amour et Mystère, l'Assemblée de Famille, le Bourru bienfaisant, Brueys et Palaprat, Cassandre tout seul, Claudine de Florian, le Confident par hasard, les Deux Francs-Maçons, les Etrennes, la Famille bretonne, la Jeunesse de Henri V, le Mariage du Capucin, le Mariage secret, Minuit, Monsieur de Crac, l'Obstacle imprévu, l'Original, Paméla, le Philosophe marié, les Précepteurs, Rien de trop, Romainville, Sophie et Derville et le Sourd.

Opéra : Adolphe et Clara, la Belle Arsène, le Bouffe et le Tailleur, les Deux petits Savoyards, le Devin de village, la Fausse Magie, Une Heure de mariage, Isabelle et Gertrude, Jadis et aujourd'hui, la Maison à vendre, la Maison isolée, le Maréchal ferrant, Marianne, Ma Tante Aurore, le Milicien, Montano et Stéphanie, l'Opéra-Comique, le Petit Matelot, les Sabots et le Cerisier, le Secret, la Servante maîtresse, le Traité nul, les Visitandines et Zémire et Azor.

Vers le milieu du mois de mars 1809, Volange fils, le jeune, acteur des Variétés de Paris, et sa troupe sont venus jouer au Théâtre-Français. Ils ne l'ont quitté que le 9 avril suivant. Pendant ce laps de temps, ils ont donné successivement :

La Banqueroute du Savetier, à propos de bottes, vaudeville en un acte.

Boniface Pointu et sa Famille, comédie en un acte.

Le *Beverley d'Angoulême*, imitation burlesque du *Beverley anglais*.

Frosine ou la Dernière venue, vaudeville en un acte.

Les *Chevilles de maître Adam*, vaudeville en un acte.

Le *Chaudronnier de Saint-Flour*, opéra-vaudeville en un acte.

Le *Bostonnien*, comédie en un acte.

La *Nuit d'auberge*, vaudeville en un acte.

Monsieur Vautour, vaudeville en un acte.

Jeannot ou les Battus paient l'amende, comédie-folie en un acte.

Le *Physiologiste*, opéra-vaudeville en un acte.

Jérôme Pointu, comédie en un acte.

Le *Désespoir de Jocrisse*, comédie en deux actes.

La *Résolution inutile*, comédie en un acte.

Le *Sculpteur*, comédie en deux actes.

L'*Ivrogne ou J'ai ma cachette*, vaudeville grivois.

La *Robe de noce ou le Mari absent et présent*, vaudeville en un acte.

Le *Vin, le Jeu et les Femmes*, opéra-vaudeville en un acte.

On fait ce qu'on peut et non pas ce qu'on veut, comédie épisodique en un acte.

Le *Ramoneur-prince et le Prince-ramoneur*, comédie en un acte.

Les *Deux Billets*, comédie en un acte.

La *Fête de campagne*, proverbe en un acte.

Deux et deux font quatre, vaudeville en un acte.

Le *Tableau de Raphaël*, vaudeville en un acte.

Le *Vieillard rajeuni*, comédie mêlée de chant.

L'*Enrôlement supposé*, comédie en un acte.

Le *Naufrage pour rire*, vaudeville en un acte.

Pataquès ou le Barbouilleur d'enseignes, comédie-folie en un acte.

Les *Six mois d'absence*, vaudeville en un acte.

Adonis de Château-Vilain, vaudeville en un acte.

En tout, douze représentations dont une au bénéfice de Volange.

Après le départ de Volange, il n'y a eu qu'une seule représentation : c'était le dimanche 16 avril, pour la clôture. On donnait *Alzire*, tragédie, et l'*Obstacle imprévu*, comédie.

Année théâtrale 1809-1810.

L'ouverture de la salle du Vieux-Marché, exploitée, bien entendu, par la direction du Théâtre-des-Arts, n'a été faite que le dimanche 1er octobre 1809. On a donné ce jour-là :

1º Le *Déserteur*, drame;
2º Les *Femmes savantes*, comédie.

Les autres drames représentés dans l'année sont : l'*Honnête Criminel*, l'*Habitant de la Guadeloupe*, *Clémence et Waldémar*, le *Père de famille*, *Clémentine et Desormes* et *Eugénie*.

Indépendamment des *Femmes savantes*, on n'a pas dédaigné de donner au Théâtre-Français un certain nombre de comédies pour ainsi dire classiques : le *Barbier de Séville*, la *Mère coupable*, le *Menteur*, les *Jeux de l'Amour et du Hasard*, le *Misanthrope*, le *Festin de Pierre*, le *Philinte de Molière*, le *Joueur*, *Tartufe*, le *Dépit amoureux*, les *Fourberies de Scapin*, *Nanine*, l'*Ecole des Bourgeois*, les *Châteaux en Espagne*, le *Distrait* et les *Etourdis*.

Les autres comédies qui ont été jouées sont :

L'*Abbé de l'Epée*, l'*Acte de naissance*, l'*Amant bourru*, l'*Amour et la Raison*, *Arlequin afficheur*, l'*Artiste par amour*, l'*Assemblée de famille*, *Attendez-moi sous l'orme*.

La *Bonne Mère*, le *Bourru bienfaisant*.

Catherine, Claudine de Florian, le *Chevalier d'industrie,* le *Collatéral,* le *Conciliateur.*

Les *Dangers de l'absence,* les *Deux Frères.*

Les *Etrennes.*

La *Femme jalouse,* la *Femme juge et partie, Frédéric à Spandau.*

Haine aux femmes, l'*Homme à bonnes fortunes.*

La *Jeunesse de Henri V.*

Lantara.

Le *Marchand de Smyrne, Minuit, Monsieur Dupinceau, Monsieur de Crac.*

L'*Obstacle imprévu,* les *Oisifs.*

Paméla, le *Philosophe marié.*

La *Revanche.*

Le *Secret du ménage, Shakspeare amoureux,* le *Sourd.*

Le *Tartufe de mœurs, Tom Jones à Londres,* les *Trois Sultanes.*

La *Veuve de Cancale.*

La tragédie, elle aussi, entrait quelquefois dans la composition du spectacle, quoique l'on ne jouât à ce théâtre que le dimanche et les jours de fête. Ainsi, on a donné : *Artaxerce, Hector, Manlius Capitolinus, Rhadamiste et Zénobie* et la *Veuve du Malabar.*

A côté de cela, il faut citer la *Mort de Bucéphale,* tragédie pour rire.

On a chanté moins d'opéras que dans les années précédentes ; on s'est borné aux suivants :

Adolphe et Clara. *Jadis et aujourd'hui.*
La *Belle Arsène.* *Jean et Geneviève.*
Blaise et Babet. La *Maison à vendre.*
Elise-Hortense. Le *Milicien.*

Montano et Stéphanie.	*Les Prétendus.*
L'Opéra-Comique.	*Le Prisonnier.*
Les Pêcheurs.	*Sylvain.*
Le Petit Page.	*Zémire et Azor.*

Pour terminer la campagne et la prolonger jusque pendant les vacances du Théâtre-des-Arts, la direction a fait venir de nouveau la troupe de Ravel aîné, dit l'incomparable, premier danseur de Paris sur la corde tendue, breveté de Sa Majesté le roi de Hollande. Leurs exercices ont commencé le samedi 21 avril, veille de Pâques, et ont été répétés presque chaque jour jusqu'au 3 mai inclusivement; total, dix représentations.

Le spectacle était complété par un des ouvrages du répertoire que nous avons mentionnés plus haut. Il faut y joindre cependant *Raphaël*, vaudeville, les *Folies amoureuses* et *Défiance et malice*, comédies, *Arlequin chien dogue*, *Arlequin squelette* et *Arlequin statue*, pantomimes dans le genre italien.

L'une des représentations a été consacrée au bénéfice de Ravel aîné. On y a vu le grand enlèvement d'un ballon, invention de Chiarini, le principal artiste de la troupe; une autre fois, la soirée a été signalée par une grande ascension sans balancier, exécutée par Ravel aîné.

Dans la soirée d'adieu, Chiarini et Mlle Saqui ont dansé l'*Allemande* et la *Valse* sur des cordes parallèles.

Mais il est une particularité bien autrement remarquable qui se rattache à cette époque. Le dimanche 29 avril 1810, des réjouissances publiques ont eu lieu à Rouen à l'occasion du mariage de Sa Majesté l'Empereur et Roi avec S. A. I. l'archiduchesse Marie-Louise d'Autriche. Entre autres cérémonies, douze militaires ont été mariés avec des filles dotées par la ville (900 fr. chacune). Après la célébration du mariage civil, les musiciens et artistes du théâtre, réunis aux amateurs, ont exécuté une cantate dont les paroles étaient de Gouget et la musique de Dubarrois, second maître de musique du Théâtre-des-Arts. Le soir, le public qui assistait à la septième représentation des exercices de Ravel aîné et de sa troupe a joui d'un spectacle nouveau qui lui était donné *gratis* dans la salle même. En effet, pour employer les termes mêmes de l'affiche, les douze militaires mariés et dotés par la munificence de S. M. l'Empereur et Roi ont assisté au spectacle avec leurs épouses. Ils ont été placés aux premières.

Direction Granger.

La mort de Borme, sur laquelle nous avons donné quelques détails dans notre histoire du Théâtre-des-Arts, a laissé la direction entre les mains de Granger.

Année théâtrale 1810-1811.

Les errements des années précédentes ont été suivis. La troupe du Théâtre-des-Arts a joué sur le Théâtre-Français le dimanche, les jours de fête et en général toutes les fois que la direction a pensé que deux spectacles attireraient également la foule, par exemple à l'époque de la foire Saint-Romain, le lendemain des grandes fêtes, etc.

Toutefois, l'ouverture de cette scène n'a été faite que le dimanche 14 octobre 1810. On donnait, pour cette solennité, *Iphigénie en Aulide*, tragédie, et les *Deux Francs-Maçons*, fait historique.

On a représenté tous les genres; ainsi, pour la tragédie, il faut encore inscrire : le *Cid*, *Médée*, *Philoctète*, *Pierre-le-Cruel*, *Sémiramis* et les *Templiers*. Valmore fils, qui, on le sait, faisait alors ses premiers pas dans l'art dramatique, a rempli le rôle de Rodrigues dans le *Cid* et celui d'Edouard dans *Pierre-le-Cruel*. — Pour le drame, nous avons à citer : *Beverley*, *Clémence et Wal-*

démar, *Clémentine et Desormes*, l'*Habitant de la Guadeloupe*, l'*Honnête Criminel*, l'*Oncle mort et vivant* et le *Père de famille*.

Nous confondrons en un seul chapitre les comédies et les vaudevilles représentés : l'*Abbé de l'Epée*, l'*Amant bourru*, l'*Amour et la Raison*, l'*Alcade de Molorido*, les *Amours de Bayard*, l'*Assemblée de famille*, le *Barbier de Séville*, le *Baron d'Albikrac*, la *Brouette du Vinaigrier*, les *Châteaux en Espagne*, le *Chevalier à la mode*, *Crispin médecin*, le *Dépit amoureux*, les *Deux Gendres*, l'*Epouseur de vieilles femmes*, la *Famille des Lurons*, *Fellamar*, la *Femme jalouse*, le *Festin de Pierre*, la *Fille capitaine*, les *Fourberies de Scapin*, *Grivois-la-Malice*, l'*Homme à bonnes fortunes*, la *Jeunesse de Henri V*, *Jeunesse et Folie*, le *Mariage du Capucin*, les *Marionnettes*, le *Menteur*, la *Mère coupable*, *Monsieur de Crac*, l'*Original*, la *Petite Ville*, le *Philosophe sans le savoir*, les *Plaideurs*, le *Soldat prussien*, le *Sourd*, *Sully*, *Tartufe*, le *Tartufe de mœurs* et *Turcaret*.

La troupe d'opéra a représenté sur le théâtre du Vieux-Marché : *Adolphe et Clara*, l'*Amour filial*, le *Baiser et la Quittance*, la *Fausse Magie*, la *Fée Urgèle*, *Gulistan*, l'*Irato*, la *Maison à vendre*, les *Maris garçons*, le *Nouveau Don Quichotte*, l'*Opéra-Comique*, *Paul et Virginie*, les *Pêcheurs*, *Philippe et Georgette*, *Richard-Cœur-de-Lion*, *Sylvain*, le *Tonnelier* et *Trente-et-quarante*.

La clôture a été faite le lendemain de celle du Théâtre-des-Arts, le dimanche 21 avril 1811, par le spectacle suivant :

Le *Tambour nocturne*, comédie ;

L'*Ecole des Bourgeois*, comédie.

Nous avons trouvé le tableau du prix des places; nous croyons utile de le reproduire ici :

Loges grillées............	3 fr.	» c.
Premières..............	2	»
Parquet................	1	50
Secondes...............	1	20
Troisièmes.............	»	75
Parterre...............	»	60

Les enfants payaient demi-place.

Année théâtrale 1811-1812 (1).

Un mois avant l'ouverture de la campagne à ce théâtre, le sieur Fondard, physicien-aéronaute, seul dans son genre, venant des pays étrangers et en dernier lieu d'Amsterdam et de Bruxelles, où il avait recueilli de nombreux suffrages, a donné plusieurs représentations de ses expériences et récréations hydro-aéro-pyriques, physique expérimentale, physique amusante, phénomènes, expériences de magnétique hydraulique, automate animé, ballet de sorciers, métamorphoses, chefs-d'œuvre mécaniques, tableaux arabesques, combat du feu avec l'eau, bélier hydraulique de Montgolfier, tours d'adresse et d'agilité extraordinaires, magie, château du diable, éruption du mont Vésuve ou la montagne incendiée et ascension d'un ballon au gaz inflammable. Quelquefois la séance commençait par une *Scène magique ou la Rencontre du magicien dans la forêt,* pièce travestie qui n'avait jamais été représentée à Rouen Les métamorphoses, disait l'affiche, s'y feront à vue et avec la plus grande promptitude. Ou bien encore c'était une scène de magi-physcomanie, après laquelle on escamotait une demoiselle de la société et on la métamorphosait en mameluck.

---

(1) Deuxième de la direction Granger.

A la même époque, Rouen possédait aussi un sieur Maziorotti, physicien italien, qui faisait de la physique amusante dans la salle de M. Delépine, rue Grand-Pont. Ce Maziorotti vint à l'une des soirées de Fondard, le provoqua publiquement et lui proposa un assaut de talent. Fondard accepta, *bien entendu*, répondit qu'il ne voulait pas de tours de place, mais des choses neuves et imprévues, et déclara qu'il attendait son rival au Théâtre-Français. Le jeudi 12 septembre 1811, il y a eu à ce théâtre assaut général des deux physiciens.

L'ouverture de l'année théâtrale a été faite le dimanche 29 septembre 1811, par le spectacle suivant :

1º Les *Deux Gendres,* comédie;

2º L'*Habitant de la Guadeloupe*, drame.

On a représenté à ce théâtre tous les genres :

La tragédie : le *Comte de Warwick, Gabrielle de Vergy, Geneviève de Brabant, Othello*, le *Siége de Calais* et *Samson*, tragi-comédie.

Le drame et le mélodrame : le *Déserteur, Henriette ou la Fille soldat déserteur,* l'*Honnête Criminel*, dans lequel un amateur de cette ville, âgé de dix-neuf ans, a joué le rôle d'André, *Hariadan Barbe-Rousse*, les *Ruines de Babylone* et *Tékéli*.

La comédie et le vaudeville, bien entendu : l'*Abbé de l'Epée*, l'*Acte de naissance*, l'*Alcade de Molorido*, l'*Amant bourru*, l'*Amour et la Raison*, les *Amours de Bayard*, l'*Avare*, l'*Aveugle clairvoyant*, le *Baron d'Albikrac*, la *Brouette du Vinaigrier*, les *Châteaux en Espagne*, la *Chatte merveilleuse, Claudine de Florian,* la *Comtesse d'Escarbagnas*, la *Danse interrompue, Défiance et Malice*, les *Deux Francs-Maçons*, l'*Ecole des Bour-*

geois, l'*Enfant prodigue*, l'*Esprit follet*, les *Etrennes*, l'*Etourdi*, la *Femme jalouse*, la *Femme juge et partie*, le *Festin de Pierre*, la *Fille capitaine*, *Frédéric à Spandau*, le *Glorieux*, *Guerre ouverte*, *Haine aux femmes*, la *Jeunesse de Henri V*, les *Jeux de l'Amour et du Hasard*, le *Mariage du Capucin*, les *Marionnettes*, *Marton et Frontin*, le *Menteur*, la *Mère coupable*, *Monsieur Musard*, l'*Obstacle imprévu*, la *Prison militaire*, *Romainville*, le *Soldat prussien*, le *Tyran domestique*, la *Vieille Tante* et le *Vieux Célibataire*.

L'opéra : *Adèle et Dorsan*, *Azémia*, le *Billet de loterie*, les *Deux Chasseurs et la Laitière*, le *Diable à quatre*, le *Droit du seigneur*, l'*Epreuve villageoise*, *Une Folie*, le *Grand-Père*, *Une Heure de mariage*, *Jadis et aujourd'hui*, *Jean et Geneviève*, le *Maréchal ferrant*, le *Milicien*, *Montano et Stéphanie*, *Ninon chez madame de Sévigné*, *Œdipe à Colonne*, *Paul et Virginie*, le *Prisonnier*, *Richard-Cœur-de-Lion*, *Sargines*, *Sylvain* et les *Visitandines*.

En novembre, le sieur Chiarini et sa troupe, arrivant de Paris et passant par cette ville, ont donné deux représentations des plus brillantes de ses exercices d'agilité, danse de corde et pantomimes italiennes. Entre autres scènes comiques, cette troupe a représenté *Arlequin bouledogue*, pantomime.

Le jour des Rois 1812, l'affiche annonçait qu'on commencerait aux deux théâtres à cinq heures et demie pour finir à neuf heures et demie.

La clôture a eu lieu la veille de celle du grand théâtre, c'est-à-dire le dimanche 19 avril 1812. On donnait :

Amphitryon, comédie ;

FRANÇAIS. 193

L'*Original*, comédie ;
Le *Barbier de Séville*, comédie.

Pendant cette campagne, comme d'usage, le Théâtre-Français n'était ouvert que les dimanches, les jours de fête et par exception dans la semaine quand certaine circonstance, comme la foire Saint-Romain par exemple, rendait probables quelques bonnes recettes.

Direction Corréard.

Granger a rétrocédé, en mai 1812, son entreprise et ses accessoires à son camarade Corréard.

Année théâtrale 1812-1813.

Cette année a commencé le dimanche 11 octobre 1812, par le spectacle suivant :
1º La *Femme à deux maris*, drame ;
2º Le *Mariage du Capucin*, comédie ;
3º Le *Dépit amoureux*, comédie.

Comme son prédécesseur, Corréard n'a fait jouer au Théâtre-Français que le dimanche et les jours de fête. Il y a fait représenter la tragédie, le drame, la comédie, le vaudeville et l'opéra.

Sur cette scène, on a vu : *Zaïre, Iphigénie en Aulide, Gabrielle de Vergy,* la *Mort d'Abel, Médée et Jason,* la *Veuve du Malabar, Geneviève de Brabant, Sémiramis* et *Othello.*

Le drame s'y trouvant bien accueilli, on a donné : la *Femme à deux maris,* l'*Habitant de la Guadeloupe,* le *Déserteur,* l'*Honnête criminel, Misanthropie et repentir, Célestine et Faldoni, Clémence et Waldémar, Tékéli, Clémentine et Desormes* et *Mélanie.*

FRANÇAIS.

Pour la comédie, le vaudeville, etc., voici la liste des ouvrages représentés pendant la campagne :

L'Abbé de l'Epée.
L'Avare.
L'Aveugle clairvoyant.
Le Baron d'Albikrac.
Le Barbier de Séville.
La Brouette du Vinaigrier.
Catherine.
La Cigale et la Fourmi.
Les Châteaux en Espagne.
Le Ci-devant jeune homme.
Le Conciliateur.
La Danse interrompue.
Défiance et malice.
Le Dépit amoureux.
Les Deux Edmon.
Les Deux Francs-Maçons.
Les Étrennes.
La Famille des Innocents.
La Famille mélomane.
La Femme jalouse.
Le Festin de Pierre, de Thomas Corneille.
La Fille de la Nature.
Le Flageolet enchanté.
La Forêt d'Hermanstad.
Les Fourberies de Scapin.
L'Homme à bonnes fortunes.
La Jeunesse de Henri V.
Marton et Frontin.
Le Mariage du Capucin.
Le Mariage de Figaro.
Le Mercure galant.
La Mère coupable.
Le Menteur.
Monsieur Bouffarelli.
Monsieur de Crac.
Monsieur Musard.
Monsieur de Pourceaugnac, avec la course des apothicaires.
Le Mort marié.
Le Naufrage.
L'Orpheline.
Paméla.
La Petite Ville.
Robinson Crusoë dans l'île déserte.
Les Trois Maris.
Turcaret.
Le Tuteur.
La Vallée de Barcelonnette.

On a chanté, au Théâtre-Français, un moins grand nombre d'opéras que les années précédentes; on s'est borné à ceux-ci : *Adolphe et Clara*, *Cendrillon*, le *Délire*, le *Déserteur*, les *Deux Chasseurs et la Laitière*, les *Deux Journées*, les *Deux petits Savoyards*, le *Diable couleur de rose*, le *Duel de Bambin*, la *Fausse magie*, *Gulistan*, *Une Heure de mariage*, *Lodoïska*, la *Maison à vendre*, les *Maris garçons*, l'*Opéra-Comique*, le *Prisonnier*, les *Rendez-vous bourgeois*, les *Rêveries renouvelées*, *Richard-Cœur-de-Lion*, le *Secret*, *Sylvain* et le *Tableau parlant*.

Indépendamment du répertoire courant, il y a eu des représentations dites extraordinaires.

Zanini, l'équilibriste-philharmonique dont nous avons longuement parlé dans l'histoire du Théâtre-des-Arts, a paru aussi sur le Théâtre-Français, — en février 1813 ; — il y a donné une représentation.

En mars et avril, Bienvenu, professeur de physique expérimentale à Paris, qui avait paru quelques années auparavant sur la première scène rouennaise, a produit dix fois ses expériences sur l'électricité, l'optique, la chimie et l'hydraulique. Il a composé les éléments de la foudre et a fait voir, *sans aucun danger*, les effets de ses ravages et la propriété des appareils que l'on nomme paratonnerres. Tantôt il expliquait les agréables jeux de l'hydraulique, tantôt l'air atmosphérique et les fluides élastiques étaient l'objet de la séance. Il montrait des fusils à vent avec lesquels on pouvait lancer vingt-cinq balles en moins d'une minute. D'autres fois, une explosion électrique, éclatant autour du théâtre, produisait une pluie de feu et d'autres effets aussi magnifiques que surprenants (textuel). Puis venaient la fantasmagorie perfectionnée et animée, la récréation du flambeau infernal, le thermolampe, le citron phosphorique, l'éruption volcanique, etc., etc.

Bienvenu a tenu le théâtre ouvert le vendredi et le samedi saints.

Au mois d'avril 1813, la direction a publié cet avis essentiel : « MM. les actionnaires du théâtre de la République, établi en cette ville, place de la Poissonnerie, où les cessionnaires de ces actions, pour pouvoir jouir à l'avenir de leurs entrées et des avantages y attachés, sont invités de faire la représentation de leurs titres à M. Picard, notaire en cette ville, rue du Bailliage, n° 15, qui les visera et en tiendra état. » Il paraît qu'il y avait eu des abus et qu'il était temps d'y mettre bon ordre, d'autant plus qu'une série de soirées productives allait commencer.

Potier, premier comique du théâtre des Variétés, est venu à Rouen pour la première fois et a joué dans douze soirées, du 21 avril 1813 au 4 mai. Il était accompagné de Mme Potier, qui l'a secondé dans quelques pièces. Cet artiste en vogue, pour lequel on a augmenté le prix des places (1), a joué dans :

Le *Ci-devant jeune homme*, de Brazier et Merle.

Jocrisse maître et valet, de Sewrin.

Le *Suicide de Falaise ou la Famille des Jobarts*, par Martainville.

Une *Soirée de carnaval*, de Sewrin.

---

(1) Loges d'avant-scène, 3 fr. 50; — Premières, 2 fr. 50; — Parquet, 2 fr.; — Secondes, 1 fr. 50; — Troisièmes, 90 c.; — Parterre, 75 c.

La *Matrimoniomanie*, de Désaugiers et Gentil.

Pomadin ou l'Intrigue de carrefour, de Martainville.

Monsieur Desornières, de Désaugiers et Gentil.

Jean de Passy, de Martainville et Dumersan.

Le *Sourd ou l'Auberge pleine*, de Desforges.

La *Petite Cendrillon ou la Chatte merveilleuse*, de Désaugiers et Gentil.

Le *Petit Chaperon rouge*, de Dumersan.

Le *Petit Corsaire ou le Retour*, de Brazier, Merle et Dumersan.

Une Heure de prison.

Le *Beverley d'Angoulême*.

Les *Charbonniers de la Forêt-Noire*.

L'Intrigue hussarde.

L'Hôtel en vente ou la Perruque de discorde.

Monsieur Vautour.

Le *Niais de Sologne ou Il n'est pas si bête qu'il en a l'air*.

A la demande de plusieurs sociétés, et à son bénéfice, Potier a joué :

Cadet-Roussel maître de déclamation ou l'Ecole tragique, comédie ou non, en un acte, mêlée de quelques scènes de la *Princesse de Poitou*.

Les *Acteurs à l'épreuve*, de Sewrin et Chazet.

Maître André et Poinsinet ou le Perruquier poète, de Dumersan et Brazier.

Ces représentations ont conduit jusqu'à l'avant-veille de la réouverture du grand théâtre et ont clos l'année théâtrale au Théâtre-Français.

Année théâtrale 1813-1814 (1).

La direction n'a ouvert le Théâtre-Français que le dimanche 26 septembre 1813. Le spectacle d'inauguration se composait de :

Les *Deux petits Savoyards*, opéra ;

Sylvain, opéra ;

Ricco, comédie ;

La *Danse interrompue*, vaudeville.

Ce jour-là, l'affiche annonçait le prix des places de ce théâtre, ainsi qu'il suit :

Loges d'avant-scène............	3 fr.	»
Premières....................	2	50
Parquet.....................	2	»
Secondes....................	1	50
Parterre.....................	»	75
Troisièmes...................	»	75

A partir du 13 mars 1814, on cessa de jouer au Théâtre-Français, à cause sans doute du succès de l'invasion des alliés et de l'inquiétude politique de cette époque. De sorte que, pendant cet exercice, la deuxième scène rouennaise a été très-négligée.

Néanmoins, pendant cet espace de six mois que nous

---

(1) Deuxième de la direction Corréard.

venons de circonscrire, la troupe du Théâtre-des-Arts y a représenté des ouvrages importants.

Le contingent de la tragédie se compose de : *Phèdre et Hippolyte*, *Zaïre*, *Adélaïde Duguesclin* et *Ninus second roi d'Assyrie*. Dans ces ouvrages, Colson, répétiteur du Conservatoire, dont nous avons parlé dans l'histoire du Théâtre-des-Arts, a joué le rôle principal.

Pour le drame, nous avons trouvé : *Beverley*, l'*Habitant de la Guadeloupe*, *Clémence et Waldemar*, le *Déserteur*, l'*Honnête criminel* et l'*Ecole des Juges* (cette dernière pièce avec Colson).

Le nombre des comédies est bien plus grand ; il s'élève à quarante-quatre, savoir :

L'*Abbé de l'Epée*.
La *Brouette du Vinaigrier*.
Catherine.
Le *Château du Diable*.
Les *Châteaux en Espagne*.
Les *Chevilles de maître Adam*.
Le *Conteur*.
Crispin médecin.
Les *Dangers de l'absence*.
Défiance et malice.
Le *Dépit amoureux*.
Les *Deux Francs-Maçons*.
Le *Dîner de Madelon*.
Le *Docteur Tuant-Tout*.
Dupuis et Desronais.
Les *Etrennes*.

La *Femme jalouse*.
La *Femme juge et partie*.
La *Femme innocente, malheureuse et persécutée*.
La *Fille capitaine*.
Le *Français à Londres*.
Haine aux femmes.
Une *Heure de prison*.
L'*Homme à bonnes fortunes*.
L'*Homme singulier*.
La *Jeunesse de Henri V*.
Madame de Sévigné.
Les *Marionnettes*.
Le *Menteur*.
La *Mère coupable*.
Monsieur Musard.

Le *Naufrage.*
L'*Obstacle imprévu.*
L'*Original.*
Paméla.
Le *Piège.*
Pierrot.
La *Prison militaire.*
Les *Rivaux d'eux-mêmes.*
Le *Secret du ménage.*
Le *Souper imprévu ou le Chanoine de Milan.*
La *Suite d'un bal masqué.*
Le *Tableau de Raphaël.*
Les *Trois Sultanes.*

Bien peu d'opéras ont été chantés au Théâtre-Français :

Ambroise.
Le *Calife de Bagdad.*
Le *Déserteur.*
Le *Devin du village.*
Françoise de Foix.
Gulistan.
La *Jeune Prude.*
Joseph.
Ma Tante Aurore.
La *Maison isolée.*
Le *Médecin turc.*
Le *Prisonnier.*
Raoul Barbe-Bleue.
Les *Visitandines.*

Le Théâtre-Français a eu, en décembre 1813, un spectacle extraordinaire, celui de « l'*Arabe incombustible,* « l'unique en Europe, dont les journaux de Paris ont fait « mention depuis dix ans. » Ses exercices ont été précédés de deux comédies du répertoire.

Dans le même mois, un entr'acte a été consacré à faire connaître trois enfants, élèves de Pochet, qui ont dansé un pas de sabotiers.

Un chapitre politique doit être ouvert aussi pour cette scène. Le dimanche 6 février, au début de l'invasion des alliés, on y a exécuté l'*Hymne à la France,* que nous avons publiée en entier, tome II, p. 440.

Le dimanche suivant, pendant le spectacle, on a donné lecture des heureuses nouvelles reçues de l'armée. L'orchestre a joué l'air : *La victoire est à nous*, et l'on a chanté la *Lyonnaise* (voir tome II, page 411). Tout cela s'est passé au milieu du plus grand enthousiasme patriotique.

Le dimanche 20, on donnait la *Fille capitaine*, et l'affiche annonçait qu'à la suite de cette comédie, on chanterait des couplets en l'honneur des armées françaises.

Année théâtrale 1814-1815 (1).

L'ouverture a été faite le dimanche 9 octobre 1814, par le spectacle suivant :
1º *Défiance et malice*, comédie;
2º *Zémire et Azor*, opéra;
3º Le *Bouffe et le Tailleur*, opéra.

Ouvrant la salle du Vieux-Marché les dimanches, les jours de fête et toutes les fois qu'elle prévoyait une bonne recette, la direction y a fait représenter tous les genres.

La tragédie : *Mérope*.

Le drame : *Clémence et Waldémar*, *Edouard en Ecosse* et l'*Honnête criminel*.

La comédie et le vaudeville surtout :

L'*Acte de naissance*.
Les *Amants Prothée*.
Les *Anglaises pour rire*.
Le *Barbier de Séville*.
La *Brouette du Vinaigrier*.
Catherine.
Les *Châteaux en Espagne*.
Crispin médecin.
La *Danse interrompue*.
Les *Déguisements amoureux*.
Le *Dépit amoureux*.
Les *Deux Boxeurs*.
Les *Deux Edmon*.

---

(1) Troisième de la direction Corréard.

Les *Deux Francs-Maçons*. La *Mère coupable*.
Les *Deux Pages*. *Monsieur Croquemitaine*.
Le *Diner de Madelon*. *Monsieur Musard*.
L'*Epreuve nouvelle*. Le *Naufrage*.
Fanfan et Colas. La *Partie de chasse de*
La *Femme jalouse*. *Henri IV*.
Le *Festin de Pierre*. Les *Petits Braconniers*.
Je fais mes farces. La *Route de Paris*.
L'*Habit de Catinat*. Le *Roman d'une heure*.
L'*Intrigue avant la noce*. Le *Savetier et le Finan-*
L'*Intrigue impromptu*. *cier* (1).
La *Jeunesse de Henri V*. *Sophie et Derville*.
Les *Maitresses filles*. Le *Souper de famille*.
Le *Malade imaginaire*. Le *Souper de Henri IV*.
Le *Mariage du Capucin*. Le *Sourd*.
Le *Mariage extravagant*. Le *Vieux Célibataire*.
Marton et Frontin.

Enfin l'opéra : *Adolphe et Clara*, *Aline reine de Golconde*, le *Calife*, la *Caravane*, *Euphrosine*, *Une Folie*, *Gulistan*, *Jean et Geneviève*, *Jean de Paris*, la *Jeune Prude*, *Lulli et Quinault*, le *Marquis de Tulipano*, le *Médecin turc*, la *Mélomanie*, *Nina*, le *Petit Matelot*, *Philippe et Georgette*, les *Prétendus*, la *Prisonnière*, *Raoul Barbe-Bleue*, les *Rendez-vous bourgeois*, *Richard-*

---

(1) Ou *Contentement passe richesse*, vaudeville nouveau en un acte, par Merle et Brazier. Première représentation le dimanche 23 avril 1815. Ne pas confondre avec *Contentement passe richesse ou les Cent écus*, que l'on avait donné bien antérieurement aux deux théâtres de Rouen.

FRANÇAIS.

Cœur-de-Lion, les *Sabots et le Cerisier*, le *Tableau parlant*.

REPRÉSENTATIONS EXTRAORDINAIRES. — Il y en a eu sept pendant la campagne :

Un acteur comique du théâtre de la Porte-Saint-Martin, le sieur Emile, après avoir donné au Théâtre-des-Arts deux représentations, s'est rabattu sur la seconde scène rouennaise. Il a commencé le dimanche 6 novembre 1814, par le *Chaudronnier de Saint-Flour*, la *Banqueroute du savetier*, *Boniface Pointu et sa Famille* et *Pomadin*.

Il a joué ensuite le *Petit Corsaire*, la *Folle Intrigue*, *On fait ce qu'on peut et non pas ce qu'on veut*, le *Désespoir de Jocrisse*, *Monsieur Vautour*, *Gaspard l'avisé*, les *Chevilles de maître Adam*, le *Tableau de Raphaël*, l'*Intrigue dans la hotte* (première représentation), *Haine aux femmes*; en tout, cinq représentations dont une à son bénéfice.

En mars 1815, les frères Robba sont venus avec leur troupe donner deux représentations de leurs exercices sur la corde roide, danses, sauts du tremplin, saut des écharpes, etc. Cette troupe a aussi joué deux grandes pantomimes :

La *Fille hussard ou le Sergent suédois*, en trois actes et à grand spectacle, ornée de marches, combats, évolutions militaires, etc.;

La *Forêt-Noire ou le Fils naturel*, en trois actes, ornée de marches, évolutions militaires, combats, etc.

LA POLITIQUE AU THÉATRE. — On voit, par les listes précédentes, que l'on a donné aussi au Théâtre-Français la plupart des pièces de circonstance, nouvelles ou anciennes, jouées au Théâtre-des-Arts ; elles y ont soulevé cet enthousiasme, également de circonstance, que nous nous sommes efforcé de dépeindre.

Ajoutons que le dimanche 26 mars 1815, on a chanté :

LE RETOUR DE NAPOLÉON ET DES AIGLES.

AIR du *Pas redoublé*.

Enfin le voilà de retour,
   Le fils de la Victoire ;
Pour les Français quel heureux jour !
   Pour lui quel jour de gloire !
Son aigle, si souvent vainqueur,
   Après un an d'absence,
Reprend son vol avec splendeur
   Vers les champs de la France.

Napoléon des souverains
   Fit chanceler le trône ;
Il sut enchaîner les destins,
   Mériter la couronne.
Le sort un instant éprouva
   Son âme inébranlable,
Mais jamais ne ternit l'éclat
   De son nom redoutable.

Chaque Français au fond du cœur
   Condamnait son absence ;
Chacun réclamait le sauveur,
   Le héros de la France.
Aux vœux du peuple et des soldats
   Les dieux furent propices,
Napoléon dans ses Etats
   Revient sous leurs auspices.

L'Empereur et ses compagnons
   Soudain gagnent le large ;
Partout ses nombreux bataillons
   Marchent au pas de charge.
Le soldat, rempli de valeur,
   Voyant l'aigle si chère,
Vient se ranger avec honneur
   Sous sa noble bannière.

A l'aspect de la liberté,
   Le vainqueur intrépide
Marche avec la rapidité
   De l'aigle qui le guide.
Bientôt de clocher en clocher
   Flotte son oriflamme,
C'est ainsi qu'on le voit voler
   Jusqu'aux tours Notre-Dame.

Déjà de son heureux retour
   Tout ressent l'influence ;
Reposons-nous sur son amour
   Pour le bien de la France.
Que chacun célèbre son nom !
   Que partout on s'écrie :
Vive à jamais Napoléon
   Qui sauva la patrie !
         Par HYACINTHE LELIÈVRE.

La clôture n'a été faite que le dimanche 30 avril 1815, c'est-à-dire dix jours après celle du Théâtre-des-Arts. Dans ces dix jours, il y a eu trois représentations.

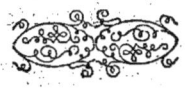

Année théâtrale 1815-1816 (1).

Avant l'ouverture de la campagne à ce théâtre, un grand assaut d'armes y a été donné, le 17 septembre 1815, par Mme Chelli. Il n'y en a pas eu deux, parce que cette dame était obligée de se rendre à Londres, où elle était appelée. Le spectacle était complété par deux comédies, la *Pupille* et le *Consentement forcé*.

L'ouverture a été faite le dimanche 1er octobre suivant, par :

1º L'*Habitant de la Guadeloupe*, drame ;
2º La *Partie de chasse de Henri IV*, comédie.

On ne jouait que le dimanche et les jours de fête ; par conséquent, ce fut après quelques représentations seulement que vint la foire Saint-Romain. On en profita pour livrer cette salle, pendant les deux premiers tiers de novembre, à une grande troupe italienne qui exhiba des exercices sur la corde et le fil d'archal ; quelquefois leur spectacle était terminé par le grand tableau arabe, exécuté par le fort mamelouck, etc., ou par une pantomime bouffonne intitulée *Arlequin et Colombine esclaves*. On y voyait aussi une autre pantomime appelée la *Force de la magie*.

---

(1) Quatrième de la direction Corréard.

Pour ces exercices, qui ont été exécutés cinq fois, on avait fixé ainsi le prix des places :

Loges grillées	2 fr.	»
Premières	1	50
Parquet	1	»
Secondes	»	75
Parterre	»	50
Troisièmes	»	50

L'élément politique n'a pas été négligé non plus à ce théâtre ; ainsi, outre la *Partie de chasse de Henri IV*, on y a donné le *Roi et la Ligue*, opéra, le *Souper de Henri IV*, comédie, *Vive le roi*, à-propos terminé par le *Serment français*, scène lyrique, enfin la *Jeunesse de Henri V*, comédie.

Les artistes en représentation ne dédaignaient pas cette scène. Ainsi Joanny y a paru dans *Othello*, *Zaïre* et *Hamlet*. Armand, premier comique des Variétés, dans le genre de Brunet (sic), a joué quatre fois au Théâtre-Français. Ce fut dans :

L'*Heureux Quiproquo*.	Le *Désespoir de Jocrisse*.
Jocrisse suicidé.	L'*Enrôlement supposé*.
Jocrisse changé de condition.	Le *Beverley d'Angoulême*.
	Le *Duel de Jocrisse*.
Cadet-Roussel barbier à la fontaine des Innocents.	La *Famille des Jobart*.
	Les *Deux Grenadiers*.
Pomadin.	

Quant au répertoire courant, on a donné :
Dans le genre drame :
Clémence et Waldémar, l'*Habitant de la Guadeloupe*, le *Père de Famille*.

14

Dans le genre comédie, vaudeville, etc.

L'*Acte de naissance*, les *Amants Prothée*, l'*Anglais*, l'*Avare*.

Le *Barbier de Séville*, la *Brouette du Vinaigrier*.

Catherine, le *Chaudronnier de Saint-Flour*.

Le *Désespoir de Jocrisse* (reprise), les *Deux Figaro*.

La *Famille des Innocents*, *Fellamar ou la Suite de Tom-Jones à Londres*, la *Femme jalouse*, le *Festin de Pierre*, la *Fête de Campagne*, les *Fourberies de Scapin*.

La *Gageure imprévue*, la *Grange-Chancel*.

Jean qui pleure et Jean qui rit, une *Journée à Versailles ou le Discret malgré lui*.

La *Laitière suisse*, — le *Mariage extravagant*, le *Mariage secret*, le *Mariage du Pèlerin*, *Marton et Frontin*, *Minuit ou l'Heure propice*, *Monsieur Crédule*, *Monsieur Musard*, *Monsieur de Pourceaugnac* (1).

L'*Original*, — le *Petit Enfant prodigue*, le *Philosophe marié*, la *Pie voleuse*, *Pierrot ou le Diamant perdu*, les *Projets de mariage*.

Le *Savetier et le Financier*, le *Sourd*.

Tom-Jones à Londres, — le *Vieux Célibataire*, le *Voile d'Angleterre*.

Enfin pour le genre opéra :

Blaise et Babet.
Le *Bouffe et le Tailleur*.
Euphrosine.
Françoise de Foix.

Gulistan.
Jadis et aujourd'hui.
L'*Irato*.
Les *Maris garçons*.

---

(1) Avec la course des apothicaires.

Richard-Cœur-de-Lion. *Trente-et-quarante.*
Sylvain.

L'opéra a donc été moins fréquemment chanté sur la seconde scène rouennaise que dans beaucoup des années précédentes.

Année théâtrale 1816-1817 (1).

L'ouverture du Théâtre-Français a été faite le dimanche 20 octobre 1816. On a donné :
1° L'*Obstacle imprévu*, comédie;
2° La *Fête de Henri IV*, à-propos politique;
3° Le *Secret du Ménage*, comédie.

On voit qu'à ce théâtre, comme à celui de la porte Grand-Pont, la direction a spéculé sur l'état de l'esprit public. Elle y a fait représenter plusieurs fois, outre l'à-propos que nous venons de citer, le *Souper de Henri IV* et la *Jeunesse de Henri V*.

Rien de particulier ne se produisit jusqu'en janvier 1817. On joua tous les dimanches et jours de fêtes le répertoire du Théâtre-des-Arts; pendant ce mois et le suivant, Honoré, comique du théâtre des Variétés, qui faisait les délices de la première scène rouennaise, a paru sur la seconde et y a donné :

Le *Petit Corsaire*.	*Pomadin*.
Les *Fantômes*.	Une *Heure de mariage*.
La *Ci-devant jeune femme*.	*Je fais mes farces*.
Jocrisse maître et Jocrisse valet.	Le *Petit Enfant prodigue*.
	Le *Niais de Sologne*.
L'*Enrôlement supposé*.	*Maître André et Poinsinet*.
L'*Heureux Quiproquo*.	

---

(1) Cinquième de la direction Corréard.

Il ne faut pas s'étonner de voir un comique en renom ne pas dédaigner de jouer sur la scène du Marché-Neuf, quand on sait qu'à cette époque on y représentait tous les genres. Ainsi, pendant cette campagne, on y a donné *Gabrielle de Vergy* et *Othello*. Dans cette dernière tragédie, Othello était personnifié par Rambert, premier rôle tragique. D'où venait ce Rambert? faisait-il partie de la troupe de Corréard? Ce sont deux questions pour nous irrésolues.

Le drame était bien plus souvent produit. Dans ce genre on a eu :

Charles et Caroline.
Clémentine et Desormes.
Le *Déserteur.*
Les *Deux Amis.*
L'*Habitant de la Guadeloupe.*
L'*Honnête criminel.*
Le *Monastère abandonné.*
L'*Oncle mort et vivant.*
Le *Père de Famille.*

Quant à la comédie, la liste en est encore plus longue :

L'*Abbé de l'Epée.*
L'*Acte de naissance.*
L'*Amant auteur et valet.*
Les *Amants Prothée.*
L'*Avare.*
Le *Barbier de Séville.*
La *Brouette du Vinaigrier.*
Le *Carnaval de Beaugency.*
Catherine.
Céphise.
Les *Châteaux en Espagne.*
Le *Chevalier de Canolles.*
Claudine de Florian.
Les *Deux Francs-maçons.*
Les *Deux Grenadiers.*
Les *Fausses confidences.*
Les *Fausses infidélités.*
La *Femme jalouse.*
Le *Festin de Pierre.*
Les *Folies amoureuses.*
L'*Heureuse erreur.*
L'*Homme à bonnes fortunes.*
L'*Intrigue épistolaire.*

La *Jeune Femme colère.*	Le *Peintre et le Comédien.*
Le *Malade imaginaire.*	Les *Petits Protecteurs.*
Les *Marionnettes.*	*Shakspeare amoureux.*
La *Mère coupable.*	*Sophie et Derville.*
Monsieur Musard.	Le *Tableau de Raphaël.*
Le *Naufrage.*	Le *Tyran domestique.*
Paméla.	Le *Vieux Célibataire.*

Enfin on a chanté les neuf opéras dont les noms suivent :

Adolphe et Clara.	Les *Prétendus.*
Les *Deux petits Savoyards.*	*Sylvain.*
Le *Grand-père.*	*Trente-et-quarante.*
Jadis et aujourd'hui.	*Zémire et Azor.*
Philippe et Georgette.	

Pendant le mois d'avril 1817, le sieur Fondard, physicien-ventriloque, arrivant des cours étrangères et ayant eu l'honneur de donner des expériences en présence des empereurs de Russie et d'Autriche et de tous les princes et grands dignitaires de ces cours, qui lui avaient mérité les témoignages les plus flatteurs et les plus honorables (textuel), a donné, en passant par Rouen pour se rendre à Londres, cinq représentations de ses récréations de physique expérimentale, pièces mécaniques, tours d'adresse, magie blanche et noire, nécromancie et scènes de ventriloquie.

Le prix des places n'était pas augmenté ; cependant Fondard faisait l'escamotage de la double disparition et le départ précipité d'une dame *ou d'une demoiselle* de la société, dans l'espace d'une minute, sans le secours d'aucune soupape; faisait une surprise aux dames, suivi de l'enlèvement d'un superbe ballon aérostatique. Le spectacle était terminé, tantôt par le grand coup des armes à feu et le bouquet infernal, tantôt par une grande suprise à tous les spectateurs ou grand vol de la magie noire, suivi des fleurs enchantées, tantôt enfin par la disparition d'une demoiselle de la société et l'apparition subite de deux autres personnes.

La clôture du Théâtre-des-Arts ayant été faite le dimanche 20 avril 1817, le Théâtre-Français est resté ouvert jusqu'au 27 inclusivement. Pendant ce temps, Sarthé, premier comique des Variétés de Bordeaux, a donné quatre représentations. Il s'est produit dans l'*Auberge de Calais*, *Marton et Frontin*, le *Diner de Madelon*, *Monsieur de Crac*, les *Amants Prothée*, le *Suicide de Falaise*, le *Petit Corsaire*, la *Banqueroute du Savetier*, le *Mariage du Pèlerin*, le *Cousin de tout le monde*. Il a été secondé par ceux des artistes du grand théâtre qui devaient rester à Rouen dans la campagne suivante.

Année théâtrale 1817-1818 (1).

La salle du Théâtre-Français, fermée pendant l'été, a été utilisée pendant quelques jours pour une exposition fort intéressante en 1817. Le ballon gonflé de Mlle Elisa Garnerin et son parachute déployé, avec sa nacelle, ont été montrés, au mois d'août, depuis huit heures du matin jusqu'à huit heures du soir. Le prix d'entrée était de cinquante centimes par personne.

L'année théâtrale, au Vieux-Marché, a commencé le dimanche 12 octobre, par :

1º L'*Optimiste*, comédie ;
2º Le *Secret du ménage*, comédie ;

On a donné, pendant l'exercice, peu d'opéras. On s'en est tenu à douze, aucun n'ayant même été chanté deux fois ; ce sont :

Ambroise.	La *Maison à vendre*.
L'*Amour filial*.	La *Maison isolée*.
Les *Deux Jaloux*.	*Marianne*.
Les *Deux petits Savoyards*.	Le *Petit Matelot*.
Le *Diable en vacances*.	*Rose et Colas*.
Ma Tante Aurore.	Le *Tonnelier*.

On n'a représenté que six drames :

---

(1) Sixième de la direction Corréard.

Charles et Caroline.
Clémence et Waldémar.
Le Déserteur.
L'Habitant de la Guadeloupe.
Misanthropie et repentir.
L'Oncle mort et vivant.

La préférence a été accordée à la comédie et au vaudeville. Voici la liste, beaucoup plus longue, des ouvrages de ce genre :

L'*Abbé de l'Epée*, l'*Avare*, — le *Capitaine Belronde*, le *Carnaval de Beaugency*, les *Châteaux en Espagne*, *Claudine de Florian*, — le *Dépit amoureux*, les *Deux Anglais*, les *Deux Figaro*, les *Deux Francs-maçons*, les *Deux Frères*, les *Deux Philibert*, les *Deux Philiberte*, les *Deux Précepteurs*, le *Diner de Madelon*, *Don Gusman d'Alfarache*, — l'*Ecole des Femmes*, l'*Enfant prodigue*, l'*Epreuve nouvelle*, — la *Famille d'Anglade*, les *Fausses confidences*, la *Femme jalouse*, les *Femmes savantes*, la *Fille capitaine*, les *Folies amoureuses*, les *Fourberies de Scapin*, — *Guerre ouverte*, — *Heureusement*, l'*Heureuse Moisson*, l'*Homme gris*, l'*Homme du jour*, — l'*Impromptu de campagne*, l'*Intrigue épistolaire*, — la *Jeune Femme colère*, les *Jeux de l'amour et du hasard*, — le *Légataire universel*, — la *Manie des grandeurs*, la *Marnière de Bocasse*, *Marton et Frontin*, la *Mère coupable*, *Monsieur de Crac*, le *Muet*, — l'*Original*, — les *Petits Braconniers*, le *Portrait de Michel Cervantes*, les *Précieuses ridicules*, *Préville et Taconnet*, le *Procureur arbitre*, les *Projets de mariage*, — les *Sabotiers béarnais*, *Shakspeare amoureux*, le *Solliciteur*, la *Suite d'un Bal masqué*, la *Suite des Deux Philibert*, — *Tartufe*.

Deux artistes en passage, qui avaient joué sur le Théâtre-des-Arts, ont paru sur le Théâtre-Français : en décembre 1817, une fois, Chalon de Maffay, physicien, démonstrateur de jeux d'adresse, et deux fois en février 1818, Mlle Elisa Wenzel, jeune première, élève du Conservatoire. Elle a donné le *Festin de Pierre* et l'*Épreuve nouvelle*.

On peut dire que cette scène a été encore plus négligée que les années précédentes. En effet, à part le jour de l'ouverture de la foire Saint-Romain, le 1er janvier 1818, le lundi de Pâques et le jeudi qui a suivi la fermeture du grand théâtre, elle n'a été utilisée absolument que le dimanche.

Le grand théâtre avait fait la clôture le 20 avril, le petit théâtre ne fit la sienne que le dimanche 3 mai suivant. Pendant ce laps de treize jours, il n'y eut toutefois que trois représentations.

Année théâtrale 1818-1819 (1).

L'ouverture a été faite le dimanche 27 septembre 1818, par un spectacle composé de trois opéras :
1° L'*Opéra-Comique* ;
2° La *Fausse magie* ;
3° *Adolphe et Clara*.

Le premier évènement saillant de la campagne a été un grand concert vocal et instrumental, donné le samedi 31 octobre, par Fontaine, artiste de Paris :

Première partie : 1° Symphonie d'Haydn, à grand orchestre ; 2° duo de l'oratorio d'Haydn, chanté par Welsch et Mlle Allent ; 3° concerto de violon composé et exécuté par Fontaine ; 4° trio de l'*Impresario in Angustie*, chanté par Ponchard, Welsch et Mlle Allent.

Deuxième partie : 1° Ouverture à grand orchestre ; 2° air de *Beniowski*, chanté par Mlle Allent ; 3° trio de harpe, violon et basse, par Fournier, Fontaine et Laroche ; 4° air varié, composé et exécuté par Fontaine ; 5° barcarole de la *Sérénade*, chantée par Welsch et Mlle Allent.

Le concert a commencé à sept heures et demie.

Voici quel était, ce jour là, le prix des places : parquet et orchestre, 3 fr. ; secondes, 2 fr. ; parterre, 1 fr. 50.

On n'a, comme d'usage, joué au Théâtre-Français que

---

(1) Septième de la direction Corréard.

le dimanche et les jours de très-grande fête; par exemple, le premier jour de la foire Saint-Romain, le lundi de Pâques, etc.

A part les trois opéras qui ont fait l'ouverture de l'année théâtrale, un seul a été chanté à ce théâtre : c'est la *Maison isolée*.

Une seule tragédie également a été représentée dans l'année : *Gaston et Bayard*.

Mais on a compté plusieurs drames :

Clémence et Waldémar. *L'Honnête criminel.*
Clémentine et Desormes. *Misanthropie et repentir.*
Le Déserteur. *L'Oncle mort et vivant.*
L'Habitant de la Guadeloupe.

La comédie, le vaudeville et la farce ont fourni le contingent du répertoire presqu'en entier :

L'Abbé de l'Epée, l'*Alcade de Molorido*, l'*Amant bourru*, l'*Amant auteur et valet*, les *Amis de collége*, *A-t-il perdu*, l'*Avare*, l'*Aveugle clairvoyant*.

Le *Barbier de Séville*, la *Bonne Mère*, le *Bourru bienfaisant*.

Les *Châteaux en Espagne*, *Claudine de Florian*, le *Consentement forcé*.

Le *Dépit amoureux*, les *Deux Frères*, les *Deux Valentin*, le *Distrait*.

L'*Ecole des Maris*, l'*Epreuve nouvelle*, les *Etourdis*.

La *Famille Glinet*, les *Fausses infidélités*, la *Feinte par amour*, les *Femmes*, la *Femme jalouse*, la *Femme juge et partie*, la *Fille capitaine*, la *Fille d'honneur*, les *Folies amoureuses*, la *Folle intrigue*, les *Fourberies de Scapin*.

Guerre ouverte, — l'*Heureux Quiproquo*, l'*Homme gris*.

L'*Impromptu de campagne*, — la *Jeunesse de Henri V*, les *Jeux de l'amour et du hasard*, une *Journée à Versailles*.

La *Maison de Jeanne d'Arc*, le *Malade imaginaire*, le *Mariage du Pèlerin*, les *Marionnettes*, *Marton et Frontin*, le *Menteur*, la *Mère coupable*, *Minuit*, *Monsieur de Crac*, le *Muet*.

Le *Naufrage*, — l'*Obstacle imprévu*.

Les *Perroquets de la mère Philippe*, les *Plaideurs*, les *Précieuses ridicules*, la *Pupille*.

Les *Rivaux d'eux-mêmes*, le *Roman d'une heure*, — *Shakspeare amoureux*.

Tartufe, le *Tartufe de mœurs*, *Tom-Jones et Fellamar*, un *Tour de faveur*, le *Tyran domestique*, — le *Vieux Célibataire*.

Le surlendemain de la clôture au Théâtre-des-Arts, le jeudi 22 avril 1819, Saint-Félix, qui prenait le titre de premier acteur comique, a commencé une série de représentations, au Théâtre-Français, par la reprise du *Ci-devant jeune homme*, comédie, et *Pomadin*, vaudeville. Puis il a donné : *Werther ou les Egarements d'un cœur sensible*, vaudeville en un acte, le *Solliciteur*, comédie, la reprise de *Jean qui pleure et Jean qui rit*, vaudeville en un acte, celle des *Anglaises pour rire*, vaudeville en un acte, *Je fais mes farces*, vaudeville, l'*Hôtel en vente*, comédie, le *Petit Enfant prodigue*, vaudeville, une *Soirée de Carnaval*, vaudeville, le *Désespoir de Jocrisse*, comédie, les *Deux Boxeurs*, folie-parade en un acte, le *Sourd*, comédie, *Jocrisse changé de condition*, comédie en deux actes, le *Niais de Sologne*, comédie, enfin le *Jeune Werther*, vaudeville en un acte (est-ce la même chose que *Werther ou les Egarements d'un cœur sensible ?*)

Saint-Félix a terminé le jeudi 6 mai, par une représentation à son bénéfice, composée de l'*Enlèvement supposé*, comédie, de la *Laitière suisse*, du *Petit Corsaire* et du *Jeune Werther*, vaudevilles. Une jeune fille, nièce de Saint-Félix, qui n'avait jamais paru sur un théâtre, a rempli le rôle de Catherine dans la *Laitière suisse*.

En tout, neuf représentations de Saint-Félix, comique qui cherchait à imiter Pottier et y parvenait quelquefois jusqu'à un certain point.

L'année théâtrale a été close par le fameux Bobèche; après avoir quitté le boulevard du Temple, théâtre de sa gloire, et parcouru plusieurs départements, il a paru au Théâtre-Français de Rouen, le vendredi 7 mai 1819; l'affiche l'annonçait comme bouffon des menus plaisirs du roi, *passant par cette ville* pour se rendre à Bordeaux. Cette soirée a commencé par l'*Epreuve comique ou Plus de peur que de mal*, scène burlesque, continuée par le *Maître comme il y en a peu*, folie-parade, et terminée par *Bobèche comédien ou les Incidents dramatiques*, proverbe épisodique. Malgré le talent de Bobèche pour la farce, une seule représentation de son spectacle a paru suffisante.

Année théâtrale 1819-1820 (1).

L'ouverture a été faite le dimanche 10 octobre 1819, par un spectacle composé de deux drames : le *Père de famille* et l'*Habitant de la Guadeloupe*, ce qui ne veut pas dire que pendant cette campagne on ait donné la prédominance au drame, car, outre ces deux-là, on a joué seulement le *Prisonnier de Newgate* et *Eugénie*.

Deux tragédies ont été données sur cette scène : *Jeanne d'Arc à Rouen* et les *Vêpres siciliennes*.

Le nombre des opéras s'élève à cinq. Ce sont : l'*Amour filial*, les *Deux Chasseurs et la Laitière*, la *Maison isolée*, les *Sabots et le Cerisier* et le *Tonnelier*.

La comédie et le vaudeville ont donc fourni le plus fort contingent; cependant on remarquera qu'il n'y en a pas autant que les années précédentes. Cela tient à ce que l'on n'a ouvert la salle du Vieux-Marché que le dimanche, — et encore pas toutes les semaines. Voici la liste des comédies, vaudevilles, etc. :

L'*Abbé de l'Épée*, l'*Acte de naissance*, l'*Amant bourru*, l'*Avare*, l'*Aveugle clairvoyant*, l'*Avocat*.

Les *Bolivars et les Morillos*, *Brueys et Palaprat*.

Cadet-Roussel Procida, le *Capitaine Belronde*, les *Châteaux en Espagne*, le *Chevalier d'industrie*, le *Ci-*

---

(1) Huitième de la direction Corréard.

devant jeune homme, *Claudine de Florian*, la *Cloison*, les *Comédiens*, le *Confident par hasard*.

Défiance et malice, le *Désespoir de Jocrisse*, les *Deux Duègnes*, les *Deux Frères*, les *Deux Gendres*.

L'*École des Maris*, l'*École des Pères*, l'*Épreuve nouvelle*.

Je fais mes farces, la *Fausse Agnès*, la *Femme juge et partie*, les *Folies amoureuses*.

Guerre ouverte, — le *Jeune Werther*.

La *Laitière suisse*, — le *Malade imaginaire*, le *Mariage à la hussarde*, le *Marquis de Pomenars*, *Marton et Frontin*.

Le *Petit Enfant prodigue*, le *Philinthe de Molière*, *Pomadin*, *Préville et Taconnet*, le *Procureur arbitre*.

Les *Rivaux d'eux-mêmes*, le *Roman d'une heure*, — une *Soirée de Carnaval*.

Le *Tableau de Raphaël*, le *Tailleur de Jean-Jacques Rousseau*, *Tapin*, le *Tartufe de mœurs*, le *Tyran domestique*.

Le *Volage*, — *Werther*.

Les représentations extraordinaires de l'année se bornent à trois séances du prestidigitateur Chalon (décembre 1819 et janvier 1820) et à deux exhibitions de l'Homme-Mouche, qui faisait des équilibres sur la corde volante (mars 1820).

Le Théâtre-Français n'a pas chômé à partir du 20 avril jusqu'au 6 mai 1820, c'est-à-dire pendant la fermeture du grand théâtre. Ce laps de temps a permis huit représentations de Mme Saqui, première acrobate de France, et d'une partie de sa troupe. Mme Saqui était, pour la danse sur deux cordes parallèles, très-bien secondée par Mlle Constance Saqui. Une des représentations a été donnée au bénéfice de cette jeune personne et de Lalanne, frère de Mme Saqui.

Le spectacle était complété par une petite bluette du répertoire; on utilisait ainsi les loisirs des artistes qui attendaient le jour de leur rentrée au Théâtre-des-Arts.

Direction Ernest Vanhove.

Le nouveau directeur a suivi les errements de ceux qui l'avaient précédé. A part cinq ou six exceptions, légitimées par des circonstances exceptionnelles, il n'a fait jouer que le dimanche sur la scène du Théâtre-Français.

Année théâtrale 1820-1821.

L'année théâtrale 1820-1821 a commencé le dimanche 22 octobre par :
1º Les *Femmes savantes;*
2º *Une Journée à Versailles.*

Le lendemain, jour de l'ouverture de la foire Saint-Romain, on a donné :
1º La *Fête de campagne;*
2º *L'Oncle mort et vivant;*
3º Les *Fourberies de Scapin.*

Puisque nous parlons de la foire Saint-Romain de 1820, disons de suite qu'à cette époque on a joui — deux fois — à la salle du Vieux-Marché, des exercices de Robert, jongleur, surnommé l'*Indien-Français*, et — quatre fois — de ceux de Lebesnier, surnommé l'*Hercule-Français*. Ce dernier a même dansé la *Gavotte* de Vestris.

Il est vrai que quelques jours après on représentait à

ce théâtre *Marie Stuart*, tragédie de Pierre Lebrun, et *Tancrède*, avec le concours d'un amateur rouennais qui a bien voulu personnifier Tancrède. Quel contraste!

On s'est borné à sept opéras pour toute l'année : *Ambroise*, l'*Amour filial*, le *Diable couleur de rose*, le *Diable en vacances*, la *Maison isolée*, l'*Opéra-Comique*, le *Tonnelier*.

Pour le drame, la comédie, le vaudeville, etc., l'énumération n'est pas aussi courte. La voici toutefois en entier : l'*Abbé de l'Épée*, l'*Amour et la Raison*, l'*Avocat*, l'*Avocat Patelin*, le *Chevalier d'industrie*, les *Comédiens*, *Crispin médecin*, les *Deux Frères*, les *Deux Gendres*, le *Docteur Quinquina*, le *Duel et le Déjeuner*, l'*Épreuve nouvelle*, la *Fausse Agnès*, la *Femme jalouse*, la *Femme juge et partie*, la *Fille d'honneur*, les *Folies amoureuses*, *Guerre ouverte*, *Haine aux Femmes*, l'*Homme à bonnes Fortunes*, l'*Homme singulier*, l'*Honnête Criminel*, l'*Intendant comédien*, la *Jeune Femme colère*, la *Laitière suisse*, le *Légataire universel*, le *Mercure galant*, le *Petit Corsaire*, le *Petit Enfant prodigue*, *Préville et Taconnet*, les *Rivaux d'eux-mêmes*, le *Secret du Ménage*, le *Solliciteur*, le *Tableau de Raphaël*, les *Trois Frères rivaux*, le *Tyran domestique*, le *Volage*, sans parler des pièces jouées les deux premiers jours de la campagne.

Le principal événement de cette campagne a été la série de représentations donnée en mars et avril par Bienvenu, professeur de physique expérimentale, de Paris, qui, au moment de terminer ses longs travaux et de se retirer dans ses foyers, a voulu offrir au public de Rouen ses dernières représentations sur le Théâtre-Français de cette ville, où il avait établi son cabinet, connu pour l'un des plus brillants. Il était encouragé d'ailleurs par l'accueil qu'il avait reçu à Rouen huit ans auparavant. Nous avons ouvert bien des fois un chapitre à ce que nous appelons la politique au théâtre, la morale au théâtre ; celui-ci sera la science au théâtre, et à ce titre il ne manque pas d'intérêt.

Bienvenu a fait des expériences sur l'air, l'eau et les gaz ; il en a fait sur l'hydrostatique, l'hydraulique, l'électricité, le galvanisme, les affinités chimiques, les illusions d'optique, les feux d'artifice et le gaz hydrogène ; il a pratiqué la manipulation récréative des gaz. Une autre fois il a consacré sa séance aux effets du tonnerre, des paratonnerres et des nuées orageuses. Tantôt il faisait fonctionner la machine pneumatique, tantôt il montrait les miroirs d'Archimède, l'électricité appliquée au corps humain ; il y mêlait de la fantasmagorie.

Ses neuf soirées, dont une à son bénéfice, ont constitué un véritable cours qui a offert, pour nous servir de ses expressions mêmes, tout ce que la physique a de plus amusant et de plus utile à la vie humaine.

La clôture de l'année théâtrale à cette salle a été faite le dimanche 15 avril 1821 par :

1º L'*Amour filial*, opéra ;

2º *Haine aux Femmes*, vaudeville ;

3º Le *Diable en vacances*, opéra.

Mais après la clôture du Théâtre-des-Arts, le Théâtre-Français a été ouvert sept fois, en avril et en mai, à M. Fay et à sa famille. Léontine Fay, âgée alors de onze ans, a joué dans *Adolphe et Clara*, opéra ; *Alexis*, opéra ; le *Devin de village*, opéra ; *Frosine ou la Dernière ve-*

nue, vaudeville ; les *Deux Petits Savoyards*, opéra ; *Jean et Geneviève*, opéra ; *Paul et Virginie*, opéra ; le *Diable-à-Quatre*, opéra ; le *Petit Matelot*, opéra ; *Haine aux Femmes*, vaudeville.

Dans la *Fée Urgèle*, opéra joué à l'instar du Conservatoire, Léontine Fay a rempli trois rôles. Une fois, pendant l'entr'acte, elle a chanté un grand air de bravoure. Son père aussi a donné des intermèdes dans lesquels il chantait des romances en vogue ou des romances nouvelles de sa composition, notamment dans la dernière représentation donnée au bénéfice de ses enfants.

Année théâtrale 1821-1822 (1).

L'ouverture a été faite le dimanche 21 octobre 1821 par les deux ouvrages suivants :
1º *Tartufe;*
2º La *Fausse Agnès.*

Puis cette salle ne fut ouverte que les dimanches et fêtes. On y joua tous les genres, mais surtout la comédie et le vaudeville. Voici d'ailleurs l'énumération de toutes les pièces qui y ont été données :

Opéra : l'*Amour filial*, les *Deux Chasseurs et la Laitière*, la *Maison isolée.*

Tragédie : aucune cette année.

Drame : *Charles et Caroline, Eugénie,* l'*Habitant de la Guadeloupe.*

Comédie et vaudeville : l'*Acte de naissance*, les *Amants Prothée*, l'*Amour et la Raison*, l'*Avare*, l'*Aveugle clairvoyant*, l'*Avocat Patelin*, le *Barbier de Séville, Catherine*, les *Châteaux en Espagne*, le *Chaudronnier de Saint-Flour*, le *Confident par hasard*, *Crispin rival de son Maître, Démocrite amoureux*, le *Dépit amoureux*, les *Deux Figaro*, les *Deux Frères*, le *Distrait*, l'*École des Bourgeois*, l'*École des Femmes*, l'*École des Maris*,

---

(1) Deuxième de la direction Vanhove.

l'*Épreuve nouvelle*, les *Étourdis*, les *Femmes*, les *Femmes savantes*, la *Femme jalouse*, la *Femme juge et partie*, le *Festin de Pierre*, les *Folies amoureuses*, *Guerre ouverte*, l'*Heureuse Erreur*, l'*Heureuse Rencontre*, l'*Impromptu de campagne*, l'*Intrigue épistolaire*, la *Jeunesse de Henri V*, les *Jeux de l'Amour et du Hasard*, le *Joueur*, le *Legs*, le *Malade imaginaire*, le *Mari et l'Amant*, la *Mère rivale*, *Un Moment d'imprudence*, l'*Obstacle imprévu*, le *Parrain*, la *Petite Ville*, la *Pie voleuse*, les *Plaideurs sans Procès*, les *Projets de Mariage*, les *Rivaux d'eux-mêmes*, le *Savetier et le Financier*, le *Somnambule*, *Tom Jones à Londres*, le *Voyage à Dieppe*.

Ce ne fut que le lendemain de la clôture du Théâtre-des-Arts, c'est-à-dire le dimanche 21 avril 1822, que le Théâtre-Français a préoccupé la direction qui, jusque-là, n'y avait rien produit d'extraordinaire. Ce dimanche 21 avril ont commencé les exercices de la troupe de Cabanel réunie aux demoiselles Ferzi, danseurs acrobates. Elles ont continué presque tous les jours jusqu'au 2 mai suivant. En tout huit représentations, dont la dernière au bénéfice de M. et Mlle Cabanel. Dans celle-ci, les exercices sur la corde ont été suivis de l'*Allemande* à trois, dansée par M. et Mlle Cabanel et par Mlle Ferzi, et le spectacle a été terminé par le *Vieillard dupé*, pantomime risible mêlée de danses, changements à vue et métamorphoses. Cette soirée a été en même temps la clôture de l'année théâtrale à ce théâtre.

La troupe de Cabanel avait fait connaître, quelques jours auparavant, une autre pantomime, les *Rendez-vous nocturnes*, qui était également ornée de danses, de changements et de métamorphoses.

Année théâtrale 1822-1823 (1).

La direction Morel a suivi les errements des précédentes en ce qui concerne le Théâtre-Français. Elle ne l'a ouvert que les dimanches et fêtes et pendant la mauvaise saison seulement.

L'ouverture a été faite le dimanche 20 octobre par le *Bourru bienfaisant*, comédie, et le *Déserteur*, drame.

On a chanté pendant la campagne six opéras, savoir :

Ambroise.
L'*Amour filial*.
Les *Deux Chasseurs et la Laitière*.

Jean de Paris.
La *Maison isolée*.
Le *Maréchal ferrant*.

Mais on a représenté un grand nombre de comédies, qui sont :

L'*Abbé de l'Epée*, l'*Amour et la Raison*, l'*Avare*.

Le *Barbier de Séville*, le *Bourru bienfaisant*, *Brueys et Palaprat*.

Catherine, le *Chevalier à la mode*, la *Cloison*.

Crispin médecin, *Crispin rival*.

Le *Dépit amoureux*, les *Deux Frères*, le *Distrait*.

L'*École des Femmes*, l'*École des Maris*, l'*Épreuve nouvelle*, les *Étourdis*.

---

(1) Première de la direction Morel.

Les *Fausses Confidences*, la *Fausse Agnès*, le *Faux Bonhomme*.

Les *Femmes*, les *Femmes savantes*, la *Femme jalouse*, la *Femme juge et partie*, le *Festin de Pierre*, les *Folies amoureuses*, le *Fou raisonnable*, les *Fourberies de Scapin*.

Le *Grondeur*, *Guerre ouverte*.

Le *Jeu de l'Amour et du Hasard*, la *Jeunesse de Henri V*.

Le *Légataire universel*, — le *Mariage de Figaro*, le *Médecin malgré lui*, le *Ménage de Molière*, *Monsieur de Crac*.

Le *Naufrage*, — la *Petite Ville*, les *Précieuses ridicules*.

Les *Quatre Ages*, — les *Rivaux d'eux-mêmes*, le *Savetier et le Financier*, le *Sourd*, *Tartufe*, — *Valérie*.

On a donné cinq drames, savoir :

Le *Déserteur*.   *Eugénie*.
Les *Deux Forçats*.   L'*Habitant de la Guade-*
Édouard en Écosse.   *loupe*.

La tragédie elle-même, dans la personne de M. et Mme Lagardère, premiers rôles tragiques, n'a pas dédaigné la seconde scène de Rouen. En mars 1823, ils y ont joué *Othello* et *Régulus*. (Voir l'*Histoire du Théâtre-des-Arts*, tome III, page 152.)

Mais c'est surtout pendant la vacance du Théâtre-des-Arts, c'est-à-dire du dimanche 20 avril au 6 mai 1823, que le Théâtre-Français a fait florès. Dans cette quinzaine, il a été ouvert dix fois. Le spectacle se composait principalement des exercices de Mlle Romanini l'aînée, artiste orichalcienne, accompagnée de ses deux sœurs, venant du Cirque-Olympique de Paris. Une artiste orichalcienne est celle qui danse sur un fil d'archal. Mlle Romanini faisait plus que de danser. Elle s'élançait sur le fil pendant qu'il était dans un mouvement très-rapide d'oscillation, s'y retenait debout et se balançait avec lui.

Les dix représentations des sœurs Romanini étaient complétées par une ou deux pièces du répertoire que l'on pouvait jouer avec une troupe incomplète, par exemple : *Ambroise*, opéra ; la *Cloison*, comédie ; les *Deux Forçats*, drame ; *Eugénie*, drame ; *Haine aux Femmes*, vaudeville ; la *Maison en Loterie*, vaudeville ; le *Matin et le Soir*, vaudeville ; le *Tableau de Raphaël*, vaudeville ; *Va-de-Bon-Cœur*, vaudeville ; *Une Visite à Bedlam*, vaudeville.

On a même une fois exécuté à grand orchestre l'ouverture des *Rigueurs du Cloître*.

Dans la *Maison en Loterie*, un amateur a interprété le rôle de Rigaudin. Un autre soir, Désiré Ricquier, artiste *tenant l'emploi d'Elleviou et les amoureux dans le vaudeville, passant par Rouen et désirant s'y faire connaître*, a rempli, dans *Une Visite à Bedlam*, le personnage d'Alfred de Roseval.

L'année a donc fini par des acrobates et des artistes à l'essai.

Prix des places au Théâtre-Français :

Loges............................Fr.	3	»
Premières............................	2	25
Parquet............................	1	75
Secondes............................	1	25
Troisièmes............................	»	90
Parterres............................	»	75
Demi-premières............................	1	15
Demi-parquet............................	»	90
Demi-secondes............................	»	65
Demi-troisièmes............................	»	45

Année théâtrale 1823-1824 (1).

La campagne a commencé un peu plus tôt que de coutume, dès le samedi 4 octobre 1823, et a été inaugurée par les exercices de la troupe du sieur Cabanel, artiste acrobate. Elle a donné sept représentations.

Outre les tours de force, la troupe a joué le *Rendez-vous nocturne ou le Paysan rusé*, pantomime mêlée de danses et de métamorphoses; *Colin et Georgette*, pantomime; *Arlequin braconnier*, pantomime italienne, et les *Deux Rivaux ou le Triomphe*, pantomime.

Parmi les exercices on remarquait la *Danse armée*, l'*Homme de feu*, le *Pas de Bayadères* et autres dansés par M. et Mlle Cabanel sur le parquet (sans doute par opposition à la corde).

Cette troupe est restée jusqu'après l'ouverture de la foire Saint-Romain. Puis l'ouverture sérieuse de l'année théâtrale a été faite le dimanche 26 octobre 1823 par :

1º *Guerre ouverte*, comédie ;
2º La *Mère coupable*, comédie.

Le répertoire courant a compris les ouvrages dont voici la liste :

Comédie, vaudeville, etc. :

Les *Amants Prothée*, l'*Avocat Patelin*, le *Bourru bien-*

---

(1) Deuxième de la direction Morel.

faisant, la *Brouette du Vinaigrier*, les *Cancans*, la *Carte à payer*, *Catherine*, le *Célibataire et l'Homme marié*, le *Code et l'Amour*, le *Coiffeur et le Perruquier*, le *Collatéral*, le *Conscrit*, les *Cuisinières*, les *Déguisements amoureux*, *Un Dernier Jour de Fortune*, les *Deux Figaro*, les *Deux Frères*, les *Deux Ménages*, les *Deux Précepteurs*, le *Diner de Madelon*, l'*École des Bourgeois*, l'*École des Vieillards*, l'*Éducation*, le *Fabricant*, la *Famille des Innocents*, *Femme à vendre*, la *Femme juge et partie*, le *Festin de Pierre*, le *Gastronome sans argent*, l'*Héritière*, l'*Homme à bonnes Fortunes*, l'*Intendant comédien malgré lui*, l'*Intérieur d'un Bureau*, le *Légataire universel*, *Luxe et Indigence*, le *Malade imaginaire*, le *Mariage extravagant*, les *Marionnettes*, le *Muet*, les *Plaideurs sans Procès*, la *Prison militaire*, *Ricco*, le *Tableau de Raphaël*, *Tartufe*, le *Tyran domestique*, *Valérie* et *Une Visite à Bedlam*.

Drame.

Édouard en Écosse, l'*Habitant de la Guadeloupe*, l'*Honnête Criminel*, *Misanthropie et Repentir* et le *Père de Famille*.

Opéra :

L'*Amour filial*, *Blaise et Babet*, le *Bouffe et le Tailleur*, le *Grand-Père*, *Rose et Colas* et le *Tonnelier*.

Le Théâtre-Français a eu aussi ses représentations extraordinaires. En novembre 1823, M. et Mme Lagardère, premiers rôles tragiques, y ont joué *Gabrielle de Vergy*, *Shakspeare amoureux* et *Manlius*. Dans le même mois, M. et Mme Clozel y ont donné les *Deux Philibert*, *Une Journée à Versailles* et *Philibert marié*. En décembre 1823, Mme Cosson et Lokroy y ont interprété la tragédie de *Jeanne d'Arc*. Tous ces artistes ont paru à la même époque au Théâtre-des-Arts.

Nous avons aussi un chapitre politique. Le samedi 24 janvier 1824, pour la continuation des fêtes données par la ville en réjouissance de l'heureuse issue de la guerre d'Espagne (1), le Théâtre-Français a été ouvert *gratis* au public. On lui a offert :

1º L'air *Vive Henri IV!* à grand orchestre ;
2º La *Jeunesse de Henri V*, comédie ;
3º La *Partie de Chasse de Henri IV*, comédie.

Le préfet, le maire et les adjoints ont assisté au commencement de cette représentation et ne se sont retirés que pour se rendre au Théâtre-des-Arts.

La clôture du grand théâtre ayant été faite le 20 avril 1824, le Théâtre-Français a eu, jusqu'au 2 mai inclusivement, deux représentations par semaine, le jeudi et le dimanche. Dans cet intervalle on y a joué, pour la première fois à Rouen, le *Précepteur dans l'embarras*, vaudeville en un acte, par Melesville.

---

(1) Voir l'*Histoire du Théâtre-des-Arts*, tome III, page 174

Année théâtrale 1824-1825 (1).

L'ouverture a été faite le dimanche 17 octobre 1824 par une représentation composée de :
1º La *Mère coupable*, comédie ;
2º L'*Oncle mort et vivant*, drame.

A partir de ce jour, la salle a été ouverte les dimanches et les jours de fêtes. La scène, desservie par les deux troupes du Théâtre-des-Arts, a été très-souvent occupée par des artistes en représentation. On y a vu d'abord Leclerq, physionomane de la capitale, qui a fait des imitations d'acteurs comiques et plusieurs jeux de physionomie tirés de Lavater et du musée grotesque. Il a imité Tiercelin dans le *Rempailleur de Chaises*, Odry dans les *Jolis Soldats*, et Potier dans *Riquet à la Houpe*. Il n'a donné que quatre séances.

Après le physionomane, Mme Saqui, première acrobate de France et des cours étrangères, accompagnée de sa troupe ! Elle a paru cinq fois et a présenté au public Mlle Caroline, née en Laponie, âgée de dix ans, de la taille de vingt-huit pouces, d'un talent rare dans les exercices d'acrobate, et qui a dansé l'*Allemande* avec son frère. L'ascension extraordinaire avec une brouette

---

(1) Troisième de la direction Morel.

du fond du théâtre aux troisièmes loges était un des éléments d'attrait de cette troupe.

Sur les planches où venait de danser la naine de Laponie, ont daigné monter ensuite Camille, ex-pensionnaire du premier Théâtre-Français, et Mme Cosson, actrice tragique du même théâtre, de sorte qu'après un intervalle de quelques jours à l'ascension de la brouette ont succédé *Pierre de Portugal*, *Sémiramis*, *Clytemnestre*, *Œdipe*, *Marie Stuart* et *Mérope*, tragédies.

Toutefois l'année a fini comme elle avait commencé. Après la clôture du grand théâtre, en attendant les débuts de la campagne suivante, le Théâtre-Français a donné cinq représentations variées ainsi : séance de physique amusante, par Philippe, prestidigitateur ; imitations, par Leclerq, physionomane de la capitale ; spectacle pittoresque de physique et de magie, par Victor, de Paris ; exercices de Théodore et Charles, nouveaux hercules parisiens, et grandes illusions d'optique avec apparitions nocturnes.

Il y en avait pour tous les goûts !

Entre toutes ces soirées, véritablement extraordinaires, il a bien passé un peu du répertoire courant. C'est ce qui nous reste à enregistrer.

Opéra : un seul, *Rose et Colas*.

Drame : *Charles et Caroline*, *Édouard en Écosse*, l'*Honnête Criminel*, *Misanthropie et Repentir*, l'*Oncle mort et vivant*, le *Père de Famille*.

Comédie, vaudeville, etc. : l'*Abbé de l'Épée*, les *Amants Prothée*, l'*Avocat Patelin*, — le *Baiser au Porteur*, — *Catherine*, le *Chevalier à la mode*, — le *Coiffeur et le Perruquier*, le *Collatéral*, *Crispin médecin*, —

les *Deux Frères*, les *Deux Ménages*, les *Deux Philibert*, le *Dîner de Madelon*, — l'*École des Femmes*, l'*École du Scandale*, l'*École des Vieillards*, l'*Enfant trouvé*, — la *Fausse Agnès*, les *Fausses Infidélités*, la *Femme juge et partie*, — *Guerre ouverte*, — la *Haine d'une Femme*, l'*Héritière*, — l'*Intrigue épistolaire*, — *Jean qui pleure et Jean qui rit*, *Une Journée à Versailles*, — le *Légataire universel*, le *Legs*, *Luxe et Indigence*, — le *Malade imaginaire*, le *Mari à bonnes Fortunes*, le *Médecin malgré lui*, le *Méfiant*, les *Ménechmes*, la *Mère coupable*, *Minuit*, *Un Moment d'imprudence*, *Monsieur Vautour*, la *Petite Ville*, les *Précieuses ridicules*, — les *Rivaux d'eux-mêmes*, le *Roman d'une Heure*, *Shakspeare amoureux*, — le *Tardif*, le *Tyran domestique*, — *Valérie*, la *Vieillesse de Piron*, *Une Visite à Bedlam*.

L'année théâtrale s'est terminée le 1ᵉʳ mai 1825.

Année théâtrale 1825-1826 (1).

La salle n'était pas ouverte à l'époque des fêtes et réjouissances qui ont eu lieu à l'occasion du sacre et du couronnement de S. M. Charles X. Cependant, par arrêté du maire de Rouen, à la date du 15 juin 1825, une représentation y a été donnée *gratis* le samedi 18 juin suivant. Elle a commencé, par ordre, à quatre heures, et a été composée de :

1° La *Haine d'une Femme*, vaudeville ;
2° La *Jeunesse de Henri V*, comédie.

Les allusions de la comédie ont été toutes saisies et ont fait éclater les applaudissements.

A sept heures cette représentation était terminée.

L'ouverture a été faite le dimanche 23 octobre 1825, comme celle de la foire Saint-Romain. On a donné ce jour-là :

1° Le *Mari à bonnes Fortunes* ;
2° Les *Deux Frères*.

Plus négligé peut-être encore que les années précédentes, le Théâtre-Français a eu un répertoire fort court, savoir :

Drame : l'*Honnête Criminel*, *Lord Davenant*, *Misanthropie et Repentir*, l'*Oncle mort et vivant*.

Comédie, vaudeville, etc. : l'*Amour et la Raison*,

---

(1) Quatrième de la direction Morel.

l'*Aveugle clairvoyant*, *Catherine*, la *Chercheuse d'esprit*, les *Deux Anglais*, les *Deux Ménages*, la *Fausse Agnès*, les *Fausses Confidences*, le *Faux Stanislas*, la *Femme juge et partie* (remise en trois actes), la *Femme jalouse*, l'*Homme à bonnes Fortunes*, l'*Homme gris*, l'*Hôtel garni*, les *Jeux de l'Amour et du Hasard*, *Une Journée à Versailles*, le *Médecin malgré lui*, le *Menuisier de Livonie*, la *Mère coupable*, *Modestie et Suffisance*, *Monsieur de Crac*, la *Petite Ville*, les *Rivaux d'eux-mêmes*, le *Roman d'une heure*, le *Secret du Ménage*, le *Sourd*, la *Suite d'un Bal masqué*, *Tartufe*, le *Tyran domestique* et *Valérie*.

Opéra : *Blaise et Babet*, l'*Opéra-Comique*, les *Rendez-vous bourgeois*, *Rose et Colas* et le *Tonnelier*.

Nous avons vu qu'une représentation avait été donnée au Théâtre-des-Arts, pendant cette année, au bénéfice des incendiés de Salins. Un nouvel appel a été fait le lundi 19 décembre 1825, au Théâtre-Français, par MM. les amateurs et maîtres d'escrime de Rouen, réunis à MM. les maîtres du 2ᵉ régiment de la garde royale. Ils ont organisé un grand assaut d'armes, dans les intermèdes duquel les musiciens de la garde royale ont exécuté des symphonies. Tout a été disposé pour rendre ce spectacle digne des dames et des amateurs... Des dames à un assaut d'armes ! S'il y en avait, elles devaient être peu nombreuses.

Dufau, professeur d'escrime de la ville, a été très-applaudi dans une lutte avec un maître de la garde [1].

---

[1] M. Dufau est encore aujourd'hui professeur d'escrime à Rouen (1867).

La recette a produit 310 fr. de bénéfice net.

L'anniversaire de la naissance de Molière a été célébrée aussi à la salle du Vieux-Marché. Ce fut le dimanche 15 janvier 1826. On y a donné

1° *Valérie*, comédie;
2° *Tartufe*;
3° Le couronnement du buste de Molière par les artistes jouant dans *Tartufe*.

La salle était illuminée extraordinairement.

Cette année encore la tragédie n'a pas dédaigné notre seconde scène. En novembre 1825, Camille, pensionnaire du Théâtre-Français, et Mlle Dupont, actrice de l'Odéon, y ont joué *Hamlet* et *Othello*.

Au Théâtre-Français, la campagne, composée de représentations seulement le dimanche et les jours de fêtes carillonnées, s'est terminée le 9 avril 1826, onze jours cette fois avant la clôture au Théâtre-des-Arts.

Année théâtrale 1826-1827 (1).

Rien de plus court que l'histoire de la campagne 1826-1827, en ce qui concerne le Théâtre-Français, et si ce n'est la représentation remarquable à plus d'un titre qui y a été donnée au bénéfice des victimes de la maison écroulée, elle se borne à une liste de pièces.

L'ouverture a eu lieu le dimanche 22 octobre par :
1° *Tartufe*, comédie ;
2° Les *Deux Figaro*, comédie.

Puis on a joué le dimanche et les grandes fêtes. Aucun opéra, aucune tragédie n'ont été représentés. Cinq drames, le *Déserteur*, *Édouard en Écosse*, l'*Honnête Criminel*, l'*Habitant de la Guadeloupe*, *Misanthropie et Repentir* et les ouvrages dont les noms suivent ont constitué tout le répertoire :

L'*Abbé de l'Épée*, l'*Acte de Naissance*, l'*Agiotage*, l'*Amant bourru*, les *Amants prothées*, l'*Aveugle clairvoyant*, l'*Avocat Patelin*.

Le *Barbier de Séville*, la *Belle-Mère et le Gendre*, le *Capitaine Belronde*, *Catherine*, les *Châteaux en Espagne*, le *Chevalier à la Mode*, *Crispin médecin*.

Défiance et Malice, les *Deux Ménages*.

L'*École des Maris*, l'*École des Pères*, l'*École des Veuves*, l'*École des Vieillards*, l'*Éducation*, l'*Enfant trouvé*, l'*Épreuve nouvelle*.

---

(1) Cinquième et dernière de la direction Morel.

La *Fausse Agnès*, les *Femmes*, les *Folies amoureuses*, *France et Savoie*.

Héritage et Mariage, l'*Homme à bonnes fortunes*, l'*Hôtel garni*.

Le *Jeune Mari*, les *Jeux de l'Amour et du Hasard*, — *Kettly*.

Le *Légataire universel*, — le *Malade imaginaire*, les *Marionnetles*, *Marton et Frontin*, le *Médecin malgré lui*, le *Méfiant*, le *Menuisier de Livonie*, la *Mère coupable*, le *Mort dans l'embarras*.

L'*Obstacle imprévu*, — la *Petite Maison*, le *Petit Enfant prodigue*, les *Précieuses ridicules*.

Les *Rivaux d'eux mêmes*, le *Roman d'une heure*.

Le *Secret du Ménage*, le *Solliciteur*, le *Sourd*, la *Suite d'un Bal masqué*.

Turcaret, le *Tyran domestique*.

Valérie, le *Vieux célibataire*, — *Werther*.

On sait que la maison Walter, sur le port, près du Théâtre-des-Arts, s'écroula le 26 mars 1827 (1) et fit de nombreuses victimes. Une réunion d'amateurs de la ville de Rouen, de la société dite *de Bellefonds*, sous la direction de M. Houdard jeune, a été autorisée à donner, le samedi 31 mars suivant, à leur bénéfice, au Théâtre-Français, une représentation composée de :

1° L'*Héritière*, vaudeville;

2° La *Jeune Femme colère*, comédie ;

3° Le quatrième acte d'*Œdipe*, tragédie ;

4° Le *Témoin*, vaudeville, dans lequel Mlle Chapron, artiste de la troupe des théâtres de Rouen, a joué le rôle d'Adèle.

---

(1) Voir l'*Histoire du Théâtre-des-Arts*, tome III, page 302.

Le public se rendit en foule à cette soirée de bienfaisance, et le soir même, à minuit, M. Houdard jeune versait un produit net de 1,380 fr. à la souscription ouverte au bureau du *Neustrien*. La recette a été de 2,010 fr. Le directeur des théâtres n'a prélevé que 200 fr. (1). Les frais accessoires et le droit des pauvres se sont élevés à 430 fr. Le produit net devait donc être en effet de 1,380 fr.

Le directeur Morel n'en a pas moins fait encore, dans cette circonstance, acte de la plus grande générosité. En effet, en autorisant cette représentation dans la salle du Vieux-Marché, il faisait tort à ses recettes des jours suivants. Les amateurs ont droit également aux plus grands éloges, notamment M. Houdard jeune, qui a joué dans le *Témoin* et dans l'*Héritière*; M. Godin, qui s'est distingué dans le quatrième acte d'*Œdipe* (2), et M. Gautier-Lamotte, qui faisait le valet dans le *Témoin* (3). Il faut citer aussi M. Desroques, M. Blot, M. Varin, M. Delamare, M. Hornot, M. Mauduit, M. Vivien, Mmes Langlois et Hornot (4).

La salle du Théâtre-Français n'a pas été ouverte en avril 1827, si ce n'est deux fois après la clôture du grand théâtre (20 avril). On y a joué le 22 et le 29 avril, en attendant la réouverture du Théâtre-des-Arts.

---

(1) C'est à tort qu'on a écrit qu'il n'avait rien prélevé.
(2) Actuellement fabricant de billards à Rouen (1867).
(3) Ancien avoué à Rouen, actuellement à Paris (1867).
(4) MM. Houdard jeune, Desroques, Varin, Delamare et Vivien habitent encore Rouen (1867).

Direction Saint-Elme.

Année théâtrale 1827-1828.

Le Théâtre-Français, pendant cette campagne, n'a été ouvert, comme d'usage, que les dimanches et très-grandes fêtes.

Le dimanche 21 octobre, on y a fait l'ouverture de la saison d'hiver par ce spectacle.

1º *Clémence et Waldémar*, drame ;
2º L'*Habitant de la Guadeloupe*, drame ;
3º *Crispin rival de son Maître*, comédie.

A partir de ce jour jusqu'à la clôture, on a donné d'autres drames, savoir : *Édouard en Écosse*, l'*Homme du Monde*, l'*Honnête Criminel*.

Mais c'est la comédie et le vaudeville qui l'ont emporté. On a représenté :

L'*Acte de Naissance*, l'*Amour et la Raison*, l'*Avocat*, l'*Avocat Patelin*.

Le *Barbier de Séville*, la *Belle-Mère et le Gendre*.

Le *Capitaine Belronde*, le *Célibataire et l'Homme marié*, le *Chevalier d'industrie*, *Claudine de Florian*, le *Collatéral*.

Les *Deux Frères*, les *Deux Ménages*, le *Dissipateur*, le *Distrait*, l'*École des Vieillards*, l'*Enfant trouvé*, l'*Épreuve réciproque*, l'*Étourdi*.

FRANÇAIS.   249

La *Famille bretonne,* le *Festin de Pierre,* la *Fille d'honneur,* la *Gageure imprévue, Guerre ouverte.*

L'*Homme du jour,* l'*Hôtel garni,* — l'*Impromptu de campagne.*

Le *Jeune Mari,* la *Jeune Femme colère,* la *Jeunesse de Henri V,* les *Jeux de l'Amour et du Hasard, Une Journée à Versailles.*

Le *Légataire universel,* le *Legs.*

Le *Marin, Marton et Frontin,* le *Médecin malgré lui,* le *Mercure galant, Molière chez Ninon.*

La *Première Affaire,* — la *Revanche,* le *Roman d'une heure.*

Le *Secret du Ménage,* — *Tartufe,* *Tom Jones à Londres,* les *Trois Quartiers.*

Valérie.

On n'a chanté qu'un seul opéra à ce théâtre pendant la campagne, c'est l'*Amour filial.*

La clôture a été faite le dimanche 20 avril 1828 par:

Turcaret, comédie;

Crispin médecin, comédie;

Nanine, comédie.

On le voit, le Théâtre-Français a été tout-à-fait négligé cette année 1827-1828.

THEATRE

Direction Saint-Elme et de Saint-Victor.

Année théâtrale 1828-1829.

La campagne a été ouverte le dimanche 19 octobre 1828 par ce spectacle :
1° La *Fausse Agnès*, comédie ;
2° Les *Deux Gendres*, comédie.

Puis on a joué les dimanches et jours de fête, et exceptionnellement dans la semaine, quand une occasion extraordinaire se présentait, comme le lundi 22 décembre 1828. La salle a été ouverte ce jour-là pour un grand assaut d'armes, par les professeurs d'escrime du 2me régiment de la garde et les professeurs de la ville. La première partie a été précédée de l'ouverture del *Maëstro di Capella*, de Paër, exécutée par les musiciens de la garde, et, la seconde, de l'ouverture de la *Dame blanche*. L'assaut a été terminé par trois jeux d'escrime, exécutés par six tireurs et pendant lesquels la musique a joué l'ouverture de la *Muette de Portici*. Chaque intermède d'escrime a été rempli par un morceau d'harmonie.

Le spectacle a commencé par une comédie du répertoire, précédée de l'ouverture de *Sémiramis*, de Rossini.

Le prix des places n'a pas été augmenté.

Cet assaut ayant attiré beaucoup de monde, on a recommencé dès le mercredi 7 janvier suivant; cette fois il y avait même un attrait de plus, Mme Bagolini, amazone italienne, ayant jeté le gant aux professeurs de la garde et de la ville.

Indépendamment des morceaux d'harmonie entre les intervalles des assauts, les musiciens de la garde ont exécuté les ouvertures du *Siége de Corinthe*, de la *Muette de Portici*, de la *Dame blanche* et de *Sémiramis*.

Prix des places comme à l'ordinaire.

On a remarqué surtout l'assaut entre Mme Bagolini et Thourette, premier maitre du 2me régiment de la garde, et celui de Mme Bagolini contre Lambert, doyen des professeurs de Rouen.

Beaucoup de dames assistaient au spectacle.

L'affiche du samedi 7 février 1829 annonçait une réunion d'amateurs devant donner, au bénéfice des indigents, une représentation composée de :

Recette pour marier sa Fille, vaudeville;
La *Demoiselle à marier*, vaudeville;
Le *Code et l'Amour*, vaudeville;
Une Visite à Bedlam, vaudeville.

Ces amateurs étaient ceux de la société dramatique de Bellefonds. Ils ont su mériter des applaudissements.

La recette brute a été de 1,441 fr.; l'administration du théâtre a prélevé 200 fr. pour l'éclairage et le salaire des gagistes. Les droits d'auteur ont monté à 48 fr. Il y a eu en outre 51 fr. 75 c. pour loyer d'instruments et fournitures diverses. On n'a donc versé à la mairie que 1,141 fr. 25 c.

Le répertoire n'a pas été très-varié. Il n'a compté aucun opéra durant cette année.

Au contraire, on a joué cinq drames :

Clémence et Waldemar.   L'*Oncle mort et vivant*.
L'*Espion*.   L'*Honnête Criminel*.
L'*Habitant de la Guadeloupe*.

On a représenté, outre les pièces d'ouverture et de clôture et celles qu'ont choisies les amateurs :

L'*Acte de Naissance*, l'*Amour et la Raison*, l'*Avocat*.
La *Belle-Mère et le Gendre*, le *Bourru bienfaisant*, *Brueys et Palaprat*.

Charles II, *Chacun de son côté*, les *Chevilles de Maître Adam*, le *Collatéral*, *Crispin médecin*.

La *Danse interrompue*, les *Deux Ménages*, le *Dîner de Madelon*.

L'*Épreuve nouvelle*, les *Étourdis*.

Les *Fausses Infidélités*, la *Femme jalouse*, le *Festin de Pierre*, la *Fille d'honneur*, le *Fou raisonnable*, les *Fourberies de Scapin*, les *Femmes savantes*.

Le *Gastronome sans argent*, *Guerre ouverte*. — L'*Homme à bonnes Fortunes*.

Le *Jeune Mari*, la *Jeune Femme colère*, la *Jeunesse de Henri V*, les *Jeux de l'Amour et du Hasard*, *Une Journée à Versailles*, le *Joueur*.

Le *Malade imaginaire*, le *Mariage de Figaro*, le *Mariage d'argent*, *Marton et Frontin*, le *Médecin malgré lui*, *Molière chez Ninon*, *Monsieur de Crac*, *Monsieur de Pourceaugnac*.

Nanine, — *Pierrot*, les *Précieuses Ridicules*, *Préville et Taconnet*, les *Projets de Mariage*.

La *Revanche*, — le *Secret du Ménage*, *Shakespeare amoureux*, le *Solliciteur*, les *Suites d'un coup d'Épée*.

FRANÇAIS.

Tartufe, le *Tartufe de Mœurs*, *Turcaret*, le *Tyran domestique*.

Le Théâtre-Français ne s'est refusé rien en 1829!! Il a eu l'honneur de recevoir, à la fin de mars et au commencement d'avril, Ligier, pensionnaire du roi, acteur tragique de la Comédie-Français, et Mme Cosson, ex-pensionnaire du même théâtre. Ces artistes éminents y ont donné *Andromaque* et *Hamlet*; comme nous allons le voir, Mme Cosson a paru dans une troisième tragédie.

La clôture de l'année théâtrale a eu lieu le même jour qu'à l'autre salle, c'est-à-dire le lundi de Pâques 20 avril 1829. On donnait :

Le *Tartufe de Mœurs*, comédie;

Une *Journée à Versailles*, comédie.

Cependant le lendemain il y a eu, par extraordinaire, une représentation au bénéfice d'un artiste. Elle a été composée de *Marton et Frontin*, comédie, et de *Phèdre et Hippolyte*, tragédie, avec le concours de Mme Cosson, et précédée d'un concert vocal et instrumental, dont voici le programme :

Ouverture du *Jeune Henri* à grand orchestre; — fantaisie pour le basson avec accompagnement de piano, sur la cavatine de *Marie*, exécutée par Berti et Mlle E. Mouchot; — romance *Laissez-moi le pleurer, ma mère*, avec accompagnement de piano, chantée par Mlle E. Mouchot; — fantaisie sur la romance de Romagnési, variée pour le violoncelle par Baudiot, et exécutée par Ch. Scriwaneck; — ouverture d'*Ivanhoë*, à grand orchestre.

Comme digression, qu'il nous soit permis de noter ici qu'en 1828, des acteurs précédemment établis sur la place

Saint-Sever, se sont installés dans un petit théâtre élevé à l'entrée du cours, sous les auspices et sur les plans du célèbre Gringalet, sous le nom de *Théâtre des Variétés Amusantes*, et pouvant contenir 700 personnes environ.

C'est le mercredi 5 novembre 1828 qu'a eu lieu l'inauguration du théâtre de Gringalet, qui s'intitulait aussi *Théâtre des Jeux-Comiques*.

Direction Félix-Paul Dutreih.

Pour le Théâtre-des-Arts, nous avons cherché à établir nettement la part de direction qui revenait, dans la nouvelle campagne, à Saint-Victor Nauthon et à Paul Dutreih. Pour le Théâtre-Français, le problème est plus facile à résoudre. Il n'a été ouvert qu'en octobre; le directeur, véritablement dirigeant, était alors Félix-Paul Dutreih.

Année théâtrale 1829-1830.

Avant l'ouverture de cette année théâtrale, il s'est passé au théâtre un fait qui n'est pas seulement le premier en date, mais bien aussi en importance.

La société des amateurs de la salle Bellefonds a voulu, comme nous l'avons dit (1), contribuer à la souscription pour le monument de Pierre Corneille; elle a en conséquence donné, par extraordinaire, une représentation dans la salle du Vieux-Marché, le samedi 10 octobre 1829. Elle a été composée de :

1º L'*Intérieur d'un Bureau ou la Chanson*, vaudeville en un acte, par Scribe, Imbert et Warner.

2º *Rodolphe ou Frère et Sœur*, drame en un acte, par Scribe et Mélesville.

---

(1) *Histoire du Théâtre-des-Arts*, tome III, page 393.

3° Le *Duel et le Déjeuner ou les Comédiens joués*, vaudeville anecdotique en un acte, par A. Gouffé et Ledoux.

4° La première représentation de la *Marraine*, vaudeville en un acte, de Scribe, Chabot et Lockroy.

5° Le *Discours*, de Casimir Delavigne, en l'honneur de Pierre Corneille, récité par M. Godin, l'un des amateurs.

Vu la longueur du spectacle, on a commencé à six heures un quart. Le prix des places n'a pas été augmenté.

Une ouverture a été exécutée entre chaque pièce par des amateurs également. Ils avaient choisi celles de *Camille*, de *Joconde*, de la *Fête au Village voisin*, de la *Maison à vendre* et du *Calife*. Plusieurs musiciens du 3° régiment de la garde s'étaient réunis aux amateurs; c'était même un d'entr'eux qui remplissait les fonctions de chef d'orchestre.

Le produit net de cette représentation a été de 911 fr. La recette brute avait été de 13 à 1,400 fr. (1).

Scribe, Mélesville, Gouffé, Ledoux, Barba, Lockroy, Chabot, Warner et Imbert, auteurs des pièces jouées ce jour-là, ont renoncé à leurs droits d'auteurs, montant à 45 fr.

L'ouverture de la campagne a été faite le dimanche 18 octobre 1829, par ce spectacle.

---

(1) Notons en passant que MM. les administrateurs du théâtre des Jeux-Comiques du Grand-Gours (Gringalet), ont versé à la souscription 131 fr., produit net d'une représentation donnée par leur troupe, dans leur salle.

1° Le *Menuisier de Livonie*;
2° *Chacun de son côté*.

Avec des représentations les dimanches et fêtes seulement, on a joué les ouvrages dont voici l'énumération :

L'*Avocat*, — la *Belle-Mère et le Gendre*, *Brueys et Palaprat*.

Le *Capitaine Belronde*, les *Châteaux en Espagne*, le *Chevalier d'industrie*, *Claudine de Florian*, le *Complot de Famille*.

Les *Déguisements amoureux*, le *Dîner de Madelon*.

L'*École des Vieillards*, l'*Éducation*, la *Fausse Agnès*, les *Fausses Infidélités*.

Le *Jeune Mari*, la *Jeunesse d'Henri V*, les *Jeux de l'Amour et du Hasard*.

Le *Malade imaginaire*, le *Manteau*, *Marie Mignot*, le *Médecin malgré lui*.

La *Petite Ville*, la *Première Affaire*, les *Projets de Mariage*.

Le *Secret du Ménage*, — *Tartufe*, *Tom Jones à Londres*, les *Trois Quartiers*, le *Tyran domestique*.

Valérie.

Un seul opéra : le *Tonnelier*.

Quatre drames : *Clémence et Waldemar*, *Édouard en Écosse*, l'*Honnête Criminel*, *Marino Faliero*.

La clôture a eu lieu le 18 avril 1830, par :
1° La *Femme jalouse*;
2° Le *Bourru bienfaisant*.

Pendant le mois de mars 1830, la *nombreuse* famille Ravel, troupe d'acrobates, a donné trois représentations. La famille se composait de Ravel, l'*incomparable*, sa femme et six enfants; le dernier, le petit amour, n'avait que trois ans. Dans ces soirées on voyait des danses et exercices avec balancier ou sans balancier, le *Jeu indien des Baguettes;* puis la *Nuit aux Aventures,* ballet-pantomime comique de Ravel, musique de Starkloff; un divertissement tiré du *Carnaval de Venise,* dans lequel le jeune Rouennais, dit Gabriel Ravel, ou encore l'intrépide Chinois, dansait la *Polichinelle* et un pas d'échasses, et la *Fête champêtre,* divertissement comique en un acte, — sans oublier un *Pas de trois chinois,* sur trois cordes.

Le prix des places n'était pas augmenté!!!

Malheureusement la scène du Théâtre-Français était trop petite pour que ces acrobates jouassent *Cocambo* ainsi que *Jocko;* c'est pourquoi ils eurent, comme nous l'avons dit, l'honneur de monter sur le Théâtre-des-Arts, afin de donner ces deux chefs-d'œuvre.

Année théâtrale 1830-1831 (1).

Les artistes du Théâtre-des-Arts ont joué au Théâtre-Français le dimanche et les jours de fête, depuis le 24 octobre 1830 inclusivement jusqu'au 10 avril 1831, inclusivement aussi.

L'ouverture a été faite par :

Les *Victimes cloîtrées*, drame ;
La *Première Affaire*, comédie.

On a représenté sur cette scène pendant cette campagne :

DRAME. — *Un an ou le Mariage d'amour*, les *Victimes cloîtrées*.

TRAGÉDIE. — *Fénelon*.

COMÉDIE, VAUDEVILLE, ETC. — *L'Acte de Naissance*.

Le *Capitaine Belronde*, *Chacun de son côté*, le *Complot de Famille*, *Crispin médecin*.

Défiance et Malice, les *Déguisements amoureux*, le *Dîner de Madelon*.

L'École des Vieillards.

La *Fille d'Honneur*, les *Folies amoureuses*.

---

(1) Deuxième année de Félix-Paul Dutreih.

La *Gageure imprévue*, le *Gentilhomme de la Chambre*.
L'*Hôtel garni*.
L'*Intrigue Épistolaire*.
La *Jeunesse du duc de Richelieu*, une *Journée à Versailles*.
Le *Legs*.
Le *Malade imaginaire*, le *Mariage du Capucin*, *Marton et Frontin*, le *Médecin malgré lui*, la *Mère coupable*, la *Mère et la Fille*, *Mil sept cent soixante*.
La *Petite Ville*, le *Petit Enfant prodigue*, *Philippe*, *Ma Place et ma Femme*, les *Précieuses ridicules*, la *Première Affaire*.
Le *Roi de Cocagne*, le *Roman d'une heure*.
La *Seconde Année*, le *Secret du Ménage*, la *Séparation*, *Simple Histoire*.
Tartufe, le *Tartufe de Mœurs*.

OPÉRA. — Le *Bouffe et le Tailleur*, les *Rendez-vous bourgeois*, le *Rossignol*, le *Tableau parlant*, les *Visitandines*.

En définitive, cette année théâtrale a été des plus pauvres.

Année Théâtrale 1831-1832 (1).

PREMIÈRE PARTIE (2).

On sait que Paul Dutreih ne put mener jusqu'à la fin sa troisième campagne, et que le Théâtre-des-Arts, ouvert le 3 mai 1831, a été fermé le 4 août suivant.

Pendant cette période, on n'a pas joué au Théâtre-Français.

Interrègne.

Paul Dutreih avait depuis quelques jours renoncé à la direction des théâtres de Rouen quand, le lundi 15 août 1831, MM. les amateurs de Belfonds ont donné sur la scène du Théâtre-Français une représentation au bénéfice des héros polonais.

---

(1) Troisième année de la direction F.-P. Dutreih (non achevée).
(2) Partie concernant la direction F.-P. Dutreih.

Le spectacle a été composé de :

1° *C'est demain le treize ou l'Almanach du Sentiment*, vaudeville en un acte ;

2° Les *Comédiens*, comédie en cinq actes ;

3° Les *Arrêts militaires*, vaudeville.

Ces Messieurs ont joué à ce théâtre, le lundi 22 du même mois, au bénéfice des Hospices, et ont donné le spectacle suivant, avec des ouvertures, dans les entr'actes, du *Calife*, de la *Dame Blanche*, etc. :

1° *Michel et Christine ou le Soldat polonais*, vaudeville en un acte ;

2° *Vatel ou le Petit-Fils d'un grand Homme*, vaudeville en un acte ;

3° Le deuxième acte de *Régulus*, tragédie ;

4° Improvisation de bouts rimés, couplets et chansons, sur des notes et des refrains donnés par les spectateurs, par Eugène de Pradel, seul et premier improvisateur français (qui depuis quelque temps donnait des soirées à la salle Saint-Ouen, c'est-à-dire grande salle de l'Hôtel-de-Ville).

Le 1er septembre 1831, il y a eu grand concert vocal et instrumental et soirée littéraire et dramatique, par Eugène de Pradel, premier et seul improvisateur en vers français, conjointement avec M. et Mme Milhès, de la musique du roi (Milhès était baryton ; Mme Milhès paraissait pour la première fois sur la scène) :

1. Ouverture de *Tancrède*, à grand orchestre, musique de Rossini.

2. Duo du *Maître de Chapelle*, de Paër, chanté par M. et Mme Milhès.

3. *Dialogues des Morts*, improvisés en vers français sur des sujets fournis par les spectateurs.

4. Grande scène des *Folies amoureuses*, chantée par Mme Milhès.

5. *Variations pour la Flûte*, avec accompagnement à grand orchestre, composées par Tulou, exécutées par Elchlep.

6. Ouverture du *Siége de Missolonghi*, à grand orchestre, musique d'Hérold.

7. Un Polonais à l'empereur Nicolas, discours en vers, composé pour cette soirée et récité par M. ***, amateur.

8. Plusieurs romances, avec accompagnement de piano, composées et chantées par Milhès.

9. Bouts rimés, improvisation de couplets et de chansons.

10. Le *Bouffe et le Tailleur*, opéra dans lequel M. Milhès et Mme Milhès ont intercalé plusieurs morceaux de chant, français et italiens.

Une nouvelle réunion d'amateurs a donné, le 10 septembre 1831, au bénéfice d'un artiste malheureux, une représentation extraordinaire qui se composait de :

1° La *Somnambule*, comédie-vaudeville ;

2° L'*Hôtel garni*, comédie ;

3° Le *Conscrit*, comédie-vaudeville ;

4° Expériences faites par le bénéficiaire.

Prix des places comme à l'ordinaire.

Enfin c'est au Théâtre-Français, le 15 septembre suivant, qu'Eugène Pradel a voulu faire la clôture de ses séances d'abonnement. L'improvisateur a improvisé ce jour-là une grande soirée musicale, littéraire et dramatique, avec le concours de quelques-uns des amateurs de Belfonds. — Les ouvertures de *Jean de Paris*, d'*Elisca* et de *Zampa*, deux morceaux chantés par Mlle Lemesle et un autre par Rey, et des fantaisies sur le basson par Lacroix, ont formé la partie musicale; *Rodolphe ou Frère et Sœur*, joué par Mlles Laignelet et Brochard et deux amateurs, et l'*Homme de 60 ans*, voilà pour la partie dramatique. Pradel a improvisé deux scènes tragiques, l'une sur l'assassinat d'Henri III, l'autre sur Guillaume Tell, des inscriptions, des bouts rimés. Enfin il a fait connaître une bluette en un acte de sa composition, intitulée : l'*Improvisateur ou l'Embarras conjugal*.

E. Pradel a reçu une couronne, à laquelle était annexée une épitre qui a été lue par Borssat.

FRANÇAIS.

Direction Louis Walter et Tiste.

Année théâtrale 1831-1832 (1).

SECONDE PARTIE (2).

Comme leurs prédécesseurs, Walter et Tiste ont fait jouer au Théâtre-Français les acteurs du Théâtre-des-Arts, les dimanches et fêtes seulement.

L'ouverture a eu lieu le dimanche 23 octobre 1831, et la dernière représentation a été donnée le dimanche 25 mars 1832, presque un mois avant la clôture du grand théâtre.

Tous les genres ont été donnés ainsi sur cette scène :

TRAGÉDIE : *Fénelon.*

DRAME : *Edouard en Ecosse, Léontine, Madame La Valette, l'Oncle mort et vivant, Victorine.*

COMÉDIE, VAUDEVILLE, ETC. : *L'Acte de naissance, l'Amitié des Femmes, l'Amour et la Raison.* — la *Belle-*

---

(1) Première année de la direction Walter et Tiste.
(2) Partie concernant la direction Walter et Tiste.

Mère et le Gendre, le *Bourgeois-Gentilhomme* (au troisième acte, à la scène de la table, Mlle Lemesle chantait le grand air de la *Pie voleuse*), — la *Carte à payer*, *Catherine*, *Chacun de son côté*, le *Chevreuil*, le *Conscrit*, — les *Déguisements amoureux*, le *Dépit amoureux*, les *Deux Divorces*, comédie-vaudeville en un acte, par MM. Cagnard, jouée seulement à ce théâtre, première représentation en février 1832, les *Deux Frères*, les *Deux Ménages*, — l'*Ecole des Vieillards*, — la *Famille Ricquebourg*, — l'*Hôtel garni*, — la *Jeune Femme colère*, le *Jeune Mari*, une *Journée à Versailles*, — le *Legs*, *Louise*, — le *Mari et l'Amant*, le *Mariage du Capucin*, la *Marraine*, *Marton et Frontin*, le *Médecin malgré lui*, *Michel et Christine*, *Monsieur de Crac*, — l'*Oncle rival*, — la *Petite Ville*, *Philippe*, le *Philtre Champenois*, les *Précieuses ridicules*, la *Première Affaire*, — le *Quaker et la Danseuse*, — le *Secret du Ménage*, — la *Seconde Année*, la *Séparation*, — *Turcaret*, — *Valérie*, — 1760.

OPÉRA : Le *Concert à la Cour*, *Joconde*, *Ma Tante Aurore*, les *Visitandines*.

Voilà pour l'ordinaire. Voici pour l'extraordinaire, qui est beaucoup plus piquant :

En novembre 1831 paraissait l'avis suivant : « Ayant égard à la fausse position dans laquelle les artistes du théâtre du Cours se trouvent placés, par suite d'événements majeurs, MM. Tiste et Walter, dans un but digne d'éloges, viennent de les autoriser à donner des représentations au Théâtre-Français. Le matériel et la localité de ce théâtre, plus propices à leur genre, leur permettront de monter des ouvrages capables de piquer la curiosité, et ils espèrent qu'avec du zèle et l'intérêt qu'ils inspirent, ils parviendront à réparer le temps perdu. »

Ils ont fixé ainsi le prix des places :

Loges d'avant-scène............ 2 fr. »
Premières..................... 1   75
Parquet....................... 1   25
Secondes...................... »   90
Troisièmes.................... »   60
Parterre...................... »   50

En trois représentations ils ont donné :

L'Homme de soixante ans, vaudeville.
Les *Cancans*, vaudeville.
Trente Ans, mélodrame.
Gascon et Normand, vaudeville.
Monsieur Jovial, vaudeville.
Thérèse, mélodrame.
La *Belle Allemande*, vaudeville.
Napoléon à Berlin, tableau.
Les *Victimes cloîtrées*, mélodrame.

A la fin de ce même mois, la direction a traité avec la troupe des jeunes acteurs de Castelli, directeur du théâtre de la foire.

En dix représentations, en novembre et décembre, ces jeunes enfants ont joué :

Le *Mariage enfantin*, vaudeville.
L'*Actrice à l'épreuve ou les Portraits*, comédie.
Le *Vieux Garçon et la Petite Fille*, vaudeville.
Vatel, comédie-vaudeville.
Partie carrée, vaudeville.
La *Reine de seize ans*, vaudeville.
La *Soirée ou les Mœurs en miniature*, vaudeville.

Le *Piége*, vaudeville.
Frontin mari garçon, vaudeville.
Le *Peintre et le Comédien*, vaudeville.
La *Seconde Année*, comédie-vaudeville.
Le *Marin*, vaudeville.
Riquet à la Houpe, féerie.
Les *Femmes romantiques*, vaudeville.
Théobald ou le Retour de Russie, comédie-vaudeville.

Dans les entr'actes, Castelli, prestidigitateur habile, faisait des tours de physique.

L'une de ces représentations a été consacrée au bénéfice de la petite Lucie, une autre à celui du jeune Eugène et de la petite Virginie, tous deux âgés de six ans.

Ce fut bien autre chose, le 2 janvier 1832. Avec le *Legs*, comédie, on a eu un grand assaut d'armes, hommage militaire et patriotique, offert à la garde nationale de Rouen et à MM. les officiers et sous-officiers du 61e de ligne en garnison en cette ville; Boulet, décoré de Juillet, professeur d'escrime des Enfants de France, avait prévenu MM. les gardes nationaux que cet assaut, dans lequel ont paru les principaux maîtres, leur était spécialement dédié.

MM. les amateurs avaient été invités à concourir à l'ensemble de cette fête et les dames à l'embellir de leur présence (*sic*).

Au commencement de février 1832, Aimé Paris, professeur de mnémotechnie, a démontré sa méthode sur la scène du Théâtre-Français, et y a répondu à toutes les questions par lesquelles on a tenté, mais en vain, de le prendre en défaut.

Quelques jours plus tard, une représentation, organisée par des artistes nomades au bénéfice de M. Josse-Emil, amateur, se composait des *Compagnons du Devoir*, vaudeville, du *Grenadier de l'île d'Elbe*, vaudeville, et de *Monsieur Chapolard*, vaudeville. Le public, victime d'une mystification, a sifflé, à outrance, pendant cette soirée de cabotinage.

Pendant les vacances théâtrales, le 27 avril 1832, nous trouvons une représentation extraordinaire au bénéfice de Fouchet et de Borssat. Elle se composait de :

1º *Othello*, tragédie ;
2º Le *Paysan perverti*, vaudeville ;
3º Le *Bénéficiaire*, vaudeville.

Dans *Othello*, M. Godin, amateur dont nous avons souvent parlé, et dans le *Bénéficiaire*, M. Houdard, amateur, ont été très-applaudis.

Les deux artistes qui faisaient appel au public ont reçu de lui le plus flatteur accueil à leur entrée en scène.

Direction L. Walter.

SOUS-DIRECTION HOUDARD.

Année théâtrale 1832-1833.

Cette année a été caractérisée par une idée nouvelle. L. Walter, en se réservant les dimanches et jours de fêtes, a cédé à M. Houdard la direction du Théâtre-Français, moyennant 1,500 fr. par mois et 125 francs par représentation, pour affiches, luminaire, receveurs de billets, ouvreuses, etc..

On cachait ce traité parce que, en définitive, c'était scinder le privilége ; or, à cette époque, la loi n'admettait qu'un privilége à Rouen.

Mais n'anticipons pas et suivons l'ordre chronologique.

Avant l'ouverture de la campagne à l'époque accoutumée, c'est-à-dire avant le mois d'octobre, il y a eu, à ce théâtre, trois représentations qu'il faut mentionner.

D'abord, au 2 juin 1832, se place une représentation donnée par les élèves du Conservatoire (quel Conservatoire ?) Elle a été composée de :

1º *Charles IX ou l'Ecole des Rois*, tragédie de Chénier ;
2º Imitation de plusieurs acteurs, par M. Nébel ;

3° *Un Duel sous le cardinal Richelieu*, drame.

La soirée du samedi 16 du même mois a été consacrée au bénéfice d'un artiste père de famille. On a joué :

1° Les *Comédiens*, comédie;

2° *Louise*, vaudeville;

3° La *Chercheuse d'esprit*, vaudeville.

D'après la composition du spectacle, nous pensons que ces pièces ont été interprétées par les artistes du Théâtre-des-Arts, d'autant plus qu'il y avait, ce jour-là, relâche à cette salle.

Par extraordinaire, et pour cette fois seulement, le sieur Harvy-Leach, qui avait paru au Théâtre-des-Arts, a donné, le dimanche 5 août 1832, une dernière représentation au Théâtre-Français. Elle comprenait, bien entendu, le *Baboon*, pièce en deux actes; — avec cela on a chanté *Fiorella*.

L'ouverture a été faite, par la troupe de L. Walter, le mercredi 17 octobre 1832. On a choisi les pièces suivantes :

1° Le *Tonnelier*, opéra;

2° La *Belle-Mère et le Gendre*, comédie;

3° *1760*, comédie.

Ce jour-là, au Théâtre-des-Arts, Paganini faisait ses adieux, de sorte que MM. les abonnés ont joui de leur entrée à l'ouverture du Théâtre-Français; ils n'ont pas dû en profiter.

En vertu du traité que nous avons analysé tout-à-l'heure, deux troupes jouaient au Théâtre-Français, celle de Walter, les dimanches et fêtes, celle du Gymnase-Olympique, trois fois par semaine.

Parlons d'abord de la première exclusivement. Outre

les trois ouvrages représentés le jour de l'ouverture, elle a donné :

COMÉDIE, VAUDEVILLE, ETC. : L'*Acte de naissance*, l'*Amant bourru*, — le *Bouffon du Prince*, le *Bourguemestre de Saardam*, *Brueys et Palaprat*, — *Catherine*, *Chacun de son côté*, le *Chevreuil*, le *Conscrit*, le *Conseil de Révision*, — les *Déguisements amoureux*, *Démocrite amoureux*, les *Deux Ménages*, — la *Famille de Lusigny*, la *Famille Ricquebourg*, les *Fausses Infidélités*, le *Fils de l'Empereur*, la *Fille d'honneur*, les *Fourberies de Scapin*, — la *Gageure imprévue*, les *Garçons et les Gens mariés*, la *Grande Aventure*, — le *Jeune Mari*, la *Jeunesse de Henri V*, les *Jeux de l'Amour et du Hasard*, — *Louise*, — *Ma Place et ma Femme*, *Madame Gibou et madame Pochet*, le *Malade imaginaire*, le *Manteau*, le *Mari de la Veuve*, le *Mari à bonnes fortunes*, le *Menuisier de Livonie*, *Michel et Christine*, un *Moment d'imprudence*, une *Monomanie*, — l'*Ours et le Pacha*, — *Philippe*, la *Première Affaire*, les *Projets de Mariage*, — le *Quaker et la Danseuse*, — *Rabelais*, le *Roman d'une heure*, — la *Seconde Année*, le *Secret du Ménage*, — *Toujours*, — *Valérie*, *Vert-Vert*, les *Vieux Péchés*, dont la première représentation à ce théâtre date du 10 mars 1833, — *Zoë*.

DRAME : *Clotilde*, un *Duel sous le Cardinal Richelieu*, *Eugénie*, l'*Habitant de la Guadeloupe*, *Il y a seize ans*, les *Jours Gras sous Charles IX*, *Lucrèce Borgia*, *Madame La Valette*, *Misanthropie et Repentir*, *Richard Darlington*, la *Tour de Nesle*, *Victorine*.

FRANÇAIS. 273

OPÉRA: La *Lettre de change, Ma Tante Aurore,* le *Rossignol* et les *Visitandines.*

Kiouny, l'éléphant que l'on avait montré au Théâtre-des-Arts, a paru, en octobre et en novembre 1832, six fois sur le Théâtre-Français dans *Kiouny ou l'Eléphant et le Page*, pièce en quatre actes.

Une autre représentation extraordinaire, plus digne de ce nom, a été donnée par Potier, à son retour du Havre, fin décembre 1832. Il y a joué l'*Enfance de Louis XII*, comédie-vaudeville, et le *Bénéficiaire*, vaudeville.

Les frères Eichhorn, violonistes, âgés de 10 et 8 ans, élèves de Paganini, ont été, en avril 1833, entendus dans un entr'acte.

Ce fut le dimanche 21 avril 1833 que la troupe Walter fit la clôture au Théâtre-Français, celle du Théâtre-des-Arts ayant eu lieu — officiellement — la veille 20.

Pendant la vacance du Théâtre-des-Arts et à cause des réparations de cette salle, L. Walter a autorisé au Théâtre-Français une représentation au bénéfice de Mouchot, qui comptait une quinzaine d'années de services à Rouen comme acteur et comme régisseur. Ce fut le lundi 22 avril 1833; on jouait:

1º La *Danse des Morts*, ouverture par Schaffner;

2º Le *Jeune Homme en loterie*, comédie;

3º Le *Coin de rue*, vaudeville;

4º Le troisième acte de *Robert-le-Diable*, opéra;

5º Les deux airs de Mlle Berthault dans le deuxième acte de *Robert-le-Diable*;

6º Les *Magots de la Chine*, vaudeville;

7º Un trio du *Pré-aux-Clercs*, opéra.

Nous arrivons à la seconde troupe, celle de M. Houdard. Elle était composée des acteurs du Gymnase-Olympique (1) réunis à quelques artistes qui s'étaient exercés au Théâtre-des-Arts et à des amateurs. Elle a commencé ses représentations au Théâtre-Français le 14 novembre 1832, et les a continuées jusqu'au 13 mai 1833. Son répertoire était composé de mélodrames et de vaudevilles. Quand elle jouait, le prix des places était diminué et ainsi fixé

Loges d'avant-scène......... 2 fr. 50
Premières................... 1   50
Parquet..................... 1   25
Secondes.................... 1   »
Troisièmes.................. »   75
Parterre.................... »   60

Rien de plus curieux que la liste des pièces jouées par cette association. La voici toute entière par ordre alphabétique :

L'*Actrice en voyage*, vaudeville en un acte.

---

(1) Le Gymnase-Olympique, rue Lafayette, à Saint-Sever, a fait son ouverture le lundi 18 juin 1832, sous la direction de M. Dumilieu (voir le *Journal de Rouen* du 21 juillet suivant). Acteurs : Martin, premier rôle ; Félicien, comique ; Josse-Emil, père comique, venant du théâtre du Grand-Cours ; Dumilieu, ex-artiste aussi du Grand-Cours, jouait les poissards, Mme Martin, premier rôle.

C'était un intermédiaire entre le théâtre du Grand-Cours et le genre vaudeville du Théâtre-des-Arts.

Bientôt le titre de Gymnase-Olympique a été remplacé par celui de **Gymnase-Dramatique** qui a été définitivement maintenu.

André le Chansonnier, drame anecdotique en deux actes, mêlé de couplets.

L'*Ami intime*, vaudeville en un acte.

Les *Anglaises pour rire*, vaudeville en un acte.

L'*Auberge des Adrets*, drame-bouffon en deux actes. Félicien, Robert-Macaire; André, Bertrand; Hanoé, le valet; Mme Liodon, la femme de Robert-Macaire.

L'*Audience du Juge-de-Paix*, vaudeville en un acte.

Avant, pendant et après ou 1786, 1793 et 1830, esquisse historique en trois époques.

Le *Baiser au porteur*, vaudeville en un acte.

Le *Bal champêtre*, vaudeville en un acte.

Le *Bénéficiaire*, vaudeville.

Le *Boa ou le Bossu à la mode*, vaudeville en un acte.

Le *Caissier*, drame historique en trois actes.

Calas, fait historique en trois actes.

Cantate aux mânes des quatre Sergents de la Rochelle, chantée par plusieurs artistes le 28 mai 1833.

Cartouche et Mandrin, vaudeville en un acte.

C'est demain le treize ou l'Almanach du sentiment, vaudeville en un acte.

La *Chatte métamorphosée en Femme*, vaudeville en un acte.

Les *Chevilles de maître Adam*, vaudeville anecdotique en un acte.

Cinq heures du soir, vaudeville en un acte.

Le *Cinquième Acte*, drame en trois actes.

Le *Cocher de Napoléon*, vaudeville en un acte.

Coraly ou la Danseuse, vaudeville en un acte.

Le *Couvent de Tonnington*, mélodrame en six tableaux.

La *Dame Noire*, imitation burlesque de la *Dame Blanche* en deux actes et demi.
Les *Deux font la paire*, vaudeville en un acte.
Les *Deux Divorces*, vaudeville en un acte.
Les *Deux Gaspard*, vaudeville en un acte.
Les *Deux Matelots*, vaudeville en un acte.
Les *Deux Grivet*, vaudeville en deux actes.
Le *Duel et le Déjeuner*, vaudeville en un acte.
Les *Élèves du Conservatoire*, vaudeville en un acte.
Les *Enragés*, vaudeville en un acte.
Les *Etrennes ou le Pot aux roses*, vaudeville en un acte, joué le 2 janvier 1833.
La *Famille de l'Apothicaire*, vaudeville en un acte.
Farruck le Maure, drame en trois actes.
Les *Femmes romantiques*, comédie-vaudeville en un acte.
Les *Femmes romantiques* (travesties), en février 1833.
La *Fermière*, vaudeville en un acte.
La *Fiancée du Fleuve*, vaudeville en deux actes.
La *Fiancée de Lammermoor*, drame en six tableaux.
La *Fille du Musicien*, mélodrame en trois actes.
Le *Fils du Savetier ou les Amours de Télémaque*, vaudeville en un acte.
La *Foire de Londonderry*, tableau-vaudeville en un acte.
Les *Français à Anvers*, à-propos (du cru), mêlé de couplets, joué le 31 décembre 1832.
Frontin mari-garçon, vaudeville en un acte.
Le *Garçon parfumeur*, vaudeville en un acte.
Gaspard l'avisé, vaudeville en un acte.
Le *Grenier du Poète*, vaudeville en un acte.

La *Grisette mariée*, vaudeville en deux actes.
Henriette, drame en trois actes.
Heur et Malheur, vaudeville en un acte.
Une Heure à Sainte-Pélagie, vaudeville en un acte.
L'Homme qui bat sa Femme, vaudeville en un acte.
Il n'y a plus d'enfants, vaudeville en un acte.
L'Ile d'Amour ou le Bal et la Mort, drame en trois actes.
L'Incendiaire, mélodrame en sept tableaux.
La *Laitière de Montfermeil*, vaudeville en cinq actes.
La *Lune de Miel*, vaudeville en deux actes.
Mademoiselle Marguerite, vaudeville en un acte.
Les *Manteaux ou la Conspiration*, comédie-vaudeville en deux actes.
La *Marchande de goujons*, vaudeville en un acte.
Le *Marchand de peaux de lapins*, songe invraisemblable en trois portions.
Le *Mariage à la Hussarde*, vaudeville en un acte.
La *Mauvaise Langue*, vaudeville en un acte.
Méphistophélès ou le Diable et la jeune Fille, imitation diabolique en trois actes et en vers.
Mes derniers vingt sous, vaudeville en un acte.
Mirabeau et Sophie, vaudeville en deux époques.
Monsieur Benoît ou le Saint-Simonien, vaudeville en un acte.
Monsieur Chapolard, vaudeville en un acte.
Monsieur Lombard, vaudeville en un acte.
La *Mort du roi de Rome*, drame en un acte, terminé par une apothéose représentant Napoléon recevant son fils aux Champs-Elysées.
La *Mouche du Mari*, vaudeville en un acte.

Norbert, vaudeville en un acte.

Les *Ouvriers de Paris*, vaudeville en un acte.

Le *Panier d'argenterie*, mélodrame en trois actes.

Le *Paysan perverti*, pièce en trois actes.

La *Pénélope de la Cité*, vaudeville en un acte.

Philibert marié, vaudeville en un acte.

Les *Quatre Sergents de la Rochelle*, fait historique en six tableaux.

Quoniam, comédie-vaudeville en deux actes.

La *Réputation d'une Femme*, drame en cinq actes.

Robert-le-Diable, à-propos-vaudeville en un acte.

Rochester, drame en six tableaux.

Sage et Coquette, vaudeville en un acte.

Les *Serfs polonais*, drame en six tableaux.

Sire Jack, histoire burlesque en trois épisodes.

Les *Six Degrés du Crime*, pièce en six tableaux.

Soldat et Vigneron, vaudeville en un acte.

Sophie et Mirabeau. (Voyez *Mirabeau*.)

Les *Suites d'un Mariage de raison*, drame mêlé de couplets.

Thérèse ou l'Orpheline de Genève, mélodrame en trois actes.

Tigresse mort aux Rats ou Poison contre Poison, médecine en quatre doses et en vers.

Une Passion, vaudeville en un acte.

C'est dans ce vaudeville qu'André, s'accompagnant sur la guitare et sur l'air du chœur infernal de *Robert-le-Diable*, adressait à un mannequin ces vers :

> Sais-tu que je rêve
> Des baisers d'enfer?
> Quel plaisir de tordre

Nos bras amoureux
Et puis de nous mordre
En hurlant tous deux !

Va-de-bon-cœur, vaudeville en un acte.
Voltaire chez les Capucins, vaudeville en un acte.

Les artistes principaux de la troupe étaient :

Houdard (directeur), rôles de genre.
David, premier rôle.
Edmond Gessiome, rouennais, élève de Schaffuer, troisième rôle (1).
Félicien, comique.
André (connu depuis sous le nom d'André Hoffmann), comique.
Hanoë, comique grime.
Martin, premier rôle marqué.
Alfred, jeune premier.
Constant Coquelin, deuxième premier rôle.
Caron, premier amoureux.
Alphonse Laforêt, premier rôle jeune.
Hippolyte Réthaler, rôles d'enfants.
Mlle Augusta, premier rôle jeune.
Mlle Hortense, jeune première.
Mme Liodon, jeune duègne.
Mme Martin, premier rôle marqué.
Mlle Céline, Déjazet.
Mme Lemaire, Déjazet également.
Mlle Maria.
Célina Simonet, rôles d'enfants.

---

(1) Atteint subitement en scène, à Brest, d'une rupture d'anévrysme, pendant qu'il chantait le *Châlet* (rôle de première basse-taille), et mort quelques instants après. Août 1853.

Un ancien artiste du Gymnase-Dramatique de Rouen, le nommé Josse, se trouvant sans emploi, a obtenu du généreux directeur du Théâtre-Français et de ce Gymnase, une représentation à son bénéfice, à la date du samedi 19 janvier 1833.

L'un des acteurs de la liste qui précède, Alphonse Laforêt, s'étant cassé la jambe, la troupe Houdard a donné, le samedi 23 mars 1833, une représentation à son bénéfice, avec le concours de plusieurs artistes du Théâtre-des-Arts ; elle se composait de :

1° L'*Homme qui bat sa femme*, vaudeville ;

2° Une partie concertante ;

3° Le deuxième acte de l'*Ile d'Amour* ;

4° Une partie concertante ;

5° Le *Bénéficiaire*, vaudeville interprété par les artistes du Théâtre-des-Arts, le directeur, M. Houdard, jouant lui-même le Bénéficiaire ;

6° Le deuxième acte de l'*Auberge des Adrets*.

La recette s'est élevée à plus de 1,500 francs.

Dans le même mois, M. Houdard a produit, dans les entr'actes d'une représentation, le nommé Soulassol, le Toulousain, dont les exercices, disait l'affiche, avaient fait l'admiration de la capitale. Ce fut la seule excursion que se permit M. Houdard en dehors de son répertoire si varié.

Ajoutons que, quelques jours après la clôture à ce théâtre, le samedi 18 mai 1833, il y a eu représentation au bénéfice d'André et de Félicien, composée de :

1° *Mademoiselle Marguerite* ;

2° Première représentation de l'*Ivrogne*, drame grivois en deux actes, mêlé de couplets ;

3º Grand air et romance chantés par Mlle Maria ;
4º Première représentation des *Cabinets particuliers*, pièce en un acte, mêlée de couplets, avec début de Mme Jacquard par le rôle de Mme Gavet.
5º *L'Auberge des Adrets* ;
6º Le *Galop infernal*, divertissement par tous les artistes.

Le piano était tenu par Orlowski, et le prix des places était comme le dimanche.

La troupe de M. Houdard était composée de jeunes gens ayant l'intelligence et l'amour de l'art, mais novices dans la carrière. Il donnait sans cesse des nouveautés et savait attirer la foule.

Année théâtrale 1833-1834 (1).

Les choses ont continué à peu près comme elles avaient été organisées l'année précédente. L. Walter abandonnait le Théâtre-Français à M. Houdard, qui y conduisait trois, quatre et cinq fois par semaine, sa troupe du Gymnase-Dramatique. Celle-ci jouait quelquefois le dimanche à son théâtre, rue Lafayette, en même temps qu'à celui du Vieux-Marché.

M. Houdard était associé avec L. Walter, tandis que l'année précédente il ne l'était pas.

Ce qui caractérise cette campagne, c'est que la troupe du Théâtre-des-Arts n'a nullement desservi le Théâtre-Français. Quelques artistes de cette troupe y ont paru isolément, comme nous le dirons, mais la troupe, non.

La troupe de M. Houdard, qui payait du reste souvent de sa personne, comprenait :

David, premier rôle en tous genres.
Anatole, jeune premier en tous genres.
Victor, jeune premier, fort drame (2).
Alfred, jeune premier et deuxième amoureux.
Darmance, père noble et premier rôle marqué.

---

(1) Deuxième année de la direction Louis Walter, et deuxième année de la sous-direction Houdard.
(2) Qui a pris la fuite en mars 1834.

André, premier comique.
Villars, comique et Ferville.
Jules, jeune comique.
Edmond Gessiome, troisième rôle et premiers chantants.
Félicien, premier comique en tous genres.
Hanoë, premier grime, Brunet et Dubourjal.
Lepeintre cadet (Auguste), financier.
Constant Coquelin, deuxième premier rôle et fort troisième.
Eugène.
Jules Mortreuil.
Hippolyte Réthaller, rôles d'enfants.
Mme Provence, grand premier rôle et mère noble.
Mlle Cora, jeune première, vaudeville et drame.
Mme Stéville, jeune premier rôle, idem.
Mme Lemaire, soubrette et Déjazet.
Mlle Coeline, forte seconde et des soubrettes.
Mme Liodon, première duègne en tous genres.
Mme Bougnol, deuxième duègne.
Mlle Maria.
Mlle Louise.
Célina Simonnet, rôles d'enfants.

C'était, on le voit, à peu près les mêmes artistes que l'année précédente.

Quant au répertoire, la plupart des pièces dont nous avons donné la liste complète, pour 1832-1833, sont restées sur l'affiche ; il faut y ajouter les ouvrages que voici :

L'*Allée des Veuves*, drame en six tableaux.
L'*Ambassadeur*.

André, drame en deux actes.

L'*Art de ne pas monter sa garde*, vaudeville en un acte.

L'*Art de payer ses dettes*, vaudeville en un acte.

L'*Aveugle de Montmorency*, vaudeville en un acte.

Les *Baigneuses*, vaudeville en un acte.

Les *Baigneuses travesties*, le 6 février 1834.

Batardy, existence d'homme en cinq portions.

Le *Bon Papa*, vaudeville en un acte.

Les *Cabinets particuliers*.

Caleb, vaudeville en un acte, musique de Louis Chardon, fils de Chardon, qui avait été, au Théâtre-des-Arts, deuxième basse-tabliers.

Camilla, vaudeville en un acte.

Camille Desmoulin, drame historique en cinq actes, terminé par la *Marseillaise*.

Carlin à Rome, vaudeville en un acte.

Chabert, histoire contemporaine en deux actes.

Clara Wandel, vaudeville anecdotique en deux actes.

Le *Coucher du Soleil*, comédie-vaudeville en un acte.

La *Courte-Paille*, vaudeville en un acte.

Les *Cuisinières*, vaudeville en un acte.

La *Dame du Louvre ou les Massacres de la Saint-Barthélemy*, drame en quatre actes et à grand spectacle.

Le *Dey d'Alger*, vaudeville en un acte.

Le *Dominicain*, drame en trois actes.

Don Miguel ou le Luthier de Lisbonne, anecdote contemporaine en deux actes.

Etienne et Robert, drame en un acte.

Les *Etrennes rouennaises*, à-propos en un acte, par Bougnol, artiste au Théâtre-des-Arts, joué le 1er janvier 1834.

FRANÇAIS.

Etudiant et Grisettes, vaudeville du crû, en un acte.
La *Famille Normande*, vaudeville en un acte.
La *Famille du porteur d'eau*, vaudeville.
Faublas, comédie en cinq actes, mêlée de couplets.
Une *Faute*, drame en deux actes.
Le *Favori ou la Cour de Catherine II*.
La *Femme, le Mari et l'Amant*, vaudeville en cinq époques.
La *Fête de ma Femme*, vaudeville en un acte.
La *Fierte de Saint-Romain*, chronique rouennaise en six tableaux, ornée de trois nouveaux décors.
La *Fille de Dominique*, vaudeville en un acte.
Le *Fils naturel*, drame en trois actes.
Les *Frères de lait*, vaudeville en un acte.
Folbert, vaudeville en un acte.
La *Gageure des trois Commères*, vaudeville en cinq petits tableaux.
Le *Garde de nuit ou le Bal masqué*, vaudeville en trois actes.
Grillo, comédie-vaudeville en deux actes.
Les *Grisettes ou l'intérieur d'un magasin*, vaudeville en un acte.
Gueusard et Cricri, petite parodie en cinq tableaux d'une grande pièce en cinq actes.
Gustave I, II, III ou le petit Bal masqué, opéra-vauville en cinq tableaux, imitation pour rire de *Gustave III*, avec danse et galop populaire, par Bougnol, artiste du Théâtre-des-Arts.
Haine aux Femmes.
L'*Ivrogne*, vaudeville.
La *Jeune Femme colère*, comédie en un acte.

Le *Jésuite*, drame de V. Ducange.
La *Jolie Fille de Parme*, drame en sept tableaux.
Les *Jolis Soldats*, vaudeville en un acte.
Léonide, vaudeville.
La *Lettre de cachet*, drame en trois actes.
Louis XV chez Mme Dubarry, vaudeville en un acte.
Louis XI et son Barbier, chronique en un acte.
Les *Malheurs d'un joli Garçon*, vaudeville en un acte.
Madame Grégoire.
La *Mansarde des Artistes*.
Le *Mariage enfantin*, vaudeville.
Marie Tudor, drame en trois journées, divisé en quatre parties.
Les *Maris ont tort*.
Les *Maris sans Femmes*, vaudeville en un acte.
Matin et Soir, vaudeville en un acte.
Le *Menteur véridique*, vaudeville en un acte.
Mon Bonnet de nuit, vaudeville en un acte.
Monsieur Moufflet, vaudeville.
Monsieur Rigaud, vaudeville en un acte.
Monsieur Sans-Gêne, vaudeville en un acte.
Napoléon à Berlin, comédie historique en un acte.
La *Neige ou l'Eginard de Campagne*.
La *Noce du Boulanger*, vaudeville en un acte.
L'*Obligeant maladroit*, vaudeville en un acte.
L'*Oncle d'Amérique*, vaudeville en un acte.
L'*Oncle rival*, vaudeville en un acte.
L'*Oubli ou la Chambre nuptiale*.
Les *Ouvriers ou les bons Enfants*, vaudeville.
La *Peau de Chagrin*, extravagance en trois chapitres.
La *Pension bourgeoise*, vaudeville en un acte.

Perruque et Chandelle, vaudeville.
La *Petite Folle*, vaudeville en un acte.
La *Petite Sœur*, vaudeville en un acte.
Pierre le Couvreur, vaudeville.
La *Prima Dona ou la Sœur de lait*, opéra-vaudeville en un acte.
Prosper et Vincent, vaudeville en deux actes.
Quinze jours de Sagesse, vaudeville en un acte.
Rafaël ou le Bourreau, drame lyrique en trois actes, de Théaulon, musique de Chardon (voyez *Caleb*).
La *Robe de Chambre*, esquisse en un acte.
Le *Roi de Prusse et le Comédien*, vaudeville en un acte.
Les *Roués*, comédie historique en trois actes.
Le *Sauveur*, comédie-vaudeville en trois actes, mêlée de couplets.
Le *Secret de la Future*, vaudeville en un acte.
Le *Secrétaire et le Cuisinier*, vaudeville en un acte.
Le *Sénateur*, vaudeville en un acte.
La *Servante justifiée*, vaudeville en un acte.
Sophie ou le Mauvais ménage, drame en trois actes.
Sophie ou le Mauvais sujet, drame en trois actes, qui est peut-être la même chose que le précédent.
Le *Témoin*, vaudeville en un acte.
La *Tentation de maître Antoine*, imitation infernale terminée par un ballet.
Tilby, vaudeville en un acte.
Trois Têtes dans un bonnet, vaudeville.
Un Dernier jour de fortune, vaudeville.
Un de plus, comédie-vaudeville en trois actes.
Vatel, vaudeville.

Le *Vieux Locataire*, vaudeville en un acte.

Un *Galop populaire* par tous les artistes, un autre *Galop général* et le cinquième acte de *Gustave III*, ballet et galop général, ont été de ravissants intermèdes.

On peut ouvrir ici un chapitre aux représentations extraordinaires.

D'abord — juillet 1833 — se placent celles de Bosco, de Turin, qui s'est produit dans cinq soirées, dont une à son bénéfice. On intitulait ces soirées séances de magie égyptienne à l'instar de celles de Turando; elles étaient composées de vingt-quatre pièces secrètes de magie égyptienne et de nouveaux prestiges de l'invention de Bosco, dont il s'abstenait, disait-il, de donner le détail, pour ménager aux spectateurs le plaisir de la surprise.

L'appareil de physique était disposé devant le rideau d'avant-scène, afin que l'on pût mieux voir; indépendamment de l'éclairage ordinaire de la salle, il y avait une brillante illumination, faisant partie du cabinet de nécromancie.

Les *Spectateurs éblouis ou les Montres en prison mises en liberté*, le *Repas interrompu ou la Cuisine enchantée des Bohémiens*, le *Diable déchaîné*, les *Boules invisibles*, les *Montres volantes retrouvées au milieu du tonnerre et des éclairs*, les *Morts ressuscités*, l'*Ours et le Pacha*, l'*Horloger de Lucifer*, une *Grande manœuvre militaire ou le Courage de Napoléon*, tels étaient les titres ronflants de la réclame de Bosco.

Les places, bien entendu, étaient augmentées : loges d'avant-scène, 7 fr.; premières et parquet, 5 fr.; secondes, 2 fr. 50; troisièmes, 1 fr. 50.

A la fin de septembre 1833, une représentation extraordinaire a été donnée au bénéfice de M. Jules Mortreuil, artiste de ce théâtre, appelé sous les drapeaux. Le produit de cette soirée, disait l'affiche, devait être consacré à lui fournir un remplaçant.

A cette occasion on donna :

1° *L'Art de ne pas monter sa garde.* (La pièce avait de l'à-propos !)

2° *La Robe de chambre.*

3° *Monsieur Mouflet.*

4° La première partie d'un concert exécuté par Messieurs et Mesdames du Théâtre-des-Arts.

5° *Une Passion,* vaudeville en un acte.

6° Seconde partie du concert.

7° Galop général par les artistes, comme dans *le Bal de Gustave III.*

Le 21 novembre, Mme Paravizini a donné un concert intercalé dans la représentation. — L'annonce ne dit pas ce qu'était cette dame Paravizini qui, du reste, n'a paru que dans cette soirée.

A la fin de décembre, Lepeintre jeune a obtenu une représentation à son bénéfice. On jouait :

1° *Monsieur Mouflet,* vaudeville en un acte.

2° *Le Roi de Prusse et le Comédien,* vaudeville en un acte.

3° *Les Maris sans Femme,* vaudeville en un acte.

4° *Monsieur Rigaud,* vaudeville en un acte.

M. Lepeintre jeune appartenait alors à la troupe du Théâtre-Français ; on l'appelait Lepeintre cadet ou Auguste Lepeintre. Il remplissait les rôles de financiers.

En 1834, le Théâtre-Français, lui aussi, a célébré l'anniversaire de la naissance de Molière, le 14 janvier.

Après trois vaudevilles, en un acte chacun, on a donné, pour la première fois, *Ninon, Tartufe* et *Molière*.

Une cantate et le couronnement du buste de notre grand auteur comique ont terminé la soirée.

Le 7 février, représentation extraordinaire au bénéfice de Félicien et d'André réunis. Les artistes du Théâtre-des-Arts ont bien voulu prêter leur concours en cette occasion. Ils y ont joué *Un de plus,* comédie-vaudeville en trois actes, dans laquelle André a rempli le rôle de *Bélant* que, l'année précédente, avait tenu à Rouen le célèbre Arnal. C'était une redoutable succession; néanmoins André s'en est parfaitement tiré. Malheureusement, cette représentation a été signalée par un regrettable accident. Vers onze heures et demie, un échafaudage dressé dans les coulisses pour recevoir les spectateurs qui n'auraient pu trouver place dans la salle, s'est subitement écroulé avec fracas. Trois dames ont été blessées, et plusieurs autres personnes ont reçu des contusions plus ou moins graves. Le spectacle, un moment interrompu par cet accident, a pu être continué cependant; mais, par suite, il n'a pu être terminé avant minuit et demi, ce qui était, à cette époque, une nouveauté inouïe.

Le 24 du même mois, Mlle Mayer, flûte de grand talent, qui s'était fait entendre au Théâtre-des-Arts quelques jours auparavant, a paru, dans un entr'acte, sur la scène du Théâtre-Français.

Tout à fait à la fin de ce même mois, pendant celui de mars et dans les premiers jours d'avril, cette scène a eu le plaisir de produire au public la *Famille Lalanne*, troupe d'enfants qui jouait, et très bien, ma foi! des vaudevilles. Nous citerons surtout parmi ces artistes précoces : Antonin, Victorine, Félix et Cécile Lalanne.

Une représentation donnée le 25 mars au bénéfice de Mlle Cora, jeune première, mérite une mention spéciale ; d'abord, parce que plusieurs artistes du Théâtre-des-Arts ont bien voulu y concourir ; en second lieu, parce que ce jour-là, pour la première fois peut-être, on a précisé l'heure où devait être jouée chaque pièce. — Ainsi l'affiche indiquait :

5 heures 1/2 précises, pour *Madame Grégoire*, vaudeville.

7 heures, pour *Une Faute*, drame.

9 heures, pour une partie concertante.

9 heures 1/2, pour *Etudiants et Grisettes*, vaudeville du crû.

10 heures 1/2, pour *le Meunier*, ballet.

C'était une innovation qui ne pouvait qu'être favorablement accueillie.

La gracieuse Mme Certain a joué dans *Madame Grégoire*.

La représentation au bénéfice de MM. David et Eugène a été donnée le 12 avril. On a joué, à cette occasion, les pièces suivantes :

1° *Les Baigneuses*.

2° *La Fierte de Saint-Romain*.

3° *La Famille Normande*.

A dix heures a eu lieu un *Boléro*, et, à dix heures et demie, le quatrième acte de *Gustave I, II, III*.

Six jours après, arrivait la représentation au bénéfice de Fouchet, artiste du Théâtre-des-Arts. Aussi ne faut-il pas s'étonner si ce sont les artistes de ce théâtre qui sont venus s'y produire.

Circonstance remarquable : le même jour, les artistes du Théâtre-Français jouaient à celui des Arts quatre pièces de leur répertoire. Tout cela s'arrangeait en famille et avec une parfaite confraternité. Théâtre-des-Arts, Théâtre-Français et Gymnase dramatique s'entendaient entr'eux à merveille.

Le lendemain, 19 avril, au Théâtre-Français, représentation au bénéfice de Hauvé et de Mlle Céline. On a donné ce jour-là :

1° Première représentation de *Mon Bonnet de nuit*, vaudeville joué par les artistes du Théâtre-Français.

2° *Le Gardien*, joué par ceux du Théâtre-des-Arts.

3° Le troisième acte de *la Courte-Paille*, joué par la troupe du Théâtre-Français.

4° *La Chanoinesse*, jouée par les artistes du Théâtre-des-Arts.

Les 28 et 29 du même mois, M. Lhérie, du théâtre des Variétés, a joué différentes pièces sur notre seconde scène, entr'autres : *De Paris à Rouen ou un jour de début*, scènes d'imitations improvisées.

A cette époque surtout, la politique ne pouvait manquer d'avoir un écho dans les théâtres, ainsi que cela précédemment avait eu lieu.

A la fin de novembre 1833, on donna, sur notre seconde scène, la première représentation de *Avant, Pendant et Après, ou 1786, 1793 et 1830*, esquisses historiques. Le 18 décembre, on joua *Camille Desmoulins*, drame historique en cinq actes, terminé par le chant de *la Marseillaise*.

Cette année théâtrale 1833-1834, qui avait commencé dans le dernier tiers du mois de mai 1833, a été close le jeudi 1ᵉʳ mai 1834. Elle a donc duré plus de onze mois consécutifs.

Le jour de la clôture, dont nous venons d'indiquer la date, la représentation était donnée au bénéfice de Constant et de Mᵐᵉ Liodon, artistes de ce théâtre.

A cette occasion, l'on a joué cinq pièces du répertoire, afin de faire paraître tout le personnel sur la scène, autant que possible.

Dans l'intervalle de cette campagne et de celle qui devait suivre, Lalanne, père des jeunes artistes du *Gymnase enfantin*, crut pouvoir user du regain de vogue qu'il avait obtenu après les soirées de ce genre qu'il avait déjà données, ainsi que nous l'avons raconté ci-dessus, dans les mois de février, mars et avril précédents. Il organisa donc deux représentations dans lesquelles on joua successivement :

Le Savetier généreux, vaudeville en un acte.
Le Mari de cinq ans, id. id.
Haine aux Femmes, id. id.
Les Enragés, id. id.
Le Mariage enfantin, id. id.

La petite troupe excellait dans toutes ces pièces. Il faut y ajouter *la Fille du bourreau*, fo ie-vaudeville en un acte, dont le titre produisait un singulier contraste.

Année théâtrale 1834-1835.

DIRECTION L. SOLOMÉ. — SOUS-DIRECTION HOUDARD.

Solomé, comme l'avait fait, l'année précédente, Louis Walter auquel il avait succédé, s'était entendu avec M. Houdard, reconnu par l'administration municipale comme directeur du Théâtre-Français. Il en était résulté une association dont le directeur du Théâtre-des-Arts était le chef. En réalité, chacun d'eux s'occupait tout spécialement de son théâtre. Solomé dirigeait le Théâtre-des-Arts, Houdard s'occupait seulement du Théâtre-Français.

Pour cette dernière scène, voici quelle fut la composition de la troupe dramatique cette année-là, et, avant d'en donner la composition, disons tout de suite qu'aucun de ses membres ne fut soumis à des débuts.

Cette troupe était ainsi formée :

MM. Réné, régisseur, pères nobles et grandes utilités.
  Borie (parent de l'un des quatre sergents de la Rochelle), premiers rôles et forts jeunes premiers.
  Vernin, jeunes premiers en tous genres. (Il avait été refusé au Théâtre-des-Arts pour l'emploi de jeune amoureux.
  Auguste Simonneau, jeunes premiers en tous genres.
  Morel, jeunes premiers.
  Hector, forts deuxièmes et troisièmes amoureux.
  Mathias, troisièmes amoureux et utilités.
  Constant, seconds premiers rôles et forts troisièmes.
    (Pour cet emploi, nous trouvons un Coquelin (?).
  Edmond, deuxièmes et troisièmes rôles, premiers rôles chantants (de même que pour le précédent emploi, nous trouvons aussi Gessiome).
  Dupré, premiers rôles marqués et pères nobles.
  Félicien, premiers comiques en tous genres.
  Ravel, premiers comiques.
  Desbrières, comiques et financiers.
  Hanoë, premiers grimes-caricatures.

MM. Auguste Lepeintre, emploi de son frère du Vaude-
 ville, grimes.
 Aymar, troisièmes comiques.
 Delaunay, grandes utilités.
 Raymon, des pères.
 Gustave, utilités.
 Eugène, utilités.
Mmes Louvet-Desbrières, grands premiers rôles, fortes
 mères nobles, genre de Mlle Georges.
 Elise Tautin, forts jeunes premiers rôles et jeunes
 premières.
 Munier, fortes jeunes premières, Léontine, Déjazet,
 Noblet, Jenny Colon.
 Coaline, soubrettes Déjazet.
 Adeline, fortes deuxièmes amoureuses.
 Morel, fortes deuxièmes et soubrettes.
 Emilie, troisièmes amoureuses.
 Liodon, premières duègnes en tous genres.
 Clairville, deuxièmes duègnes en tous genres.
 Anna Ledoux, soubrettes et travestis.
 Honorine, deuxièmes duègnes.
 Augustine, des jeunes premières.
 Delcor, grandes utilités.
MM. Laforêt, souffleur, copiste.
 Théodore, chef d'orchestre et compositeur.
 Réthaller (Hippolyte), deuxième chef d'orchestre.
 Brochard, troisième chef d'orchestre, bibliothécaire.
 L'orchestre se composait de 6 musiciens ; les chœurs de
6 hommes et de 6 dames.
 Après la publication de ce tableau de la troupe, on a vu
apparaître d'autres artistes : Monsset, Charles Marc, ténor

léger, Louvet (probablement Louvet-Desbrières), Gaston, Clément (élève du Conservatoire), Laurent; ainsi que Mmes Eugène, Louise, Piatter (soubrette Déjazet), Jourdain (la femme probablement du jeune premier du Théâtre-des-Arts), etc., etc.

Quant à André Hoffmann, nommé alors André tout court, il est aussi venu pendant l'année jouer certains rôles qu'il avait créés précédemment sur cette scène.

Pendant cette campagne, on a vu, plus d'une fois, la troupe du Théâtre-des-Arts desservir la seconde scène de Rouen, en suite de conventions entre les directeurs des deux théâtres.

Après quelques réparations urgentes faites dans l'intérieur de la salle, l'ouverture a été faite le samedi 28 juin 1834.

Beaucoup de pièces montées les années précédentes ont été maintenues au répertoire, nous ne les mentionnerons pas; nous ne donnerons que les nouveautés, et, en outre, quelques pièces laissées de côté depuis longtemps:

Les Amours de Paris, comédie-vaudeville en deux actes, mêlée de chant.

L'Apprenti en l'art de faire une maîtresse, vaudeville en un acte.

Atar-Gull, drame en trois actes et six tableaux.

Un Bal de Domestiques, vaudeville en un acte.

Le Budget d'un jeune ménage, vaudeville en un acte.

Le Bureau de loterie, comédie-vaudeville en un acte.

Le Capitaine Roland, vaudeville en un acte.

Caravage, drame en trois actes.

Charles III ou l'Inquisition, drame en quatre actes.

La Chanteuse et l'Ouvrier, vaudeville en quatre actes.

FRANÇAIS.

Le Code et l'Amour, vaudeville en un acte.
Le Coiffeur et le Perruquier, vaudeville en un acte.
Le Commis et la Grisette, vaudeville en un acte.
La Corbeille de Mariage, vaudeville en un acte.
Corneille amoureux (voir aux représentations extraordinaires).
La Demoiselle et la Dame, vaudeville en un acte.
Deux de moins, vaudeville en un acte.
Les Deux Borgnes, folie-vaudeville en un acte.
Deux Femmes contre un Homme, vaudeville en un acte.
Les Deux Précepteurs, vaudeville en un acte.
Le Dieu et le Diable, vaudeville en un acte.
La Dugazon, vaudeville en un acte.
L'École des Ivrognes, vaudeville en un acte.
L'Empereur et le Cocher, ou le Mariage par ordre, drame-vaudeville en deux actes.
L'Escroc du grand monde, drame-vaudeville en trois actes.
Est-ce un Homme? Est-ce une Femme? vaudeville en deux actes.
Le Facteur, ou la Justice des hommes, fait historique en cinq actes.
La Famille Moranval, drame en cinq actes.
La Famille Normande, vaudeville en un acte, joué par Joseph.
Fich-Tong-Kang, vaudeville chinois en un acte, avec ballet.
La Fille de Robert-Macaire, suite de *l'Auberge des Adrets*, comédie-mélodrame en deux actes.
Le Fils de l'Homme, anecdote en un acte.

Les Finesses de Gribouille, extravagance en trois actes et six tableaux.

Le Fort-l'Evêque, vaudeville en deux actes.

Frétillon, comédie-vaudeville en cinq actes.

Gabiche, vaudeville en une acte.

Georgette, vaudeville en un acte.

L'Homme au Masque de fer, drame en cinq actes et sept tableaux.

L'Homme du Peuple, drame en trois actes

L'Idée du Mari, vaudeville en un acte.

L'Interprète, vaudeville en un acte.

Je serai comédien, comédie-vaudeville en un acte.

Jacquelin, roi de France, vaudeville en deux actes.

La Jeunesse de Talma, vaudeville en un acte.

La Jeune fille en loterie, filouterie comique en un acte.

Jovial en prison, vaudeville en deux actes.

Judith et Holopherne, vaudeville en deux ou trois actes.

Le Juif errant, drame fantastique en cinq actes et un épilogue, avec décors nouveaux de Dumée.

Ketly ou le Retour en Suisse, vaudeville en un acte.

Lionel ou Mon Avenir, vaudeville en deux actes.

Latude, drame.

Madame Basile, comédie-vaudeville en un acte.

Madame Saint-Agnès, vaudeville en un acte.

La Manie des places, vaudeville en un acte.

Le Maréchal d'Ancre, drame historique en cinq actes et en prose.

Le Mari d'une Muse, vaudeville en un acte.

Le Mari, la Femme et le Voleur, vaudeville en un acte.

Le Mauvais Sujet, drame en un acte.

Un Ménage d'ouvriers, comédie-vaudeville en un acte.

Monsieur Blaise ou les Deux Châteaux vaudeville en deux actes.

Monsieur de Malborough, imbroglio-dramatico-fantastique en trois époques.

La Nonne sanglante, drame en cinq actes et six tableaux, du théâtre de la Porte-Saint-Martin.

Le Parrain, comédie en un acte.

Le Paysan Picard, vaudeville en un acte.

La Paysanne Demoiselle, vaudeville en quatre actes.

La Peau de chagrin, extravagance en trois tableaux.

Pécherel l'empailleur, vaudeville en un acte.

Pomadin, vaudeville en un acte.

Le Prédestiné, roman en trois chapitres.

Les Premières Amours, vaudeville en un acte.

Prêtez-moi cinq francs, drame en trois actes.

Le Propriétaire sans Propriété, vaudeville en un acte.

La Quarantaine, vaudeville en un acte.

Reine, Cardinal et Page, comédie-vaudeville en un acte.

La Robe déchirée, vaudeville en un acte.

Le Rossignol, grand opéra en un acte.

Rodolphe ou le Frère et la Sœur, drame en un acte.

La Saint-Vivien ou les Ouvriers rouennais, à-propos grivois en deux tableaux, par Vossier.

La Semaine des Amours, roman-vaudeville en sept chapitres.

Salvoisy, comédie-vaudeville en deux actes.

Les Sept Péchés Capitaux, pénitence en un acte.
Shylock, drame en trois actes et quatre tableaux.
Simon le Franc, vaudeville en un acte.
La Somnambule, vaudeville en un ou deux actes.
La Sonnette de nuit, tribulations en un acte.
Théophile ou le Séminariste, ou Ma Vocation, vaudeville en un acte.
La Toque bleue, vaudeville en un acte.
Une Dame de l'Empire, vaudeville en un acte.
Une Fille à établir, vaudeville en un ou deux actes.
Une Matinée à Trianon, épilogue.
Une Mère, drame-vaudeville en deux actes.
La Vénitienne ou le Bravo, drame en cinq actes et huit tableaux.
Une Visite à Bedlam, vaudeville en un acte.
Le Voyage de la Mariée, vaudeville en cinq tableaux.
Zaïre.

Représentations extraordinaires.

La troupe de M. Houdard, elle aussi, a fêté l'inauguration de la statue de Pierre Corneille, le 19 octobre 1834. L'affiche du Théâtre-Français était ainsi conçue :

A la mémoire de Pierre Corneille et à l'occasion de l'inauguration de sa statue, la salle sera éclairée extraordinairement.

Pour célébrer cette solennité, on joua :
1° *L'idée du Mari*, vaudeville.
2° *Faublas*, vaudeville.
3° *Carlin à Rome*, vaudeville.

4° *Corneille amoureux*, épisode de la vie de Corneille, par M. Paul, de Rouen, terminé par l'inauguration du buste de Corneille.

5° *Hommage à Pierre Corneille*, pièce de vers lue par M. Borie.

Le surlendemain, on a joué de nouveau *Corneille amoureux*.

Le 13 novembre, à l'occasion de la solennité mortuaire célébrée en l'honneur de Boïeldieu, le spectacle, au Théâtre-Français, comprenait un *Hommage à Boïeldieu*, pièce de vers de Méry, lue également par M. Borie.

La salle était éclairée extraordinairement.

Dans le même mois, Mlles Pauline et Emilie Christophe, membres de plusieurs académies d'armes, ont donné un grand assaut.

En décembre, par un beau dimanche, le dernier de l'année, les artistes du grand théâtre ont joué sur notre seconde scène *Valérie* et *Tartufe*. C'est une preuve de la vérité de ce que nous avons dit à propos des conditions intervenues entre MM. Solomé et Houdard.

Le même mois, on a donné *la Courte-Paille*, avec cette particularité que, au troisième acte, on a entendu la vie de Napoléon racontée par Criquet.

Le premier dimanche de janvier 1835, les premiers sujets du Théâtre-des-Arts ont joué, sur la scène du Vieux-Marché, *la Marraine*, *Antony* et *la Chanoinesse*. — Ce dimanche-là, on chantait *Robert-le-Diable* au Théâtre-des-Arts, de sorte que la troupe dramatique de Solomé était libre.

Le samedi 31 janvier, représentation extraordinaire au

bénéfice de Mme Louvet-Desbrières, premier rôle. — On donna :

1° La reprise du *Couvent de Tonnington*, drame en six tableaux, et trois premières représentations de vaudevilles.

Le dimanche 1er février, représentation extraordinaire donnée par les artistes du Théâtre-des-Arts. Elle fut composée de :

1° *Guerre ouverte*, comédie.
2° *Vive le Divorce*, vaudeville.
3° *La Fille du Cocher*, comédie-vaudeville.
4° *La Vieille Fille*, vaudeville.

Le même jour, au Théâtre-des-Arts, on chantait encore l'opéra de *Robert-le-Diable*.

Le 8 février, encore un dimanche, nouvelle représentation extraordinaire donnée par les artistes du Théâtre-des-Arts et les chanteurs tyroliens. On donnait :

1° *L'Héritière*, vaudeville.
2° *L'Ami Grandet*, comédie.
3° *Les Polletais*, vaudeville.

Le dimanche suivant, 15 février 1835, les chanteurs tyroliens se firent entendre de nouveau, et les artistes de notre grand théâtre jouèrent trois pièces.

Le 18, une représentation extraordinaire fut donnée au bénéfice de Félicien.

Entr'autres œuvres, on joua :

Le Fou, scène épisodique exécutée par MM. Laurent et Ravel.

Le Célèbre Indien Abdul-Maza, du cirque Lalanne.

La Jeune Fille en loterie, filouterie comique en un acte, mêlée de couplets. En outre, on a entendu un concert instrumental.

Au mois de mars, Lhérie, du théâtre des Variétés, à Paris, a donné, sur notre seconde scène, sept représentations. Il a paru dans :

Les Sept Péchés Capitaux.

L'Art de ne pas monter sa garde.

L'Amphigouri ou la Répétition générale, salmis dramatique en deux actions.

Paris à Rouen, scènes épisodiques composées par M. Lhérie.

La Semaine des Amours.

Folbert.

Le Roi de Prusse et le Comédien.

Puis fut donnée une représentation au bénéfice de Ravel et de Mlle Munier. Mlle Reine, du théâtre du Vaudeville, à Paris, voulut bien, à cette occasion, prêter son concours. Cette soirée comprit, entr'autres pièces, *Frontin mari garçon* et *les Artistes en voyage,* scènes épisodiques arrangées par Lhérie.

Pendant ce même mois, une dame Rhyjas, pianiste, est venue se faire entendre ; Abdul-Maza père, premier équilibriste, attaché momentanément au cirque Lalanne, et son fils, âgé de six ans, ont exécuté des exercices que l'on eût mieux fait d'abandonner au cirque ou de réserver pour la foire Saint-Romain.

Ensuite, un M. Klischnig, se disant premier mime grotesque de l'Europe et venant aussi du cirque Lalanne, s'est produit dans de nouveaux exercices.

Enfin, une représentation au bénéfice de Mlle Céline, laquelle n'a rien offert de bien extraordinaire.

Il serait injuste d'en dire autant d'une autre représentation qui fut donnée au bénéfice de Mme Alexis-Bury, jeune première de notre Théâtre-des-Arts, et qui a dignement inauguré le mois d'avril 1835. Elle a été signalée par deux pièces à grand effet :

Latude, ce drame tant aimé du public, et *la Fille de Robert-Macaire*, suite de *l'Auberge des Adrets*, mélodrame comique en deux actes, du théâtre des Variétés, de Paris.

Et aussi par des romances qu'à chantées Joseph, et par un ballet.

Il va sans dire que, ce soir-là, les artistes des deux théâtres ont uni leurs efforts en faveur de la bénéficiaire.

Quelques jours après eut lieu une autre représentation à bénéfice, celui de Mme Jourdain, artiste de ce théâtre, avec une nouveauté que nous avons comprise dans l'énumération ci-dessus :

Fich-Tong-Kang, vaudeville chinois, orné d'un ballet.

Un artiste s'intitulant modestement : *la première Trompette de France et d'Allemagne*, M. Bastien, s'est fait entendre le 9 avril 1835. Cet illustre M. Bastien était ex-trompette de la feue garde impériale et, pour le moment, simplement attaché au cirque Lalanne.

Il n'a pu guère se glorifier de l'accueil que lui a fait le public.

Est venue ensuite une représentation au bénéfice de M. Gaston, jeune amoureux, du Théâtre-des-Arts, avec le concours de Lhérie, et la première de *l'Escroc du grand monde*, dont nous avons déjà parlé.

Comme complément, une romance chantée par Joseph.

Lhérie a donné une nouvelle représentation le lendemain; il a paru encore le surlendemain dans une soirée donnée au bénéfice de Hanoë et de Constant. — Son obligeance était inépuisable. — Il y a joué pour la première fois :

La Sonnette de nuit, tribulations en un acte.

Le samedi 20 avril, jour de la clôture de l'année théâtrale, Lhérie a joué encore et s'est multiplié en donnant successivement :

Est-ce un Homme? Est-ce une Femme? vaudeville en deux actes.

La Sonnette de nuit, tribulations en un acte.

Et en paraissant en outre dans un intermède.

INCIDENTS. — On a joué une fois les Baigneuses sans caleçon couleur de chair. Si ce n'était pas une imprudence, puisque cette exhibition a eu lieu dans l'été de 1834, c'était, tout au moins, une haute inconvenance que les journaux, avec raison, ont vertement relevée.

La troupe du Théâtre-Français est allée jouer ensuite, en représentation extraordinaire, à Elbeuf, les dimanches 2 et 9 novembre, et le lundi 10 du même mois.

La clôture de l'année théâtrale a eu lieu le 20 avril 1835.

Dès le 18 avait paru, dans le *Journal de Rouen*, une lettre adressée au rédacteur en chef de cette feuille par le directeur de notre seconde scène. Comme elle résume très exactement la situation, nous la publions presque en entier :

« Monsieur le Rédacteur,

« C'est au mois de novembre 1832 que j'ai commencé
« l'exploitation de la salle du Vieux-Marché... Je pris,

« avec le directeur privilégié de cette époque, des engage-
« ments pour la réalisation d'une idée longtemps mûrie.

« ..... J'ai fait franchir à la troupe que j'administrais
« l'intervalle si grand qui sépare l'exécution scènique des
« premiers drames représentés :

« *Le Couvent de Tonnington* et *la Fiancée de Lam-*
« *mermoor,*

« des derniers ouvrages du même genre :

« *Le Juif Errant* et *la Nonne sanglante.*

« Le genre comique n'est pas resté non plus en arrière,
« car :

« De *l'Homme qui bat sa femme* et des *Enragés*, à
« *l'Auberge* et à *la Courte-Paille*, qui ont été représentés
« avec succès sur le Grand Théâtre, la différence n'est pas
« moins sensible.

« Dans l'espace de trois ans, on a représenté, sur le
« second théâtre, au moins quatre cents ouvrages, dra-
« mes et vaudevilles, dont plusieurs ont été joués plus de
« cent fois.

« Sans l'existence d'une seconde scène, aucune de ces
« pièces ne serait peut-être connue à Rouen, et quand à
« ce résultat vient se joindre la formation de plusieurs
« jeunes élèves déjà réclamés par les théâtres de Paris,
« de Bordeaux, de Marseille, et par la première scène de
« notre ville, on est forcé de convenir que l'existence à
« Rouen d'un second théâtre est utile au progrès de l'art.

« Sans examiner si l'activité du second théâtre déter-
« mina celle du premier, je crois, au moins, pouvoir
« réclamer la priorité de l'innovation pour les pièces
« *à tableaux et à spectacles*, pour l'amélioration dans la

« mise en scène des ouvrages, pour une plus grande régu-
« larité dans l'ensemble des costumes. Puis enfin, n'est-ce
« pas aux galops populaires et travestis que le fameux
« *Gustave III* a dû une partie de son succès ?
« Malgré tous ces résultats, la troupe du Théâtre-
« Français n'existe plus au 30 avril, le directeur privilé-
« gié ayant décidé que, pour cette année, la troupe du
« Théâtre-des-Arts desservirait sans concurrence les deux
« salles...
« Agréez, etc., etc.

« HOUDARD. »

On se rend très bien compte de l'amertume répandue dans cette dernière phrase quand on songe combien M. Houdard aimait l'art dramatique.

Il avait fait de son théâtre son rêve, son unique préoccupation. Dès les premiers temps de sa direction, il cherchait tous les moyens de le rendre agréable au public, et, tout à coup, il s'en voyait dépouillé.

Nous ne nous permettrons aucune réflexion à ce sujet.

Année théâtrale 1835-1836.

DIRECTION DE M. LOUIS WALTER.

M. Louis Walter a donc pris alors la direction des deux scènes de Rouen, celle du Théâtre-des-Arts et celle du Théâtre-Français.

Disons tout de suite que, les samedis, pendant l'été, il y avait relâche au grand théâtre. Il en était de même les jours de répétition générale et les soirs de Bal-Redoute. Alors les abonnés du Théâtre-des-Arts avaient de droit leur entrée au Théâtre-Français.

Dans ce dernier, on jouait toujours le dimanche, mais quelquefois seulement le lundi, le jeudi et le samedi.

L'ouverture a eu lieu tout d'abord, au Théâtre-Français, par une série de représentations de l'acteur comique Odry, artiste du théâtre des Variétés, à Paris, et par la continuation de celles de Lhérie.

En effet, le vendredi 24 avril 1835, on donnait :

1° *La Sonnette de nuit*, jouée par Lhérie.

2° *La Neige*, où parut Odry.

3° *Madame Pochet et Madame Giboult*, où l'on revit ce célèbre artiste.

Les jours suivants, MM. Odry et Lhérie ont donné :

Les Acteurs à l'épreuve.

Le Sauveur.

Tony.

Monsieur Chapolard.

Monsieur Mouflet, dans lequel Odry et Lhérie jouèrent ensemble.

L'Amphigouri, joué par Lhérie.

Folbert, joué par MM. Odry et Lhérie.

Lors de la clôture des représentations de ces deux artistes, dans une soirée donnée à leur bénéfice, il y a eu, dans *Madame Pochet et Madame Giboult*, réception à leur fameux *thé* de Mme *Francastor* et de Mlle Marguerite qui chantait une tyrolienne. — M. Lhérie personnifiait Mme *Francastor*.

Puis, à partir du 1er mai, sont venues les représentations de M. et Mme Allan, dans lesquelles ces deux artistes jouèrent successivement :

La Chanoinesse. *Une Faute.*

Louise. *La Femme de l'avoué.*

FRANÇAIS.

Un Mariage à rompre.	*La Lectrice.*
L'Héritière.	*Le Diplomate.*
La Demoiselle à marier.	*Toujours.*
Être aimé ou mourir,	*Elle est Folle.*
vaudeville en un acte, et	*La Quarantaine.*
dont c'était la première re-	*Le Lorgnon.*
présentation.	

En tout, cinq représentations consécutives.

M. et Mme Allan ont joué ensuite au Théâtre-des-Arts.

Ce fut seulement le 31 mai que, cette année-là, notre seconde scène fit son ouverture, en temps que service normal et régulier. Jusque-là, depuis le départ de M. Houdard du Théâtre-Français, elle n'avait donné de représentations que le dimanche seulement.

Voici la liste des ouvrages du répertoire courant qui furent représentés tout d'abord au théâtre du Vieux-Marché, après le départ de M. et Mme Allan :

Le Dépit amoureux.	*Angèle,* drame.
Clotilde, drame.	*Pourquoi?*
Les Mémoires d'un colo-	*Valérie.*
nel.	*L'Hôtel garni.*
La Grande Dame.	*Une Passion.*

Nous arrivons ainsi au jeudi 2 juillet 1835. — Ce jour-là, le public a eu :

L'Homme à la poupée, scène comique par M. Valentin, et la première représentation de *la Consigne,* vaudeville en un acte.

Reprenons maintenant le répertoire courant ; nous y trouvons :

Le Quaker et la Dan-	*Le Sauveur.*
seuse.	*Vive le Divorce.*

Tartufe.	L'Homme qui bat sa
Le Philtre champenois.	Femme.
Les Deux Ménages.	Heur et Malheur.

Mlle Plessis, sociétaire du Théâtre-Français, à Paris, en ce moment en cours de représentations extraordinaires au Théâtre-des-Arts, a bien voulu, le jeudi 16 juillet 1835, jouer, sur la scène du Vieux-Marché, *la Fille d'honneur* et *la Jeune Femme colère*.

En août, le célèbre Arnal, du théâtre du Vaudeville, à Paris, également en représentation à notre Grand Théâtre, a donné sur notre seconde scène :

La Famille de l'Apothicaire.	*Théophile, etc., etc.*
	Les Gants jaunes.
Une Passion.	*Heur et Malheur.*

En septembre, même année, il y a eu plusieurs premières représentations :

Manette, vaudeville.

Poète et Maçon, vaudeville de Scribe.

Le Confident, vaudeville.

Il y a eu également une représentation au bénéfice de M. et Mme Saint-Léon, anciens artistes du théâtre de la *Porte-Saint-Martin*, à Paris ; elle a été composée des pièces suivantes :

Le Garçon à trois visages, folie-parade.

Le Monstre et le Magicien, mélodrame-féerie. — M. Laurençon y remplissait le rôle du monstre.

A la suite sont arrivées les représentations données par la famille Ravel, gymnasiarques dont nous avons parlé plusieurs fois et qui déjà s'étaient produits sur notre première scène.

Enfin, les délicieuses soirées données de nouveau par Odry, le célèbre comique du théâtre des Variétés, à Paris. Il parut successivement dans :

Le Sauveur.	La Neige.
Monsieur Mouflet.	Les Cuisinières.
Les Ouvriers.	Monsieur Chapolard.
L'Ours et le Pacha.	Etc., etc.
Tony.	

Nous sommes arrivés, en ce moment, au mois d'octobre 1835. Avant de l'aborder, mettons-nous au pair pour ce qui concerne le répertoire courant. Les pièces maintenues furent :

L'Auberge des Adrets.	Louis XV chez Mme Dubarry.
Le Changement d'uniforme.	Les Malheurs d'un joli garçon.
La Consigne.	
Les Deux Divorces.	Le Mariage de raison.
L'Ecole des Vieillards.	Mademoiselle Marguerite.
L'Ecole des Femmes.	
Folbert.	Une Passion.
L'If de Croisset, vaudeville.	Le Philtre champenois.
	Robert le Diable, vaudeville.
Jocrisse maître et Jocrisse valet.	
	Le Roman d'une heure.
Karl ou le Châtiment.	Sans Tambour ni Trompette.
Kétly.	
	Thérèse.

Pour le mois d'octobre, nous ne voyons rien à signaler, si ce n'est une audition des chanteurs tyroliens qui s'étaient fait entendre déjà au Théâtre-des-Arts.

Le mois de novembre n'a pas été plus brillant. Nous ne trouvons absolument à noter que la première représentation de *la Famille de la future*, vaudeville en un acte, et celle de *Monsieur Pique-Assiette*, comédie-vaudeville également en un acte.

Le mois de décembre 1835 a offert beaucoup plus d'intérêt ; à son actif nous trouvons :

L'Agnès de Belleville, comédie-vaudeville en trois actes, par MM. Paul de Kock et Coignard frères, première représentation.

Une soirée donnée au bénéfice de Mme Lepeintre jeune et composée de quatre vaudevilles du répertoire, plus une partie concertante dans laquelle Mlle Melotte a chanté le grand air de *la Pie Voleuse* et la romance *la Folle*. M. Bouy, violon solo du Théâtre-des-Arts, a exécuté, en cette circonstance, le duo de *Guillaume Tell*, et M. Orlowski l'accompagnait sur le piano. — L'acteur comique André Hoffmann a fait *florès* dans *Les Baigneuses*.

On ne passe pas, vaudeville anecdotique en un acte, première représentation.

La Cinquantaine, vaudeville en un acte, première représentation.

La Berline de l'émigré, drame historique en cinq actes, première représentation.

Avant d'aborder l'année 1836, énumérons les œuvres du répertoire courant que l'on représenta en 1835 :

L'Auberge des Adrets avec Félix.

Robert Macaire avec le même et André Hoffmann qui remplit le rôle de Bertrand.

Les Baigneuses.   *Le Capitaine Roland.*
Les Bonnes d'enfants.   *La Cheminée de 1748.*

FRANÇAIS.

La Famille de l'Apothi-
caire.
La Famille improvisée.
La Fille de Dominique.
Les Gants jaunes.
Il y a seize ans.
Le Jeune Werther.
Latude, drame.
Le Marchand de peaux
de lapins.

Une Mère.
La Neige.
Le Petit Enfant prodi-
gue.
La Seconde Année.
Théophile.
Trente Ans ou la Vie
d'un joueur.
Les Vieux Péchés.
Voltaire chez les Capu-
cins.

RÉSUMÉ

DE

L'HISTOIRE DU THÉATRE-FRANÇAIS

DE 1835-1836 A 1876.

1835-1836.

Direction, Louis Walter.

A partir de la retraite imposée à M. Houdard par Louis Walter qui prenait nos deux scènes sous son unique direction, le Théâtre-Français est entièrement sacrifié à celui des Arts ; il ne jouera plus régulièrement que le samedi de chaque semaine, dans l'été, les dimanches toujours, et parfois les lundis et jeudis, lorsque, par une circonstance quelconque, le Grand Théâtre restait fermé, ou que, par suite de représentation extraordinaire, le service des abonnements s'y trouvait suspendu. Dans ce cas, les abonnés avaient de droit leur entrée au Petit Théâtre.

Une seule troupe, celle de comédie, vaudeville et drame du Théâtre-des-Arts, desservait les deux scènes. La troupe formée avec tant de soin par M. Houdard avait été licenciée.

C'était l'application complète du système proposé par le préfet Beugnot, dans sa lettre au Ministre. (Voir page 141 et suivantes).

Il en sera ainsi jusqu'à l'année théâtrale 1852-1853 où, avec M. Plunkett, le Théâtre-Français recouvrera pendant deux ans, avec l'autorisation d'avoir une direction spéciale, la vogue qu'avait su lui donner M. Houdard.

Pour connaître, pendant cette période, les directeurs du Théâtre-Français, il suffit donc, à peu d'exceptions près, de se reporter aux noms de ceux de notre première scène.

Nous avons vu que, pendant la campagne 1835-1836, les comiques Lhérie et Odry, des Variétés;

Mlle Plessis, de la Comédie-Française;

Arnal, du Vaudeville;

L'acteur comique André Hoffmann;

Vinrent successivement y donner des représentations extraordinaires.

De 1836-1837 à 1840-1841, rien de remarquable.

Les années 1841-1842, 1842-1843, nous montrent une troupe de comédie, drame et vaudeville où nous trouvons des artistes dont le souvenir est cher au public:

MM. Monrose, Montdidier, Cruvelié, Cudot, Kime, Geoffroy, Lemaire, Delcourt, Isidore Dechièvre; Mmes Verneuil, Fleury, Schnetz, Naptal, Bernard, Brochard.

Ces éminents acteurs sont restés assez longtemps à Rouen qui ne se lassait pas de les applaudir.

En 1843-1844, il faut y ajouter Romainville et Mme Fitz-James;

En 1844-1845, M. Wable; Mmes Abit, Henri Monnier;

En 1845-1846, M. Cosson; Mmes Broux et Dessains;

En 1846-1847, nous voyons en outre M. Delafosse.

1847-1848, 1848-1849, 1849-1850, ne nous signalent aucun changement important.

En 1850-1851, nous retrouvons Romainville, Delafosse, Cudot, etc., avec MM. Aubrée et Deschamps, Mmes Virginie Martin et Dorval.

En 1851-1852, arrivent Brésil, Derville, Lavernos, Félix, et Mlle Victorine Fay.

En 1852-1853, 1853-1854, Plunkett est seul directeur privilégié pour le Théâtre-Français. Sous lui, notre seconde scène atteint au plus haut degré de vogue et de succès où elle soit jamais parvenue.

Mais en 1854-1855 et au commencement de l'année théâtrale 1855-1856, avec Esparbié, chargé par la ville d'administrer nos deux scènes et le Cirque, le Théâtre-Français ne tarde pas à retomber.

Il se relève un peu sous la direction de Juclier qui termine l'année commencée et continue en 1856-1857, 1857-1858.

Pendant les trois années théâtrales qui suivent (1858-1859, 1859-1860, 1860-1861), M. Halanzier, quoique dirigeant nos deux scènes à la fois, est assez habile pour les faire prospérer toutes les deux. Il consacre la première exclusivement à l'opéra et forme, pour la seconde, une excellente troupe chargée de jouer la comédie, le vaudeville et le drame.

Pendant les trois années de la direction L.-D. Rousseau, de 1861-1862 à fin 1863-1864, le Théâtre-Français ne se soutient pas à la hauteur où l'avait élevé M. Halanzier.

Il se relève un peu, pendant les années 1864-1865, 1865-1866, sous l'administration particulière de M. Carré, directeur privilégié de notre seconde scène.

Pendant les deux années qui suivent (1866-1867, 1867-1868), il se maintient avec peine sous celle de M. Derville qui réunit la direction de nos deux théâtres.

En 1868-1869, 1869-1870, M. Bonnesseur, reprenant les errements de M. Halanzier, ramène en grand nombre le public sur notre seconde scène, comme sur la première.

Puis vient la funeste année 1870-1871 pendant laquelle tous nos théâtres restent fermés.

En 1871-1872, 1872-1873, 1873-1874, M. Lemoigne, directeur particulier de notre seconde scène, au prix des plus grands efforts, la relève de plus en plus.

En 1874-1875, 1875-1876, la vogue de notre Théâtre-Français continue et grandit sous la direction un peu tiraillée de M. Harris Goutchalde.

Le fatal incendie du 25 avril 1876, en détruisant de fond en comble le Grand Théâtre, laisse forcément la salle du Vieux-Marché sous une direction particulière ; et depuis, non pas seulement parce qu'il n'a pas à lutter contre la redoutable concurrence de notre première scène, mais ainsi que cela lui est arrivé chaque fois qu'il lui a été permis d'avoir sa direction à lui, le Théâtre-Français a prospéré.

FIN

HISTOIRE

DU

CIRQUE DE SAINT-SEVER

HISTOIRE

du

CIRQUE DE SAINT-SEVER

HISTOIRE

DU

CIRQUE DE SAINT-SEVER

Année 1834-1835.

DIRECTION DE M. LALANNE PÈRE.

Avant la construction de la salle actuelle dont on connait la situation, il existait dans ce faubourg, également à Saint-Sever, mais place Lafayette, au bout du Pont-de-Pierre, un manége.

En 1833, une dame Tournaire et un sieur Fournaux y ont donné des représentations.

Vers la fin de cette même année, le 28 novembre, le *Journal de Rouen* annonçait que les soirées équestres de la famille Lalanne, dont l'inauguration devait avoir lieu incessamment, étaient ajournées de quelques semaines (*sic*) pour la construction d'un nouveau manége plus en rapport avec les exercices de la troupe.

Ces quelques semaines se prolongèrent un certain temps ; enfin, le nouveau manége apparut ; c'était la salle actuelle du Cirque, moins la scène et les bâtiments annexes élevés depuis quelques années sur la rue du Fossé-Saint-Yves. Lalanne père l'avait fait construire à ses frais, sur un terrain appartenant à M. Lemire, notre constructeur de navires si connu.

N'oublions pas que Lalanne père est un Rouennais.

Le 25 juillet 1834, il fit placarder dans la ville des affiches où il disait : « M. Lalanne a l'honneur d'informer « le public que, sa troupe d'écuyers venant d'arriver en « cette ville, la première représentation *à son cirque* est « fixée à dimanche prochain. »

Il faut remarquer ces mots : *A son cirque.*

En effet, la nouvelle salle a été ouverte par M. Lalanne, le dimanche suivant, 27 juillet 1834.

1834 était décidément l'année des inaugurations.

Le jour de l'ouverture, il y avait, a-t-on dit, trois mille spectateurs. Cela est possible, mais, en 1859, la salle modifiée n'aurait pu contenir autant de monde. En effet, à cette dernière époque, elle comprenait :

3 loges pour 8 personnes chacune, soit	24	places.
Stalles...........................	170	id.
Premières........................	500	id.
Secondes.........................	600	id.
Troisièmes.......................	600	id.
Places debout....................	200	id.
Total................	2.094	places.

Actuellement (1877), sous la direction de M. Dupoux-Hilaire, la salle est ainsi divisée :

Loges	72	places.
Fauteuils	246	id.
Stalles	229	id.
Premières	447	id.
Galeries de face	200	id.
Galeries de côté	600	id.
Secondes	600	id.
Avant-scène	16	id.
Total	2.410	places.

La décoration de la salle Lalanne était simple, mais élégante et de bon goût; l'installation des places était convenable; on pouvait circuler plus facilement que dans nos deux autres théâtres; l'entrée et la sortie se faisaient plus commodément.

L'éclairage était donné par vingt lustres.

Le Cirque avait un peu plus de 15 mètres de diamètre (46 pieds). A l'un de ses arcs s'ouvrait un espace quadrangulaire caché par un rideau devant lequel se tenait l'orchestre, c'était la scène, qui avait alors 18 mètres de profondeur (54 pieds).

Lors de l'ouverture, on annonçait des exercices d'équitation et de funambulisme par des artistes de premier mérite.

Lalanne père, frère de la célèbre et courageuse Mme Saqui, pour le dire en passant, avait formé une troupe très variée, dans toute l'acception du mot. On y remarquait surtout : son fils, Paul Lalanne, deux *jocrisses* fort amusants, car alors la qualification de clowns n'avait pas encore été importée d'Angleterre.

Parmi les animaux, citons des chevaux dressés en liberté, d'autres montés en haute école; un éléphant femelle, *miss Djeck*, du poids de 9,000 livres (*sic*), et sa fille, avec leur cornac, M. Heuguet.

Il y avait encore des écuyers, des danseurs et danseuses de cordes, etc., etc.

La première exhibition de cette troupe, le 27 juillet 1834, a été troublée par un incident qui, fort heureusement, n'a pas eu de gravité : Au moment où l'on simulait un combat de Grecs contre Turcs (c'était alors d'actualité), au plus fort de la mêlée, la lame d'un sabre se détacha de sa poignée et alla frapper à la tête une dame placée au premier rang des secondes. Il y eut effusion de sang, très vive émotion dans la salle; mais enfin, les premiers moments d'émoi passés, on eut le bonheur de constater que le mal n'était pas grand.

Dès le lendemain, l'affiche fut renouvelée; elle annonçait : *Les trois Bergers*, ballet équestre, plus des exercices de force et de vigueur.

Ensuite sont venus, en représentation extraordinaire : Alfred, premier écuyer du cirque Franconi, à Paris; Gautier et Palmiéri, de la même ville. M. Lalanne a fait évoluer : *Aboukir*, cheval pur sang arabe; le *Cheval Zéphir*, le jeune éléphant *Betzy*, le cerf *Azor*, etc., etc.

Le 28 août 1834, au bénéfice des indigents de la ville, grande représentation dans laquelle on a vu *Mazeppa* attaché nu sur un cheval sauvage et emporté dans les steppes de l'Ukraine où il a le bonheur d'être recueilli, soigné, puis choisi pour chef par les Cosaques de cette partie de la Russie. — On sait que c'est un fait historique.

A cette occasion, le prix des places avait été augmenté.
Celui des premières était fixé à...... 2 fr. »
— des secondes — à...... 1 25
— des troisièmes — à...... 0 75
— du parterre — à...... 0 50

Le spectacle commença à sept heures ; les bureaux furent ouverts dès quatre heures après midi, « pour éviter la foule, » disait l'affiche, rédaction au moins singulière. Heureusement, le père Lalanne était meilleur écuyer que rédacteur.

De nos jours, on est tombé dans l'excès contraire ; les bureaux n'ouvrent qu'une demi-heure avant le lever du rideau, de sorte que tout le monde n'a pas le temps d'entrer avant le commencement de la représentation, ce qui occasionne du bruit et du trouble le plus souvent.

Qu'a-t-on vu les jours suivants ? Ma foi, les exercices qui figurent dans tous les programmes de cirque : sauts en avant, en arrière, avec ou sans banderolles, à air libre ou à travers des cerceaux recouverts de papier. Mentionnons cependant à part : des *Voltiges* sur un cheval danois par un amateur de la ville ; *Le Postillon d'amour*, sur des chevaux Lilliputiens ; M. Plège, s'intitulant pompeusement le *premier acrobate de l'Europe*; les travaux gracieux de Joseph Lalanne, âgé de six ans ; ceux de Mme Gautier dans *le Nid d'oiseau*; *les Voitures à vapeur*, telles qu'elles fonctionnaient dès lors en Angleterre ; *les Deux Frères, lanciers polonais sous les murs de Varsovie*, fait historique, etc., etc., etc.

THÉÂTRE

Grande solennité le jeudi 16 octobre ; représentation extraordinaire au bénéfice de la souscription ouverte pour l'érection d'une statue à Pierre Corneille, statue arrivée à Rouen le 13 du même mois.

La représentation se composait de : danses, exercices acrobatiques par MM. Plège et Cossard ; premier début de M. Auriol, *premier grotesque de l'Europe* (ces messieurs se donnent facilement le titre de premier), surnommé le Zéphir des grotesques, ou encore Papillon, etc., etc.

Nous devons cependant une mention spéciale à Auriol qui, artiste en son genre, a laissé un certain renom.

Jean-Baptiste Auriol est né le 8 août 1808. Ses parents, tous deux acrobates, étaient alors attachés au théâtre du Capitole, à Toulouse. Dès l'âge de huit ans, il parut devant le public. Ses premiers exercices eurent lieu en Allemagne, en Prusse, en Hollande et en Suisse. Revenu en France, il débuta, le 1er juillet 1834, à Paris, sur le théâtre du Cirque Olympique (voir le *Compilateur* du 25 septembre 1842), et y obtint alors de grands succès comme équilibriste. Nous l'avons vu ici, dans les dernières années de sa vie, au *Tivoli-Baubet*, et nous pouvons dire que, malgré son âge alors assez avancé, il étonnait encore par son adresse et son agilité.

Après les débuts d'Auriol, le Cirque de Saint-Sever a produit devant le public :

Jocko, ou le Singe du Brésil.

Dans les entr'actes, un rideau magnifique, peint par l'artiste rouennais Dumilieu, cachait la scène.

Dans la piste, on exhibait la jument *Mina*, dressée en haute école,

L'*Eléphant géant*, la *Caricature du fameux Levassor*, l'*Orang-Outang*, complétaient les représentations, avec les exercices de MM. Paul et Lejar, du cirque Franconi, etc., etc.

Le 10 novembre 1834, représentation extraordinaire au bénéfice de la *Société Maternelle de Rouen*. — Ce jour-là le Cirque était éclairé *à l'instar des palais asiatiques*.

Les prix n'avaient pas été augmentés.

Depuis cette époque jusqu'à la fin de l'année, nous ne trouvons à mentionner que l'exhibition des *deux Eléphants du Gange*, les exercices du célèbre indien *Abdul-Maza*, ceux de MM. Victor Franconi, fils de M. Laurent Franconi, avec ses chevaux dressés; de l'*Hercule moderne*, portant 900 kilogrammes; d'une jeune créole et de sept négrillons, etc., etc.

Au commencement du mois de janvier 1835, on a annoncé les prix provisoires de la saison d'hiver ou *pré*, pour les jours *en semaine* (sic). — Ces prix étaient fixés ainsi :

  Premières............... 1 fr. 50
  Secondes................ 1   »
  Galeries................ »   60
  Parterre................ »   40

Pendant ce mois et la première moitié du suivant, une *Jument algérienne*, un *Cheval turc*, etc., etc., ont varié les soirées jusqu'au jour d'un grand bal donné à ce théâtre par l'escadron d'artillerie de la Garde nationale de Rouen, le samedi 14 février 1835, au profit de la *Société Maternelle*. Le prix de la souscription était de cinq francs, et chaque souscripteur avait le droit d'amener une dame, à la condition toutefois que son nom et son domicile seraient indiqués d'avance, moyennant quoi elle recevrait une *carte d'invitation exclusivement personnelle*. Les hommes devaient, disait l'affiche, se présenter, autant que possible, en uniforme.

Piquant détail : Dans le but d'éviter aux assistants le désagrément de passer le pont à pied, la commission du bal avait arrêté que deux voitures, stationnant à la porte du Cirque, de minuit à cinq heures du matin, seraient mises à la disposition des personnes qui, ayant assisté au bal donné dans la salle du Cirque, désireraient, à la sortie, se faire conduire place du Théâtre-des-Arts.

Ce bal a réuni près de 800 personnes et le nombre des souscripteurs était de mille.

Pour cette soirée, Lalanne avait loué la salle 800 francs, les frais en sus ; néanmoins le bal a produit, net, près de 4,000 francs pour *la Société Maternelle de Rouen*.

Les habitués de ce théâtre ont eu ensuite :

M. Klischnig, *premier grotesque et même premier comique de l'Europe*, venant du *Théâtre de la Porte Saint-Martin*, à Paris ; le grotesque Béarnais Fonteville ou Fondeville ; M. Rossi, vénitien, attaché aux écoles de peinture et de sculpture de Rome, comme modèle pour les poses académiques, etc., etc.

La soirée du samedi 4 avril 1835 et la nuit qui l'a suivie font époque dans cette salle qui a reçu, pour cette solennité, une décoration s'élevant au prix de 5,000 francs. Nous voulons parler d'une *Redoute* ou *Bal tombola*, organisé par souscription, bal paré, travesti et masqué.

Le prix du billet d'entrée était fixé à dix francs, pour

deux personnes, attendu que M. Lalanne n'avait obtenu l'autorisation de M. Solomé, directeur privilégié du grand Théâtre de Rouen, qu'en échange d'une forte subvention.

Avec tout billet de dix francs, on en recevait un autre donnant droit de participation à la loterie qui devait être tirée dans la nuit, véritable tombola *à l'exemple de celles en usage à Messine.*

Le premier numéro sortant a gagné un très beau cheval étalon de race turque, sellé et bridé à neuf, et propre à l'usage d'un homme ou d'une dame.

Pour cette fête, les portes ont été ouvertes à huit heures et demie ; les galops ont été exécutés à l'instar des *sonnettes, craquements de chaises et carillons des bals Musard, à Paris.* On a fait entendre, en outre, le magnifique *Tam-Tam de Soliman III*, instrument d'un effet puissant et faisant partie de l'orchestre pour les finals de galop.

Plus de mille personnes ont assisté à ce bal. Une partie de la recette a été versée à la caisse du Bureau de bienfaisance ; le cheval turc a été gagné par le n° 322, appartenant à un marchand de coton de la rue aux Ours. — Un marchand de coton !!! Que Déjazet a dû être en colère, si elle a appris cela, elle qui en voulait tant aux marchands de coton de Rouen !

M. Barsin, premier écuyer du Cirque Franconi, à Paris (toujours 1ᵉʳ), a paru, le lendemain du grand bal, dans une représentation donnée au bénéfice du jeune Pierre Lalanne. Puis, la clôture de l'année théâtrale a été faite sur cette scène, le lundi 13 avril 1835, encore avec le concours de M. Barsin.

Année théâtrale 1835-1836.

2me ANNÉE DE LA DIRECTION LALANNE PÈRE

La réouverture du Cirque ne s'est pas longtemps fait attendre, elle a eu lieu dès le dimanche suivant, 19 avril 1835.

Nous ne pourrions donner ici une copie de toutes les annonces pompeuses répandues au nom de ce théâtre, ceci nous entraînerait trop loin. Cependant, nous en mentionnerons quelques-unes, car elles font comprendre le goût de l'époque. Ainsi, comment ne pas enregistrer celles-ci ?

Le *Cheval chasseur,* le *Cheval phénix,* le *Cheval le Glorieux;* M. Bastien, ex-trompette de la garde impériale, premier trompette de France et d'Allemagne, et ventriloque, par dessus le marché, qui a exécuté, sur sa trompette, l'*Écho des montagnes,* imitation de cinq trompettes jouée sur une seule.

Outre les scènes de *ventriloquie,* il y avait des *Jeux de physionomie,* tirés du cabinet Lavater, des danses acrobatiques, des scènes de funambules ;

L'ascension du *Dogue Cerbère,* au milieu d'un feu d'artifice ;
Les *Jeux d'Athènes ;*
Le *Grotesque Fondeville,* assisté de Mme Fondeville ;
Le *Prince Tartare ;*
La Famille de Pierrot, folie-parade ;
Manœuvre de cavalerie arabe ;
Arlequin geôlier ;
La Fête au moulin ;
Fra Diavolo, scène équestre ;
Mazeppa, idem.
Arlequin gardien au sérail, pantomime ;

Les deux Chinois ;
Les trois Chinois funambules ;
Le Colosse de Rhodes ;
Les Clowns ;
La poste royale ;
Le superbe cerf Azor ;
Le Paysan des Vosges ;
Le Gladiateur ;
L'Algérienne ;
Jules César ;
Le Voyage interrompu de Rognolet ;
La Diligence à vapeur, ou voyage de M. et Mme Denis, scène folie-parade ;
Monte-au-Ciel ;
Les Adieux du grand Napoléon à sa vieille Garde impériale ;
Le Passage de la Bérésina ;
Les Grenadiers de la Vieille garde ;
L'homme-oiseau, par Hermann.

Au mois de juin, il y a eu grande tombola. Le lot principal était un très beau cheval de chasse, âgé de sept ans, race irlandaise, sellé, bridé et parfaitement dressé à l'usage d'un cavalier ou d'une dame.

Les prix d'entrée étaient ainsi fixés :

  Premières .... 1 fr. 50 c.
  Secondes .... 1 »
  Galeries .... » 60
  Parterre .... » 30

Pour avoir droit à la tombola, il fallait, quel que fût son billet, en prendre, en outre, un de 1 fr. 50 c.

Une autre fois, dans le même mois, autre tombola dont le prix principal consistait en une jument de chasse, race anglaise ; le second, un cheval hanovrien ; le troisième, un cheval double poney du pays de Cotentin.

Encore une singulière idée : le mercredi 24 juin, on annonçait une représentation extraordinaire, à cause de la fête de la Saint-Jean.

En voici le programme donné par l'affiche :

1° *Les deux frères polonais sous les murs de Varsovie*, fait historique déjà cité ;

2° *Le sommeil de l'Empereur, ou douze heures avant la bataille d'Austerlitz* ;

3° *Le cheval lapon*, pesant trente-cinq livres (*sic*) ; — un autre de vingt livres ;

4° Exercices à cheval de Mlle Antoinette Dalis, âgée de vingt-sept mois ;

5° *L'Arabe et son coursier* ;

6° *Le Meunier, ou Pierrot dans l'embarras*.

A la fin de juillet, le cirque a donné une *Représentation extraordinaire et idéale*, avec un point de vue nautique de l'invention de Lalanne père, *représentation qui n'avait jamais eu lieu sur aucun théâtre de l'Europe*, disait le prospectus, et composée de cinq jets d'eau sortant d'un bassin de soixante pieds de large, sur quatre de profondeur. — Le principal s'élevait à vingt-cinq pieds de hauteur.

Le public ne fut pas médiocrement enchanté de ce genre de spectacle ; il répandait une certaine fraîcheur dans la salle, or on était en juillet ; ce n'était donc pas chose à dédaigner.

En août, on a vu M. Klischnig, premier (?) mime grotesque de l'Europe. Il a joué : *Jocko et son maître*.

Dans ce même mois, un *premier danseur comique et maître de ballet du théâtre du Cirque à Paris*, a donné successivement : *Cocambo*, pantomime ; *Les aventures de M. Boniface* ; *Fanfan le dégourdi*, etc., etc.

Cet artiste a paru aussi, à cette époque, sur le Théâtre-Français, dans un mélodrame,

On a eu également, au Cirque, les représentations de Mme Bassin, première écuyère du Cirque impérial de Vienne.

En septembre, nouvelle tombola. Le billet à prendre, outre le prix d'entrée, était réduit cette fois à *un franc*.

Le lot se composait de : un *cheval anglais acheté, un an auparavant, 4,000 francs, chez M. Crémieux*, le fameux marchand de chevaux, à cette époque.

Quelques jours après, on mettait en loterie une petite jument écossaise.

Ensuite sont venues les représentations de M. Mesner, *premier artiste de l'Europe sur la trompette à piston*.

A cet artiste a succédé Mme Laurençon, première danseuse du *Théâtre nautique* de Paris (?).

On ne dira pas que la direction du Cirque ne se mettait point en quête de premiers sujets de toutes sortes.

A la fin du mois de septembre, la *Famille Ravel*, famille d'acrobates qui, du Théâtre-des-Arts, était descendue au Théâtre-Français, vint s'échouer au Cirque.

En novembre, les habitués de ce théâtre ont eu, pour varier leurs plaisirs, l'éléphant *Kiouny*, surnommé alors *le protecteur de l'innocence*, parce qu'il portait, au bout de sa trompe, Mlle Laura Bassin, alors âgée de six ans.

A partir du numéro du 7 novembre 1835, nous ne trouvons plus, dans le *Journal de Rouen*, le moindre renseignement sur le Cirque de Saint-Sever.

Nous sommes donc forcé de nous arrêter momentanément à cette date.

En effet, le Cirque est resté clos pendant plusieurs mois. Lalanne père était trop bon, trop généreux ; il ne comptait pas assez et allait tomber dans une véritable déconfiture, quand sa sœur, Mme Saqui, rentrée dans la retraite depuis trois ans pour jouir d'un repos qu'elle avait si bien mérité, résolut de venir à son aide.

Donc, le 3 mars 1836, le Cirque rouvrit ses portes sous la direction de cette acrobate célèbre.

Ses ascensions sur la corde raide, au milieu de feux d'artifices, comme elle en avait fait *devant le Grand empereur Napoléon, devant le Grand homme*, ainsi que le disaient les affiches, et les exercices équestres des frères Lalanne, ramenèrent les spectateurs dans cette enceinte. On y donna des pantomimes à grand spectacle, entr'autres : *Mazeppa dans le désert, le Vol ou les deux frères*, scène militaire, des ballets pantomimes, *les Adieux du Grand Napoléon à sa vieille garde, Mascara, le Siège de Dantzick, les Meuniers, les Deux Hercules*, le 2me acte du *Déserteur, les Grandes manœuvres à cheval des Amazones*, commandées par Mme Saqui, *Zeleuzis ou le bandit, la Rosière, The three fingerd'man, l'Arabe et son coursier, Amour et Psyché, le Paysan des Vosges, Monte-au-Ciel*, etc. Le tout entremêlé des intermèdes du comique Frondeville. Walter y laisse même donner un magnifique bal, au profit de Lalanne père, et, une autre fois, jouer *Une passion*, vaudeville en un acte. Rien de tout cela ne put rendre au Cirque sa prospérité des premiers jours ; c'était, dans Rouen, une création malheureuse.

En 1837, il s'appelle encore le *Cirque de Rouen*.

En 1838, il devient l'*Ambigu dramatique*; on y joue la comédie et le vaudeville; puis, on y établit une école d'équitation.

En 1848, c'est le *Cirque Olympique*.

DU CIRQUE.

En 1850, on y fait encore de l'équitation.

En 1851, il prend le titre de *Cirque Saint-Sever ;*

En 1855, celui de *Cirque impérial* et il passe sous la dépendance du Théâtre-des-Arts, comme propriété de la ville ;

En 1873, il se nomme le *Théâtre du Cirque* et l'on y joue de nouveau des pièces.

Aujourd'hui, c'est le *Théâtre Lafayette*, sous la direction de M. Dupoux-Hilaire, et il a su conquérir la vogue.

FIN DU QUATRIÈME ET DERNIER VOLUME.

PRÉFACE

AVIS DE L'ÉDITEUR

Nous prions le lecteur de vous excuser si, parmi un des très-nombreux fautes, nous n'avons donné qu'un sommaire des incorrections les plus importantes.

Lorsque le mont est venue le frapper, l'auteur de cet ouvrage n'était arrivé, pour le Livelto des Arts comme pour celui du Vieux-Marché, qu'à la fin de l'année théâtrale 1835-1836. Quant au Cirque, il n'y avait rien de fait.

Faithfully nous avions la... malgré le titre des deux volumes de l'ouvrage déjà paru. Nous ne l'avons pour rendu à nos souvenirs, que cette histoire des Théâtres de Rouen aussi exact que possible. Cet ouvrage ayant à ses fortes, comme l'auteur en avait toujours en l'habitude, malheureusement, les quelques notes laissées par lui sont tellement incomplètes qu'il nous était impossible de compléter tous les détails qui rendent son ouvrage si intéressant, c'est-à-dire, nous exposer à n'avoir pas une suite complètement conforme à l'esprit du commencement.

Nous nous sommes donc borné, faute de nous borner, en nous aidant de ces notes et de la collection du Journal de Rouen, à une simple indication de la direction et des acteurs pour chaque année.

Nous espérons qu'il sera plus facile ainsi, pour le lecteur, de rappeler ses souvenirs, et que l'on voudra bien

AVIS DE L'ÉDITEUR

Nous prions le lecteur de nous excuser si, pour chacun des trois théâtres de Rouen, nous n'avons donné qu'un sommaire très succinct de l'histoire des quarante dernières années.

Lorsque la mort est venue le frapper, l'auteur de cet ouvrage n'était arrivé, pour le Théâtre-des-Arts comme pour celui du Vieux-Marché, qu'à la fin de l'année théâtrale 1835-1836. Quant au Cirque, il n'y avait rien de fait.

Fallait-il nous arrêter là, malgré le titre des trois volumes de l'ouvrage déjà parus? Nous ne l'avons point pensé ; nous avons cru que cette histoire des Théâtres de Rouen devait, autant que possible, être menée jusqu'à nos jours, comme l'auteur en avait toujours eu l'intention. Malheureusement, les quelques notes laissées par lui sont tellement incomplètes qu'il nous était impossible de continuer tous les détails qui rendent son œuvre si intéressante; c'eût été nous exposer à n'avoir pas une suite complètement conforme à l'esprit du commencement.

Nous nous sommes donc trouvé forcé de nous borner, en nous aidant de ces notes et de la collection du *Journal de Rouen*, à une simple indication de la direction et des artistes pour chaque année.

Nous espérons qu'il sera plus facile ainsi, pour le lecteur, de rappeler ses souvenirs, et que l'on voudra bien nous pardonner si le manque de documents ne nous a pas permis d'être plus complet.

Enfin, comme il était à craindre que, dans cette nomenclature rapide, les recherches ne devinssent longues et pénibles, nous avons essayé de les rendre plus promptes et plus commodes en établissant une table particulière pour chacun des trois théâtres.

Puissions-nous avoir mérité l'approbation du public ; telle a été notre unique préoccupation.

TABLES

THÉATRE-DES-ARTS

                                                           Page

Année théâtrale 1833-1834.................. 1
Deuxième de la direction Louis Walter.
  Restauration de la salle et du plancher de la scène.

Année théâtrale 1834-1835.................. 45
Direction Louis Solomé.
  Solennité pour l'inauguration de la statue de P. Corneille.
  Le droit des pauvres.

Année théâtrale 1835-1836.................. 85
Troisième de la direction de Louis Walter.
  Il exploite nos deux scènes.

Année théâtrale 1836-1837.................. 118
Quatrième de la direction Louis Walter ; plus tard il s'adjoint Jacques Arago.
  Il est forcé de demander une subvention de 50,000 francs.
  Note sur Bocage.

Année théâtrale 1837-1838.................. 143
Cinquième de la direction de Louis Walter d'abord, puis direction de Duval.

TABLE.

Année théâtrale 1838-1839 144
Directeurs : d'abord Duval seul, puis Duval et Lafeuillade.

Année théâtrale 1839-1840 144
Directeurs : d'abord Duval et Lafeuillade, puis Nicolo Isouard.

Année théâtrale 1840-1841 144
Directeur : Nicolo Isouard.
Il s'enfuit, et Delamare, au nom des artistes, dirige le Théâtre pour finir l'année.

Année théâtrale 1841-1842 145
Directeur : Roux ; il est révoqué bientôt, et la Ville charge Fleury de la direction.

Année théâtrale 1842-1843. 145
Directeur : Fleury.

Année théâtrale 1843-1844 146
Fleury continue sa direction.

Année théâtrale 1844-1845 146
Directeur : Deslandes.

Année théâtrale 1845-1846 146
Même direction.

Année théâtrale 1846-1847 147
Directeur : Saint-Ange.

Année théâtrale 1847-1848 147
Directeur : Duplan.

Année théâtrale 1848-1849 148
Les artistes réunis en Société, par suite de la Révolution.

TABLE.

Directeur choisi : LEBRETON ou BRETON.
 Subventions versées au Théâtre.

    Année théâtrale 1849-1850 148
Directeur : LESBROS.

    Année théâtrale 1850-1851 149
Artistes en Société. — Directeur : LESBROS.

    Année théâtrale 1851-1852 149
Directeur : DUPREZ.
 Il est saisi et mis en faillite.
 DERVILLE lui succède jusqu'à la fin de l'année.
 Les artistes, en Société, ne donnent que comédies et vaudevilles.

    Année théâtrale 1852-1853 150
DE COURCHANT, directeur et caissier.

    Année théâtrale 1853-1854 150
DE COURCHANT prend la fuite et est mis en faillite.
 Une partie des artistes se forment en Société pour finir l'année.

    Année théâtrale 1854-1855 151
ESPARBIÉ administre nos deux théâtres.

    Année théâtrale 1855-1856 151
ESPARBIÉ continue d'abord, puis il se retire et JUCLIER est chargé par la Ville d'administrer les deux théâtres, plus le Cirque.

    Année théâtrale 1856-1857 151
JUCLIER directeur de nos deux théâtres et du Cirque.

TABLE.

Année théâtrale 1857-1858............................ 152
Deuxième année de la direction JUCLIER.

Année théâtrale 1858-1859............................ 152
HALANZIER-DUFRÉNOY dirige nos deux théâtres.

Année théâtrale 1859-1860............................ 153
Deuxième année de la direction HALANZIER.

Année théâtrale 1860-1861............................ 153
Troisième année de la direction HALANZIER.

Année théâtrale 1861-1862............................ 153
Direction L. D. ROUSSEAU.

Année théâtrale 1862-1863............................ 154
Deuxième année de la direction L. D. ROUSSEAU.

Année théâtrale 1863-1864............................ 154
Troisième année de la direction L. D. ROUSSEAU.

Année théâtrale 1864-1865............................ 154
Direction BRIET.

Année théâtrale 1865-1866............................ 154
Deuxième année de la direction BRIET.

Année théâtrale 1866-1867............................ 154
Direction DERVILLE.

Année théâtrale 1867-1868............................ 155
Deuxième année de la direction DERVILLE.

Année théâtrale 1868-1869............................ 155
Direction BONNESSEUR.

Année théâtrale 1869-1870............................ 156
Deuxième année de la direction BONNESSEUR.

TABLE.

Année théâtrale 1870-1871 156
La guerre, puis l'invasion ; les théâtres restent fermés.

Année théâtrale 1871-1872 156
Direction Durécu.

Année théâtrale 1872-1873 157
Direction Montaubry.

Année théâtrale 1873-1874 158
Direction Lemoigne.

Année théâtrale 1874-1875 158
Deuxième année de la direction Lemoigne.

Année théâtrale 1875-1876 158
Troisième année de la direction Lemoigne.
Incendie du Théâtre.

TABLE.

THÉATRE-FRANÇAIS

Page

Ouverture le samedi 2 février 1793 3
Clôture le 28 mars suivant.

    Année théâtrale 1793-1794 8
Direction RIBIÉ.

    Année théâtrale 1794-1795 21
(Sous le nouveau nom de Théâtre de la République).
Deuxième année de la direction RIBIÉ.
Troubles dans la Salle.

    Année théâtrale 1795-1796 34
Direction BOURDON et RIBIÉ.

    Année théâtrale 1796-1797 40
Direction HARDELLE et DUCOUDRAY.
On y joue la comédie et l'opéra.

    Année théâtrale 1797-1798 55
Même direction.

    Année théâtrale 1798-1799 61
Misères des temps. — Plusieurs directions essaient en vain de se charger de nos deux scènes.

    Année théâtrale 1799-1800 75
Les artistes réunis de l'Ambigu-Comique de Paris sont autorisés à exploiter notre seconde scène.
Mésaventures de Ferrand, le pauvre fou auteur du *Savetier de Péronne*.

TABLE.

Année théâtrale 1800-1801 90
Continuation des représentations par cette troupe.
Réouverture le 16 août, après une interruption nécessitée par des réparations dans la salle.

Année théâtrale 1801-1802 113
Toujours les artistes de l'Ambigu-Comique.

Année théâtrale 1802-1803 136
Toujours la troupe de l'Ambigu-Comique.
Lettre du préfet Beugnot pour la réunion des deux théâtres de Rouen.
Cette réunion est ordonnée sous la direction de Granger, Desroziers et Borme 148

Année théâtrale 1803-1804 154
Même direction.

Année théâtrale 1804-1805 159
Le Théâtre de la République prend le nom de Théâtre-Français.
Même direction.
Les acrobates de Robba.

Année théâtrale 1805-1806 165
D'abord même direction. — Puis Desroziers meurt; Granger et Borme continuent.

Année théâtrale 1806-1807 171
Direction Granger et Borme.

Année théâtrale 1807-1808 175
Même direction.
Le physicien Comus...

TABLE.

Année théâtrale 1808-1809 179
Même direction.
Le physicien Val.

Année théâtrale 1809-1810 183
Même direction.
La troupe du danseur Ravel.
Chiarini et Mlle Saqui dansent et valsent sur deux cordes parallèles.
Fêtes en l'honneur du mariage de l'Empereur avec Marie-Louise.

Année théâtrale 1810-1811 187
BORME est mort. — GRANGER seul directeur.

Année théâtrale 1811-1812 190
Deuxième année de la direction GRANGER.
Les physiciens Fondard d'abord, puis Maziorotti.

Année théâtrale 1812-1813 194
Direction CORRÉARD, auquel GRANGER a rétrocédé en mai 1812.
Zanini, l'équilibriste-philharmonique.
Le physicien Bienvenu.
Potier, premier comique des Variétés de Paris.

Année théâtrale 1813-1814 199
Deuxième année de la direction CORRÉARD.
L'invasion arrête les représentations à dater du 15 mars 1814. — La troupe du Théâtre-des-Arts y donne seule quelques soirées.

Année théâtrale 1814-1815 203
Troisième année de la direction CORRÉARD.
Les frères Robba, acrobates.

Année théâtrale 1815-1816 208

TABLE.

Quatrième année de la direction CORRÉARD.
  Acrobates italiens.

    Année théâtrale 1816-1817 212

Cinquième année de la direction CORRÉARD.
  Honoré, comique des Variétés.
  Le physicien ventriloque Fondard.

    Année théâtrale 1817-1818 216

Sixième année de la direction CORRÉARD.
  Le ballon et le parachute de Mlle Elisa Garnerin.

    Année théâtrale 1818-1819 219

Septième année de la direction CORRÉARD.
  Le comique Saint-Félix.
  Le fameux Bobèche.

    Année théâtrale 1819-1820 223

Huitième année de la direction CORRÉARD.
  Le prestidigitateur Chalon.
  L'Homme mouche.
  Mme Saqui et Mlle Constance Saqui.

    Année théâtrale 1820-1821 225

Direction ERNEST VANHOVE.
  Le jongleur Robert, l'hercule français Lebesnier.
  Le physicien Bienvenu.
  M. Fay et sa petite Léontine.

    Année théâtrale 1821-1822 230

Deuxième année de la direction VANHOVE.
  La troupe Cabanel et les D^{lles} Ferzy, acrobates.

    Année théâtrale 1822-1823 232

Direction MOREL.
  Mlle Romanini danse sur un fil d'archal.

TABLE.

Année théâtrale 1823-1824 236
Deuxième année de la direction MOREL.
   M. et Mme Lagardère, rôles tragiques.
   M. et Mme Clozel.
   Mmes Cosson et Lokoy.

Année théâtrale 1824-1825 239
Troisième année de la direction MOREL.
   Le physionomane Leclerq.
   Mme Saqui et sa Laponienne Caroline.
   Le prestidigitateur Philippe.

Année théâtrale 1825-1826 242
Quatrième année de la direction MOREL.
   Fête pour le Sacre de Charles X.
   Grand assaut d'armes.
   Anniversaire de la naissance de Molière.

Année théâtrale 1826-1827 245
Cinquième année de la direction MOREL.
   Représentation par la *Société de Bellefonds*, au profit des victimes de la maison écroulée.

Année théâtrale 1827-1828 248
Direction SAINT-ELME.

Année théâtrale 1828-1829 250
Direction SAINT-ELME et SAINT-VICTOR.
   Assaut d'armes par Mme Bagolini.
   Ligier, le grand tragique, et Mme Cosson.
   Le Théâtre de Gringalet.

Année théâtrale 1829-1830 255
Direction DUTREIH.
   Représentation au profit de la Souscription du Monument de Pierre-Corneille.

TABLE.

Année théâtrale 1830-1831 259
Deuxième année de la direction Dutreih.

Année théâtrale 1831-1832 261
Dutreih continue jusqu'au 4 août.
Enfin, les nouveaux directeurs, Louis Walter et Tiste, font la réouverture.
La Mnémotechnie d'Aimé Paris.

Année théâtrale 1832-1833 270
Direction L. Walter, sous-direction Houdard.
Houdard se forme une troupe particulière.

Année théâtrale 1833-1834 282
Mêmes direction et sous-direction.
Mlle Mayer, flûtiste. — La *Famille Lalanne*.
Lhérie, comique des Variétés.

Année théâtrale 1834-1835 293
Direction Solomé, sous-direction Houdard.
Solennités pour l'inauguration de la statue de Pierre-Corneille et en l'honneur de Boïeldieu.
Le comique Lhérie.
Lettre de M. Houdard annonçant sa retraite forcée.

Année théâtrale 1835-1836 307
Direction Louis Walter.
Les comiques Lhérie et Odry, des Variétés.
Mlle Plessis, du Théâtre-Français, à Paris.
Arnal, du Vaudeville, à Paris.
André Hoffmann, comique.

De 1836 à 1876 313
Résumé de l'histoire du Théâtre-Français pendant cette période.

TABLE.

CIRQUE DE SAINT-SEVER

Résumé de l'histoire du Cirque, depuis sa création par Lalanne père jusqu'à nos jours.   Page

Année théâtrale 1834-1835.................   1
Direction LALANNE père.
Etat intérieur de cette salle.
Grande représentation de *Mazeppa*.
Solennité pour l'érection d'un monument à Pierre Corneille.
L'équilibriste Auriol.
Grand bal des artilleurs.
Le grotesque Fondeville. — Le vénitien Rossi.
Grand bal-tombola.

Année théâtrale 1835-1836.................   10
Même direction d'abord, puis direction de Mme SAQUI.
Le trompette Bastien.
Bals-tombola.
Le point de vue nautique.
Mme Bassin, M. Mesner, Mme Laurençon.
Les acrobates Ravel.
Exercices de Mme Saqui.
Noms différents et usages divers attribués successivement à ce théâtre jusqu'à nos jours.

www.ingramcontent.com/pod-product-compliance
Lightning Source LLC
Chambersburg PA
CBHW051406230426
43669CB00011B/1787